中古律部汉译佛经词汇研究

丁庆刚 著

社会科学文献出版社
SOCIAL SCIENCES ACADEMIC PRESS (CHINA)

目 录

绪 论 ·· 001

第一章　中古律部汉译佛经词汇研究价值 ······················· 024
　　第一节　词汇研究与律部佛典校理 ······························ 025
　　第二节　词汇研究与语文辞书编纂 ······························ 039

第二章　中古律部汉译佛经词形研究 ······························ 059
　　第一节　中古律部汉译佛经中的逆序词 ······················· 059
　　第二节　中古律部汉译佛经中的异形词 ······················· 078
　　第三节　中古律部汉译佛经中的缩略词 ······················· 097

第三章　中古律部汉译佛经戒律词汇研究 ······················· 115
　　第一节　戒律词汇体系的构成 ····································· 116
　　第二节　戒律词汇的语义类别 ····································· 126
　　第三节　戒律词汇的特点分析 ····································· 151

第四章　中古律部汉译佛经方俗口语词例释 ··················· 167
　　第一节　名物类方俗口语词 ·· 169
　　第二节　称谓类方俗口语词 ·· 189

第三节　行为类方俗口语词 ………………………………… 200
　　第四节　其他类方俗口语词 ………………………………… 224

第五章　中古律部汉译佛经词语考释 ……………………………… 239

结　语 ………………………………………………………………… 288

参考文献 ……………………………………………………………… 291

后　记 ………………………………………………………………… 307

绪 论

一 选题缘起

中古汉语上承上古汉语，下启近代汉语及现代汉语，是汉语史研究中十分重要的时期。对于汉语史的分期，学术界历来观点不太一致①。目前比较统一的看法是把"东汉至隋"这一时期的汉语划分为中古汉语。这一时期，战乱频繁，人民迁徙，属于历史的突变期。语言和社会具有共变关系，陈原在《社会语言学》中讨论了美国学者布赖特（W. Bright）提出的"共变"理论，他认为："当社会生活发生渐变或激变时，语言——作为社会现象，同时也作为社会交际工具——毫不含糊地随着社会生活进展的步

---

① 对中古汉语具体的起讫时代，学术界的观点不太一致。瑞典汉学家高本汉在《中国音韵学研究》（赵元任、李方桂、罗常培译，商务印书馆，1940，第21页）一书中最早提出"中古汉语"概念，他认为中古汉语时期包括六朝至唐。王力在《汉语史稿》（中华书局，2006，第43页）中把中古期定在公元4世纪到12世纪（南宋前半期）。向熹在《简明汉语史》（修订本）（商务印书馆，2010，第42页）中指出中古期是从公元4世纪到12世纪，即六朝、唐、宋时期。志村良治在《中国中世语法史研究》（江蓝生、白维国译，中华书局，1995，第1页）中指出："中世汉语的时期，指从魏晋到唐末五代，与此相应，以汉末与北宋初年为参考时期，通常把这一时期的汉语称为'中古汉语'。"太田辰夫在《汉语史通考》（江蓝生、白维国译，重庆出版社，1991，第2页）中把中古汉语的时间定在魏晋南北朝。王云路、方一新在《中古汉语语词例释》（吉林教育出版社，1992，第7页）中指出用中古汉语来指代东汉魏晋南北朝隋时的文献，特别是富含口语文献的语言。汪维辉《东汉—隋常用词演变研究》（南京大学出版社，2000，第414～415页）认为："从词汇角度看，把东汉—隋这一阶段作为汉语发展史上一个相对独立的时期，把它称为'中古汉语'以对应'上古汉语'和'近代汉语'，这样的分法是合理的。"从诸家关于中古汉语分期的论述来看，在分期的起讫时代上虽未达成一致，但对于以魏晋南北朝为中古汉语时期的核心，各家基本没有分歧。

伐而发生变化。"① 随着社会的急剧变化，这一阶段汉语的发展也有突出的特点。"反映在语言上，汉语较之于先秦和两汉出现了极为显著的变化和发展。词汇上，除了承袭秦汉以来正统书面语中的各类文言词汇以外，最为突出的就是出现了大量口语新词，口语词汇系统由此开始逐渐形成。"②

进行汉语史研究，必须要选择有价值的语料。朱庆之说过："一般而论，所有的历史文献都可以成为语言史研究的资料，但并不是所有的历史文献都具有同等的语言史料价值。语言史研究对于史料的价值取向在于它能够全面真实地反映当时语言的实际面貌。"③ 也就是说，要研究各个时期汉语的本质特征，最好选择能够反映当时口语面貌的语料。在中古时期，中土文献对当时汉语口语特征的反映相对有限，再加上这个时期的社会动荡不安，文献散佚现象严重，因此仅靠中土文献很难对这一时期的语言进行全面、客观的研究。汉译佛典恰好以其数量大、口语性强、语料大多可靠等优势，在一定程度上弥补了这些不足，正如俞理明所说："由于汉译佛经反映了汉末以后四百余年间汉语的实际情况，弥补了这一时期其他典籍中口语材料的不足，为我们研究汉语实际语言变化提供了宝贵的材料，对中古汉语研究有很大的价值。"④

汉译佛经在汉语词汇史研究中的价值早已为前人所揭示。朱庆之认为："佛典材料对于汉语词汇史的研究的确有中土文献无法比拟的突出价值。"⑤ 王云路、方一新在《中古汉语语词例释》一书中指出："故东汉以来为数甚多的先唐译经中有较大的口语成分，把它们比作汉魏六朝口语词材料的聚宝盆，是毫不夸张的。因此，汉译佛经在汉语词汇史的研究方面具有其他中土文献所不能替代的重要而特殊的价值，亟待我们去发掘、利用。"⑥

近几十年来，汉译佛经词汇研究取得了丰硕的研究成果。但总体上来

---

① 陈原：《社会语言学》，商务印书馆，2000，第4页。
② 梁晓虹、徐时仪、陈五云：《佛经音义与汉语词汇研究》，商务印书馆，2005，第4页。
③ 朱庆之：《佛典与中古汉语词汇研究》，文津出版社，1992，第1页。
④ 俞理明：《汉魏六朝佛经在汉语研究中的价值》，《四川大学学报》（哲学社会科学版）1987年第4期。
⑤ 朱庆之：《佛典与中古汉语词汇研究》，文津出版社，1992，第33页。
⑥ 王云路、方一新：《中古汉语语词例释》，吉林教育出版社，1992，前言第1页。

看，前人对汉译佛经词汇的研究主要集中在口语化程度较高的经部文献，而对律部文献却关注不够。实际上，律部文献也应该成为汉语词汇史研究中的重要语料。张永言曾说："就我辈研究方向言，三藏之中，除'经'而外，'律'藏蕴含口语词汇资料颇丰，值得注意。"① 梁晓虹等在《佛经音义与汉语词汇研究》中指出："戒律部是为修行的僧侣制定的日常生活和精神修养等方面的行为准则，包括僧尼的衣食住行以至七情六欲，涉及生活的每一个角落。为了说明制定戒律的理由，还穿插了许多比喻和举例性的小故事。其中反映日常事物、行动的词汇尤其丰富，也是很有价值的语言材料。"② 董志翘也认为："从汉语词汇史研究而言，除了佛经中一些故事性较强的篇目外，律部的日常生活方面的词语研究还大有可为。"③

基于中古律部汉译佛经的巨大研究价值和研究空间，我们对其中的词汇进行系统的描写和分析。为了弥补专书词汇研究的不足，我们把中古时期翻译的《十诵律》《四分律》《僧祇律》《五分律》《鼻奈耶》等五部律典放在一起进行专类词汇研究，因为"属于同一体裁的文献，往往具有相同的语言特征，形成一个语言聚合。……通过体裁语言的研究，可以弥补专书和断代语言研究的不足，克服对语言现象认识的单义、片面的弊端"④。希望通过此项研究，能够更加全面客观地展现中古律部汉译佛经的词汇面貌，从而为律部文献语言和汉语词汇史的进一步深入研究提供参考和材料支持。

二 语料范围

佛教典籍根据不同的标准可以有多种分类方法，其中按照所载的内容可以分为经、律、论三种，合称为"三藏"。宋法云编《翻译名义集》卷四："一经藏，二律藏，三论藏。经藏则刊定因果，穷究性相；律藏则垂范四仪，严制三业；论藏则研真显正，核伪摧邪。"关于"律藏"一词，玄应在《一切经音义》（以下简称《玄应音义》）卷十四《四分律》第一

---

① 张永言：《与郭在贻函》，见《郭在贻文集》第四卷，中华书局，2002，第430~431页。
② 梁晓虹、徐时仪、陈五云：《佛经音义与汉语词汇研究》，商务印书馆，2005，第248页。
③ 董志翘：《中古近代汉语探微》，中华书局，2007，第6页。
④ 王启涛：《中古及近代法制文书语言研究——以敦煌文书为中心》，巴蜀书社，2003，第4~5页。

卷"律藏"条中有较为详细的说解。

> 律藏,力出反。梵言毗尼,或言鞞泥迦,或言毗那耶,或云鼻那夜,或云毗奈耶,皆由梵音轻重声之讹转也。此译云离行,行亦道也,谓此行能离恶道,因以名焉。或译云灭恶也,或云化度,言梵经化度众生也。或云调伏,调伏贪、瞋、痴也。即《文殊净律经》云"晓了贪欲名为律"是也。案,《尔雅》:"律,法也。"谓法则也。又云:"律,铨也。"法律所以铨量轻重也。又云:"律,常也。"言可常行也。《释名》云:"律者,纍①也。纍网人心使不得放肆也。"言尸罗者,此云止得,谓止恶得善也。旧译云清净及性善者,皆义释也。纍,音力追反。纍,系也。(C056/1021/b②)

"按照传统佛学的作法,律藏还包括本缘各经作为从属部分,所以律藏又分为戒律部和本缘部。"③ 本书研究的对象"律部"即是"戒律部"的简称。以下对五部律部佛经做简要介绍。

(一)《十诵律》

《十诵律》(Sarvāstivāda-vinaya 或 Daśādhyāya-vinaya④) 又称为《萨婆多部十诵律》。隋费长房《历代三宝纪》记载:"罽宾三藏律师弗若多罗,秦言功德华,以戒节见称。历游行化,罗既至止,姚兴即召。常安名德六百余僧,延请多罗憩于中寺,诵出《十诵律》梵本。鸠摩罗什度为秦文,三分获二未竟,而多罗奄然终卒,众咸痛惜。什后又共昙摩流支,秦言法希,续译都讫。"唐智昇《开元释教录》:"前五十八卷,姚秦三藏弗若多罗等共罗什译。后毗尼序三卷,东晋三藏卑摩罗叉续译。"梁僧祐《出三藏记集》卷

---

① 今本《释名》作"累",下同。(清)王先谦:《释名疏证补》,见《汉小学四种》,巴蜀书社,2001,第1535页。
② 本书佛典引文出处标注中"T"指《大正新修大藏经》(简称《大正藏》),"C"指《中华大藏经》(简称《中华藏》),"X"指《卍新纂续藏经》,"J"指《嘉兴藏》,"K"指《高丽藏》,"/"前后的数字分别表示册数和页码,a、b、c分别代表上、中、下栏。
③ 朱庆之:《佛典与中古汉语词汇研究》,文津出版社,1992,第3页。
④ 律典梵语名称主要参考慈怡主编《佛光大辞典》(佛光文化事业有限公司,1988)、童玮编《二十二种大藏经通检》(中华书局,1997)等,下同。

三《新集律来汉地四部序录》中详细记载了《十诵律》的译出过程。

> 萨婆多部者，梁言一切有也。……本有八十诵，优波掘以后世钝根，不能具受，故删为十诵，以诵为名，谓法应诵持也。自兹以下，师资相传五十余人。至秦弘始之中，有罽宾沙门弗若多罗，诵此《十诵》胡本，来游关右。罗什法师于长安逍遥园，三千僧中共译出之。始得二分，余未及竟，而多罗亡。俄而有外国沙门昙摩流支，续至长安。于是庐山远法师慨律藏未备，思在究竟。闻其至止，乃与流支书曰："佛教之兴，先行上国，自分流以来，近四百年，至于沙门德式，所阙犹多。顷西域道士弗若多罗者，是罽宾持律，其人讽《十诵》胡本。有鸠摩耆婆者，通才博见，为之传译。《十诵》之中，始备其二。多罗早丧，中涂而废。……"昙摩流支得书，方于关中共什出所余律，遂具一部，凡五十八卷。后有罽宾律师卑摩罗叉来游长安，罗什先在西域，从其受律。罗叉后自秦适晋，住寿春石涧寺，重校《十诵律》本，名品遂正，分为六十一卷，至今相传焉。(T55/20/a-b)

由以上记载可知，《十诵律》是由姚秦弗若多罗、鸠摩罗什及昙摩流支共同翻译的，又经卑摩罗叉作进一步整理。该律翻译时间约为弘始六年至弘始十五年（404~413年），翻译地点主要在长安。现行本共61卷，约78万字，《大正新修大藏经》收录在第23册。该律初诵至三诵为"比丘戒法"，四诵至六诵为"犍度"①，七诵为"比丘尼戒法"，八诵为"增一法"，九诵为"优波离问法"，十诵为"比丘诵""毗尼诵"等。全书"以诵为名"，由以上十个部分构成，故名《十诵律》。

（二）《四分律》

《四分律》（Dharmagupta-vinaya）又称《昙无德律》《四分律藏》，是我国研究最多、弘扬最久的佛教戒律经典。据梁慧皎《高僧传》记载，佛陀耶舍"以弘始十二年译出《四分律》，凡四十四卷"。唐智昇《开元释教录》："亦云《昙无德律》，本译四十五卷，或云四十卷，或云四十四卷，

---

① 犍度是僧团内部的制度仪轨，包括杂诵跋渠法和威仪法等。

今亦有七十卷者，弘始十年于寺中出。"梁僧祐《出三藏记集》卷三《新集律来汉地四部序录》中记载了《四分律》的译出过程。

  昙无德者，梁言法镜，一音昙摩毱多。如来涅槃后，有诸弟子颠倒解义，覆隐法藏。以覆法故，名昙摩毱多，是为《四分律》，盖罽宾三藏法师佛陀耶舍所出也。初，耶舍于罽宾诵《四分律》，不赍胡本，而来游长安。秦司隶校尉姚爽欲请耶舍于中寺安居，仍令出之。姚主以无胡本，难可证信，众僧多有不同，故未之许也。罗什法师劝曰："耶舍甚有记功，数闻诵习，未曾脱误。"于是姚主即以药方一卷，民藉（籍）一卷，并可四十许纸，令其诵之三日，便集僧执文请试之，乃至铢两、人数、年纪，不谬一字，于是咸信伏，遂令出焉。故肇法师作《长阿含序》云："秦弘始十二年，岁上章掩茂。右将军司隶校尉姚爽于长安中寺集名德沙门五百人，请罽宾三藏佛陀耶舍出律藏《四分》四十卷，十四年讫。"（T55/20/b－c）

  由以上记载可知，《四分律》是由姚秦时期西域僧人佛陀耶舍和中土高僧竺佛念等译出的。该律翻译完成的时间最早可能为弘始十年（408年），最晚可能为弘始十四年（412年），翻译地点在长安。现行本为60卷，约72万字，《大正藏》收录在第22册。《四分律》由四个部分构成，故称《四分律》。初分为"比丘戒法"，二分为"比丘尼戒法"和前三个半犍度，三、四分为二十犍度中剩余的部分。

（三）《摩诃僧祇律》

  《摩诃僧祇律》（Mahāsangha-vinaya 或 Mahāsanghika-vinaya），简称《僧祇律》。梁慧皎《高僧传》记载："摩诃僧祇部及弥沙塞部，并法显得梵本，佛驮跋陀罗译出《僧祇律》。"梁僧祐《出三藏记集》、隋费长房《历代三宝纪》、唐智昇《开元释教录》等对此均有著录。《出三藏记集》卷三《新集律来汉地四部序录》对《僧祇律》的翻译过程及时间地点有记载。

  摩诃僧祇者，言大众也。沙门释法显游西域，于摩竭提巴连弗邑阿育王塔天王精舍写得梵本，赍还京都。以晋义熙十二年，岁次寿星，十一月，共天竺禅师佛驮跋陀，于道场寺译出，至十四年二月末乃讫。（T55/21/a）

《摩诃僧祇律私记》[①] 亦有相关记载。

中天竺昔时，暂有恶王御世。诸沙门避之四奔，三藏比丘星离。恶王既死，更有善王，还请诸沙门还国供养。时巴连弗邑有五百僧，欲断事而无律师，又无律文，无所承案。即遣人到祇洹精舍，写得律本，于今传赏。法显于摩竭提国巴连弗邑阿育王塔南天王精舍，写得梵本还杨（扬）州，以晋义熙十二年岁在丙辰十一月，于斗（道）场寺出之，至十四年二月末都讫，共禅师译梵本为秦焉，故记之。（T22/548/a－b）

从以上可知，《僧祇律》由佛驮跋陀罗共法显译出，翻译时间为东晋义熙十二年至义熙十四年（416～418年），翻译地点主要在道场寺。现行本共40卷，约52万字，《大正藏》收录在第22册。从内容上看，《僧祇律》主要是对出家二众言行举止的全面性规范，主要有戒法和犍度。戒法包括比丘戒法和比丘尼戒法。

（四）《五分律》

《五分律》全称为《弥沙塞部和醯五分律》（Mahīśāsaka-vinaya），又称《弥沙塞部五分律》《弥沙塞律》等。《大明三藏法数》卷十四："梵语弥沙塞，华言不着有无观，即《五分律》也。《大集经》云：'我涅槃后，我诸弟子受持如来十二部经，不作地、水、火、风相，虚空识相，是为弥沙塞部。'"梁慧皎《高僧传》卷三记载了《五分律》的翻译过程。

佛驮什，此云觉寿，罽宾人。少受业于弥沙塞部僧，专精律品，兼达禅要。以宋景平元年七月届于扬州。先，沙门法显于师子国得

[①] 《摩诃僧祇律私记》附在《摩诃僧祇律》第四十卷之后。

《弥沙塞律》梵本，未及翻译而法显迁化。京邑诸僧闻什既善此学，于是请令出焉。以其年冬十一月集于龙光寺，译为三十四卷，称为《五分律》。什执梵文，于阗沙门智胜为译。龙光道生、东安慧严共执笔参正，宋侍中琅琊王练为檀越。至明年四月方竟。(T50/339/a)

《出三藏记集》卷三《新集律来汉地四部序录》亦有记载。

弥沙塞者，佛诸弟子受持十二部经，不作地相，水、火、风相，虚空识相，是故名为弥沙塞部。此名为《五分律》，比丘释法显于师子国所得者也。……法显以晋义熙二年还都，岁在寿星。众经多译，唯弥沙塞一部未及译出而亡。到宋景平元年七月，有罽宾律师佛大什，来至京都。其年冬十一月，琅琊王练，比丘释慧严、竺道生于龙光寺，请外国沙门佛大什出之。时佛大什手执胡文，于阗沙门智胜为译，至明年十二月都讫。(T55/21/a-b)

由以上记载可知，《五分律》翻译时由佛陀什执梵文，于阗沙门智胜为译，竺道生、慧严等共同执笔参正。翻译的地点主要在扬州龙光寺，翻译时间为景平元年到景平二年（423~424年）。现行本共30卷，约30万字，《大正藏》收录在第22册。该律由五部分组成，故称《五分律》。第一分为"比丘戒法"，第二分为"比丘尼戒法"，第三分为"受戒"等九法，第四分为"灭诤法"和"羯磨法"，第五分为"破僧"等八法以及二次结集。

（五）《鼻奈耶》

《鼻奈耶》（Vinaya）又名《戒因缘经》《鼻奈耶经》《戒果因缘经》等。宋希麟集《续一切经音义》卷九"毗奈耶"："或云鼻奈耶，或云毗那耶，皆梵语轻重也，此云调伏藏，即律也。"（T54/974/b）唐道宣撰《大唐内典录》卷七："《鼻奈耶》，十卷，前秦竺佛念、道安等于长安译。"唐智昇《开元释教录》卷四载：

《鼻奈耶律》十卷，一名《诫因缘经》，亦云《鼻奈耶经》，亦云《戒果因缘经》，沙门昙景笔受，见安公经序，符（苻）秦建元十四年

壬午正月十二日出。（T55/512/a）

东晋道安撰有《鼻奈耶序》，对《鼻奈耶》的传译有记载。

> 岁在壬午，鸠摩罗佛提赍《阿毗昙抄》《四阿含抄》来至长安。渴仰情久，即于其夏出《阿毗昙抄》四卷，其冬出《四阿含抄》四卷。又其伴罽宾鼻奈，厥名耶舍，讽《鼻奈经》甚利，即令出之。佛提梵书，佛念为译，昙景笔受，自正月十二日出，至三月二十五日乃了，凡为四卷。（T24/851/a）

由以上记载可知，《鼻奈耶》是由前秦竺佛念翻译，沙门昙景笔受，道安为其作序。《开元释教录》记载其翻译完成时间为"建元十四年"（378 年），而《鼻奈耶序》记载为"建元十九年"（383 年），翻译地点在长安。今本《鼻奈耶》共 10 卷，约 8 万字，《大正藏》收录在第 24 册。从内容上看，《鼻奈耶》仅有比丘戒，故属于非完全广律。辛嶋静志指出："律典《鼻奈耶》大约属说一切有部，至今少有人对它进行过研究。这部典籍比同属说一切有部的《十诵律》更为古老，因此，在我们研究戒律时，应对这部典籍给予十分的重视。"[①]

综上，我们把五部律典的基本情况列为表 0-1。

表 0-1 中古律部汉译佛经基本情况

	《十诵律》	《四分律》	《僧祇律》	《五分律》	《鼻奈耶》
经名别称	《萨婆多部十诵律》	《昙无德律》《四分律藏》	《摩诃僧祇律》	《弥沙塞部和醯五分律》《弥沙塞部五分律》《弥沙塞律》	《戒因缘经》《鼻奈耶经》《戒果因缘经》
译经人员	弗若多罗、鸠摩罗什等	佛陀耶舍、竺佛念等	佛驮跋陀罗、法显等	佛陀什、竺道生等	竺佛念
卷数字数	61 卷约 78 万字	60 卷约 72 万字	40 卷约 52 万字	30 卷约 30 万字	10 卷约 8 万字

---

① 〔日〕辛嶋静志：《佛典语言及传承》，裘云青、吴蔚琳译，中西书局，2016，第 17 页。

续表

	《十诵律》	《四分律》	《僧祇律》	《五分律》	《鼻奈耶》
翻译时间	约弘始六年至弘始十五年（404~413年）	弘始十年至弘始十四年（408~412年）译出	义熙十二年至义熙十四年（416~418年）译出	景平元年至景平二年（423~424年）	建元十四年（378年）或建元十九年（383年）译出

三 语料特点

语料的选择对汉语史的研究至关重要。朱庆之在《佛典与中古汉语词汇研究》中详细论述了理想的语料应具备的条件："1. 内容具有广阔的社会文化生活覆盖面；2. 语体不过于典雅而含有较多的口语成分；3. 基本保持历史原样，年代大致可考，并具有充足的数量。"① 汪维辉在《〈周氏冥通记〉词汇研究》中进一步提出了语料选择的四个标准："一是反映口语的程度；二是文本的可靠性，包括时代和作者是否明确，所依据的版本是否接近原貌；三是反映社会生活的深广度；四是文本是否有一定的篇幅。"② 日本汉学家太田辰夫在《中国语历史文法》中也强调："在语言的历史研究中，最主要的是资料选择。"③ 中古律部汉译佛经的内容包括具体的戒律条文以及戒律条文的制定经过，行文有点儿类似法律的文字图解④。李富华、何梅指出："佛教'三藏'中的'律藏'典籍规模亦很庞大，仅小乘律部中的《十诵律》《四分律》《五分律》《摩诃僧祇律》四种就近200卷。"⑤ 中古律部汉译佛经语料规模巨大，约240万字，且翻译时代明确；所载内容能够反映日常生活的方方面面，而且富有口语成分，是汉语史研究的理想语料。其语料特点主要表现在以下三方面。

（一）明显的同质特征

之所以把中古时期的律部佛典放在一起研究，主要原因就是这几种律典具

---

① 朱庆之：《佛典与中古汉语词汇研究》，文津出版社，1992，第1页。
② 汪维辉：《〈周氏冥通记〉词汇研究》，见《中古近代汉语研究》第1辑，上海教育出版社，2000。
③ 〔日〕太田辰夫：《中国语历史文法》（修订译本），蒋绍愚、徐昌华译，北京大学出版社，2003，第373页。
④ 朱庆之：《佛典与中古汉语词汇研究》，文津出版社，1992，第3页。
⑤ 李富华、何梅：《汉文佛教大藏经研究》，宗教文化出版社，2003，第22页。

有高度的同质性。劳政武指出："各部'广律'、'戒经'、'犍度'的内容，虽有参差，但大体上来说总是大同小异的。"① 同质性主要表现在两个方面。

第一，从叙事模式来看，大多拥有程式化的特点。通常每则律条之下大都包含叙述因缘与制定戒律两部分，如《五分律》卷六：

> 佛在舍卫城，尔时有法师比丘，名沙兰，聪明才辩，一切四众、外道、沙门、婆罗门无能及者。遂乃以非为是，以是为非；知言非知，非知言知；恒以辩巧，胜人之口。诸比丘见，莫不叹伏，问言："汝与人论议，以非为是。意为谓是，为知非耶？"答："我实知非，耻堕负处，故妄语耳！"诸长老比丘种种呵责："佛常赞叹不妄语，亦教人不妄语。汝今云何为胜负故，作此妄语？"（T22/37/b）

律典所载的内容并不是简单罗列清规戒律让佛教徒去遵守，而是在制定戒律之前先"叙述因缘"，也就是先通过讲述故事来阐述为谁结戒，为何事结戒。上述引文讲述了一位名叫沙兰的法师比丘，他聪明善辩，但经常"以非为是，以是为非"，而故说妄语。因缘叙述之后，便是制定戒律。如上文所引《五分律》卷六后续部分：

> 佛以是事集比丘僧，问沙兰："汝实尔不？"答言："实尔。世尊！"佛种种呵责已，告诸比丘："今为诸比丘结戒，从今是戒应如是说：'若比丘妄语，波逸提。'"（T22/37/b）

此段讲述了制定戒律的经过，主要针对前文叙述的因缘中比丘所做的事情来制定戒律，包括结戒的经过、结戒的条文以及对戒律条文的解释。因为"妄语"为佛教的"五戒"之一，所以比丘及比丘尼要遵守此戒。若犯戒，佛陀要对犯戒的当事人进行问讯，一旦情况属实，佛陀就会对比丘或比丘尼进行批评呵责，并针对这种行为制定律文，这几部律典叙述模式大都如此。

---

① 劳政武：《佛教戒律学》，宗教文化出版社，1999，第157页。

第二，从叙述内容来看，不少内容在五部律典中重复出现。这与律部佛经的特点有关，对同一戒律要反复申说，让僧众了解和遵守。因此，同一故事、事件、戒条等在不同的律典中会重复出现，例如：

（1）佛住舍卫城，尔时比丘尼欲心起，作胡胶身生，缚着床脚，后失火，恐烧床褥故出之。时俗人看火起，何处被烧？何处不被烧？见已嫌诃："云何出家人作此恶事？"（《僧祇律》卷四十，T22/545/c）

（2）佛在舍卫国，尔时偷兰难陀比丘尼，以树胶作男根，系着脚跟后，着女根中。尔时失火，烧比丘尼房舍。偷兰难陀比丘尼，忘不解却，走出房外，语诸居士言："是中失火，以水浇灭。"有一估客，见偷兰难陀有如是事，语余人言："汝等看是比丘尼，有如是好庄严具。"（《十诵律》卷四十四，T23/320/b）

（3）复有一比丘尼作①，系着脚根，内女根中。时一式叉摩那煎油，失火烧屋，彼比丘尼惶怖忘解，着脚出外。诸救火人见，问言："阿姨！脚边何等？"具以实答，即便讥诃，乃至今为诸比丘尼结戒，亦如上说。（《五分律》卷十二，T22/87/a）

以上三则材料都讲述了比丘尼作胡胶身生的故事，其内容在几部律典中大同小异。王绍峰指出："律的语言有自己鲜明的特点，那就是要对事物、对行为、对科条等等不断地进行界说，它大概可以和法律语言相类比。"② 因此，从叙述内容上来说也具有高度的同质性。

（二）鲜明的口语色彩

关于律部语料的特点，俞理明曾说："律藏主要收入戒律并兼收各种佛教故事集。其中，戒律部的经文是为修行的僧人制定的日常生活和精神修养等各方面的行为准则，可以分成三类：一是简略的戒条摘抄，一是解释戒条细则的经文，这两类经文内容枯燥；还有一类是完整的戒律，其中通过许多早期僧团僧尼修行生活中的各种具体实例和一些比喻说理故事，

---

① 从此句前文可知"作"后省略"身生"（男根），由例（1）和例（2）亦可证明。
② 王绍峰：《初唐佛典词汇研究》，安徽教育出版社，2004，第35页。

记述了当年制定有关戒条的缘由和经过，从僧尼的衣食住行以至七情六欲，涉及了生活的各个角落，不仅有很强的故事性，也反映了不少早期僧团的习俗，是佛经中生活气息最浓厚的部分。"[1] 本书选用的语料属于第三类，具有鲜明的口语性。如《五分律》卷五：

> 时彼村人至节会日，男女庄饰，衣服璨丽，出行游戏。有一贫女，行大啼哭。时毕陵伽入村乞食，见女啼哭，问其母言："汝女何故啼哭如是？"答言："今日诸人，皆盛服饰，出行游戏。我家贫穷，不及于人，是以悲哭。"时毕陵伽见牛噉草，语其母言："取少草来。"即取与之，毕陵伽便结草，变成二金华鬘，与彼女母，语言："天下有二种金胜：阎浮檀金及神足所化。汝可持此，与女令着。"彼女得已，极大欢喜，便着出入，人无不美。时有一人，见生憎嫉，即白瓶沙王言："某村某家得好伏藏，其女所着华鬘，天下无比，大王后宫之所未有。"王即呼语："汝得伏藏，可以示我。"答言："我实不得。"王复问："汝女所着，何处得之？"答言："是毕陵伽结草化作。"王闻是语，极大嗔怪："云何化草得成金鬘？"便敕有司，收系着狱。（T22/31/a）

此段文字讲述了一位贫穷女子因家贫无法在节日盛装出行游戏而哭泣的故事。毕陵伽知道此事后便用草为女子结华鬘，此女子后遭人陷害而被白瓶沙王收系入狱。总体上来说，中古律部汉译佛经语言浅显易懂，富有浓厚的生活气息。吴海勇在《中古汉译佛经叙事文学研究》中指出："戒律所记僧侣种种过犯，涉及僧团居处（包括衣食住行）、修习、布教等诸方面内容，甚至涉及僧侣咳嗽、打喷嚏、吐唾沫以至放屁一类的细事，呈现在我们面前的是活脱脱的僧团生活。"[2] 戒律文献口语化程度高，运用了大量的方俗口语词。第四章对方俗口语词有专门探讨，此不赘述。

---

[1] 俞理明编著《佛经文献语言》，巴蜀书社，1993，第6页。
[2] 吴海勇：《中古汉译佛经叙事文学研究》，学苑出版社，2004，第59页。

(三) 丰富的随文注释

律部汉译佛经中有丰富的随文注释材料。刘素燕指出《僧祇律》具有与经、论不同的语言面貌——它是一部佛教徒的"法典",其中有大量训释性语句阐明提及的各种概念,这是别的佛经少有的[①]。其实,这并非《僧祇律》独有的特点,随文注释在广律中普遍存在。

中古律部佛经中随文注释的术语主要有五类。

1. A 者,B;A 者,B 也;A 者,若 B

(1) 大舍者,多用物及余庄饰者刻镂彩画。(《四分律》卷十二,T22/647/a)

(2) 宝庄严者,铜、铁、铅、锡、白镴以诸宝庄饰也。(《四分律》卷十八,T22/692/b)

(3) 长衣者,若长如来八指,若广四指是。(《四分律》卷六,T22/602/a)

2. 谓;是谓;谓之

(1) 鬼村者,谓生草木,众生依住。(《十诵律》卷十,T23/75/a)

(2) 闲静处者,村外空静地是谓闲静处。(《四分律》卷一,T22/573/b)

(3) 年耆根熟,形变色衰,坐起苦极,余命无几,故谓之老。(《五分律》卷十五,T22/101/b)

3. 名为;是名

(1) 虽众多比丘尼共行,而无白衣强伴,名为独行。(《五分律》卷十三,T22/89/c)

(2) 风时、雨时、失命时、疑男子伤梵行时,是名余时。(《僧祇

[①] 刘素燕:《〈摩诃僧祇律〉中的训释性语句》,《井冈山师范学院学报》2003 年第 S1 期。

律》卷三十九，T22/539/a)

4. 是为；此为

(1) 何等出来衣？裹死人衣，持来施比丘，是为出来衣。(《十诵律》卷二十七，T23/195/a)
(2) 恭敬世尊、法、比丘僧、戒、净行，此为五法。(《鼻奈耶》卷十，T24/899/b)

5. 如上说；如前说

(1) 比丘尼者，如上说。(《僧祇律》卷三十八，T22/528/b)
(2) 同室宿者，如前说。(《四分律》卷十一，T22/638/c)

随文注释的方式也主要有五类。

1. 直训

(1) 妨处者，不通草车回转往来，是谓妨处。(《四分律》卷三，T22/585/b)
(2) 年耆根熟，形变色衰，坐起苦极，余命无几，故谓之老。(《五分律》卷十五，T22/101/b)

2. 义界

(1) 一宿者，从日未没至明相出时。(《僧祇律》卷八，T22/295/a)
(2) 非时者，从正中以后，至明相未出，名为非时。(《五分律》卷八，T22/54/a)

3. 描述

（1）随叶佛与千弟子游恐怖林，所以名曰恐怖林者，未离欲人入此林中衣毛皆竖，是故名曰恐怖林也。（《五分律》卷一，T22/1/c）

（2）梦中梦者，如见梦即于梦中为人说梦，是名梦中梦。（《僧祇律》卷五，T22/263/b）

4. 例举

（1）药者，酥、油、生酥、蜜、石蜜。（《四分律》卷十，T22/628/a）

（2）八难者，若王，若贼，若火，若水，若病，若人，若非人，若恶虫。（《四分律》卷三十六，T22/823/a）

5. 譬况

（1）受乐者，譬如饥人得种种美食，彼以食为乐；又如渴人得种种好饮，彼以饮为乐受。（《僧祇律》卷二，T22/238/a）

（2）非句味者，如一人未称眼无常，第二人抄前言眼无常。（《四分律》卷十一，T22/639/a）

王绍峰在《初唐佛典词汇研究》中论述了唐代义净翻译的戒律佛经在训诂学方面的价值，他说："这些材料中，有的是对经文的申说，在我们看来训诂的意义不大；而有的虽然也是对经文学理的说解，但是我们可以在剥离其宗教色彩之后得到其关于语词的解释；另外有一些则完全可以视为正文中的训诂了。"[①] 中古律部汉译佛经中的随文注释，基本上都是解释词语在具体语境中的意义，而且多是从佛教教义的角度进行训释的，不同于辞书释义的高度概括性与严密性，但这些注释性的文字有助于理解字词的意义和用法，对词语训诂研究有重要的参考价值。

---

① 王绍峰：《初唐佛典词汇研究》，安徽教育出版社，2004，第35页。

四 研究概况

早在20世纪40年代，吕叔湘、周一良等便开始利用汉译佛典进行语法、词汇等语言学方面的研究。随后，在蒋礼鸿、李维琦、蒋冀骋、朱庆之、俞理明、梁晓虹、颜洽茂、方一新、蔡镜浩、董志翘、胡敕瑞、朱冠明、陈秀兰等学者的大力推动下，学界对汉译佛典词汇、语法等方面的研究逐渐深入，相关的专著和论文大量涌现。已有学者对汉译佛经语言研究做过详细总结[①]，此处不再赘述。专门以中古律部汉译佛经为对象进行研究的主要有以下几类。

（1）文字研究。从文字角度进行研究的主要有金双平《敦煌写本〈四分律〉俗字研究》，该文对敦煌写本《四分律》中的俗字进行系统搜集整理，并从辑录、辨析、致用等三个方面详细展开研究[②]。又，金双平《敦煌本〈四分律〉字词考》一文采用排比归纳、破除假借及分析内部结构等方法，对敦煌本《四分律》中的"篆""捒""指奇"等字词做了考释并加以探源[③]。胡方方《敦煌本〈四分律〉及其戒本写本考》在对敦煌写本《四分律》及其戒本进行调查的基础上，制作了敦煌写本《四分律》异体字表[④]，可以为《四分律》校勘整理以及敦煌文献研究提供参考。柴红梅《〈摩诃僧祇律〉的文字语料价值》从意符的增加或变换、改换声符、类化以及变换字体结构等四个方面例举了《摩诃僧祇律》中的俗字现象，并进一步从语言文字的角度分析《摩诃僧祇律》的语料价值[⑤]。总体上来看，从文字角度对中古律部汉译佛经进行研究的还不是很多，目前主要集中在

---

① 帅志嵩、谭代龙、龚波等编《佛教汉语研究论著目录（1980—2006）》（载朱庆之编《佛教汉语研究》，商务印书馆，2009）收录了1980~2006年中国大陆学者在境内外以及其他学者在中国大陆期刊公开发表的佛经汉语研究成果，是对《佛经文献语言研究论著目录（1980—2000）》（《汉语史研究集刊》第4辑，巴蜀书社，2001）的增补。另外，还有学者专门对汉译佛经的词汇研究进行总结和述评，如曾昭聪、刘玉红《佛典文献词汇研究的现状与展望》[《暨南学报》（哲学社会科学版）2010年第2期]，王冰《三十年来国内汉译佛经词汇研究述评》（《华夏文化论坛》第六辑，2011），张延成、童健《汉文佛典词汇研究现状述要》[《武汉大学学报》（人文科学版）2013年第4期]等。
② 金双平：《敦煌写本〈四分律〉俗字研究》，南京师范大学博士学位论文，2014。
③ 金双平：《敦煌本〈四分律〉字词考》，《兰台世界》2016年第8期。
④ 胡方方：《敦煌本〈四分律〉及其戒本写本考》，浙江师范大学硕士学位论文，2016。
⑤ 柴红梅：《〈摩诃僧祇律〉的文字语料价值》，《语文学刊》2016年第25期。

对敦煌写本《四分律》中的文字现象进行研究。

（2）词汇研究。词汇是中古律部汉译佛经语言研究的主要方面。朱冠明《略谈〈摩诃僧祇律〉的语料价值》[《正观》（台湾）2006年第38期]和曹小云、余志新《〈摩诃僧祇律〉的语料价值》[《安庆师范学院学报》（社会科学版）2008年第8期]等从词汇的角度对《摩诃僧祇律》的语料价值进行研究。钱群英《佛教戒律文献释词》（《语言研究》2004年第2期）、张建勇《中古律部汉译佛经语词札记》[《中国海洋大学学报》（社会科学版）2005年第6期]、金双平《〈四分律〉俗语词考释》（《兰台世界》2012年第10期）等对中古律部文献中的疑难词语以及方俗口语词进行考释研究。柴红梅《〈摩诃僧祇律〉中趋于消亡复音词演变机制探析》对《摩诃僧祇律》中典型双音节复合词的个案进行调查分析，探讨词语趋于消亡的动因和规律①。陈明运用梵汉对勘的方法对根本说一切有部系列律事和其他广律中的词语进行解释②。真大成《中古文献异文的语言学考察——以文字、词语为中心》从文字、词语的角度对中古律部汉译佛经中的部分异文进行了深入研究③。

近年来，将中古律部汉译佛经作为语言研究对象的博士、硕士学位论文也有很多，如钱群英《佛教戒律文献释词》以佛教戒律为研究对象，重点研究了《四分律》中复音词，挖掘《四分律》中的新词新义，并考释了佛教戒律文献中的部分词语④。杜晓莉《〈摩诃僧祇律〉双音复合结构语义复合关系研究》以《摩诃僧祇律》为语料，细致描写其中的双音复合结构在语义上的复合关系⑤。焦毓梅《〈十诵律〉常用动作语义场词汇研究》以《十诵律》为主要语料，研究了13个常用动作语义场的共时分布及其由上古到中古的发展演变，进而探寻常用动词语义场发展演变的原因和规

---

① 柴红梅：《〈摩诃僧祇律〉中趋于消亡复音词演变机制探析》，《汉语史学报》第11辑，上海教育出版社，2011。
② 陈明：《梵汉本根本说一切有部律典词语研究》，北京大学出版社，2018。
③ 真大成：《中古文献异文的语言学考察——以文字、词语为中心》，上海教育出版社，2020。
④ 钱群英：《佛教戒律文献释词》，《语言研究》2004年第2期。
⑤ 杜晓莉：《〈摩诃僧祇律〉双音复合结构语义复合关系研究》，四川大学博士学位论文，2006。

律①。姜黎黎《〈摩诃僧祇律〉单音动词词义演变研究及认知分析》以《摩诃僧祇律》中的经贸、医疗、拘囚类单音动词概念场为研究对象，在共时的静态描写和分析的基础上，从历时角度追溯了单音节动词词义的来源，描写词义演变的轨迹②。戴军平《〈十诵律〉词汇研究》以《十诵律》为研究对象进行专书词汇研究，该文主要从《十诵律》词汇系统概貌、新词新义、同素逆序词、异文以及对辞书修订的作用等方面进行研究③。柴红梅《汉语复音词研究新探——以〈摩诃僧祇律〉为例》是以《僧祇律》中的复音词为研究对象，对该书的语言特点及复音词研究价值、复音词构词法、复音词来源与演变等进行了较为系统的研究④。王冰《〈十诵律〉异文研究——以字词为中心》以具体的字词为考察对象，从音韵、文字、训诂等角度对《十诵律》中的字词进行综合的分析和校理⑤。

此外，胡畔《〈摩诃僧祇律〉词汇研究——以佛教语词、同素逆序双音词等为中心》（浙江大学硕士学位论文，2009）、黄郁佳《〈四分律〉古今同形复音形容词研究》（浙江大学硕士学位论文，2009）、卫燕红《敦煌写本〈四分律〉复音词研究——以北6800、6802—6805号卷为例》（南京师范大学硕士学位论文，2009）、胡伟《〈鼻奈耶〉词汇研究》（湖南师范大学硕士学位论文，2012）、彭杨莉《〈四分律〉佛教医学词汇研究》（华中师范大学硕士学位论文，2013）、王玉兰《东晋译经概念场词汇系统研究——以〈摩诃僧祇律〉为中心》（安徽大学硕士学位论文，2014）、王艳红《〈弥沙塞部和醯五分律〉中双音节新词新义研究》（辽宁师范大学硕士学位论文，2015）等，从不同的角度对中古律部汉译佛经中的词汇进行研究。

（3）语法研究。对律部佛经语法研究较为深入的主要是朱冠明，他在《〈摩诃僧祇律〉情态动词研究》一书中以《摩诃僧祇律》中的情态动词为具体研究对象，结合现代语言学理论，从共时和历时的角度对中古汉语

---

① 焦毓梅：《〈十诵律〉常用动作语义场词汇研究》，四川大学博士学位论文，2007。
② 姜黎黎：《〈摩诃僧祇律〉单音动词词义演变研究及认知分析》，浙江大学博士学位论文，2010。2014年已由中国社会科学出版社出版。
③ 戴军平：《〈十诵律〉词汇研究》，暨南大学博士学位论文，2012。
④ 柴红梅：《汉语复音词研究新探——以〈摩诃僧祇律〉为例》，天津古籍出版社，2014。
⑤ 王冰：《〈十诵律〉异文研究——以字词为中心》，武汉大学博士学位论文，2021。

情态动词的语义用法及其发展演变进行描写和分析①。龙国富《〈十诵律〉中的两个语法形式》主要对《十诵律》中两个新产生的语法形式进行分析研究：一是方所指代词普遍双音节化而形成的"指代语素+方所语素"形式；二是表示事物等同的"如+名词+许"形式②。姜黎黎《〈摩诃僧祇律〉疑问代词研究》对《僧祇律》中的疑问代词进行全面的统计和分析③。另外还有一些学位论文对律部佛经的语法现象进行了探讨，如周玉瑶《〈摩诃僧祇律〉处所介词研究》（浙江大学硕士学位论文，2008）、张伟《〈弥沙塞部和醯五分律〉助动词研究》（四川师范大学硕士学位论文，2010）、王云《〈摩诃僧祇律〉副词研究》（安徽师范大学硕士学位论文，2011）、古艳睿《〈摩诃僧祇律〉连词研究》（四川师范大学硕士学位论文，2012）、陈欢欢《〈鼻奈耶〉连词研究》（辽宁师范大学硕士学位论文，2018）、陆恒《〈摩诃僧祇律〉疑问句研究》（苏州大学硕士学位论文，2019）等。

（4）文献校勘研究。文献校勘研究涉及敦煌写本残卷缀合、文献异文及佛经音义等方面。如张涌泉、胡方方《敦煌写本〈四分律〉残卷缀合研究》一文通过残字、内容、行款、字迹、书风等不同角度的比较分析，对敦煌写本《四分律》残卷进行缀合研究④。又张涌泉、刘丹《敦煌本〈摩诃僧祇律〉残卷缀合研究》通过对比写卷内容、断痕、书风、行款等，将《摩诃僧祇律》54号（片）缀合为14组⑤。黄沚青、胡方方《敦煌本〈四分律比丘戒本〉残卷缀合研究》将其中27号缀合为12组⑥。异文研究主要有熊果的《〈四分律〉异文研究》，该文以《大正藏》本《四分律》为底本，并利用《中华大藏经》和《乾隆大藏经》等不同版本辑出异文条目，分析其中的异文，试图构建《四分律》异文体系⑦。邵灿《〈鼻奈耶〉异文研究》梳理了《鼻奈耶》中的异文，从字形关系、语音关系、音义关

---

① 朱冠明：《〈摩诃僧祇律〉情态动词研究》，中国戏剧出版社，2008。
② 龙国富：《〈十诵律〉中的两个语法形式》，《语言研究》2004年第2期。
③ 姜黎黎：《〈摩诃僧祇律〉疑问代词研究》，《语文知识》2017年第11期。
④ 张涌泉、胡方方：《敦煌写本〈四分律〉残卷缀合研究》，《浙江社会科学》2015年第6期。
⑤ 张涌泉、刘丹：《敦煌本〈摩诃僧祇律〉残卷缀合研究》，《敦煌学辑刊》2018年第2期。
⑥ 黄沚青、胡方方：《敦煌本〈四分律比丘戒本〉残卷缀合研究》，《古汉语研究》2018年第4期。
⑦ 熊果：《〈四分律〉异文研究》，湖南师范大学硕士学位论文，2011。

系、语义关系和其他关系五个层面对异文进行分类，并考辨了部分异文①。金双平《敦煌写本〈四分律〉及其校勘价值》主要利用敦煌遗书，校订《中华藏》中的《四分律》的俗写和讹误②。黄仁瑄《〈四分律〉之玄应"音义"校勘举例》(《语文研究》2013年第3期)，丁庆刚《〈摩诃僧祇律〉之慧琳"音义"考校》(《殷都学刊》2017年第3期)、《〈十诵律〉之慧琳"音义"考校》(《天中学刊》2017年第4期)等对律部佛经音义进行校勘研究。梁晓虹《〈四分律音义〉汉字研究》对日本宫内厅书陵部藏一卷本《四分律音义》进行研究，揭示了其价值，并从俗字的研究角度，对其中的讹误现象加以考辨疏证③。还有梁晓虹、陈五云《〈四分律音义〉俗字拾碎》(《アカデミア・文学语学编》第83号，2008)等。

(5) 其他方面研究。在文献语言之外，学者们还从社会、文学、文化及佛学等方面对戒律进行了深入研究。如严耀中《佛教戒律与中国社会》一书主要围绕佛教戒律与中国社会世俗道德、佛教戒律和法律的关系等诸多方面展开深入论述④。吴海勇《中古汉译佛经叙事文学研究》主要从文学角度对中古律部汉译佛经进行研究，此书设专章对戒律文学进行研究，作者认为律藏的主要内容戒律构成佛经文学的重要类别——僧伽罪案文学⑤。还有龙延《〈摩诃僧祇律〉与〈四分律〉记述故事之比较》(《烟台师范学院学报》2003年第3期)、梁丽玲《佛经"雁衔龟"故事在中国的传播与影响》(《世界文学评论》2009年第1期)、金双平《敦煌写本〈四分律〉的文化价值》(《兰台世界》2013年第8期)等。

从佛学的角度进行研究的成果比较丰富，如劳政武《佛教戒律学》(宗教文化出版社，1999)、陈开勇《佛教广律套语研究》(《河池师专学报》2004年第1期)、王振钰《和合僧团 正法久住——从〈四分律〉看佛祖结戒本意》(《五台山研究》2005年第2期)、普超《受畜金银戒之探讨——以汉译〈四分律〉与〈摩诃僧祇律〉为考察中心》(《普陀学刊》

---

① 邵灿：《〈鼻奈耶〉异文研究》，湖南师范大学硕士学位论文，2021。
② 金双平：《敦煌写本〈四分律〉及其校勘价值》，《湖北民族学院学报》(哲学社会科学版) 2012年第5期。
③ 参见梁晓虹《日本古写本单经音义与汉字研究》，中华书局，2015，第503页。
④ 严耀中：《佛教戒律与中国社会》，上海古籍出版社，2007。
⑤ 吴海勇：《中古汉译佛经叙事文学研究》，学苑出版社，2004。

第 1 辑，上海古籍出版社，2014）、王磊《"律分五部"与中古佛教对戒律史的知识史建构》（《中国哲学史》2015 年第 4 期）、徐强《汉唐佛教戒律传译研究》（四川大学硕士学位论文，2005）、杨曾文《佛教戒律和唐代的律宗》（《佛教文化》2005 年第 3 期）等。

除以上研究外，我们还注意到一些散见于专著中的研究成果，如周一良《魏晋南北朝史札记》，蒋礼鸿《敦煌变文字义通释》，李维琦《佛经释词》《佛经续释词》《佛经词语汇释》，项楚《敦煌变文选注》，俞理明《佛经文献语言》，朱庆之《佛典与中古汉语词汇研究》，颜洽茂《佛教语言阐释——中古佛经词汇研究》，曾良《敦煌佛经字词与校勘研究》，郑贤章《汉文佛典疑难俗字汇释与研究》，于淑健《敦煌佛典语词和俗字研究——以敦煌古佚和疑伪经为中心》等，都不同程度地将中古律部汉译佛经作为语言材料，这也说明中古律部汉译佛经在语言研究中的重要价值。

从上述研究成果来看，已有学者对中古律部汉译佛经进行了多方面的探索，这些研究成果既加深了我们对中古律部汉译佛经的认识，也为进一步深入研究提供了重要的参考。但我们也看到这些研究还存在一些不足。一是中古律部汉译佛经的研究还没有引起足够的重视。从目前的研究成果来看，具有代表性的研究成果较少。二是研究存在不平衡性，已有的研究成果中，《僧祇律》的研究成果较多，《四分律》和《十诵律》次之，《五分律》和《鼻奈耶》的研究成果较少。三是未能将具有同质语料的几种中古律部汉译佛经放在一起进行综合研究，因而不便于对中古律部汉译佛经进行整体认识和了解。综上，我们认为对中古律部汉译佛经词汇进行考察和研究还有一定的空间和余地。

五　研究方法

（1）语言与文献相结合。文献校理是语言研究的基础。我们以《大正藏》所收中古律部汉译佛经为底本，比勘各本之异同，同时对比敦煌写本中所收中古律部汉译佛经，试图将传统文字学、训诂学、校勘学知识与词汇学理论结合起来，通过辨形、审音、推例、探源等手段，力求客观准确考辨中古律部汉译佛经中的词语。

（2）共时与历时相结合。共时研究与历时研究相结合是汉语词汇史研究的有效方法之一。共时描写是深入研究词汇的前提，只有对中古律部汉译佛经词汇进行全面的描写，才能为下一步深入研究奠定基础。同时也要关注词汇发展的前后历时联系，弄清相关词语的发展脉络。本书立足于中古律部汉译佛经的词汇材料，将共时与历时有机结合，力求做到纵横比较与源流并重。

（3）描写与解释相结合。王云路在谈到词汇研究时说："不能对词语只作单个的、零散的分析，而要把同类词语集中起来进行考察，从而发现其间秩然有序的条贯，或者说是构词规律。"① 本书将中古律部汉译佛经看作一个共时的平面系统，对其中的词汇现象进行描写。在描写的基础上，试图运用语言学相关理论对词汇现象做出合理的分析与解释。

（4）内典与外典相结合。我们以中古律部汉译佛经为语料进行词汇研究，但是也不能局限于此。汪维辉认为："佛经语料很复杂，有些问题颇为费解，我们在研究这一时期的语言的时候，应该把佛经与中土文献结合起来，这样得出的结论才会更全面准确。"② 因此，为了避免佛典文献的这种局限性，我们在研究中古律部汉译佛经词汇时将内典与外典相结合，以便得出客观的结论。

---

① 王云路：《从〈唐五代语言词典〉看附加式构词法在中近古汉语中的地位》，《古汉语研究》2001年第2期。
② 汪维辉：《东汉—隋常用词演变研究》，南京大学出版社，2000，第19页。

第一章
中古律部汉译佛经词汇研究价值

汉译佛典对汉语史研究具有十分重要的意义。正如季羡林所说："不研究佛教对中国文化的影响，就无法写出真正的中国文化史、中国哲学史甚至中国历史。""再细分起来，更无法写中国绘画史、中国语言史、中国建筑史、中国音乐史、中国舞蹈史，等等。"① 大量汉译佛经的出现，为汉语史研究，特别是中古汉语词汇史的研究提供了宝贵的材料。

中古律部汉译佛经对汉语词汇史的研究有着重要的价值。首先，可以充实汉语的词汇系统。一方面，中古律部汉译佛经吸收大量外来词，如"涅槃""忏悔""精进""袈裟""地狱""劫""刹那""夜叉""比丘""由旬"等。另一方面，为表达新生事物而创造了很多的新词，如"头光"一词最早出现在《十诵律》中，指戴在头上的装饰物。《十诵律》卷四十七："佛在舍卫国，尔时偷兰难陀比丘尼，着头光在淫女门中立。"（T23/343/a）"鬼村"指众生依住之草木。《僧祇律》卷十四："若比丘坏种子破鬼村者，波夜提。"（T22/339/a）《十诵律》卷十："鬼村者，谓生草木，众生依住。众生者，谓树神、泉神、河神、舍神、交道神、市神、都道神、蚊虻、蛣蜣、蛱蝶、噉麻虫、蝎虫、蚁子，是众生以草木为舍，亦以为村聚落城邑。"（T23/75/a）还有如"澡灌""陶作""地了"等大量的新词。

其次，可以丰富汉语词汇的构造方式。汉译佛经通过语音造词、修辞

---

① 季羡林：《我和佛教研究》，《文史知识》1986 年第 10 期。

造词、语素合成造词等产生了大量的新词，如"璎珞""琉璃""法鼓""火坑""劫数"等。梁晓虹在《佛教词语的构造与汉语词汇的发展》一书中列举了佛教词语构造的几种方式，如音译词、意译词、合璧词、佛化汉词、佛教成语等，并详细论述了汉译佛经对词汇构造方式的影响①。此外，中古律部汉译佛经中复音词大量增加，有助于加速汉语词汇双音化的进程。

综上所述，中古律部汉译佛经成为汉语词汇史尤其是中古词汇史研究中不可或缺的珍贵语料。除此之外，中古律部汉译佛经词汇研究在文献学和辞书学等方面都有重要的价值，不仅有助于中古律部佛经的校勘整理，也可以为大型语文辞书的编纂修订提供参考。

第一节　词汇研究与律部佛典校理

文献校理是语言研究的基础。汉文佛典版本众多，异文情况错综复杂，给佛经文献整理及佛经语言研究带来诸多困扰。朱庆之曾说："佛典的不同版本之间存在的大量异文也没有得到认真的研究。这意味着迄今为止对佛典的语言学利用基本上没有建立在必要的文献学研究基础之上。这是相当危险的，必须引起高度的重视。"② 近年来，这种情况虽然有所好转，但是也还普遍存在。万金川也指出："在佛典语言研究领域里，对于佛典书面语料的运用本来就应该时时保持版本学上的清醒以及校勘学上的警觉。"③ 只有建立在文献校勘的基础上，汉译佛经才能为语言研究提供准确可靠的材料。同时，科学合理地利用这些校勘材料，可以为梳理文字演变、辨正文字讹误、考释疑难词语等提供重要的线索和材料。

---

① 梁晓虹：《佛教词语的构造与汉语词汇的发展》，北京语言学院出版社，1994。
② 朱庆之：《佛教混合汉语初论》，《语言学论丛》第24辑，商务印书馆，2001。朱庆之编《佛教汉语研究》有收录，商务印书馆，2009，第25页。
③ 万金川：《文本对勘与汉译佛典的语言研究——以〈维摩经〉为例》，见《汉译佛典语言研究》，语文出版社，2014，第182页。

一　判定异文是非

（一）彼当日三问讯和尚，朝中日暮，当为和尚执二事，劳苦不得辞设，一修理房舍，二为补浣衣服。和尚如法所教事，尽当奉行。若遣往方面周旋不得辞设，假托因缘住。若辞设者，当如法治。（《四分律》卷三十三，T22/803/a）

按："辞设"一词费解。例中"辞设"之"设"，《大正藏》校勘记曰：宋、元、宫本作"诞"，明本作"惮"。究竟何者为是呢？

通过检索，我们找到几处与上揭例句所述内容相同的语例。

（1）当为和尚尼执二事，劳苦不得辞设，一修理房舍，二为补浣衣服。（唐怀素集《尼羯磨》卷一，T40/544/b）

（2）当为师执二事，劳苦不得辞诞，一修理房舍，二补浣衣服。（明智旭录释《重治毗尼事义集要》卷十二，X40/442/c）

（3）当为师执二事，劳苦不得辞惮，一修理房舍，二为补浣衣服。（明弘赞绎《四分戒本如释》卷九，X40/270/a）

上举几例句义基本相同，即弟子不得因劳苦而推辞为和尚、和尚尼等"修理房舍"和"补浣衣服"。同样的内容，在不同的佛经文献及后代的注疏中不断再现，这为研究语言提供了重要线索。以上三例与例（一）所表达的意思是完全一致的，然而用字颇有分歧，文中"设"除作"诞""惮"外，例（1）中的"设"字，《大正藏》校勘记曰：宋、元、明、宫本作"说"。根据这三例以及相关异文，我们认为当作"辞惮"。

"辞惮"一词在汉译佛经中有不少用例，如：

（4）佛在舍卫城。尔时诸比丘使比丘尼浣染擘糯羊毛，诸比丘尼为供养故，不敢辞惮[①]，便多事多务，妨废读诵、坐禅、行道，诸居

[①] 此例中"辞惮"之"惮"，《中华藏》本《五分律》（底本为金藏广胜寺本）对应文字作"弹"（C39/946/a），校勘记曰：碛、普、南、径、清、丽作"惮"。按，"弹"亦为"惮"之误。

士见闻讥呵。(《五分律》卷五，T22/36/a)

(5) 百千劫所造行，息心最为妙。远离名色，解脱自在，甘露味甚深。为彼众生故而说其法，忍甚勤劳，未曾辞惮，为一切结使故，不起尘劳。(苻秦僧伽跋澄等译《僧伽罗刹所集经》卷三，T04/138/a)

《大词典》① 释"辞惮"为"因胆怯而推辞"，将"惮"解释为"胆怯"恐有望文生义之嫌。"惮"当为"劳"义。《诗经·小雅·大东》："契契寤叹，哀我惮人。"毛传："惮，劳也。"唐陆德明释文："惮，字亦作瘅。"《集韵·换韵》："瘅，《说文》：'瘅，劳病也。'或从心。"明弘赞《四分律名义标释》卷二十三"辞惮"："惮，杜晏切，坛去声，忌难也。又丁佐切，多去声，劳也。"(X44/583/a) 例 (4) 中"辞惮"的对象是"浣染擘襦羊毛"，例 (5) 中"辞惮"的对象是为众生说法，做这些事情都会非常辛苦，而并不会有害怕之义存在。

此外，佛经中有"辞劳""辞劳惮"的说法，亦可佐证"辞惮"之义，如：

(6) 王正以忧悲，感切师大臣，如鞭策良马，驰驱若迅流，身疲不辞劳，径诣苦行林。(北凉昙无谶译《佛所行赞》卷二，T04/16/b)

(7) 汝等亦须坚持梵行，常无退转。得无生法忍，归佛法僧。恒巡六道，而作护念。劝发菩提，莫辞劳惮。(唐阿地瞿多译《陀罗尼集经》卷七，T18/851/b-c)

例 (6) 中"辞劳"当为因劳苦而推辞之义。汉译佛经中"辞"后常接劳苦、劳倦等词，姚秦竺佛念译《出曜经》卷二十一："夫人习行，不唐其功，毕竟其学，不辞劳苦，以己所信，平等无二，勤加精进，日有新业，附近明智，不亲弊友。"(T04/723/b) 唐般若译《大乘理趣六波罗蜜多经》卷三："或生下贱，恒不自安，系属于人，进退唯命，常冒寒热，不知温凉，汲水采薪，不辞劳倦。"(T08/877/b) 例 (7) 中"辞劳惮"

---

① 本书中《大词典》均指《汉语大词典》。

亦表示推辞劳苦之义，"劳惮"与"劳苦""劳倦"词义相同或相近。"劳苦""劳倦"为同义连文，"劳惮"亦当如是。实际上，中土文献早有"劳惮"一词，《韩非子·三守》："恶自治之劳惮，使群臣辐凑用事。"《新唐书·娄师德传》："后尝谓师德：'师在边，必待营田，公不可以劬劳惮也。'"可见，"惮"为"劳"义，"辞惮"即"辞劳"。

"辞惮"之义既明，佛经中某些难解的异文现象可因之得以解释，东晋瞿昙僧伽提婆译《增壹阿含经》卷四十七："如来见记六十劫中成辟支佛，号名曰南无，设我以右胁卧阿鼻地狱中，终不辞劳。"（T02/806/a）此句中"劳"字，正仓院圣语藏本作"设"。"劳"与"设"形音均不相近，其致误之由当为"辞劳"有同义异文作"辞惮"，而"惮"又音讹为"诞"。"诞"有异体作"訑"，《史记·龟策列传》："人或忠信而不如诞谩"南朝宋裴骃集解引徐广曰："诞，一作訑。""訑"俗写与"设"近似，疑"设"为"訑"之形讹。盖因"设"与"说"形近，故例（1）中"辞设"之"设"宋、元、明、宫本又讹作"说"。

（二）若用水时，应先看水有虫无虫。不得多用水，然要使周事，以器捲水，极令安徐①。（《五分律》卷二十七，T22/177/a）

按：例中"捲水"之"捲"，《大正藏》校勘记曰：正仓院圣语藏本作"率"。"捲水""率水"二者孰是孰非，抑或二者皆误？我们查阅《大正藏》之外的其他藏经版本，多作"捲水"或"率水"，而《赵城金藏》本《五分律》对应文字作"以器semantic水"。"semantic"即"semantic"之俗写。《碛砂藏》本《五分律》对应文字作"捲水"，其卷末随函音义"捲水"条："上正作semantic，居愿反。"《玄应音义》卷十五《五分律》第二十五卷"semantic水"注："居万反。《通俗文》：'汲取曰semantic。'《说文》：'杅②漏也。'"（C056/1053/c）五代经师可洪《新集藏经音义随函录》（以下简称《可洪

---

① 拙文《〈五分律〉疑难字词考辨四则》（《汉语史研究集刊》第23辑，四川大学出版社，2017）曾对该条做过讨论，今略有改动。又真大成《汉文佛经用字与疑难词语考释》（《汉语史学报》第17辑，上海教育出版社，2017）一文亦对此则材料进行了研究，指出"卷水"应读作"semantic水"，义为舀水；而"率"则是"semantic（semantic）"的形近讹字。

② "杅"，《慧琳音义》卷五十八作"抒"，参见徐时仪校注《一切经音义三种校本合刊》，上海古籍出版社，2012，第338页。

音义》）卷十五"捲水"（K35/100/c）、卷十六"捲取"（K35/164/c）等均曰："上居愿反。㪺也。正作斠。"从藏经版本异文及佛经音义所释来看，当作"斠水"为是。"斠水"就是用瓢、勺等器具㪺水，"斠"字此义习见于汉文佛典：

（1）敕边侍人："捉持器来，吾斠海水，至于底泥，不得珠者，终不休懈。"即器斠水，以精进力，不避苦难，不惜寿命，水自然趣，悉入器中。（西晋竺法护译《生经》卷一，T3/75/c）

（2）用净铜匙，若铜杓等，斠油灌其二像身顶一百八遍。（唐阿地瞿多译《陀罗尼集经》卷十一，T18/884/c）

例（1）中"斠海水"，是指用器具㪺海水。吕有祥译注《佛说本生经》把此例中"斠"字录作"汲"①，翻译为"汲尽海水"，不确。"斠"同"斝"。《集韵·愿韵》："斝，或从升。"《广雅·释诂》："斝，抒也。"从上两例可知，"斠"的对象一般是水或者油等液体物质。"斠"字在汉文佛典中也有异文写作"捲"或"惓"的，如：

（3）佛言："若粥初出釜，画不成字者，听除肉粥、鱼粥，余一切粥，非处处食，非别众食，非满足食。若比丘乞食，煮饭未熟，合㶱汁斠与，食者无罪。若但取饭与，食者，名别众食、处处食、满足食。"（《僧祇律》卷二十九，T22/463/b）

（4）六者典藏宝，臣王须宝时，手执神器，用以斠空，泻则成宝，取止随王。（姚秦竺佛念译《菩萨处胎经》卷第五，T12/1038/a）

例（3）中的"斠"，《大正藏》校勘记云：宋、元、明、宫本均作"捲"。《可洪音义》卷十五《僧祇律》第二十九卷"捲与"："上居愿反，㪺物也，正作斠。又音惓，非也。"（K35/97/c）例（4）中的"斠"，《大正藏》校勘记云：宋、宫本作"捲"，知思院本作"惓"。"斠"误作

---

① 吕有祥译注《佛说本生经》，宗教文化出版社，2005，第55页。

"捲"或"惓",盖因其读音相近。《广韵》"臠"为见母愿韵;"捲"为群母仙韵,二音声韵相近。另外,"臠"字在佛经中也写作"卷",例(1)中的文字亦见于《经律异相》,《大正藏》本《经律异相》卷九对应文字作"吾卷①海水"(T53/48/c)。《可洪音义》卷十八《经律异相》第九卷"吾卷":"居愿反,㕮水也。正作臠。"(K35/387/b)可洪认为作"臠"可信。

上揭例中"捲",圣本作"率",当与"臠"字形近而误。在汉文佛经中,"臠"与"率"作为异文互用的情况也有用例,如:

(5)泻水时简折,佛言:"应以余器率取,泻水瓶中。时患弃水,应作澍水筒。若悬绳断,上安铁镮钮。"(《四分律》卷五十,T22/942/c)

此例中"率"当是"臠"之形误。《大正藏》校勘记:宋、元、明、宫本均作"臠"。明弘赞《四分律名义标释》卷三十三"臠取":"臠,同臠,俱愿切。音见,抒满②也。臠,舀也。"(X44/657/a)揆其致误之由,当与"臠""率"俗书相似有关。"臠"俗书与"率"相近,如敦煌写卷P.3906《碎金》:"手𢮦物:居援反。"③此例中"𢮦"即"臠"字。清王太岳等纂辑《四库全书考证》卷二十一《集韵》卷七:"臠,刊本讹臠,据《说文》改。"④而"率"亦有俗书作"𢮦",《干禄字书》:"𢮦率:上俗下正。"通过以上分析,我们可以把"臠"字在佛典中的讹变情况分为两类:一是读音相近而致误,其致误过程可能为臠→捲→惓→卷;二是字形相近而致误,其致误过程可能为臠→𢮦→𢮦→𢮦→𢮦→率。

---

① 曾良在《俗写与佛经语言考校举例》一文中也指出此例中的"卷"当为"臠"的音借,见《中国文字学报》第5辑,商务印书馆,2014,第203页。
② "满",今本《说文》作"扁"。段玉裁注曰:"扁,各本作满,误。玄应作'漏'为是。"详见(汉)许慎撰,(清)段玉裁注《说文解字注》,上海古籍出版社,1988,第718页下。
③ 黄征:《敦煌俗字典》,上海教育出版社,2005,第213页。
④ (清)王太岳等纂辑《四库全书考证》,丛书集成初编本,第838页。

（三）时有天神，深爱佛法故，令调达睡，转左胁卧，鼾睡癫语，嘲呻振摆，**齘**齿作声。(《十诵律》卷三十七，T23/265/c)

按：例中"齘齿"之"齘"，《大正藏》校勘记云：宋、元、明、宫、圣本作"齘"。《中华藏》本《十诵律》第三十七卷底本为丽藏本，对应文字作"齘"(C37/726/c)，校勘记曰：诸本①作"齘"。今按作"齘"是。"齘"与"齘"形近而误。"齘齿作声"即指调达睡觉时磨牙发出的声音。《说文·齿部》："齘，齿相切也。"简帛文献中多有用例，如马王堆出土竹简《天下至道谈》："齘者，身振寒〈动〉，置已而久。"②隋巢元方《诸病源候论·齘齿候》："齘齿者，是睡眠而齿相磨切也。"《四分律》卷三十二："时童子于五欲中，极自娱乐已，疲极眠睡。眠睡觉已，即观第一殿。又见诸妓人所执乐器，纵横狼藉，更相荷枕，头发蓬乱，却卧鼾睡，齘齿癫语。"(T22/789/b)《玄应音义》卷十四《四分律》第三十二卷"齘齿"："下介反。《说文》：'齿相切也。'《三苍》：'鸣齿也。'律文作嗜，未详字出。"(C056/1031/b-c)《可洪音义》卷十五《僧祇律》第三十七卷"齘齿"："上胡界反，切齿怒也。又宜古八反，俗通语也。"(K35/109/b)从可洪所释可知"齘齿"应为当时俗语，但义并非"切齿怒也"。又《可洪音义》卷十六《根本说一切有部毗奈耶》第三十二卷"嗜齿"条曰："上辖、瞎二音，齿声也。正作齼也。经音义以'齘'字替之，下介反。"(K35/158/b)"齼"字佛典中有用例，隋阇那崛多译《佛本行集经》卷十六："或有婇女咬齿齼齼，鸣唤而眠。"(T03/728/c)《说文·齿部》："齼，齿坚声。"《玉篇·齿部》："齼，啮坚声。"清段玉裁注《说文》依《玉篇》订"齿"为"啮"。"啮坚声"即啃咬硬物发出的声音。邓福禄、韩小荆《字典考正》认为"齼"当为"睡眠时磨牙发出的声音"，并指出《大字典》③释为"用牙齿咬或啃硬物的声音"似乎不够准确④。

---

① 据《中华藏》校勘凡例可知，此处诸本包括石（房山云居寺石经）、资（宋《资福藏》）、碛（《碛砂藏》）、普（元《普宁藏》）、南（明《永乐南藏》）、径（明《径山藏》）、清（《清藏》）等七种校本。
② 此例转引自张显成《先秦两汉医学用语研究》，巴蜀书社，2000，第185页。
③ 本书中《大字典》均指《汉语大字典》。
④ 邓福禄、韩小荆：《字典考正》，湖北人民出版社，2007，第486页。

汉译佛经中"齘齿"之"齘"也有误作"吩"的,《十诵律》卷十一:"尔时长老迦留陀夷恶眠不一心眠,鼾眠齘齿,寱语频申,拍手动足,作大音声。"(T23/78/c)此例中"齘齿"之"齘",正仓院圣语藏本作"吩"。今按,"吩"是"呌"的讹字。郑贤章指出:"《随函录》中'芬'读'古败反',乃'芥'字之讹,构件'分'与'介'形体近似俗写易误。"① "呌"乃"齘"的俗字。《龙龛手鉴·口部》:"呌,俗,正作齘。""分"与"介"形近,清王引之《经义述闻·通说·形讹》:"介字隶书与分相似而误为分。"因二者形近易混,故正仓院圣语藏本讹作"吩"。

(四) 佛故投暮往到其所,求索寄止龙室中宿。答言:"甚不<u>爱</u>也,中有毒龙,恐相害耳!"佛言:"无苦,龙不害我!"(《五分律》卷十六,T22/108/a)

按:例中"爱"字,《大正藏》校勘记曰:宋、元、明、宫本作"受"。西晋竺法护译《普曜经》亦载有此事,卷八中对应文字为:"不爱也,中有毒龙,恐相害耳!"(T03/530/c-531/a)此例中的"爱",《大正藏》校勘记曰:宋、元、明本作"受"。然而从文义来看,当作"爱"为是。"爱"有"吝惜"之义。《孟子·梁惠王上》"百姓皆以王为爱也"赵岐注曰:"爱,啬也。"朱熹注曰:"爱,犹吝也。"上揭例中的故事在其他佛经文献中亦有记载,吴支谦译《太子瑞应本起经》卷二:"迦叶曰:'有何敕使?'佛言:'欲报一事,傥不瞋恚,烦借火室,一宿之间。'曰:'不爱也。中有毒龙,恐相害耳。'"(T03/480/c)后汉康孟详译《中本起经》卷一:"迦叶答曰:'实不有爱,恐龙为害耳。'"(T04/150/b)此两例中对应文字均作"爱",可以佐证"受"为"爱"之形误。

李维琦指出:"佛经有前人译了,后人又译的情形。类似的故事或说法,有在此经中说过,彼经中又再说的。这就为以此证彼或以彼证此提供了条件。"② 中古律部汉译佛经之间故事多有重复,故也可相互比勘来考辨异文是非。上揭《五分律》中故事在《四分律》卷三十二中也曾出现:"尔时世尊诣郁鞞罗迦叶所,到已语言:'吾欲借室,寄止一宿,可尔以

---

① 郑贤章:《〈新集藏经音义随函录〉研究》,湖南师范大学出版社,2007,第59页。
② 李维琦:《佛经词语汇释》,湖南师范大学出版社,2004,第435页。

不？'报言：'不惜，但此室有毒龙极恶，恐相害耳。'佛言：'无苦！但见借，龙不害我。'"（T22/793/b）因"爱"有"惜"义，故此例中的"不惜"正好对应《五分律》中的"不爱"。因"爱"与"受"字形相近，故二者经常相混。清代王引之早有论述，《经义述闻》卷十五："若谓爱而又敬，则经文当云爱而敬之，何得云爱之以敬乎？爱疑当作受字，相似而误也。"①

（五）旧住比丘尼语一居士言："今比丘尼僧露地布萨，有如是如是恼。如佛所说，若施僧堂舍最为第一。善哉，居士！可为僧作布萨堂！"答言："我多事不得自作，今以此物付阿姨，可共斷理。"（《五分律》卷十二，T22/84/c）

按：《大正藏》校勘记云："斷"，宋、元、明、宫、圣本作"料"。《中华藏》本《五分律》卷十二底本为金藏广胜寺本，对应文字作"料理"（C40/14/c），校勘记云：丽藏本作"斷理"。今按作"料理"是。"料理"有"管理""办理"之义。例中居士因"多事不得自作"，故将作布萨堂的事交付阿姨办理。也作"撩理"，《玄应音义》卷十四《四分律》第十三卷"撩理"注："力条反。《通俗文》：'理乱谓之撩理。'谓撩捋整理也。今多作料量之料字也。"（C056/1028/a）《可洪音义》卷十五《僧祇律》第十一卷"斷理"："上力调反，正作料也。又丁乱反，非。"（K35/93/a）明弘赞《四分律名义标释》卷十三："撩，连条切，音聊，谓捋、整理也。《通俗文》云：'理乱谓之撩理。'今俗多作料字。"（X44/502/b）梁晓虹指出："盖撩通作料，训为整理，故凡营护其人，与整治其事物，皆可谓之料理也。"②

"料"与"斷"看似形体相差很大，但俗写中二者相似。"斷"俗写作"断"。《广韵·换韵》："斷，俗作断。""料"俗写又作斩，《龙龛手鉴·米部》："斩，俗；料，今读聊。"而"斷"亦有作"斩"的，《尹祥墓志》中"斷"写作"![char]"，毛远明认为："'斩'是由'斷'进一步简

---

① （清）王引之：《经义述闻》，见《续修四库全书》第 174 册，上海古籍出版社，1995，第 598 页。
② 梁晓虹：《〈四分律音义〉俗字拾碎》，见《佛教与汉语史研究——以日本资料为中心》，上海古籍出版社，2008，第 129 页。

省，完全失去理据。"①"斷"与"料"相互讹误用例很多，郑贤章已对《随函录》中"料理"讹作"斷理"，"取斷"讹作"取斱"进行了分析②，可参见。由以上论述可知，其讹误过程大致为：料理→斱理→断理→斷理。

二 匡正刊刻谬误

（一）佛言："从今日饥饿时，听诸比丘食竟，不受残食法，听敢③池物。何等池物？若莲根、莲子、<u>菱芡</u>、鸡头子，如是种种池物听食。"（《十诵律》卷二十六，T23/191/a）

按：例中讲述了佛陀准许比丘在饥饿时所食的"池物"，即莲根、莲子、菱芡、鸡头子等几种水生植物。其中，"菱芡"之"芡"即为芡实。《方言》卷三："䓈、芡，鸡头也。北燕谓之䓈，青徐淮泗之间谓之芡，南楚江湘之间谓之鸡头，或谓之雁头，或谓之乌头。"《文选·张衡〈东京赋〉》："献鳖蜃与龟鱼，供蜗蠃与菱芡。"薛综注曰："菱，芰也。芡，鸡头也。"《齐民要术》卷六："芡，一名鸡头，一名雁喙，即今芡子是也，由子形上花似鸡冠，故名曰鸡头。"清乾隆《铜陵县志》卷六："芡，俗名鸡头子。"由上述引文可知，"菱芡"之"芡"与"鸡头""鸡头子"等为同物异名。若此，则"芡"与后文"鸡头子"重复，颇疑"芡"字有讹，本当作"芰"。

"菱芰"乃同义连文，均指"菱角"，其主要区别在于角的数量不同。明弘赞《四分律名义标释》卷二十八"菱芰"："菱，离呈切，音灵。芰，奇寄切，音忌。三角、四角曰芰，两角曰菱，总谓之水栗，亦呼菱米，俗名菱角。"（X44/621/c）明嘉靖《建阳县志》卷四："菱角，芰实也……《武陵记》云：'四角、三角曰芰，两角曰菱。'""菱芰"并称亦指菱角，与莲根、莲子、鸡头子等均属"池物"。

通过律部文献对勘亦可证"芡"为"芰"之讹。姚秦佛陀耶舍共竺佛念译《四分律》卷四十三："时诸比丘食已，得水中可食物，藕根、迦婆

---

① 毛远明：《汉魏六朝碑刻异体字典》，中华书局，2014，第185页。
② 郑贤章：《〈新集藏经音义随函录〉研究》，湖南师范大学出版社，2007，第249、357页。
③ "敢"，《大正藏》校勘记：宋本、元本、明本、宫本作"噉"。

陀、薐芡、藕子，于比丘边作余食法，彼或分食，或都食尽。"（T22/876/b）此例中四种"水中可食物"与上揭《十诵律》卷二十六中所述应当一致，其中"迦婆陀"即"鸡头子"，明弘赞《四分律名义标释》卷二十八有释："迦婆陀，即鸡头子，一名雁喙，一名茨生，一名茨实……华下结实，形类鸡雁之头，故名鸡头。"（X44/621/c）上揭例中"薐茨"当与此例中"薐芡"相同，足见"茨"乃"芡"之讹。

徐时仪认为："今传本佛经在历代传抄翻刻中难免总会有一些衍脱错讹，而玄应和慧琳撰《一切经音义》所据是唐时传本，存汉唐佛经原貌，因而玄应和慧琳撰《一切经音义》也是整理校订佛学典籍的重要依据。"[1] 核考佛经音义，我们也可以找到"茨"当作"芡"的有力证据。《玄应音义》卷十五《十诵律》第二十六卷"菱芡"注曰："又作芰，同，渠寄反。《尔雅》：'菱，蕨薐。'注云：'即水中菱也。'律文作茨，音渠敛反。芡，鸡头也。"（C056/1042/b）又《慧琳音义》卷五十九《四分律》第四十三卷"薐芡"条："又作芰，同，渠智反。《说文》：'芡，薐也。'律文作苿，非也。"（T54/704/a）玄应和慧琳以"菱芡""薐芡"为词目进行注音释义，说明二者所见原文当作"芡"，或已经认识到"茨"字有误而改。《可洪音义》卷十六"薐苿"注曰："其寄反，鸡头也。正作薐芡。"（K35/162/a）可洪认为"正作薐芡"，亦可佐证"茨"当作"芡"。

（二）复次佛住舍卫城，广说如上。先客比丘，次得六群比丘房宿，夜闭户眠。时六群比丘协先嫌故，盗以滑塈，涂户阃上，当行处着滑塈及砖石。（《僧祇律》卷十五，T22/344/a）

按：例中"协先嫌故"之"协"费解，当为"挟"字之误。《尔雅·释言》："挟，藏也。"《广韵·帖韵》："挟，怀也；藏也。""协先嫌"即心怀旧怨。《玄应音义》卷十五《僧祇律》第十五卷直接以"挟先"为词目，并释曰："胡颊反。《尔雅》：'挟，藏也。'注云：'今江东通言也，谓怀意也。'律文作恊[2]和之恊，非也。"（C056/1047/b）《可洪音义》卷

---

[1] 徐时仪：《玄应和慧琳〈一切经音义〉研究》，上海人民出版社，2009，第240页。
[2] "恊"即"协"的异体。俗写中从"忄"（心）之部件，多写作"忄"，敦煌写卷中多有用例。参见蔡忠霖《敦煌汉文写卷及其俗字现象》，文津出版社，2002，第278页；黄征《敦煌俗字典》，上海教育出版社，2005，第455页。

十五《僧祇律》第十五卷"愶先"条:"上胡颊反,怀也,谓怀旧恨也。正作挟也。"(K35/93/c)可洪所释可从,当作"挟"为是。

汉译佛经中"挟"与"协"常互为异文,西晋竺法护译《贤劫经》卷一:"供事如来,好乐严净。不挟怯弱,敬重三宝。所在游居,无所稸积。度衣限食,不贪身命。"(T14/2/c)例中"挟"字,《大正藏》校勘记曰:宫本和圣本作"协"。又竺法护译《渐备一切智德经》卷一:"是诸凡夫,所见颠倒,邪不能正,唯念愚冥,求无益事,心怀意忆,游于尘劳,求恩爱网,协于谀谄,心行虚伪,悭嫉贪妒。"(T10/463/a)例中"协"字,《大正藏》校勘记曰:宋、元、明、宫本作"挟"。古籍中也有"挟"字误作"协"的,《三国志·吴书·陆逊传》:"协数以相危,小人之近事。"清赵一清等《三国志注补·补遗》曰:"'协'宋本作'挟'。"① "协"与"挟"在《广韵》中皆读为入声帖韵胡颊切,二者音同易误。

"挟"后多与"嫌""怨"等表示怨恨的词连用,如宋宝云译《佛本行经》卷七:"昔手臂力士,挟嫌结瞋恚,便执持武备,欲尽诸王种。"(T04/113/c)例中的"挟嫌",《大词典》释为"心怀怨恨",首引鲁迅《集外集拾遗补编》,书证偏晚。唐菩提流志译《大宝积经》卷七十二:"外道谛听,若从阿修罗终生人中者,当有是相,智者应知。高心我慢,常喜忿怒,好乐斗诤,挟怨不忘,起增上慢。"(T11/411/c)《慧琳音义》卷十四《大宝积经》第七十二卷"挟怨"注曰:"嫌颊反。《尔雅》:'挟,藏也。'《考声》:'藏于掖也。'《说文》:'持也,心持于怨不忘也。'"《大词典》释"挟怨"首引宋李心传《建炎以来系年要录》,例证亦偏晚。

又"挟"也讹作"侠",《僧祇律》卷三十五:"若和上、阿阇梨睡者,不得置,亦应与丸,彼恭敬法故应起,弟子应代行丸。彼应还坐,不得侠恨求过。"(T22/513/b)例中"侠",《大正藏》校勘记曰:元本、明本作"挟"。"侠"亦即"挟"之误,"挟恨"义为"怀恨在心"。唐道世《法苑珠林》卷七十六:"舍儿生平共普乐初善,后因相瞋侠怨。舍儿遂侠怨,漫引此人。"(T53/860/a)例中两处"侠"字,《大正藏》均有异文,

---

① (清)赵一清等:《三国志注补》,上海古籍出版社,2008,第392页。

校勘记曰：宋、元、明、宫本作"挟"。"挟"亦误作"狭"，竺法护译《度世品经》卷六："化诸众生，无所怀侠，照一切法经法门，劝诸群黎，使得长益。"（T10/653/b）例中"侠"字，《大正藏》校勘记曰：圣本作"狭"。"侠"与"狭"都不合文义，均为"挟"字之误。《慧琳音义》卷三十四《大方广如来藏经》"怀挟"条注曰："上户乖反。经从心，通用。《说文》正字作'褱'。褱，挟也。从衣眔声。下嫌颊反。何注《公羊》云：'挟，褱也。'《尔雅》云：'挟，藏也。'《说文》：'持也，从手从夹声。'经从人作侠，误也。"（T54/536/c）由慧琳所释可知，"怀挟"为同义并列复合词。俗写中"犭""亻"与"扌"形近，故佛典中"挟"常误作"狭"与"侠"。

（三）身分不端正者，眼瞎、偻脊、跛脚、膖脚、龋齿、瓠卢头。如是种种身分不端正，不应与出家；若已出家者，不应驱出。（《僧祇律》卷二十四，T22/421/c）

按："龋齿"即蛀齿，俗称为"蛀牙"或"虫牙"。《释名·释疾病》："龋，齿朽也，虫啮之齿缺朽也。"此义与例中"身分不端正"语义不符。从文义来看，"龋"即"齲"之误。《说文·齿部》："齲，齿不正也。"《玉篇·齿部》："齲，齿不齐也。"清黄生《义府》卷上"齲"条："《考工记》云：'察其菑蚤不齲，则轮虽敝不匡。'齲，齿参差也。今谓木器不平整曰齲。"① "齲齿"即牙齿参差不齐，正与例中"种种身分不端正"语义相吻合。佛教戒律中规定"身分不端正"者不得出家，如《僧祇律》卷二十四："尔时诸比丘度人出家，种种身分不端正，为世人所讥：'云何沙门释子度人身分不端正？出家之人，应身端严。此坏败人，何道之有？'"（T22/421/c）上揭例中"种种身分不端正，不应与出家"与此例中"出家之人，应身端严"表述相符，其中眼瞎、偻脊、跛脚等即"种种身分不端正"的具体表现，这当中也包括对牙齿的要求。隋阇那崛多译《佛本行集经》卷九："二十三者，齿不疏缺，不齹不齲。"（T03/693/a）《说文·齿部》："齹，齿参差。""不齹不齲"即牙齿整齐，此可证上揭例中当作"齲齿"为宜。

---

① （清）黄生撰，（清）黄承吉合按《字诂义府合按》，刘宗汉点校，中华书局，2006，第163页。

佛经音义所释亦可证"龋"当作"齵"。《玄应音义》卷十五《僧祇律》卷二十四"齵齿"注："五沟反。《苍颉篇》①：'齿重生也。'《说文》：'齿不正也，谓高下不齐平也。'律文作龋②，丘禹反。《说文》：'齿蠹也。'龋非此义。蠹，音丁故反。"（C56/1049/b）玄应认为作"龋"不合文义，故以"齵齿"立目。《可洪音义》卷十五《僧祇律》第二十四卷"喁齿"条注曰："上牛俱、五侯二反。齿重也。齞齵，齿偏也，正作齵也。又鱼容反，非。又经音义作龋，以齵字替之，是也。"（K35/96/c）可洪说解可从，作"齵"为是。唐义净译《根本说一切有部毗奈耶》卷二十五："时六众苾刍于诸苾刍作毁呰语云：'眇目、癃躄、背伛、侏儒、太长、太粗、聋盲、喑痖、拐行、肿脚、秃臂、大头、哆唇、齵齿。'"（T23/763/c）《大词典》释"齵齿"为"牙齿参差不齐"，引孤证例为明徐渭《书〈草玄堂稿〉后》："齵齿而笑，蓬首而搔。"例证偏晚。

（四）米中有谷，不知云何？佛言："听畜臼杵，令净人簸之。"不知以何物簸米，佛言："听畜簸箕。"（《五分律》卷二十六，T22/171/c）

按：例中"令净人簸之"之"簸"，《大正藏》校勘记曰：宋、元、明、宫、圣本作"伐"。《中华藏》本《五分律》卷二十六底本为金藏广胜寺本，其对应文字亦作"伐"（C40/186/a），未出校勘记。从文义来看，"伐"字与文义无关，而作"簸"字或可通，此句可以理解为"畜臼杵"舂米之后令净人"簸之"。然"簸"与"伐"音义均不相近，二者为何会形成异文呢？

窃以为"簸"与"伐"均误，当作"䬶"。"伐"乃"䬶"之音借字。《齐民要术·种红蓝花栀子》："䬶使甚细。"又《齐民要术·飧饭》："作粟飧法：䬶米欲细而不碎，䬶讫即炊，淘必宜净。"《广雅·释诂》："䬶，舂也。""䬶米"即舂米。上揭例中"臼杵"为舂米工具，且前文有"米中有谷"，故此处当作"䬶"更为合适。佛典音义中也可以找到证据，《玄应音义》卷十五《五分律》第二十六卷直接以"䬶之"立目：

---

① 又作《仓颉篇》。
② 龋，原作"齵"，据慧琳本、碛本改。参见（唐）释玄应撰，黄仁瑄校注《大唐众经音义校注》，中华书局，2018，第616页。

"符发反。《广雅》：'䏾，舂也。'《埤苍》：'䏾，䑙米也。'①《通俗文》：'捣细曰䊆。'䑙，音荡。"（C056/1053/c）由此可知，玄应所见版本当作"䏾"字。

"䏾"音"伐"，故以上各本均误作"伐"。《广韵·废韵》："䏾，䑙也。又音伐。"《广韵·月韵》"䏾"与"伐"在同一个小韵。《正字通·臼部》："䏾，房押切，音伐。舂米。"《慧琳音义》卷七十三《立世阿毗昙论》第八卷"舂䑙"注："《广雅》：'䑙，舂也。'《韵集》云：'䏾，䑙米也。'今中国言䏾，江南言䑙，论文作荡，非体也。䏾音伐，小舂。"（T54/781/b）从慧琳所释可知"伐"与"䏾"音同，且释为"小舂"与文义相符。《大正藏》在刊刻时因不解"伐"为"䏾"之音借字，又或受下文"簸米""簸箕"等词的影响而误改作"簸"。

第二节　词汇研究与语文辞书编纂

词汇研究与辞书编纂有着密切的关系。词汇研究可以为辞书在收词、立目、释义、书证等方面提供准确可靠的语料，辞书编纂则有利于词汇的记录和保存。《大词典》依据"古今兼收、源流并重"的编纂原则，成为迄今为止内容最丰富、篇幅最宏大的历时语文工具书，吕叔湘称之为"古往今来汉语词汇的档案库"②。但受到编纂时代和历史条件的限制，《大词典》在立目、释义、书证等方面也还存在一些疏漏。李维琦曾指出："我们传世的浩繁文献，可以分为两类，一类是中土文献，一类是佛典文献。我们在编辞书的时候，目光主要放在中土文献上，至于佛典文献，除了较有文学意义，为人们所熟悉的那很小的小部分之外，我们还没有来得及有较多的注意。"③《大词典》已经利用了部分佛经语料，但总体上来说还未引起足够的重视，对中古律部汉译佛经也还没有很好地利用和吸收。本节以《大词典》为例，从补充漏收词目、补充修订义项、提前补充书

---

① "䏾"原文作"䏾"，"䑙"原文作"䑙"，徐时仪据文义改正。参见徐时仪校注《一切经音义三种校本合刊》，上海古籍出版社，2012，第338页。
② 吕叔湘：《〈汉语大词典〉的性质和重要性》，《辞书研究》1982年第3期。
③ 李维琦：《佛经续释词》，岳麓书社，1999，前言第1页。

证等三个方面探讨中古律部汉译佛经词汇研究在辞书编纂修订方面的重要价值。

一 增补漏收词目

《大词典》是目前收词最为完备的大型语文工具书,本着"古今兼收"的原则共收词 37 万余条,被称为"集古今汉语语词之大成的巨著"。但汉语词汇浩如烟海,《大词典》难免有漏收条目。通过研究发现,中古律部汉译佛经中大量的词语可以补充《大词典》漏收词目。例如:

【步进】

(1) 时五通居士案如常法,乘白騨马车一由延迎,遥见诸比丘尼僧,便下车步进,褊袒右肩,右膝着地,合掌白言:"善来阿姨!行道不疲极耶?"(《僧祇律》卷十二,T22/330/b)

(2) 时王瓶沙往杖林中,齐车所至处,即下车步进入林。(《四分律》卷三十三,T22/797/b)

按:"步进"即步行、徒步之义。佛经文献中"步进"一词,大都在"下车""下乘""下马"等词之后,如后秦鸠摩罗什译《大庄严论经》卷六:"尔时彼王心所爱乐,唯以佛法而为璎珞,即在息处,遥见一塔,以为佛塔。侍从千人,往诣塔所,去塔不远,下马步进。"(T04/287/a)《僧祇律》卷十八:"尔时阿阇世王小复前行,下乘步进至佛所,绕佛大众三匝而住。"(T22/370/a)《释名·释姿容》:"徐行曰步。"《淮南子·人间训》:"夫走者,人之所以为疾也;步者,人之所以为迟也。"佛经中还有"足步"一词,唐义净译《根本说一切有部毗奈耶》卷一:"时苏阵那母遂与新妇同车而去,诣苏阵那所住之处,到已下车足步而进。"(T23/628/c)王绍峰认为,例中"足步"是"徒步、步行"之义[1]。"步进"与"足步"义同,《大词典》均未收录。

---

[1] 王绍峰:《初唐佛典词汇研究》,安徽教育出版社,2004,第 173 页。

【关逻】

（1）比丘言："世尊制戒，不听我持应税物过<u>关逻</u>处。"（《僧祇律》卷三，T22/252/c）

（2）又问："若比丘过<u>关逻</u>，应输税物而不输，得何罪？"答："得波罗夷。"若估客语比丘："与我过是物。"比丘与过，若税物直五钱以上，得波罗夷。（《十诵律》卷五十二，T23/379/c）

按："关逻"义为关塞、关卡。后秦鸠摩罗什译《大庄严论经》卷四："我昔曾闻，有差老母，入于林中，采波罗树叶，卖以自活，路由关逻，逻人税之。"（T04/275/b）"关逻"也指巡逻的人，如唐玄奘译《阿毗达磨大毗婆沙论》卷一百二十五："非时行者，谓夜分中游于聚落村亭，关逻为巡候者之所捉获，缚录推问，种种加害。"（T27/654/b）《慧琳音义》卷十六《大方广三戒经》卷中"关逻"注曰："郑注《周礼》云：'关者，界上之门也。'《说文》：'以木横持，门户也。'……《字书》：'逻，遮也。'《韵略》云：'游兵备寇，险径镇戍之所也。'"（T54/404/b）中古律部汉译佛经中有"卫逻"一词，《四分律》卷三十一："时摩竭王洴沙，备虑边国，遣人处处卫逻。"（T22/779/b）"处处卫逻"即到处巡逻之义。明弘赞《四分律名义标释》卷二十一"卫逻"："卫，于贵切，音位，护防也。逻，郎佐切，罗去声，巡也。"（X44/566/b）"关逻""卫逻"《大词典》均未收录。

【浇渍】

（1）佛在舍卫城，尔时十七群比丘至阿夷罗河中取水，即因洗浴，洄戏沐没，互相<u>浇渍</u>。（《五分律》卷八，T22/59/a）

（2）尔时十七群比丘在阿耆罗婆提河水中嬉戏，从此岸至彼岸，或顺流，或逆流，或此没彼出，或以手画水，或水相<u>浇渍</u>。（《四分律》卷十六，T22/672/b）

（3）诸比丘以此事白佛，佛言："自今已去，不听比丘在树上安居，亦不应上树。除齐人头，不应绕树左右大小便利，<u>浇渍</u>污树。"（《四分律》卷三十七，T22/832/b）

按:"浇潸"一词,《大词典》未收。"浇潸"即"浇洒"之义。《说文·水部》"潸,污洒也。"清段玉裁注曰:"谓用污水挥洒也……此兼指不污者言也。"《玄应音义》卷十四《四分律》第十五卷"浇潸"注:"子旦反。《说文》:'污洒也。'江南言潸,山东言湔,音子见反。《通俗文》:'傍沾曰湔也。'"(C056/1029/a)

明弘赞《四分律名义标释》卷十四"浇潸"注曰:"潸,则谏切,音赞,污洒也。江南言潸,山东言湔,亦作溅。溅,作甸切,笺去声,水激洒也,亦音赞。"(X44/513/a) 例(1)中"互相浇潸"与例(2)中"水相浇潸"都指比丘洗浴时用水相互浇洒为戏,并无污水挥洒之义。例(3)中"大小便利,浇潸污树"中"浇潸"亦可理解为浇洒。

吴康僧会译《六度集经》卷七:"诸食入口,与涕唾浇潸,外好内臭,化成屎尿,忆之可恶,一其心得禅。"(T03/40/b)蒲正信注曰:"浇潸,洒污水。"① 吴海勇注曰:"潸(zàn),洒污水。"② 二者的注释可能都以《说文》为据,然未注意到段玉裁所说"此兼指不污者言也"。李维琦释"浇潸(潸)"亦举此例,认为"与涕唾浇潸"是指与唾液相拌和③。律部佛经中"潸"也作"湔"。《僧祇律》卷二十九:"弥猴不解佛意,谓呼有虫。转看见钵边有流蜜,持到水边洗钵。水湔钵中,持还奉佛,佛即受取。"(T22/464/a)《大正藏》校勘记曰:湔,宋、元、明、宫本作"溅"。《广韵·翰韵》:"溅,水溅。"《俗字》:"溅水上衣曰潸。"徐时仪认为:"'潸''湔''溅'为同词异字,即同一词在不同时、地的三种写法。"④

【卖色】

(1) 譬如淫女,<u>卖色</u>自活。汝等亦尔,乃以微妙实法向人说,为口腹故,<u>卖色</u>活命。(《僧祇律》卷十三,T22/337/a)

(2) 尔时六群比丘抄衣白衣家坐,为世人所讥:"云何沙门释子,如王子、大臣、淫妷女人<u>卖色</u>,抄衣坐家内,露现肘胁。此坏败人,

---

① 蒲正信注《六度集经》,巴蜀书社,2011,第269页。
② 吴海勇注译《六度集经》,花城出版社,1998,第350~351页。
③ 李维琦:《佛经词语汇释》,湖南师范大学出版社,2004,第169页。
④ 徐时仪:《〈玄应音义〉研究》,上海师范大学博士学位论文,2003,第100页。

有何道法？"(《僧祇律》卷二十一，T22/402/c)

按："卖色"即出卖色相之义。刘宋求那跋陀罗译《杂阿含经》卷十九："此众生者，过去世时，于此波罗㮈城为女人卖色自活。"（T02/137/b-c）唐法藏撰《梵网经菩萨戒本疏》卷六："一卖色者，谓居淫肆卖女色与男，或卖男色与女。"（T40/648/a）唐传奥述《梵网经记》卷二："释曰：'贩卖下有十三事：一卖色，即贩淫也。'"（X38/265/c）"卖色"一词，唐义净译为"衒色"，如《根本说一切有部毗奈耶》卷一："时室罗伐城有一淫女，名曰贤首，以衒色为业。"（T23/632/a）又《根本说一切有部毗奈耶杂事》卷三十二："佛在王舍城竹林园，于此城中有一淫女名莲华色，衒色为业，以自活命。"（T24/363/b）陈明认为"衒色"是义净所译律典中的独特译词，义为以出卖色相为生①。《大词典》未收"卖色""衒色"。

【女根】

（1）偷罗难陀亦以手拍<u>女根</u>，<u>女根</u>大肿，不能复行，弟子为到常供养家云："师病，为索食！"（《五分律》卷十二，T22/86/c）

（2）时有比丘持苏毗罗浆在道行，故二唤共行不净，即示其<u>女根</u>，彼即以苏毗罗浆洒之言："臭物还着臭物。"（《四分律》卷五十七，T22/987/b）

按："女根"指女性生殖器。中古律部汉译佛经中用例颇多，《四分律》卷二十五："若比丘尼，以此诸物作男根内女根中者，一切波逸提。"（T22/738/b）《五分律》卷十七："时有一比丘男根灭女根生，诸比丘不知云何。"（T22/119/a）此两例中"男根""女根"并举，其义显豁。《大词典》收"男根"释为"男子的阴茎"，首引宋洪迈《容斋随笔·半择迦》例，书证过晚，且失收与"男根"相对的"女根"一词，当补。

---

① 陈明：《梵汉本根本说一切有部律典词语研究》，北京大学出版社，2018，第208~281页。

【吐逆】

(1) 尔时有比丘尼，是释种女、摩罗女，行乞食得宿饭、宿羹、宿菜，食已吐逆。(《僧祇律》卷三十八，T22/530/a)

(2) 佛在王舍城，尔时六群比丘，洗脚处嚼杨枝，后比丘来见，不净吐逆。(《十诵律》卷四十一，T23/299/b)

按："吐逆"即呕吐之义。汉译佛经中有较多用例，如吴康僧会《六度集经》卷七："不净臭处，睹之存忆，令人吐逆。"（T03/41/c）姚秦竺佛念译《出曜经》卷二："我时至后园观看，见有病人，形羸吐逆，卧大小便。"（T04/619/c）此两例中的"吐逆"均为呕吐义。佛经中还有"呕逆"一词，《五分律》卷二十二："诸比丘服酥，呕逆欲吐。以是白佛，佛言：'听以呵梨勒、阿摩勒果、若蜜、若蒜、若麨，诸所宜物排口。'"（T22/147/b）陈明指出"呕逆"是梵文"vānta"的对译，即呕吐之义[①]。"呕逆"为同义并列复合词，"呕逆"之"逆"，《大正藏》校勘记云：宋、元、宫本作"噎"。"噎"义为呕吐，《改并四声篇海·口部》引《俗字背篇》："噎，呕噎，吐也。"后汉竺大力共康孟详译《修行本起经》卷二："天化为病人，在于道侧，身瘦腹大，躯体黄熟，咳嗽呕噎，百节痛毒，九孔败漏。"（T03/466/c）《大词典》释"呕逆"为"气逆而产生呕吐的感觉"。首引《金史·方伎传·张元素》："头痛脉紧，呕逆不食。"例证偏晚。《大词典》未收"吐逆"一词。

【先常】

(1) 比丘尼言："我先常与洗浴，今摩触何苦？"(《僧祇律》卷三十九，T22/538/c)

(2) 彼客比丘作如是语："旧比丘憎我等，先常供给我所须饮食作粥、洗浴具，今不复供给我曹，宁可举彼比丘罪。"(《四分律》卷四十四，T22/885/b)

---

① 陈明：《梵汉本〈破僧事〉词语札记》，余太山、李锦绣主编《欧亚学刊》第 10 辑，中华书局，2012。

按："先常"犹曾经、先前。"常"与"尝"通。《荀子·天论》"是无世而不常有之"王先谦集解："《群书治要》'常'作'尝'。"上举两例中的"先常"均与"今"相对，其义显豁。《四分律》卷五十七："时有居士取淫女为妇，先常与此女人往反者，见已语言：'我欲与汝作如是如是事。'"（T22/989/c）元魏瞿昙般若流支译《正法念处经》卷五十八："若人先常得好供养，后得少利，得少时供。若善男子如是轻毁，过于死苦。"（T17/342/c）《中文大辞典》收"先常"条，释为"以往之常法也"。中土文献中有用例，《魏书·蠕蠕传》："先常为丑奴所信，出入去来，乃言此儿今在天上，我能呼得。"例中"先常"即曾经、先前之义，该词《大词典》未收。

【指搭】

（1）针缝衣患指痛，佛言："听作搭。"彼以宝作指搭，佛言："不应尔。听用铜铁、骨牙角、铅锡、白镴、胡胶木作。"（《四分律》卷五十二，T22/953/c）

（2）缝时针难得前，指头伤破，佛言："听着指搭。"尔时针刀、指搭、木准，各着异处求觅难得，佛言："听以物盛着一处。"（《十诵律》卷三十七，T23/270/a）

按：例中"指搭"与缝制衣服有关，是做针线活时使用的一种工具，相当于今之顶针、顶指。《玄应音义》卷十四《四分律》第五十二卷"指搭"条注："古文韜韜，同，徒答反。《说文》：'韦搭也。'今之射韬是也。"（C056/1036/b）

也作"指沓"，例（2）中"搭"，宫本作"沓"。明弘赞《四分律名义标释》第三十五卷"指搭"注曰："徒合切，音沓。缝衣之指搭也，一曰韦搭，又曰韦韬。谓以皮作之，俗曰皮指。古文作韜，似今之射韬，弓指也。"（X44/667/a）清翟灏编《通俗编》卷二十五"指搭"："《说文》：'搭，缝指搭也。'《玉篇》：'帕，指搭也。'按：此即流俗呼'顶针'者。"《中文大辞典》："指沓，谓成衣时用以护指之具，俗名顶针儿。沓亦作搭。"《大词典》未收，当补。

中古律部汉译佛经中还有很多词语，如罢道、本曾、产道、痴火、齿木、舂磨、除弃、床板、床褥、荡器、地了、典知、恶厌、放舍、肥丁、肥悦、粪扫、乾痟、共期、垢薄、骨塔、胡胶、际暮、际晓、捡问、姜汤、结戒、酒店、居门、糠糩、考计、苦源、笼系、漏处、露现、盲瞽、媒嫁、母人、募求、泥工、泥团、瓶盖、欺调、漆树、牵捉、悭惜、曲回、篓缝、舍主、身生、失坏、师首、税直、塔寺、擿齿、同友、涂摩、推觅、汪水、呜口、惜费、系闭、闲逸、胁肋、行欲、休道、雪拭、压油、演布、厌课、厌污、腰络、月期、运致、治病、重病、竹芦、竹苇、捉抱、捉捺、纵气等，均为《大词典》漏收的词目，可据此补充。

二　补充修订义项

释义是辞书的核心任务，也是衡量辞书质量高低的重要标准。《大词典》在释义方面所取得的成就自不待言，但不可否认的是，也还有一些词条存在释义不确或义项漏收的情况。中古律部汉译佛经词汇研究有助于《大词典》中词语义项的修订或漏收义项的增补。例如：

【发露】

（1）有一比丘不专系念，便大睡眠。蹋衣离身，形起露现。居士见之，以衣还覆。如是至三，便瞋呵言："此等常闻种种呵欲，而今<u>发露</u>形起。如是若不乐道，何不还俗？"（《五分律》卷六，T22/40/a）

（2）时六群中，有一人散乱心睡眠，无所觉知，小转侧形体<u>发露</u>。时有比丘以衣覆已，复更转侧露形。一比丘复以衣覆之，寻复转侧而形起。（《四分律》卷十一，T22/638/a–b）

按：例（1）中"发露形起"与"形起露现"意思相同，"形"即生殖器，义为比丘睡觉的时候身上所盖的衣服掉落，生殖器露出。例（2）中"形体发露"与"露形"相同，此处"形体"与"形"同，亦指生殖器。所以"发露""露现"都与"露"意思相同，即"显露""露出"之义。汉译佛经中用例多见，宋宝云译《佛本行经》卷二："瘖瘂寻起，见婇女眠，璎珞迸散，失弃乐器，衣裳发露，种种若干。"（T04/68/a）中土文献亦有用例,《三国志·魏书·袁绍传》:"遂勒兵捕诸阉人,无少长,皆杀之。或有无须而误死者,至自发露形体而后得免。"杨琳在《训诂方法新探》一书中也探析了"发露"一词,认为此例中的"发露"为:"解开衣服露出肉体,以表明自己不是宦官。"①《太平御览》卷二百二十九:"《典论》曰:'中常侍张让子奉为太医令,与人饮酒,辄掣引衣裳,发露形体,乱其舄履,使小大无不倾倒。'"佛经中"发"字单用也有露出义,《僧祇律》卷一:"于是世尊晡时从三昧起,周遍观察上下诸方又复视前平地,而发微笑,往来经行。"(T22/228/b)又卷三十一:"即便牵来至山口,童子柔弱,以衣褥敷地蹑上而来,遥见世尊在露地坐,见已即却衣褥蹑地而来。世尊见已而发微笑。"(T22/481/b)"发微笑"即露出微笑。

《大词典》"发露"条凡收两义:❶显示;流露。❷揭露。这两义施于上引诸例,皆不切合。义项❶似与上面两例相关,但又不完全相合。《大词典》中显示、流露义多与情感、才学、脾气等抽象事物有关。其所举《南史·焦度传》"度于城楼上肆言骂辱攸之,至自发露形体秽辱之,故攸之怒,改计攻城"例中,"发露"似与显示、流露义不太切合,"发露形体"当指露出形体,故"发露"有显露、露出义。《大词典》当增补该义项。

【伏藏】

(1) 时有一人,见生憎嫉,即白瓶沙王言:"某村某家得好伏藏,其女所着华鬘,天下无比,大王后宫之所未有。"(《五分律》卷五,T22/31/a)

(2) 时儿生日,八万四千诸城,八万四千伏藏自然涌出。(《四分律》卷五十一,T22/950/b)

按:《大词典》释"伏藏"为"隐藏""埋藏"。佛经文献中亦有用

---

① 杨琳在《训诂方法新探》一书脚注中还指出:"吴金华《古文整理与古汉语研究》谓此处之'形'义为生殖器(江苏古籍出版社,2001,第153页),窃谓此乃语境蕴涵义,谓'形'自有此义,未见确据,且此处'形体'连文,未可割裂分解。"见《训诂方法新探》,商务印书馆,2011,第220页。

例，隋阇那崛多译《佛本行集经》卷二十七："其心如是思惟念已，告彼一切夜叉众言：'汝等一切诸夜叉辈，宜减少许夜叉之众，速往诣彼菩提树下伏藏而住，慎莫使此释种之子趣向于彼菩提树间。'"（T03/777/b）此例中"伏藏"即动词义隐藏、埋藏。然而上述两例中"伏藏"并无动词埋藏、隐藏之义。从句义来看，均为名词，指埋藏的宝物。颜洽茂认为"伏藏"尚有隐伏的宝藏之义[①]。明弘赞《四分律名义标释》卷三十"伏藏"条注曰："伏，音服。匿也，潜也。藏去声，才浪切。物所蓄曰藏，谓人以物隐之也。若物自隐，则为平声。经云'伏匿宝藏'是也。窨中宝物，名曰伏藏。"（X44/635/b）由此可知，"伏藏"既可指动词埋藏、隐藏，也可指名词隐藏或埋藏的东西，即宝物、宝藏。佛经中用例很多，吴支谦译[②]《撰集百缘经》卷一："时窳惰子，寻即取杖，扣打出声，皆悉得见地中伏藏，喜不自胜。"（T04/204/a）东晋瞿昙僧伽提婆译《增壹阿含经》卷二十："时妇报言：'长者！颇闻迦毗罗卫国斛净王子名阿那律，当生之时，此地六变震动，绕舍一由旬内，伏藏自出？'"（T02/647/b）《大词典》可增补此义项。

【喑嗌】

（1）若比丘向余比丘喑嗌，突吉罗；若向比丘尼、式叉摩尼、沙弥、沙弥尼喑嗌，突吉罗。若比丘尼向比丘尼喑嗌，突吉罗。（《十诵律》卷四十，T23/291/b）

（2）佛以种种因缘呵责言："云何名比丘尼喑嗌向比丘？"种种因缘呵已，语诸比丘："以十利故与比丘尼结戒。从今是戒应如是说：'若比丘尼喑嗌向比丘者，波夜提。'"（《十诵律》卷四十七，T23/340/c）

[①] 颜洽茂：《说"逸义"》，《古汉语研究》2003年第4期。
[②] 季琴、陈祥明等从词汇和语法等角度判定《撰集百缘经》非支谦所译，其成书时间可能晚于三国，其可能是两晋之际或东晋以降的译作。参见季琴《从词汇的角度看〈撰集百缘经〉的译者及成书年代》，《宗教学研究》2006年第4期；季琴《从语法角度看〈撰集百缘经〉的译者及成书年代》，《语言研究》2009年第1期；陈祥明《从语言角度看〈撰集百缘经〉的译者及翻译年代》，《语言研究》2009年第1期。

按："喑嗌"也写作"喑噫"。例（1）中"嗌"，《大正藏》校勘记曰：宋、元、明、宫本作"噫"。《中华藏》对应文字作"喑嗌"，校勘记曰：资、碛、普、南、径、清作"喑噫"。戴军平认为"喑嗌"是"大喊大叫貌"①。于淑健例引斯 2499 号《究竟大悲经》卷三："心王自在嚘呝嗔，忿怒作怅伏诸魔。"于文认为"嚘呝"同"喑呝"，"喑呝"之"喑"并非啼极无声义，而是指大声，乃"谙"之借字②。此释不确，可能是照搬佛经音义所致。《玄应音义》卷十五《十诵律》第四十五卷"喑噫"注曰："喑噫，大呼也。《说文》：'饱息也。'律文作嗌，非也。"（C056/1044/a）《慧琳音义》所释与《玄应音义》同。然"大喊大叫貌"与上二例似无必然的联系。

《大词典》"喑噫"条释曰："形容心情郁结。"例引唐韩愈《刘统军碑》："西戎乘势盗有河外，公虽家居，为国喑噫。"上揭诸例显然别具一义。以上两例是佛在为比丘、比丘尼制戒，在制戒之前一般都要讲述缘起。《十诵律》卷四十七："是中有长老，善好比丘尼，皆言'善好'，偷兰难陀比丘尼喑嗌不受。"（T23/340/c）"喑嗌不受"应与"善好"相对，指偷兰难陀比丘尼不愿意受持戒。故"喑嗌"有感叹、抱怨之声，即表达不满之意。

《可洪音义》中多次释"喑噎（嗌）"为"不平声""叹伤声"，如卷十四《正法念处经》第二十一卷"喑噎"："不平声。又经音义以'喑噫'替之，乙介反。"（K35/54/b）又卷十五《僧祇律》第四十卷"喑嗌"："不平声也，亦妇人见异事而嗟叹声，此但不言而喉中作声也。下正作噫、呝二形也，下又音益，非呼也。"（K35/110/c）可见"喑噎（嗌）"义为感叹、抱怨之声。

【耳孔】

（1）从今不听比丘以币、帛、绳、树叶、树皮、木、白镴、铅锡作耳圈着。着者，突吉罗。乃至以草簪穿耳孔中者，突吉罗。（《十诵

---

① 戴军平：《〈十诵律〉词汇研究》，暨南大学博士学位论文，2012，第 97 页。
② 于淑健：《敦煌佛典语词和俗字研究——以敦煌古佚和疑伪经为中心》，上海古籍出版社，2012，第 308 页。

律》卷三十七，T23/268/a)

(2) 六群比丘以多罗叶若铅锡作环，张耳孔令大，佛言："不应尔。"(《四分律》卷五十一，T22/946/b)

按：《大词典》释"耳孔"为"即外耳门。外耳道的开口，呈圆形，内连耳道，外连耳部"。从上边两例中"耳圈""环"等提示性词语可知，"耳孔"并不是指外耳门，而是指在耳朵上打出佩戴耳饰的小孔，即今之佩戴饰品的"耳洞"。《大词典》失收此义，当补。且《大词典》释"耳孔"，无书证。汉译佛经中有用例，隋阇那崛多译《佛本行集经》卷二十四："尔时，菩萨从口喘息及以鼻气，悉皆除灭。口鼻灭已，实时便从两耳孔中，出大风声，其风声气，犹如攒酥在大瓮里，摇搅于酪，出大音声。"(T03/766/b-c) 又卷三十三："尔时，世尊从口出舌，至二耳孔，至二鼻孔。"(T03/810/a) 此两例中"耳孔"即指外耳门，可为《大词典》补充书证。

【麻䊭】

(1) 尊者目连与粗米饭、摩沙羹油乳，余比丘与赤米饭摩沙羹，或有得饭不得羹，有得羹不得饭，乃至尊者罗云与赤米饭、麻䊭、菜羹。(《僧祇律》卷四十，T22/543/b)

(2) 乃至问罗云："何故色力不足？得好食饱不？"答言："世尊！食油得力，食酥有色，食麻䊭菜，无色无力。"(《僧祇律》卷四十，T22/543/c)

按：例中的"麻䊭"，佛典中也作"麻滓"，《僧祇律》卷十七："比丘须者，得取满钵无罪，亦得劝与伴。亦得到笮油家乞麻滓，若主人言：'我无麻滓，须油者当与。'"(T22/362/b)《玄应音义》卷十五《僧祇律》第十七卷"麻䊭"注："所巾反。《通俗文》：'物①滓曰䊭。'字从米。"

---

① "物"或为"粉"之误。《玉篇·米部》："䊭，粉滓也。"《广韵·臻韵》："䊭，粉滓。"段书伟认为："'物''粉'形近，疑'物'乃'粉'之讹。"见《通俗文辑校》，中州古籍出版社，1993，第67页。

（C056/1048/a）

《玉篇·米部》："籿，山人切。粥凝也。又粉滓也。"唐韩鄂《四时纂要》卷四："猪子待疮口干平复后，取巴豆两粒，去壳烂捣，和麻籿、糟糠之类饲之，半日后当大泻，之后日见肥大。"《龙龛手鉴·户部》："籿、粧二俗，籿正，所臻反，粉滓也。"元戴侗《六书故》卷二十二："籿，疏津切，粉滓也。麻子之滓亦曰籿。"清同治《淡水厅志》卷十二："籿，花生、豆油之糟粕也，用以粪田。"清道光《彰化县志》卷十："籿，油之糟粕也，用以粪田，内地本地皆有之。"民国《阳原县志》卷八："未播种之前，预将人粪或动物粪，抑或碎豆麻籿，杂和种子同时播种，以作肥料。"小注曰："胡麻子榨①油后所余之渣。"

《大词典》"籿"有两个义项，其中义项❶为："粉滓。麻子（即芝麻）榨油后的枯滓。"《大词典》所释范围过小，"籿"并非仅指麻子榨油后的枯滓。又《大词典》"麻籿"条释为："芝麻榨油后的渣滓。"书证为明李时珍《本草纲目》，例证偏晚，所释亦不当。民国十八年《威县志》卷三："豆油，碾豆令碎，范以铁箍置木榨中，以铁椎击之，其油汩汩下，油尽而箍中之碎豆结为饼矣。或包以乱麻，故又称麻籿。可为粪田肥料。"又："棉油，以草棉之子为原料，与榨豆油同。其饼谓之棉油饼，亦谓之麻籿。"由此可知，"麻籿"之"麻"并非仅指麻子，也可指外面包裹乱麻类东西。传统油坊以麻、稻草等包裹磨碎的菜籽或花生等制作坯饼，压榨完油之后坯饼称为"饼枯"。《舌尖上的中国》第二季的《心传》一集中介绍了徽州传统菜籽油的压榨方法，其中就有以稻草等包裹磨碎的菜籽制作坯饼的镜头。

【振摆】

时有天神，深爱佛法故，令调达睡，转左胁卧，鼾睡寱语，唧呻振摆、齗②齿作声。（《十诵律》卷三十七，T23/265/c）

---

① "榨"，原作"炸"。
② 齗，《大正藏》校勘记：宋本、元本、明本、宫本、圣本作"龆"。今按，"齗"当作"龆"。为了方便分析，本书在必要时保留繁体字或异体字。

按：《大词典》"振摆"条有两个义项：❶抖动；❷犹跌宕。义项❶与上揭例相关，但并不完全相符。在中古律部佛经中也有类似的表达，《十诵律》卷十一："时迦留陀夷，强来入中敷卧具。诸比丘言：'迦留陀夷，汝莫强入中卧。何以故？汝恶眠不一心眠，齁眠齘齿，寱语频申，拍手动足，作大音声。诸比丘闻是声不得眠，故食不消；食不消，故身体患痒，恼闷吐逆不乐。'"（T23/78/c）此例中"拍手动足"与上揭例中"振摆"相对应。《玄应音义》卷十五《十诵律》第三十七卷"振摆"条："又作捭，同。捕买反。《说文》：'反手击为摆也。'"（C056/1043/a）《荀子·王霸》："及以燕、赵起而攻之，若振槁然。"杨倞注："振，击也。"《玉篇·手部》："摆，同捭。"唐李贺《假龙吟歌》："苍鹰摆血，白凤下肺。"王琦等注："摆，击也。""振摆"为并列复合词，为击打、拍打之义。

三 提前书证时间

书证是辞书释义的基础和源泉。董琨指出："现行的若干大型语文类辞书，诸如《汉语大词典》《中文大辞典》《辞源》等，在追溯词语义项源流的编纂过程中，应该说尚未充分利用佛经这项宝贵的资源。"① 在词汇研究中我们发现中古律部汉译佛经中的大量材料可以补充《大词典》的书证或提前书证时间。如：

【借倩】

（1）有一外道得未成衣，持到外道家语言："为我缝成。"诸人答言："我家多务，不得作之。沙门释子闲逸无事，又多施衣，可就<u>借倩</u>，亦可贸易。"（《五分律》卷五，T22/36/b）

（2）佛住舍卫城，尔时释种女、摩罗女、梨车女、贵胜家女出家，善知庄严，有嫁女娶妇，皆<u>借倩</u>庄严，得好饮食，为世人所讥："此非出家人，是客庄严人耳。"（《僧祇律》卷四十，T22/546/c）

按："借倩"同义并列，义为借用、暂借。《方言》卷十二："倩，借

---

① 董琨：《"同经异译"与佛经语言特点管窥》，《中国语文》2002 年第 6 期。

也。"《集韵·劲韵》:"倩,假也。"《资治通鉴·后周纪二》:"倩人书者,必书所倩姓名、居处。"胡三省注曰:"倩,假倩也。"唐道宣撰集、清读体续释《毗尼作持续释》卷七:"倩,千去声。假借使人也。"(X41/431/a)《慧琳音义》卷十五"倩他":"清性反。《韵英》云:'假借他人力名为借倩也。'"(T54/400/b)萧齐僧伽跋陀罗译《善见律毗婆沙》卷十三:"此比丘所营造作房舍既大,鱼肉难得,恐其因借倩承遣捕猎,所以断。"(T24/764/b)例中"借倩"与前文"借"义同。《大词典》"借倩"条首引书证为宋欧阳修《本论上》,例证晚。

【眼睑】

六群比丘画眼睑。时诸居士见皆共讥嫌:"沙门释子多欲无厌,自称言:'我知正法。'如是何有正法?犹若白衣。"诸比丘白佛,佛言:"不应如是画眼睑。"(《四分律》卷五十一,T22/946/a)

按:"眼睑"即指眼皮。《玉篇·目部》:"睑,眼睑也。"《广韵·琰韵》:"睑,眼睑。"《龙龛手鉴·目部》:"睑,音捡。眼睑也。"《正字通》卷七:"睑,九辇切,音检。目上下弦也。"《玄应音义》卷十四《四分律》第五十一卷"眼睑"注引《字略》云:"谓目外皮也。"(C056/1036/a)明弘赞《四分律名义标释》卷三十四"画眼睑"条:"睑,居掩切,音检,谓目外上下皮也。西国俗士,以画睑为严好。"(X44/661/b)其他佛经亦有用例,如后汉支曜译《成具光明定意经》:"眉髭绀青色,眼睑双部当;白毫天中立,今笑唯愿闻。"(T15/455/b)后秦鸠摩罗什译《龙树菩萨传》卷一:"汝于静处用水磨之,以涂眼睑,则无有人能见汝形者。"(T50/185/b)民国《上海县续志》卷八"鸺鹠"条:"俗名猫头应。盖即鸮之属,大如鹰。目大而睛黄,位于首之前部,无眼睑故不能瞑。""无眼睑"即为无眼皮。民国《简阳县志》卷二十二:"眼睑曰眼皮。"《大词典》释"睑"为眼皮,首引书证为《北史·姚僧垣传》;释"眼睑"为眼皮,首引书证为柔石《人鬼和他底妻的故事》,例证均偏晚。

【命命鸟】

（1）作向已，有鹅雁、孔雀、鹦鹉、舍利鸟、鸠耆罗鸟、命命鸟、燕雀从向中入。作声故，妨诸比丘坐禅读经。(《十诵律》卷三十四，T23/243/b)

（2）时有鹅、鸳鸯、孔雀、俱舍罗鸟、乌耆罗、命命、飞燕，诸鸟入出作声，妨诸比丘坐禅诵经。(《十诵律》卷三十八，T23/278/b)

按："命命鸟"即一种鸟名，梵语为 Jivam-jivaka，音译作耆婆耆婆、耆婆耆婆迦、时婆时婆迦。佛经中用例很多，唐般若译《大乘本生心地观经》卷一："复有无量无数禽兽诸王：命命鸟王、鹦鹉鸟王、及师子王、象王、鹿王。"(T03/293/a) 唐地婆诃罗译《方广大庄严经》卷八："其池四边，七宝阶道，周匝庄严。于其阶道，则有迦陵频伽、凫雁鸳鸯、命命诸鸟，出和雅音。"(T03/584/c) "命命鸟"也称"共命鸟""生生鸟"。元魏吉迦夜共昙曜译《杂宝藏经》卷三《共命鸟缘》："昔雪山中，有鸟名为共命，一身二头。"(T04/464/a) 唐杜甫《岳麓山道林二寺行》："莲花交响共命鸟，金榜双回三足乌。"明袾宏《阿弥陀经疏钞》卷三："共命，亦云命命，亦云生生。梵语耆婆耆婆迦，二首一身。"(X22/646/c) 明弘赞《四分律名义标释》卷四"命命"："即共命鸟，二命共一身而两头。"(X44/437/c) 清周春《佛尔雅》卷四："命命鸟，耆婆耆婆迦，一鸟两头。"清续法录注《阿弥陀经略注》卷一："梵语耆婆耆婆迦，此云共命，亦云命命，又云生生，一身二首。"此鸟一身两头，命运相连，因而得名。现代作家许地山创作有同名小说《命命鸟》。《大词典》"命命鸟"条引《大唐西域记》例，较晚。

【木札】

（1）若持薪火着薪上，着草上、牛屎上、木札上、粪扫上，波夜提。如是乃至持粪扫火着薪上、草上、牛屎上、木札上亦如是。(《僧祇律》卷十七，T22/365/a)

（2）尔时诸比丘用竹作筹草伤破身，诸比丘以是因缘往白世尊。佛言："从今已后，不听竹片、苇片、木札及骨，应用滑物圆物。"

(《僧祇律》卷三十四，T22/504/b)

按："木札"即薄木片。《汉书·司马相如传》："上令尚书给笔札。"颜师古注曰："札，木简之薄小者也。时未多用纸，故给札以书。"《玄应音义》卷十五《僧祇律》第十七卷"木札"注："侧黠反。木皮也。律文有作挧①，敷废反。《说文》：'削朴也。'朴，札也，谓削木柿也。二形通用，又作攢，非也。"（C056/1048/a）《大词典》"木札"条首引唐段成式《酉阳杂俎·盗侠》："韦（韦行规）下马负一树，见空中有电光相逐如鞠杖，势渐逼树杪，觉物纷纷坠其前，韦视之乃木札也。"例证偏晚。

【杻械】

（1）系者，若着<u>杻械</u>、枷锁在狱，皆名为系。（《十诵律》卷一，T23/4/b）

（2）缚者，或以屋缚，或以城缚，或以材缚，或着锁绊，或着<u>杻械</u>，是名为缚。（《僧祇律》卷三，T22/244/b）

按："杻械"即刑具。"杻"和"械"均有刑具义。《说文·木部》："杽，械也。"清段玉裁注曰："杽、杻古今字。"又，《说文·木部》："械，桎梏也。"《慧琳音义》卷十八《大乘大集地藏十轮经》第一卷"杻械"注曰："上敕柳反，或作杽，下谐戒反。在手曰杻，在足曰械。"（T54/417/b）《旧唐书·刑法志》："又系囚之具，枷、杻、钳、镣。"《广韵·有韵》："杻，杻械。"《五分律》卷一："杻械枷锁，名为缚。"（T22/

---

① "律文有作挧"之"挧"，《碛砂藏》本《玄应音义》对应文字作"梯"。"挧""梯"二字均与"敷废反"的注音不符，疑为"柿"字之误。《广韵·废韵》芳废切："柿，斫木札也。""芳废切"与"敷废反"音同，且俗写中"木"旁常误作"扌"旁，故"柿"误写作"挧"。"柿"又写作"柹""柿"。《龙龛手鉴·木部》："柹，斫木斥零柿也。"盖《碛砂藏》本"梯"与"柹""柿"形近而误。《玄应音义》卷十六《毗尼母律》第七卷、卷十八《立世阿毗昙论》第八卷均收释"木柿"，可资为证。《土风录》卷四"木柿"条曰："削木片曰木柿，见《晋书》：'王濬为益州刺史，造船，木柿蔽江而下。'"又后文的"攢"为"櫕"之误。"攢"与"木札"义不相涉，《集韵·末韵》："攢，击扑也。""櫕"同"柿"。《正字通·木部》："櫕，木櫕，与桃通。"又："桃，今俗亦作柿。"因"木"旁与"扌"旁常常相混，故"櫕"误写作"攢"。参见丁庆刚《〈摩诃僧祇律〉之慧琳"音义"考校》，《殷都学刊》2017年第3期。

6/a）西晋竺法护译《生经》卷一："于是族姓子，弃家牢狱，锒铛杻械，想着妻子，而自系缚，不乐梵行。"（T03/70/b）《大词典》"杻械"条释为："脚镣手铐。泛指刑具。"首引唐杜甫《草堂》："眼前列杻械，背后吹笙竽。"例证偏晚。

【生物】

（1）尔时诸比丘尼自煮生物作食，诸白衣讥呵言："云何比丘尼自煮生物？既自煮作食，何为复就人乞耶？无沙门行，破沙门法！"（《五分律》卷十四，T22/96/b-c）

（2）佛以种种因缘呵责言："云何名比丘尼煮生物作食？"（《十诵律》卷四十四，T23/318/b）

按：例（1）中"自煮生物"即比丘煮未经煮熟的食物。例（2）的前面部分有"见有熟食"与"生物"相对，意思更加明显。佛经戒律规定僧尼不能自己煮食物，所以上两例中的"生物"均指未经煮熟的食物。《十诵律》卷四十四："若比丘尼煮生物作食，波夜提。"（T23/318/b）《大词典》"生物"条有四个义项，其中义项❹为"未经煮熟的食物"，例引宋俞文豹《吹剑录外集》，例证晚。

【竹筐】【竹筥】

（1）木器竹器者，木臼、木瓶、木瓮、木碗、木杓、竹筐、竹席乃至竹筥，及余种种一切木器竹器，是名竹器木器。（《僧祇律》卷三，T22/245/a）

（2）自今已去，不得持食钵盛粪弃，听用除粪器。若破器，若故竹筐，若扫帚上，除去粪食。（《四分律》卷三十三，T22/802/b）

按："竹筐""竹筥"均为盛物竹器。《国语·楚语下》："于是乎每朝设脯一束、糗一筐，以羞子文。"韦昭注："筐，器名也。"《诗经·周南·卷耳》"不盈顷筐"朱熹集传："筐，竹器也。"宋元照《四分律行事钞资持记》卷三："方曰筐，圆曰筥，皆竹器也。"明弘赞《四分律名义标释》

卷二十三"竹筐"："曲王切，音匡，竹器也。方曰筐，圆曰筥（筥音举，大可受五升也）。"（X44/582/c）《大词典》释"竹筐"为方形的盛物竹器，引孤证为清朱彝尊《拙宜园补题三首为杨崑木赋·苔径》："竹筐挑筑海沙粗，石子圆匀巧匠铺。"例证偏晚。《玄应音义》卷十五《僧祇律》第三卷"竹筥"注："《字林》：'筥籫也，饭器。'秦谓筥。《方言》：'南楚谓之筥，赵魏谓之䈰。'郭璞曰：'盛饭筥也。'"（C056/1045/c）《大词典》"竹筥"条引孤例《中国民间故事选·吹天箫》为证，例证过晚。

【脱色】

（1）洗钵时，不得以沙灰洗令<u>脱色</u>，当用无沙巨摩根汁、叶汁、花汁、果汁洗。（《僧祇律》卷十，T22/316/a）

（2）不得举着向孔中、岸边、危处，不得着开户扇处及行来处，不得用灰洗令<u>脱色</u>，当用树叶汁、无沙巨磨洗。（《僧祇律》卷三十四，T22/506/a）

按：《大词典》"脱色"条共三个义项：❶由于受惊或害怕而失色；❷用化学方法去掉物质原来的色彩；❸物品褪色。其实物品褪色原因或方法很多，不管是化学方法还是物理方法，只要是原来的颜色逐渐变淡或褪去都可称为"脱色"。第三个义项涵盖了第二个义项，故《大词典》中该词的第二个义项可删。且原义项❸无书证，可据此补。

【高擎】

羯磨人纵叠衣，手捉长垂<u>高擎</u>，应作是说："大德僧听！僧得此时衣作竟，若僧时到，僧受此迦缔那衣。"（《僧祇律》卷二十八，T22/452/b）

按："高擎"一词在中古律部汉译佛经中出现两次。其他佛经亦有用例，隋达摩笈多译《起世因本经》卷四："譬如壮健有力丈夫，以手搦取麦麨一把，高擎举已，于虚空中，粉末分散，悉令碎坏。"（T01/385/a）唐义净译《根本说一切有部毗奈耶药事》卷十八："至第四度，相扑之时，方便高擎，以瞋恚力，掷着地上，扑王壮士，脊骨折死。"（T24/97/a）《大词典》释"高擎"为"高高举起"。无书证，可据此补充。

【耳垢】

揾耳法者，不应用利物揾耳垢，不得强揾，当徐徐揾，勿伤耳肌，是名揾耳法。（《十诵律》卷五十七，T23/423/b）

按：佛经文献中"耳垢"多称为"聍""耵聍"。唐湛然述《止观辅行传弘决》卷七："聍者，耵聍也，耳垢也。"（T46/372/c）《玄应音义》卷二十《思惟略要经》"耵聍"："都冷反。下乃冷反。《埤苍》：'耵聍，耳垢也。'"（C057/61/b）《可洪音义》卷十"结聍"："奴顶反，耳垢也。"（K34/991/a）《大词典》释为："外耳道内皮脂腺分泌的蜡状物质，黄色，有湿润耳内细毛和防止昆虫进入的作用。也叫耵聍，通称耳屎。"无书证，可据此补充。

除以上所举诸例外，中古律部汉译佛经中还有大量的词语可以提前《大词典》书证时间或补充书证，如芭蕉、板齿、保重、蓓蕾、比近、编织、博掩、草庵、产母、产难、长老、抄取、巢窟、瞋骂、樗蒱、床榻、粗大、村舍、村邑、道头、灯油、灯具、灯笼、灯台、调弄、独语、断乳、犯戒、房舍、蜂蜜、福舍、腐坏、隔壁、隔墙、观看、何似、户扇、护惜、浣染、活命、饥羸、酱菜、焦土、角头、劫贝、节日、经行、酒肆、揩摩、魁脍、猫狸、眠觉、摩触、恼乱、鸟巢、纽结、奇特、钱本、惬意、去世、热血、乳哺、乳儿、乳房、伞盖、僧残、僧衣、僧院、上水、上衣、生病、时限、酥油、算子、随顺、损毁、剃头、头须、退落、驼毛、危脆、屋基、息利、點了、下水、下衣、行筹、行粮、厌祷、厌恶、厌离、野猪、衣钵、倚傍、蚁子、璎珞、油灯、污腻、赞叹、澡瓶、针鼻、针线、指环、指甲、指节、指头、中食、竹刺、竹簟、竹篾、竹箧、子本、作坊等。

第二章
中古律部汉译佛经词形研究

词是形式和意义的结合体。词的形式①包括语音形式和书写形式两个方面。由于汉字具有因形表义的特点，书写形式与词义理解、文献解读有着密不可分的关系。真大成在《谈当前汉语常用词演变研究的四个问题》一文中用丰富的例证来说明目前常用词研究中因未重视词形而出现的问题，并指出："书写形式虽然是词的用字问题，但实际上牵涉词语研究的诸多方面，因此对常用词研究而言，准确、充分把握书写形式具有重要的意义；忽视书写形式，则会给研究带来缺失，甚至错误。"② 此文所讨论的虽然是常用词研究，但由此可知词形在汉语词汇研究中的重要作用。本章拟从逆序词、异形词和缩略词三个角度对中古律部汉译佛经中的词形进行考察。

第一节　中古律部汉译佛经中的逆序词

"逆序词"又称为"字序对换双音词""同素逆序词""同素异序词""同素异位词""反序词""异序词""颠倒词"等，是指两个相同语素因语序不同而形成的复合词。逆序词是汉语词汇发展过程中比较普遍的语言现象，其历史可以追溯到先秦时期。《诗经·周南·桃夭》中有"之子于归，宜其室家"与"之子于归，宜其家室"，其中的"室家"与"家室"

---

① 张永言在《词汇学简论》（华中工学院出版社，1982，第27页）中指出："词汇意义相同，只是语法意义不同的同一个词的变体就叫做词的形式，简称词形。"本章所说的词形是从词的书写形式而言的。
② 真大成：《谈当前汉语常用词演变研究的四个问题》，《中国语文》2018年第5期。

即为一组逆序词。这类语言现象从上古汉语一直延续到现代汉语中。后来学者多从"倒字"的角度进行研究，如南宋孙奕《履斋示儿编》卷九"倒用字"条："诗中倒用字独昌黎为多。《醉赠张秘书》曰：'元凯承华勋。'《赴江陵》云：'所学皆孔周。'《归彭城》云：'闾里多死饥。'下言'引龙夔城南'。《联句》云：'夏鼓侑牢牲。'……又：'百片飘泊随西东。'《感春》云：'两鬓雪白趋埃尘。'《和盘谷子》云：'推书扑笔歌慨慷。'皆倒字类也。"① 清陆以湉《冷庐杂识》卷四"倒句倒字"中提到："(《汉书》)又多倒字，如妃后、子父、论议、失得、贵富、旧故、利病、病疾、并兼、悦喜、苦勤、惧震、柔宽、思心、候伺、激诡、讳忌、稿草之类是也。"② 郑奠较早对古汉语中逆序词进行研究，他把逆序词称为"字序对换的双音词"③。曹先擢在《并列式同素逆序同义词》一文中对并列式同素逆序词进行了深入研究④。此后，不少学者对《论衡》《世说新语》《韩非子》《史记》《太平经》《金瓶梅》等专书中的同素逆序词进行了详细统计和研究分析，取得了丰硕研究成果。从已有研究成果来看，古代汉语同素逆序词研究"从时段上看，主要集中在先秦和近代汉语，对中古的研究很少；从语料来看，基本集中在传世文献上，而对出土文献涉及较少"⑤。汉译佛经作为中古时期汉语词汇史研究的重要语料，其逆序词研究还没有引起足够的重视。

一 逆序词的类型分析

根据逆序词的界定以及逆序检索的方法，在中古律部汉译佛经中共有逆序词 AB—BA 两式共现的逆序词 219 组。这些逆序词大多是并列复合词，语素顺序变化之后，其词义和词性一般没有太大的变化。按照逆序词在语料中的使用情况及其在现代汉语中的演变留存⑥，我们把中古律部汉译佛

---

① （南宋）孙奕：《履斋示儿编》，侯体健、况正兵点校，中华书局，2014，第 135～136 页。
② （清）陆以湉：《冷庐杂识》，冬青校点，上海古籍出版社，2012，第 130 页。
③ 郑奠：《古汉语中字序对换的双音词》，《中国语文》1964 年第 6 期。
④ 曹先擢：《并列式同素逆序同义词》，《中国语文》1979 年第 6 期。
⑤ 姜黎黎：《古代汉语同素异序词研究综述》，《江南大学学报》（人文社会科学版）2009 年第 3 期。
⑥ 关于中古律部汉译佛经中的逆序词在现代汉语中的演变留存情况，我们以《现代汉语词典》第 7 版所收词条为依据。

经中的逆序词分为以下四类。

(一) AB—BA 两个词形同时出现，现代汉语中两词共存

【集聚】【聚集】

（1）今往不知云何，或能失命，众僧<u>集聚</u>，当受是衣物。(《十诵律》卷八，T23/58/b)

（2）时梵施王使人即收王长生及第一夫人，执缚并打恶声鼓，现死相，众人<u>聚集</u>。(《四分律》卷四十三，T22/881/a)

按："集聚"与"聚集"为同义复合词，即会合、集中之义。《孟子·离娄下》"七八月之间雨集"朱熹集注："集，聚也。"《广韵·缉韵》："集，聚也。"佛典用例比比皆是，《五分律》卷二十五："大雨时，诸比丘无集聚处。佛言：'听作大堂。'寒时诸比丘聚集，患寒。佛言：'听作温室。'"（T22/168/a）东晋法显译《大般涅槃经》卷二："我于尔时，方从禅觉，见地泥水，又有众人，集聚号哭。"（T01/198/a）刘宋求那跋陀罗译《杂阿含经》卷十六："尔时，去池不远，更有大众一处聚集。"（T02/109/a）中土文献中，"集聚"始见于汉焦延寿《易林》卷三："众神集聚，相与议语。南国虚乱，百姓劳苦。"《世说新语·雅量》："许侍中、顾司空俱作丞相从事，尔时已被遇，游宴集聚，略无不同。""聚集"始见于《三国志·魏书·陈留王奂传》："诏曰：'前逆臣钟会构造反乱，聚集征行将士，劫以兵威。'"《汉书·苏武传》"单于召会武官属"颜师古注曰："会，谓聚集也。""集聚"和"聚集"在现代汉语中都继续使用。

【来往】【往来】

（1）五百童子言："汝代我教，我当<u>往来</u>王家。"(《僧祇律》卷七，T22/285/c)

（2）尔时憍萨罗国有一比丘独住林中，有雌猕猴常数<u>来往</u>此比丘所，比丘即与饮食诱之，猕猴心软，便共行淫。(《十诵律》卷一，T23/2/a)

按："来往"与"往来"即去来、往返之义。《十诵律》卷二十："往来者，此事从一住处至一住处。"（T23/146/b）西晋竺法护译《生经》卷一："吾数往来，到君所顿，仁不枉屈，诣我家门，今欲相请，到舍小食。"（T03/76/c）隋阇那崛多等译《起世经》卷六："悉皆如前，与七头会处，相通来往。"（T01/337/b）中土文献中两词均有用例。"往来"出现于先秦时代，《老子》第八十章："邻国相望，鸡犬之声相闻，民至老死不相往来。"《墨子·杂守》："可以迹知往来者少多及所伏藏之处。""来往"始见于《史记·吕不韦列传》："华阳夫人以为然，承太子间，从容言子楚质于赵者绝贤，来往者皆称誉之。"《搜神记·安阳亭书生》："夜半后，有一人着皂单衣，来往户外，呼亭主，亭主应诺。""往来""来往"为一组历时同素逆序词，现代汉语沿用。

【痛苦】【苦痛】

（1）若居士还见，必生恶心向余比丘，使其长夜受诸苦痛；我当遣人，往白世尊。（《五分律》卷四，T22/22/c）

（2）时彼住处去水远，畏毒虫，时彼比丘脱革屣往取水，毒虫啮脚，痛苦不乐。（《四分律》卷三十九，T22/847/c）

按："痛苦""苦痛"在中古律部汉译佛经中多指因疾病等身体感到疼痛难受。"苦痛"在中古律部汉译佛经中共有 125 例，而"痛苦"只有 2 例。律部以外的汉译佛典中"痛苦"用例较多，姚秦竺佛念译《出曜经》卷二："人间微火，盖不足言；地狱火然，痛苦无量。"（T04/618/c）姚秦失译《别译杂阿含经》卷九："长者白佛：'今所患苦，甚为难忍，所受痛苦，遂渐增长，苦痛逼切，甚可患厌。'"（T02/441/b）中土文献中两词皆有用例，"苦痛"始见于《吕氏春秋·行论》："王苦痛之而事齐者，力不足也。"《韩非子·奸劫弑臣》："故劫杀死亡之君，此其心之忧惧，形之苦痛也，必甚于厉矣。""痛苦"见于《论衡·变动》："其时皆吐痛苦之言。"汉张仲景《金匮要略·腹满寒疝宿食病》："绕脐痛苦，发则白汗出，手足厥冷。"汉韩婴《韩诗外传》卷四："心之忧劳，形之苦痛，必甚于疠矣。"两词今皆沿用，现代汉语中"痛苦"的使用频率远高于"苦痛"。

【引诱】【诱引】

(1) 调达闻之,心无惭愧,犹以巧言引诱其意。(《五分律》卷三,T22/19/b)

(2) 若有一比丘为和上、阿阇梨所嫌,比丘不得诱引言:"我与汝衣钵、疾病医药、床褥、卧具,汝当在我边住,受经诵经。"(《僧祇律》卷十八,T22/368/a)

按:"诱引"与"引诱"即为诱惑之义。《荀子·正名》:"彼诱其名,眩其辞。"杨倞注:"诱,誔也。"《玉篇·言部》:"诱,诱引也。""诱引"佛典中多有用例,姚秦鸠摩罗什译《妙法莲华经》卷二:"如彼长者,初以三车诱引诸子,然后但与大车,宝物庄严,安隐第一。"(T09/13/c)唐达摩流支译《佛说宝雨经》卷六:"胜义谛中无有名字,但是虚妄施设、假立作其名字,诱引愚夫故作是说。"(T16/309/c)中土文献中,"诱引"一词始见于《后汉书·张奂传》:"秋,鲜卑复率八九千骑入塞,诱引东羌与共盟诅。"《宋书·徐湛之传》:"即臣诱引之辞,以为始谋之证。"而表"诱惑"义的"引诱"最早见于唐代,《文选·孔稚珪〈北山移文〉》"诱我松桂"吕延济注:"诱,谓引诱也。"两词今皆沿用,现代汉语中"引诱"的使用频率高于"诱引"。

(二) AB—BA 两个词形同时出现,现代汉语中一存一亡

【罪过】【过罪】

(1) 于彼河边洗刀,心生悔恨言:"我今无利非善,彼比丘无罪过,而我受雇断他命根。"(《四分律》卷二,T22/575/c)

(2) 佛以是事集比丘僧,语诸比丘:"是诸外道,长夜邪见,是法怨贼,求觅罪过。"(《十诵律》卷十四,T23/100/b)

(3) 其暗钝者心转怀忿,作是念:"我今亦当伺其过罪!"(《五分律》卷七,T22/52/c)

(4) 彼时众生虽心忧怖,而自不知己之过罪。(《僧祇律》卷二,T22/239/c)

按："罪过"与"过罪"为并列复合词，义为罪行、过失。《国语·鲁语上》"若过其序"韦昭注："过，失也。"《礼记·礼运》："以着其义，以考其信，着有过，刑仁讲让，示民有常。"孔颖达疏："过，罪也。"二词词义基本相同，根据其过错的行为轻重有所不同。若轻则为过失、过错，若重则为罪行、罪责。佛典中用例多见，东晋瞿昙僧伽提婆译《增壹阿含经》卷十六："时，王梵摩达即向忏悔：'是我罪过，而取长寿王杀之。'"（T02/628/c）吴支谦译《释摩男本四子经》卷一："世间人坐钱财，转相欺，口亦相欺，身亦相欺，意亦相欺，时自以为可自用，无有过罪。"（T01/849/a）

"罪过""过罪"为一组共时同素逆序词。"罪过"始见于《管子·明法解》："人主不参验其罪过，以无实之言诛之，则奸。"《韩非子·孤愤》："其不可被以罪过者，以私剑而穷之。"《墨子·号令》："有罪过而可无断者，令杼厕利之。""过罪"见于《战国策·赵策二》："王曰：'虑无恶扰，忠无过罪，子其言乎？'"道教文献亦有用例，《太平经》卷四十七《上善臣子弟子为君父师得仙方诀》："从已生之后，有可知以来，未尝有重过罪名也，此为上孝子也。"俞理明注曰："过罪，罪过、罪责。"① 现代汉语中沿用"罪过"。

【舍弃】【弃舍】

（1）沙门释子不应受取金银，沙门释子舍弃珠宝，不着饰好。（《四分律》卷五十四，T22/968/c）

（2）摩诃罗以是数数语，犹故不去，即持衣钵，弃舍而去。（《僧祇律》卷三十，T22/469/a）

按："舍弃"与"弃舍"义同，即抛弃、割舍之义。《文选·班彪〈北征赋〉》"舍高亥之切忧兮"李周翰注："舍，弃也。"《孟子·尽心上》"舜视弃天下"焦循正义引《说文》云："弃，捐也。""弃舍""舍弃"最早均出现在中古律部汉译佛经中，"舍弃"共有17例，"弃舍"共有19

---

① 俞理明：《〈太平经〉正读》，巴蜀书社，2001，第115页。

例，两词使用频率相当。佛经文献中用例较多，如东晋瞿昙僧伽提婆译《中阿含经》卷十九："我离治生，断治生，弃舍称量及斗斛，不受财货。"（T01/552/c1）刘宋求那跋陀罗译《杂阿含经》卷三十五："沙门释子法我已悉知，知彼法律已，然后弃舍。"（T02/250/b）中土文献中，"舍弃"见于《晋书·孙登传》："时时游人间，所经家或设衣食者，一无所辞，去皆舍弃。"而"弃舍"见于《旧唐书·郝处俊传》："至于雕饰服玩，虽极知无益，然常人不能抑情弃舍，皆好尚奢侈，处俊尝保其质素，终始不渝。"《大词典》"舍弃"条曰"见'弃舍'"，而"弃舍"条首引书证为《易·井》"旧井无禽时舍也"唐孔颖达疏："时舍也者，以既非食，禽又不向，即是一时共弃舍也。"例证过晚。现代汉语中"弃舍"一词已经被"舍弃"取代。

【请求】【求请】

（1）妇于后奉食讫已，礼足辞别，<u>请求</u>先偈。（《僧祇律》卷七，T22/286/a）

（2）直信比丘是释种子，语五百释子言："为我<u>求请</u>和上，听我忏悔。"（《十诵律》卷五十八，T23/434/a）

按："请求"与"求请"即提出的要求或希望得到满足之义。中古佛典中两词常见，东晋佛陀跋陀罗译《佛说观佛三昧海经》卷十："譬如有王，暴虐违道，民罹其毒，人怨神怒，国大亢旱，求请神祇，不能得雨。"（T15/696/a）西晋竺法护译《生经》卷一："女人不得，心怀瞋恨，又从请求，复不肯与，心盛遂怒。"（T03/76/b）在中土文献中，"请求"始见于东汉，《汉书·宣帝纪》："朕承至尊，未能绥安匈奴。虚闾权渠单于请求和亲，病死。"《三国志·魏书·武帝纪》："善人难得，必将教羌、胡妄有所请求，因欲以自利。""求请"亦见于东汉文献，《太平经》卷一百一十四《病归天有费诀》："邪神精物，何时敢至天君之前，而求请人乎？"俞理明注曰："求请人，为人求请。"①《尔雅·释言》："告、谒，请也。"

---

① 俞理明：《〈太平经〉正读》，巴蜀书社，2001，第459页。

郭璞注曰："皆求请也。"《三国志·魏书·鲍勋传》："太尉钟繇、司徒华歆、镇军大将军陈群、侍中辛毗、尚书卫臻、守廷尉高柔等并表：'勋父信有功于太祖'，求请勋罪。""请求"与"求请"为共时同素逆序复合词。现代沿用"请求"。

【出入】【入出】

（1）<u>出入</u>者，若比丘<u>入出</u>他家，受供养时，主人语言："我欲索某家女作儿妇，尊者为我求之。"（《僧祇律》卷六，T22/274/a）

（2）时佛及僧往居士舍，跋难陀释子常<u>出入</u>他家。时跋难陀释子，早起着衣持钵<u>入出</u>他家。（《十诵律》卷三十四，T23/242/c）

按："出入"与"入出"即进出之义。《大词典》释"入出"为"收入和支出；犹内外"，二义均与上两例不合。例（1）和例（2）中"出入"和"入出"前后相对出现，"入出"即为"出入"。中古律部汉译佛经中常有互为异文的用例，《四分律》卷五十二："彼作盖竿长门中不得入出，佛言：'应解脱作。若患盖竿脱，应作孔安楬。若折若曲，听以铁作楬头作锁系。'"（T22/955/c）例中"入出"，圣乙本作"出入"。《僧祇律》卷二十一："尔时六群比丘入白衣家内坐，看他妇女、小儿行来出入上阁、下阁，为世人所讥。"（T22/402/a）此例中"出入"，《大正藏》校勘记曰：宫本、圣本作"入出"。由此可见，二者都可表示进出义。《大词典》"入出"条应增加此义项。中土文献中两词均有用例，《太平经》卷一百一十四《九君太上亲诀》："殊能坚心专意，见迷惑，不转志坚，随其入出，上下深山大谷之中。"《三国志·吴书·陆逊传》："诸军振旅过武昌，权令左右以御盖覆逊，入出殿门，凡所赐逊，皆御物上珍。"《孟子·万章下》："惟君子能由是路，出入是门也。""入出"与"出入"为一组共时同素逆序词，现代沿用"出入"。

（三）AB—BA 两个词形同时出现，现代汉语中两词消亡

【系闭】【闭系】

（1）尔时有比丘出入其家，便往慰劳，问其家苦乐。其妇答言：

"家主有事，系闭在狱，何得有乐？"（《僧祇律》卷四，T22/256/b）

（2）牢狱闭系，枷锁杻械，悉得解脱。急闹处者，皆得空闲。（《十诵律》卷三十六，T23/261/c）

按："系"有拘束、约束之义。《汉书·陈胜传》"而徙系武臣等家属宫中"颜师古注曰："拘而不遣，故谓之系。"《玉篇·糸部》："系，约束。""系闭"即关押、拘捕之义。东晋瞿昙僧伽提婆译《增壹阿含经》卷四十四："昔者之人由此宝故，各相伤害，系闭牢狱，更无数苦恼。如今此宝与瓦石同流，无人守护。"（T02/788/a）唐菩提流志译《大宝积经》卷八十二："复生三想：斗诤想、言讼想、闭系想。"（T11/475/b）"闭系"与"系闭"义同。后汉竺大力共康孟详译《修行本起经》卷一："诸在狱闭系，毒苦愁怖恼。愿王加大慈，一时赦罪过。"（T03/463/c）姚秦昙摩耶舍译《乐璎珞庄严方便品经》卷一："如来入于村邑聚落国城王宫，闭系众生即得解脱。"（T14/933/c）中土文献中有用例，《后汉书·郑弘传》："楚王英谋反发觉，以疏引贶，贶被收捕，疾病于道亡没，妻子闭系诏狱，掠考连年。"《唐律疏议》卷二十："阑圈系闭之属，须绝离常处。"现代两词均未沿用。

【捐弃】【弃捐】

（1）时跋难陀释子新作尼师檀，故者捐弃。（《鼻奈耶》卷六，T24/876/b）

（2）时诸比丘闻，其中有少欲知足、行头陀、乐学戒、知惭愧者，嫌责六群比丘言："汝等云何溢钵受食弃捐羹饭耶？"（《四分律》卷二十，T22/703/a）

按："捐弃"与"弃捐"为共时同素逆序复音词，为舍弃、丢弃之义。《说文·手部》："捐，弃也。"《汉书·匈奴传上》"朕与单于皆捐细故"颜师古注曰："捐，弃也。"《战国策·齐策六》"亦捐燕弃世"鲍彪注："捐，亦弃也。"明弘赞《四分律名义标释》卷三十八"唐捐"条释曰："唐，虚也。捐，弃也。"（X44/690/c）"弃捐"见于《汉书·食货志下》：

"今农事弃捐而采铜者日蕃,释其耒耨,冶镕炊炭。"《战国策·秦策五》:"子曰:'少弃捐在外,尝无师傅所教学,不习于诵。'"西晋竺法护译《生经》卷一:"时诸比丘白世尊曰:'我等观察是族姓子,弃捐家居,信为沙门,还念妻子形类举动家事。'"(T03/70/b)"捐弃"源自《管子·立政》:"正道捐弃而邪事日长。"《三国志·魏书·臧洪传》:"是以捐弃纸笔,一无所答。""捐弃""弃捐"现代均不使用。

【自手】【手自】

(1) 世尊制戒,不听我<u>自手</u>捉钱,汝可以钱系我衣角。(《僧祇律》卷十,T22/311/a)

(2) 佛与大众随次而坐,王<u>手自</u>斟酌,欢喜无惓。(《五分律》卷十六,T22/110/a)

按:"自手"与"手自"即亲自、亲手之义。"手"有亲自、亲手之义。《后汉书·隗嚣传》"帝报以手书"惠栋补注引郑玄曰:"手,犹亲也。"佛典文献中用例较多。刘宋求那跋陀罗译《杂阿含经》卷四:"长身婆罗门知世尊坐定已,手自供养种种饮食。"(T02/25/b) 又卷二十一:"时,质多罗长者自手供养种种饮食。"(T02/151/b) 此两例中"手自供养种种饮食"与"自手供养种种饮食"无别。二者义同,故佛典中"手自"与"自手"常互为异文。《五分律》卷十:"于是世尊,与众僧俱上就坐,太子手自下食。"(T22/74/c) 例中"手自",《大正藏》校勘记曰:宋、元、明、宫本作"自手"。东晋瞿昙僧伽提婆译《增壹阿含经》卷十四:"是时,长者以见世尊坐定,自手斟酌,行种种饮食。"(T02/617/a) 例中"自手",《大正藏》校勘记曰:宋、元、明本作"手自"。中土文献中亦有用例,《史记·楚世家》:"庄王自手旗,左右麾军,引兵去三十里而舍,遂许之平。"《搜神记》卷一:"放乃赍酒一罂,脯一片,手自倾罂,行酒百官,百官莫不醉饱。"《大词典》中两词均未收,现代汉语中"手自"与"自手"都不再使用。

【视瞻】【瞻视】

（1）谛视行时，不得如马低头行，当平视行，防恶象马牛，当如担辇人行，不得东西视瞻。(《僧祇律》卷二十一，T22/400/a)

（2）若当起出户外，瞻视四方，仰观星宿。若至经行处，守摄诸根，令心不散。(《四分律》卷三十五，T22/817/b)

按："视瞻"与"瞻视"基本意义为"观看"。《诗经·大雅·公刘》"瞻彼洛矣"郑玄笺："瞻，视也。"《礼记·月令》"瞻肥瘠"孔颖达疏："瞻，亦视也。"《广韵·盐韵》："瞻，瞻视。"上揭例（1）中"不得东西视瞻"即不东张西望。先秦文献中亦有用例，《礼记·曲礼上》："将入户，视必下，入户奉扃，视瞻勿回。""瞻视"亦有观看义，如例（2）中"瞻视"与后文"仰观"义同。《东观汉记》卷七："惟王孝友之德，今以光烈皇后假髻、帛巾各一，衣一箧遗王，可时瞻视，以慰《凯风》寒泉之思。"除此以外，"瞻视"还有看望之义，多指照看、照顾病人。《五分律》卷十六："复有一病比丘，无瞻视者，由此命过。"（T22/110/c）例中"无瞻视者"即没有照看、照顾之人，因此病比丘死亡。此义佛典中也有较多用例，如《十诵律》卷二十八："佛知故问病比丘：'汝何所患苦，独无人瞻视，自卧大小便上？'"（T23/205/a）《四分律》卷二十五："时诸比丘尼疑，不敢瞻视病比丘，无人与水不敢问。"（T22/739/a）现代两词均未沿用。

（四）中古律部汉译佛经中出现 BA 式，现代汉语中为 AB 式

【唤呼】

（1）时有众乌鸟，诤食唤呼。世尊知而故问阿难："诸乌鸟何故唤呼？"（《四分律》卷四十二，T22/868/a）

（2）竹园门外诸沙弥少气多饥，唤呼索食。世尊知而问阿难："唤呼涕泣者谁？"（《鼻奈耶》卷九，T24/890/c）

按："唤呼"即呼唤。例（1）中"唤呼"指鸟的"鸣叫、鸣唤"，《大正藏》校勘记曰：宋、元、明、宫本作"呼唤"。例（2）中的"唤呼"指沙弥的"喊叫、呼喊"。中古律部汉译佛经中"唤呼"共有21例，其逆序形式"呼唤"未见用例。东晋瞿昙僧伽提婆译《中阿含经》卷十二："彼于其中，受极重苦，啼哭唤呼，心闷卧地，终不得死，要令彼恶不善业尽。"（T01/505/a）东晋瞿昙僧伽提婆译《增壹阿含经》卷二十三："是时，五百玉女椎胸唤呼，不能自胜。"（T02/673/a）《金楼子·兴王篇》："顷日骤至，上尝旦往报云，云闻街衢洒扫，唤呼清道。"唐王焘《外台秘要》卷十七《五劳六疾七伤方》："又不得多言语、大唤呼，令神劳损。"唐元稹《感梦》："同行复一人，不识谁氏子。逡巡急吏来，呼唤愿且止。"《大词典》未收"唤呼"，收"呼唤"释为"呼叫；喊叫"，首引唐崔玄亮逸句："共相呼唤醉归来。"佛经中也有"呼唤"的用例，东晋瞿昙僧伽提婆译《中阿含经》卷三十四："汝等何故，啼哭懊恼，唤父呼母，呼唤妻子及诸爱念亲亲朋友？"（T01/642/c）姚秦竺佛念译《出曜经》卷二："尔时世尊欲化彼人，令得开悟，即化作大火坑，围绕孤母之身，火气逼身，以儿自障，儿复呼唤，不堪火痛。"（T04/618/c）现代汉语中"呼唤"代替了"唤呼"。

【救解】

（1）时黑离车比丘尼为毗舍离诸离车恭敬供养。诸人若有官事，能为救解。（《五分律》卷十二，T22/84/b）

（2）若所欲杀人，或入禅定，或入灭尽定，或入慈心三昧，若有大力咒师护念救解，若有大力天神守护，则不能害。（《十诵律》卷二，T23/9/b）

按：中古律部汉译佛经中"救解"出现5例，其逆序形式"解救"一词未见。《诗经·邶风·谷风》："凡民有丧，匍匐救之。"孔颖达疏："救，谓营护凶事，若有赙赠也。"《楚辞·九章·抽思》"聊以自救兮"朱熹集注："救，解也。""救解"即解救，义为使脱离危险或困难。西晋竺法护译《佛五百弟子自说本起经》卷一："吾时见沙门，得缚束苦恼，其心发慈哀，身则为救解。"（T04/201/b）东晋法显译《大般涅槃经》卷十六："然彼沙门，委弃父母，东西驰骋。所至之处，能令土地谷米不登，人民饥馑，死亡者众，病瘦相寻，无可救解。"（T12/457/c）中土文献中亦有用例，《汉书·杜周传》："数称达名士王骏、韦安世、王延世等，救解冯野王、王尊、胡常之罪过。"《战国策·韩策二》："严遂政议直指，举韩傀之过。韩傀以之叱之于朝。严遂拔剑趋之，以救解。"现代汉语中"解救"取代了"救解"。

【毛羽】

（1）汝便还彼，众鸟暮来，合掌向言："我今须汝<u>毛羽</u>，可以见与。"中夜后夜，亦复如是。（《五分律》卷二，T22/13/c）

（2）此婆罗门系心其妇及诸男女，初不舍离，以此爱着情笃，遂至命终，便生雁中，其身<u>毛羽</u>，尽为金色。（《四分律》卷二十五，T22/737/a）

按："毛羽"即羽毛。"羽""毛"在先秦时期分工明确，"羽"指鸟羽，"毛"指人兽的毛发。《说文·羽部》："羽，鸟长毛也。"《说文·毛部》："毛，眉发之属及兽毛也。"徐灏注笺："人、兽曰毛，鸟曰羽。"有学者指出："羽毛/毛羽"的连用，强化了"毛"可用于鸟的已有心理，通过组合使用中的词义感染，"毛"也逐渐具有了表示鸟羽的能力[1]。"毛羽"一词先秦文献中就有用例，《左传·隐公五年》："皮革、齿牙、骨角、毛羽，不登于器。"唐孔颖达疏："鸟翼长毛谓之为羽。"龙丹指出："'毛羽'和'羽毛'是一对同素反序式双音节词。先秦时期，这对词就处于并存状态，虽然并不知何时'羽毛'最终战胜'毛羽'，但可以肯定的是，至少在魏晋时期，两词仍势均力敌。"[2] 中古律部汉译佛经中"毛羽"共出现 8 次，其义为鸟的羽毛。佛经中也用"毛羽"指兽毛，东晋迦留陀伽译《佛说十二游经》卷一："伊罗慢龙王，以为制乘，名白象，其毛羽逾于白雪山之白。"（T04/146/b）现代汉语中"羽毛"取代了"毛羽"。

---

[1] 施真珍：《〈后汉书〉"羽"语义场及"羽、毛"的历时演变》，《语言研究》2009 年第 2 期。
[2] 龙丹：《魏晋"羽毛"语义场探微》，《郧阳师范高等专科学校学报》2008 年第 1 期。

【疗治】

（1）尔时阐陀比丘，常出入诸家为说法，料理官事，疗治众病；国王、大臣、长者、居士无不亲敬。（《五分律》卷三，T22/14/b）

（2）时有六十病比丘，有一医师出家为道，疗治诸病比丘。（《僧祇律》卷十，T22/316/c）

按："疗治"即治疗。《方言》卷十："疗，治也。"《左传·襄公二十六年》"不可救疗"杜预注："疗，治也。"在中古律部汉译佛经中，表"治疗"义主要是由单音节词"疗"和"治"来承担，如《四分律》卷四十："无畏王子唤耆婆来，问言：'汝能治王病不？'答言：'能治。'"（T22/852/a）《五分律》卷十七："能治弟子病，亦能使人治其病。"（T22/114/c）"疗"和"治"并列构成的复音词"疗治"，在中古律部汉译佛经中共12例。中土文献中亦有用例，《太平经》卷九十三《国不可胜数诀》："今以天师文，但解一有德之君国之灾，名为但疗治一国耳，安能乃疗治天地病而报皇天重功乎哉？"《搜神记·鹤衔珠》："曾有玄鹤，为弋人所射，穷而归参。参收养，疗治其疮，愈而放之。""治疗"一词西晋汉译佛经中就有用例，如竺法护译《修行道地经》卷一："医心念言：'虽值此怪，星宿吉凶，或可治疗。'"（T15/184/b）《大词典》"治疗"条例引《北齐书·李密传》，例证晚。现代汉语中"治疗"取代了"疗治"。

二 逆序词研究的相关问题

（一）逆序词的判定

逆序词判定的首要问题就是词的判定，但在汉语史研究中，词应该如何切分目前还没有统一的标准。张永言说："所谓词的分离性问题就是怎样从成片的连贯的言语中分出词来的问题，也就是怎样一方面划清词和短语的界限，另一方面划清词和词素的界限的问题。这是词汇学和语法学中一个很重要而又很棘手的问题。"[1] 在研究逆序词时，我们注意到有些所谓的逆序词其实并不是词，比如胡伟在《〈鼻奈耶〉词汇研究》中指出"今

---

[1] 张永言：《词汇学简论》，华中工学院出版社，1982，第33页。

方"等是 BA 式的同素逆序词①。其所举例为《鼻奈耶》卷四："此沙门释子，自称誉精进，今方似商人，贩卖媒嫁男女。"（T24/865/a）此例中的"今方"属胡文切分词目有误而成，应当为"今/方似"。在中古律部汉译佛经中也有用例，如《僧祇律》卷十八："我本正得此物，尽以还归，而今方见诬谤。"（T22/371/b）此句当断为"而今/方见诬谤"。《四分律》卷十四："其妇出报使言：'小留住，我今方欲办具饮食，庄严衣服，然后共往。'"（T22/659/a）此句中"方"有"将"义。"方欲办具饮食"义为将要准备好饮食。可见"今方"并不是词，不符合结构定型性和意义整体性的判定标准。因此，不能认为是"方今"的逆序形式。

其次，有些同素逆序词的形成与版本异文有关。汉译佛典版本众多，异文材料特别丰富，在研究逆序词时需要考虑这个问题。比如"洗浴"一词，在中古律部汉译佛经中大量出现，共有 265 例，如《五分律》卷二十七："若和尚、阿阇梨须洗浴者，应办浴具。若须冷取冷，须暖为暖。"（T22/178/b）但其逆序形式"浴洗"仅出现 1 例，《四分律》卷三十六："诸比丘闻，当往至半由旬，迎逆承事，瞻视安处浴洗，给其所须饮食。若不尔者，当如法治。"（T22/825/c）《大正藏》校勘记曰："浴洗"，宋、元、明、宫本作"洗浴"。从意义和使用频率来看，可以判定此书中的"浴洗"当作"洗浴"。又如"人民"一词，在中古律部汉译佛经中出现 172 次，如《僧祇律》卷三："时国人民皆工巧技术，以自生活，所谓伎乐歌颂，或作金银宝器、花鬘璎珞严饰之具。"（T22/243/a）但是其逆序形式"民人"仅见 1 例，《四分律》卷十五："时王波斯匿土境民人反叛，时王自领六军征罚，时六群比丘往至军中观看军阵。"（T22/669/b）此例中的"民人"，《大正藏》校勘记曰，宋、元、明、宫、圣乙本均作"人民"。诸如此类的情况，需要先从文献的角度去分析。如果逆序词的其中一个词形用例极少，且有异文的情况存在，这很可能是佛经刊刻过程中的误改造成的，不能把二者处理成共时语料中的同素逆序词。

（二）专书逆序词研究的局限

逆序词是汉语史研究者比较关注的问题。从目前的研究成果来看，研

---

① 胡伟：《〈鼻奈耶〉词汇研究》，湖南师范大学硕士学位论文，2012，第 168 页。

究者主要对专书中的逆序词进行了较多探讨,如徐正考、王冰研究了《论衡》中同素逆序同义词的并用与演变,黄建宁对东汉道教经典《太平经》中的逆序词进行了研究,朱成华对《史记》中同素并列逆序双音动词进行了研究等[①]。专书逆序词有重要的研究价值,在有限的语料中可以穷尽性地描写、统计和分析。但也有一定的局限,若仅停留在一部作品中,逆序词的出现数量和频率会受到诸如字数、体裁、作者(或译者)用语习惯等多方面的影响。正如俞理明所说:"专书反映的词汇面貌,都是不全面的,存在大量的词汇缺位现象。""专书对词汇的反映,具有随机性和不完整性,我们只有通过多方的研究,才可能得到一个接近全貌的结果。"[②] 就中古律部汉译佛经而言,目前戴军平、胡畔、胡伟分别对《十诵律》《僧祇律》《鼻奈耶》中的逆序词进行了分析[③]。据戴军平统计,《十诵律》中 AB—BA 式逆序词共有 72 组,BA 式词有 63 个;据胡畔统计,《僧祇律》中 AB—BA 式逆序词共有 54 组,BA 式词有 17 个;据胡伟统计,《鼻奈耶》中 AB—BA 式逆序词共有 23 组,BA 式词有 14 个。而我们把具有同质性的五部中古律部汉译佛经语料放在一起考察,共找到 AB—BA 两式共现的逆序词 219 组(见表 2-1)。

表 2-1 中古律部汉译佛经中 AB-BA 两式共现的同素逆序词

爱敬—敬爱	爱欲—欲爱	爱重—重爱	拔济—济拔	饱足—足饱
宝珠—珠宝	被褥—褥被	备悉—悉备	坌尘—尘坌	别离—离别
步行—行步	怖畏—畏怖	财富—富财	残宿—宿残	藏覆—覆藏

[①] 专书逆序词的研究成果较多,如徐正考、王冰《〈论衡〉同素异序同义词并用与演变分析》(《华夏文化论坛》第二辑,吉林大学出版社,2007),黄建宁《〈太平经〉中的同素异序词》[《四川师范大学学报》(社会科学版)2001 年第 1 期],朱成华《〈史记〉同素并列逆序双音动词与辞书编纂》(《渭南师范学院学报》2013 年第 7 期),鲍延毅《〈金瓶梅〉逆序词与中古词汇变迁》[《西南师范大学学报》(哲学社会科学版)1995 年第 1 期],张巍《〈三国志〉同素逆序词研究》(《古籍研究》2005 年第 1 期),李敏辞《〈朱子语类〉中的同素异序同义词》(《人文论丛》,武汉大学出版社,2004 年卷),陈绪霞《〈型世言〉同素逆序词研究》(山东大学硕士学位论文,2013)等。

[②] 参见郭作飞《张协状元词汇研究》序二,巴蜀书社,2008。

[③] 参见戴军平《〈十诵律〉词汇研究》,暨南大学博士学位论文,2012;胡畔《〈摩诃僧祇律〉词汇研究——以佛教语词、同素逆序双音词等为中心》,浙江大学硕士学位论文,2009;胡伟《〈鼻奈耶〉词汇研究》,湖南师范大学硕士学位论文,2012。

续表

藏举—举藏	长短—短长	长广—广长	尘土—土尘	痴狂—狂痴
处分—分处	雌雄—雄雌	残余—余残	愁忧—忧愁	炽盛—盛炽
持用—用持	出入—入出	出外—外出	出来—来出	除灭—灭除
除屏—屏除	触娆—娆触	疮疥—疥疮	祠祀—祀祠	到时—时到
当自—自当	盗贼—贼盗	弟子—子弟	斗诤—诤斗	读诵—诵读
断除—除断	断截—截断	恶臭—臭恶	犯触—触犯	丰盈—盈丰
负担—担负	妇女—女妇	富饶—饶富	财富—富财	羹饭—饭羹
干枯—枯干	共俱—俱共	共同—同共	故弊—弊故	过罪—罪过
归还—还归	还复—复还	何如—如何	和合—合和	浣洗—洗浣
欢喜—喜欢	虎狼—狼虎	户牖—牖户	华香—香华	去来—来去
坏烂—烂坏	坏败—败坏	毁谤—谤毁	毁訾—訾毁	患苦—苦患
积畜—畜积	讥瞋—瞋讥	即便—便即	系闭—闭系	香华—华香
疾病—病疾	集聚—聚集	嫉妒—妒嫉	计量—量计	寂静—静寂
家人—人家	减损—损减	见面—面见	见闻—闻见	臼杵—杵臼
皆尽—尽皆	敬礼—礼敬	久别—别久	具办—办具	惧怖—怖惧
捐弃—弃捐	决断—断决	结集—集结	坚牢—牢坚	苦困—困苦
苦乐—乐苦	苦恼—恼苦	来往—往来	力势—势力	利益—益利
连缝—缝连	冷热—热冷	流水—水流	漏刻—刻漏	轮转—转轮
罗网—网罗	量度—度量	良善—善良	埋藏—藏埋	买卖—卖买
毛衣—衣毛	毛羽—羽毛	满足—足满	妙胜—胜妙	美好—好美
名字—字名	灭摈—摈灭	木材—材木	男人—人男	恼触—触恼
溺没—没溺	年少—少年	女人—人女	泥土—土泥	泥污—污泥
屏覆—覆屏	破裂—裂破	破伤—伤破	奇雅—雅奇	齐限—限齐
弃舍—舍弃	前进—进前	浸治—治浸	强牵—牵强	求觅—觅求
求请—请求	乞求—求乞	染污—污染	如似—似如	软善—善软
软细—细软	人客—客人	扫洒—洒扫	烧煮—煮烧	少多—多少
生死—死生	谪罚—罚谪	食噉—噉食	事情—情事	事缘—缘事
睡眠—眠睡	手自—自手	守备—备守	树林—林树	水浆—浆水
损毁—毁损	顺逆—逆顺	速疾—疾速	算计—计算	损灭—灭损

续表

逃走—走逃	调戏—戏调	调和—和调	调欺—欺调	疼痛—痛疼
痛苦—苦痛	外内—内外	卫护—护卫	问难—难问	污垢—垢污
污秽—秽污	悉皆—皆悉	习诵—诵习	喜乐—乐喜	细微—微细
狎习—习狎	邪恶—恶邪	姓名—名姓	兄弟—弟兄	学习—习学
语言—言语	远近—近远	益增—增益	言说—说言	厌患—患厌
炎火—火炎	要言—言要	夜半—半夜	业行—行业	议论—论议
音声—声音	饮食—食饮	隐藏—藏隐	溢满—满溢	应当—当应
应宜—宜应	涌没—没涌	诱引—引诱	诱诳—诳诱	瞻视—视瞻
祖先—先祖	治罪—罪治	战斗—斗战	整齐—齐整	知识—识知
止顿—顿止	制限—限制	众人—人众	嘱咐—咐嘱	住立—立住
住止—止住	自己—己自	幢幡—幡幢	贼盗—盗贼	贼寇—寇贼
责诲—诲责	责谏—谏责	中心—心中	转易—易转	

因中古律部汉译佛经语料数量巨大，以上统计可能没有穷尽中古律部汉译佛经里所有的同素逆序词。但从目前的统计来看，AB—BA 共现的同素逆序词超过单部律典中的数量。因此，在一个共时平面上，同类体裁的文献中保存了大量的同素逆序词，对研究逆序词的类型和发展演变都很有帮助。姜黎黎指出："通过专类体裁同素异序词研究，可以了解一个时代同一体裁的同素异序词的面貌，也可以比较出一个时代与另一时代同一体裁同素异序词的差异，从而反映出汉语词汇系统发展变化的时代特色。"[①] 张巍以几部代表性著作，如《三国志》《世说新语》《后汉书》《宋书》等为语料，对中古汉语同素逆序词进行了详细统计和深入研究[②]。

（三）逆序词的发展演变

通过对中古律部汉译佛经中同素逆序词的词频统计、词义分析及首见用例考察，发现大部分逆序词在前代文献中就已有用例，也有一些是中古律部汉译佛经中新生的逆序词。语言时刻都处于变化发展之中，中古律部汉译佛经中出现的大量逆序词发展到现代，已经有了很大的变化。笔者对

---

① 姜黎黎：《古代汉语同素异序词研究综述》，《江南大学学报》（人文社会科学版）2009 年第 3 期。
② 参考张巍《中古汉语同素逆序词演变研究》，上海古籍出版社，2010。

中古律部汉译佛经中 219 组 AB—BA 两式共现的逆序词的演变情况进行了调查统计，结果详见表 2-2。

表 2-2　中古律部汉译佛经同素逆序词在现代汉语中使用情况

例词	两序保留	保留一序	两序消失
	外出—出外　负担—担负 别离—离别　祖先—先祖	求请—请求　调戏—戏调 制限—限制　守备—备守	户牖—牖户　悉皆—皆悉 瞻视—视瞻　诱诳—诳诱
数量（组）	35	103	81
比例（%）	16	47	37
总计（组）	219		

通过表 2-2 可以看出，两序继续使用的逆序词只有 35 组，占总数的 16%。这些逆序词多为并列复合词，是两个语素的同义、近义或反义类聚。并列逆序复合词产生之初，两词语义基本相同，而在发展演变中逐渐有所分化。受到语言经济性原则、语言内部竞争、复音词逐渐稳定、语音顺序以及使用习惯等多种因素的影响，有 103 组逆序词只保留一序，占总数的 47%。另有占总数 37% 的逆序词的两序均未能在现代汉语中延续。

在中古律部汉译佛经 219 组逆序词中，共有 265 个词形在现代汉语中不再使用。从目前的研究来看，对未能继续使用的逆序词形关注较少。很多学者都认为这些不再使用的逆序词已经"消亡"或"死去"，没有太大的研究价值。然而诚如王希杰所说："新事物出现了可并没有产生新的词语，依然运用旧的词语来指称它；旧的事物消失了，旧的词语也并没有消失，依然存在于我们的语言之中。"[①] 我们认为，词汇是一种语言系统中所有词语的汇集，退出历史舞台的逆序词并不是完全"消亡"或"死亡"，而是在词汇系统中以"休眠"的形式存在[②]。当共时平面中的一组逆序词所处的环境（包括语言系统的内部环境和社会的外部环境）发生变化时，逆序词中某一词形的生命力就会急剧减弱，使用频率极低，关注度极小，甚至退出语言的使用范围，最终进入休眠状态。休眠是词汇发展演变的一种特殊状态或阶段，进入休眠状态的词语基本上都退出了语言交际系统，

[①] 王希杰：《略论语言预测学》，《扬州师院学报》（社会科学版）1996 年第 1 期。
[②] 丁庆刚：《论词语的休眠及其激活动因》，《殷都学刊》2020 年第 1 期。

因此很多研究者都认为这类词语"消亡"了。但是"词语的衰亡与生物的衰亡是不同的,即使是'死'了的词语,它们也不是立即消失殆尽,而是被长时间地保留在人们的记忆或历史的书里面,成了'语言遗迹'"①。这些"语言遗迹"虽然成为词汇发展历史上被公共交际放弃的部分,但也并不是没用的废弃物,而是语言新的生长点之一。从这个意义上说,那些已经退出历代语用的逆序词,其实并没有真正死去,它们依然保存在历史文献或时人的记忆中。在词库中休眠的逆序词,并不是都在永久地沉睡。有些休眠的逆序词在社会发展、历史文化及心理认知等多种因素的影响下,可能获得激活的机会,再次进入语言交际系统。因此,在逆序词演变中,还需要对已经休眠的逆序词形进行深入研究。

第二节 中古律部汉译佛经中的异形词

异形词,又名"异体词""异写词""同词异写""同词异形""一词多形"等,是汉语词汇史研究的重要对象之一。较早对异形词进行研究的学者是殷焕先,他把异形词称为"词语书面形式的分歧现象"②,高更生在《谈异体词整理》一文中把"同音同义而异形的词语"称为"异体词"③。朱炳昌在《异形词汇编》中指出异形词有两类:第一类,读音相同或相近,意义相同,用法相同而形体不同的一组词语;第二类,读音不同,意义和用法相同而形体不同的一组词语④。比如中古律部汉译佛经中"擎拳"与"擎手"都指一种作礼的方式,虽然意义和用法相同而形体不同,但我们也不能把二词当作异形词,而"擎拳"与"擎捲"则可以认为是一组异形词。教育部和国家语言文字工作委员会于 2001 年 12 月 19 日发布的《第一批异形词整理表》中对异形词的定义做了更近一步的说明:"普通话书面语中并存并用的同音(本规范中指声、韵、调完全相同)、同义(本规范中指理性意义、色彩意义和语法意义完全相同)而书写形式不同的词语。"

---

① 王贵秋、徐丽娜:《词语的"散发"》,《西南民族大学学报》(人文社科版) 2007 年第 S1 期。
② 殷焕先:《谈词语书面形式的规范》,《中国语文》1962 年第 6 期。
③ 高更生:《谈异体词整理》,《中国语文》1966 年第 1 期。
④ 朱炳昌编著《异形词汇编》,语文出版社,1987,第 261~262 页。

语言学界的众多学者都对异形词进行过研究，在异形词的整理和规范方面取得了一定的成绩。但从目前的研究成果来看，异形词的研究主要关注的是现代汉语的共时层面，对古代汉语异形词的研究还较为薄弱。实际上，汉语词汇发展是成体系的，要更好地对现代汉语异形词进行研究，首先要对古代汉语中的异形词进行整理分析，这样才能追根溯源，梳理汉语词汇发展的概貌，为现代汉语异形词研究提供借鉴。近年来，曾昭聪对古代汉语异形词进行了系统研究①，主要以《明清俗语辞书集成》中所收俗语词为语料探讨了近代汉语异形词的来源、理据、成因、价值等。他认为近代汉语异形词是"近代汉语阶段中同时或先后产生的同音（包括方言音变和历史音变）、同义而书写形式不同的词语"②。此定义同样适用于中古汉语异形词研究，本书将以此为异形词的判定依据。

有些异形词在中古律部汉译佛经中以多个不同的词形共现，而有些异形词与中古律部汉译佛经以外的佛经文献互见。通过对比中古律部汉译佛经在《大正藏》《中华藏》等不同藏经中的文字差异，并依据两部藏经所附异文找出相关异形词。另外，佛典音义也提供了大量异形词的线索，为本书的研究提供了丰富的材料。徐时仪认为："同一词不论书写形式有多少个，在实际语言中都是一个词，只是形成原因不同造成的形体上的不同写法。"③中古律部汉译佛经中异形词的形成原因可以从文字、语音和文献等不同角度进行考察。文字和语音是异形词产生的内部原因，文献则是异形词产生的外部原因。

一 从文字角度看异形词的来源

从文字角度来看，异形词的形成与古今字、正俗字、异体字等文字有

---

① 曾昭聪研究异形词的系列论文主要有：《近代汉语异形词的来源》[《安徽理工大学学报》（社会科学版）2013 年第 2 期]、《古汉语异形词与词语释义》（《中国语文》2013 年第 3 期）、《近代汉语异形词来源释例》（《汉语史学报》第 13 辑，上海教育出版社，2013）、《近代汉语异形词理据研究论略》（《绵阳师范学院学报》2013 年第 7 期）、《中古汉译佛经异形词的形成原因及其研究价值》（《汉语史研究集刊》第 17 辑，巴蜀书社，2014）、《从文献角度看近代汉语异形词的来源》（《贺州学院学报》2014 年第 3 期）、《近代汉语异形词理据探讨》（《钦州学院学报》2015 年第 1 期）等。
② 曾昭聪：《明清俗语辞书及其所录俗语词研究》，上海辞书出版社，2015，第 343 页。
③ 徐时仪：《〈朱子语类〉词汇研究》，上海古籍出版社，2013，第 165 页。

关。古今字又称为区别字，是汉字孳乳过程中产生的一种历史现象。清段玉裁《说文解字注》卷五"今"字条："古今人用字不同，谓之古今字。"汉文佛典中存在大量的俗字，郑贤章分析了汉文佛典中俗字产生的原因：客观原因主要是字体演变，而主观原因则是汉字使用中人们求简、爱异、求明的心理①。异体字则指两个或两个以上音同义同书写形式不同的字，使用中可以相互替换。文字的发展是一个动态的演变过程，译师们在翻译佛经时选用不同的汉字形体来表示同一个词，就形成了同一个词的不同书写形式。例如：

【謦欬】【謦咳】【嚄欬】

（1）若比丘入聚落行语而去，后比丘来不得默然，应謦欬动脚作声，若前人故语者，随进无罪。（《僧祇律》卷二十，T22/388/b）

（2）时罗云无屋住，往厕上宿。时佛知之，往诣厕所，作謦欬声，时罗云亦复謦欬。世尊知而故问："此中有谁？"罗云答言："我是罗云。"（《四分律》卷十一，T22/638/b）

按："謦欬"为同义并列复合词。《说文·言部》："謦，欬也。"《玉篇·言部》："謦，欬声也。"佛经音义中多次予以解释，如《玄应音义》卷十四《四分律》第十一卷"謦欬"："空顶、苦代二反。《通俗文》：'利喉曰謦。'字从言。"（C056/1027/b）明弘赞《四分律名义标释》卷二十"謦欬"："謦，音卿，上声。欬，音慨。謦欬之声也。又轻曰謦，重曰欬。"（X44/555/b）《乾隆大藏经》之《四分律》随函音义"謦欬"："謦，弃挺切。欬，口溉切。謦欬，逆气声也。小曰謦，大曰欬。"

"欬"意符换用写作"咳"，《四分律》卷四十九："彼至厕外应弹指若謦咳，若有人、非人令知。"（T22/932/a）《五分律》卷二十二："诸比丘指示言：'在彼闭户大房中，汝可徐往，謦咳叩户。世尊怜愍汝故，当为汝开。'"（T22/152/a）《说文·欠部》桂馥义证曰："欬，或作咳。"佛教戒律规定，凡如厕前，应当弹指或謦咳。"謦"又增加意符写作"嚄"。

---

① 郑贤章：《汉文佛典疑难俗字汇释与研究》，巴蜀书社，2016，第7~9页。

《中华字海·口部》："嚃，音请。义未详。"《五分律》卷二十七："若比丘上厕时，应一心看前后左右，至厕前謦欬、弹指，令厕中人、非人知；厕中人亦应弹指、嚃欬。"（T22/177/a）故"謦欬""謦咳""嚃欬"是因文字而形成异形词。

【擎拳】【擎捲】

（1）那罗陀共相问讯，在一面坐，八万四千众，或有礼如来足，在一面立者，或有<u>擎拳</u>共相问讯，在一面坐者。（《四分律》卷三十二，T22/792/b）

（2）时世尊默然可之。失梨崛从坐起，<u>擎拳</u>而退。于门中凿坑，盛满炭火，无有烟焰，以沙薄覆上。（《鼻奈耶》卷七，T24/883/c）

按："擎拳"为一种作礼的方式。姚秦竺佛念译《出曜经》卷九："盖闻沙门寒贱，巧诈繁滋，幻惑世人，所行短促，齐荣一身，不能延致梵福，正使相见，正可擎拳而已，何为五体投地，恭敬作礼耶？"（T04/658/c）"拳"改变构件位置又写作"捲"，《史记·孙子吴起列传》"夫解杂乱纷纠者不控捲"司马贞索隐："捲即拳也。"故佛经中也写作"擎捲"，吴支谦译《佛说孛经》卷一："明日来者，勿复作礼，擎捲而已。"（T17/730/c）《可洪音义》卷八《佛说孛经》第一卷"撒捲"："上巨京反，下巨员反。小敬貌也。正作'擎拳'。"（K34/901/a）梁宝唱等集《经律异相》卷二十二："盖闻沙门寒贱，巧诈繁滋，幻惑世人。所行短促，齐荣一身。不能延致梵福。正使相见，止可擎捲而已，何为五体投地，恭敬作礼耶？"（T53/120/a）例中"捲"，宋、元、明、宫本作"拳"。《慧琳音义》卷七十八《经律异相》第二十二卷"擎拳"："下倦员反。何休注《公羊传》云：'拳，掌也。'《考声》云：'拳，手拳也。'《说文》：'从手，卷省声。'《字书》正作拳，经文捲，亦同。"（T54/817/a）《大词典》"擎拳"例引宋沈瀛《减字木兰花》，过晚。禅籍中"擎拳"与"合掌"经常一起出现，《汾阳无德禅师语录》卷二《师注首山念禅师颂》："天垂甘露，地气所滋，万物生芽。千祥合彩，擎拳合掌，供养三尊。"（T47/615/c）《续传灯录》卷八《泉州栖隐有评禅师》："僧问：'如何是平常道？'师曰：'和尚合掌，道士擎拳。'"（T51/515/a）"擎拳"与"擎捲"因文字构件位置不同而形成异形词。

【怀任】【怀妊】

（1）时有女人名莲华色，其父母嫁与郁禅国人，后遂怀妊，彼欲产还父母家，产一女颜貌端正。（《四分律》卷六，T22/605/c）

（2）有一怀妊妇人电光中见，便大惊唤言："毗舍遮！毗舍遮！"（《五分律》卷八，T22/54/a）

按："怀妊"即怀孕。《说文·女部》："妊，孕也。"《广韵·沁韵》："妊，妊身，怀孕。"例（1）中"妊"，圣本作"任"。例（2）中"怀妊"，《中华藏》对应文字作"怀任"（C39/981/b），校勘记曰：诸本作"怀妊"。表"怀孕"义，古字写作"任"。《汉书·叙传上》："刘媪任高祖而梦与神遇。"颜师古注："任，谓怀任也。"《孟子·梁惠王上》"麋鹿攸伏"赵岐注"麋鹿怀任"，焦循正义"任，亦作妊，孕也"。汉译佛典中"怀任"一词用例常见，刘宋求那跋陀罗译《央掘魔罗经》卷一："怀任十二月，将护尽胎养，既生常鞠育，长夜忍苦秽。"（T02/520/a）《正字通·人部》："任，与妊、姙同。"《汉语大字典·人部》："任，怀孕。后作'妊''姙'。""任"的本义是两手抱物，妇女怀孕像两手抱物状，因而也用于妇女怀孕。"任"后加"女"旁另外新造"姙"字，以专职分担"任"的怀孕义，后又省作"妊"。故"怀任"与"怀妊"因古今字分化而形成异形词。

【乾痟】【乾消】【痒痟】【干消】【干肖】

（1）时有一比丘于聚落中乞食还，不覆钵上，鸟尿堕钵中，比丘不觉食，得乾痟病。（《五分律》卷二十七，T22/180/a）

（2）佛住舍卫城，有比丘痒痟病，语医言："长寿！能为我灌病不？"（《僧祇律》卷三十二，T22/488/b）

按："乾痟"又作"乾消""痒痟""干消""干肖"等书写形式，意义无别，即中医所说的消渴病①。《玄应音义》卷十四《四分律》第三卷"乾消"条注："古寒反。下古文消，同，思遥反。《说文》：'消，尽也。'律文作痟，非也。"（C056/1024/b）《可洪音义》卷十五《僧祇律》第三十二卷"痒痟"："上古寒反，正作乾也，俗。下音消。"（K35/99/b）《五分律》卷二十九："女人有如是病：癫病、白癞病、乾痟病、癫狂病、瘫疽、漏病、脂出病，如是等重病，汝有不？"（T22/187/c）例中"乾痟"，圣本作"干消"。也作"干肖"，《可洪音义》卷十三"干肖"："音消，渴病也。正作痟也，又音笑，非也。"（K35/40/b）玄应和可洪均认为律文中"痒"非正体，正作"乾"。《集韵·寒韵》："乾，燥也。"清黄生《字诂》"干"条："乾湿之乾，亦可借用干字。"②"痒"乃"干"的后起增旁俗字。"乾痟"之"痟"，字本作"消"，因其表示病症，故改换意符作"痟"，后又省作"肖"。以佛经音义为线索，可以串联出"乾痟""乾消""痒痟""干消""干肖"等一组异形词。

佛典音义及佛经注疏中多次解释"乾痟"一词，如《慧琳音义》卷六十四《四分羯磨》"乾痟"条："上音干。顾野王云：'干，燥也。'《说文》从乙倝声，倝音幹，经从干作斤，字书并无，不成字也。下小焦反。《埤苍》：'痟，谓渴病也，亦痟瘦病也。'"（T54/733/c）唐道宣撰集、清读体续释《毗尼作持续释》卷五"乾痟，即渴劳病也。"明弘赞《四分律名义标释》卷九"乾痟"："乾，居寒切，音干，燥也。痟，先雕切，音宵，渴病也。又云干枯病，以其肌肤痟瘦也。"（X44/467/c）清德基辑《毗尼关要事义》卷一"乾痟病"："乾痟乃渴病也，又云乾枯病，以其肌肤痟瘦也。"从以上所释来看，"乾痟"即中医所说的消渴病。"乾痟"一词，辛嶋静志《妙法莲华经词典》释为"diabetes"③。"diabetes"可译为糖尿病、多尿症等，与中医"消渴病"的症状类似，其主要症状为尿多、口渴、消瘦等。

---

① 张显成认为"消渴"是久食甘肥、积热耗阴而致之病，症见口干渴、多饮、多尿、少气乏力等。详见《先秦两汉医学用语研究》，巴蜀书社，2000，第52页。
② （清）黄生撰，（清）黄承吉合按《字诂义府合按》，刘宗汉点校，中华书局，2006，第66页。
③ 〔日〕辛嶋静志：《妙法莲华经词典》，日本创价大学国际佛教学高等研究院，2001，第104页。

【草马】【騲马】

(1) 生不喜心，晨起竟不与前食后食，驾草马车，还舍卫城，诣须达居士所，具说上事，乃至竟不料理。(《僧祇律》卷二十六，T22/439/c)

(2) 寺外有死騲马，时魔至死马所即灭，天身不现。(《四分律》卷三十四，T22/809/a)

按："草马"即母马。《三国志·魏书·杜畿传》："渐课民蓄牸牛、草马。"颜师古《匡谬正俗》："俗呼牝马为草马。"章太炎《新方言·释动物》："今北方通称牝马曰草马，牝驴曰草驴。""草马"之"草"为何有"雌性"义？已有不少学者对此进行了讨论，如曾良认为"草马""草驴"之"草"，其语义来源于"皁"，即"牝"义；朱城认为马类雌性动物谓"草"，主要源于人们对雌性动物的轻贱评价；邓春琴则认为"草"有雌性之语源，当与"木""根"有关①。

"騲"即"草"之俗体。《僧祇律》卷十二："时五通居士案如常法，乘白騲马车一由延迎，遥见诸比丘尼僧，便下车步进。"(T22/330/b) 上揭例 (2) 中"騲"，《大正藏》校勘记：宋、元、明、宫、圣本均作"草"。明弘赞《四分律名义标释》卷二十四"騲马"："仓老切，音草，牝马也。"(X44/586/b)《玉篇·马部》："騲，牝马也。"《正字通·马部》："騲，牝畜之通称，本作草。""草马"与"騲马"因正俗字而形成异形词。

【障碍】【障阂】

(1) 时婆罗门便自念言："是谁于我福德义井作障碍者，今当往观。(《僧祇律》卷七，T22/282/b)

(2) 王既信乐已，便听诸比丘入出宫阁，无有障阂。(《四分律》卷十八，T22/690/c)

---

① 参见曾良《"草马"探源》，《中国语文》2001 年第 3 期；朱城《"草马"之"草"的语义来源》，《语文研究》2005 年第 4 期；邓春琴《"草"源考》，《语言科学》2010 年第 6 期。

按：“礙”与“閡”同。《广雅·释言》：“礙，閡也。”王念孙疏证曰：“礙与閡同声而通用。”《玉篇·石部》：“礙，亦作閡。”《玄应音义》卷一《大方广华严经》第一卷"罣礙"："下古文硋，同。五代反。《说文》：'礙，止也。'又作閡，郭璞以为古文礙字。"（C056/814/a）又卷六《妙法莲华经》第一卷"无礙"："古文硋，同。五代反。《说文》：'礙，止也。'《广雅》：'礙，閡也。'经文作閡，亦古文礙字也。"（C056/907/a）《慧琳音义》卷十五《大宝积经》第一百七卷"障閡"："下五盖反。俗字也，正从石作礙。《考声》：'隔也，止也，拒也，妨也。'从石疑声也。"（T54/397/c）《资治通鉴·汉纪四十九》"有功者以閡文不赏"胡三省注："閡，与礙同。"《小尔雅·广言》"閡，限也"宋翔凤训纂："此閡字正与礙同。"《大词典》释"障礙"有三个义项，释义比较全面准确，而《大词典》释"障閡"为"阻碍隔阂"，且首引明王鏊《震泽长语·音韵》："瞿昙之书，能入诸夏，而宣尼之书，不能入跋提河者，以声音之道障閡耳。"释义不全且例证偏晚。从文献用例来看，"障閡"与"障礙"意义和用法一致，《大词典》当完善"障閡"条的释义。

【翳】【瞖】

（1）或青眼，或黄眼，或赤眼，或烂眼，或有红眼，或黄赤色眼，或青翳眼，或黄翳眼，或白瞖眼，或水精眼，或极深眼。（《四分律》卷三十五，T22/814/a）

（2）尔时比丘眼有白瞖生，须人血，白佛，佛言："听用。"尔时比丘患眼白瞖，须人骨，佛言："听用。"尔时比丘患眼白瞖，须细软发。"听烧末着眼中。"（《四分律》卷四十二，T22/867/b）

按：《说文·羽部》："翳，华盖也。"段玉裁注："引申为凡蔽之称，在上在旁皆曰翳。"《楚辞·离骚》"百神翳其备降兮"王逸注："翳，蔽也。"眼球上出现遮蔽视线的问题也称为"翳"。《素问·六元正纪大论》："甚则黄黑昏翳，流行气交。"例（1）中内容都与眼部疾病有关，其中"白翳眼"即白内障。《大词典》收录"白翳"条，释为："眼病。指眼睛角膜病变后遗留下来的疤痕组织，能影响视力。"无书证，可据此补充。

"翳",后来写作"瞖"。《说文》无"瞖"字。《玄应音义》卷二十二《瑜伽师地论》第九十五卷"瞖膜"注引《韵集》云:"瞖,目障病也。"(C057/91/c)《慧琳音义》卷三十六《金刚顶经》第四卷"眼瞖"注:"瞖,白膜盖睛也。"(T54/548/a)《玉篇·目部》:"瞖,眼疾也。"宋梅尧臣《别张景嵩》:"犹能洗君目,病瞖云销岑。"《宋史·理宗谢皇后传》:"后生而黧黑,瞖一目。""翳"与"瞖"因古今字而形成异形词。

二 从语音角度看异形词的来源

从语音角度来看,佛经中异形词的来源与语音通假、语音讹误、联绵词、音译外来词等有关。朱骏声《说文通训定声·自叙》中说:"不知假借者,不可与读古书。"研究汉文佛典中的词汇,必须要关注佛典中文字通假现象。在佛典翻译中,常会出现"听音为字"的情况,王云路指出:"古人往往听见声音,加上个人的理解就记录下来了。这与方音有一定的关系,而与个人的理解更有直接的关系,听起来音近,看起来义近。"[①] 中古律部汉译佛经中有大量异形词是由音译时使用音同音近字造成的。佛典中音译词的书写形式具有一定程度的任意性。选择什么样的书写形式去记录某个单音节词或一个复音节词中的某个字,与翻译者的汉语水平、汉语应用能力及用字偏好等多种因素密切相关。顾满林对东汉佛经中的音译词进行研究时指出:"有时候,同一音译词的异形之间并不存在读音上的差别,而是用来记音的汉字不同。汉字有很多的同音字,不同的译者有很大的选择空间,同一译者在不同场合也可能灵活选用同音字。"[②] 因此,音同或音近是形成异形词的一个重要原因。例如:

【漏克】【漏刻】

(1)绝餐六日,余命漏克,数日之间,当弃中野,鸱乌吞啄,虎狼竞食。(《五分律》卷一,T22/2/c)

(2)四大增损,饮食不能,气息羸微,命在漏刻,故谓之病。

[①] 王云路:《中古汉语词汇史》,商务印书馆,2010,第667页。
[②] 顾满林:《东汉佛经音译词的同词异形现象》,《汉语史研究集刊》第8辑,巴蜀书社,2005。

(《五分律》卷十五，T22/101/c)

按："刻"为古代的计时单位。《汉书·宣帝纪》"十有余刻"颜师古注曰："刻者，以漏言时也。""漏刻"则是古代的计时工具。唐慧苑《华严经音义》卷下引《文字集略》曰："漏刻，谓以筒受水，刻节，昼夜百刻也。"由计时工具引申指时间短暂。佛经中常用此义，如康僧会译《六度集经》卷六："鹿惊睹王弯弓向己，疾驰造前，跪膝叩头曰：'天王假吾漏刻之命，欲陈愚情。'"（T03/33/a）"刻"与"克"在中古均属溪母德韵，同音通假。《列子·汤问》："于是二子泣而投弓，相拜于涂，请为父子，克臂以誓，不得告术于人。""克臂"即"刻臂"。《潜夫论·浮侈》"克削绮縠"汪继培笺曰："克，与刻通。"《五分律》卷二十六："有诸比丘克木作男女像、鸟兽形。"（T22/176/c）"克"，圣本作"刻"。《大词典》收"漏刻"而未收"漏克"。"漏刻"与"漏克"因语音通假而形成异形词。

【按行】【案行】

（1）尔时佛与阿难<u>按行</u>诸房，遥见其舍，色赤严好，佛知而故问阿难："是何等物，色赤严好？"（《十诵律》卷一，T23/3/b）

（2）时有众多比丘<u>案行</u>住处，次至彼林中。（《四分律》卷一，T22/571/a）

按："按行"即巡行。《字汇·手部》："按，察行也。"《水经注·沁水》："臣辄按行去堰五里以外，方石可得数万余枚。"例中"按行"，《全晋文》卷十四《请造沁口石门表》作"案行"。《史记·卫将军骠骑列传》："遂西定河南地，按榆溪旧塞。"司马贞索隐引如淳云："按，行也，寻也。""按"与"案"在中古同属影母翰韵，同音通假。《说文·手部》桂馥义证："按，通作案。"《汉书·盖宽饶传》："（宽饶）躬案行士卒卢室，视其饮食居处。"佛经中也有因二字通假而形成异文的，如《僧祇律》卷二十："若比丘多有弟子，日暮窃来按行诸房，知如法不？"（T22/388/b）例中"按"，宋、元、明、宫本作"案"。故"按行"与"案行"因语音通假而形成异形词。

【强粥】【滰粥】

（1）诸比丘以是白佛，佛言："若已受他请，听歠画不成字粥。若得**强粥**及食，应语主人：'我先已受请，可施余人。'"（《五分律》卷二十二，T22/149/b）

（2）服下药已，随次第应病与食、清粥、**滰粥**。次须肉，持属利沙槃与婢言："持是往买肉来。"（《僧祇律》卷三十二，T22/486/b）

按："强粥"即比较黏稠的粥。《僧祇律》卷三十四："佛住舍卫城，尔时六群比丘訾毁粥，若见薄者作是言：'此非粥，此是遥浮那河。'若见粥强者便言：'此非粥，是饭折人齿。'"（T22/506/b）此句中的"薄者"指粥非常稀，所以用"遥浮那河"来形容，"粥强者"与"薄者"相对，故曰"是饭折人齿"。佛教戒律中对食粥有明确的规定，《僧祇律》卷十六："若粥初出釜，画成字者犯，若不成字者不犯。"（T22/354/a）佛莹编《四分比丘尼戒本注解》卷一："如来制日中一食，后因罗睺罗及十七群比丘，听开早粥。早粥以稀者画不成字为合，能消宿食，清肠胃，止渴生津，助消化，驱风，利目，滋润皮肤及各肌肉，声音清爽，少疾病，等等利益。"（B08/232/a）例中"画成字"与"画不成字"用来形容粥的稀稠，而上揭例句中"强粥"与"画不成字粥"相对，指黏稠的粥。"强"又作"糨"，敦煌遗书 P.2717《碎金》："糨，其亮切，强去声。浆穅也。"

例（2）中"滰粥"之"滰"，《大正藏》校勘记曰：宋、元、明、宫、圣本作"强"。柴红梅释为"较黏稠的稀饭"[①]。《说文·水部》："滰，浚干渍米也。"《广雅·释诂二》："清、釂、渭、浚、滰、沰、管、漦、灑、麗，盪也。"王念孙疏证："滰之言竟，谓漉干之也。今俗语犹谓漉干渍米为滰干矣。"宋魏了翁《古今考》卷三十一："舂磨米汁曰浆，衣粉染铺既谓之糊，谓之强粥。"民国《泰县志稿》卷二十四："滰音弶。《说

[①] 柴红梅：《汉语复音词研究新探——以〈摩诃僧祇律〉为例》，天津古籍出版社，2014，第193~194页。

文》：'浚干渍米也。'扬子《方言》：'干黏曰滰。'俗谓饭坚硬者曰滰，音如抢，去声。""滰粥"与"强粥"音近相通而形成异形词。

【量】【良】

（1）若就比丘尼住处教诫，应语："汝等敷座，我当往。"若不得往，应在所住处，扫洒如前，应将大比丘为伴。量无，然后独往。（《五分律》卷七，T22/46/b）

（2）有阿练若处比丘去厕远，急大便，不能忍至厕。以是白佛，佛言："良不能忍，听未至厕，四向顾望，无人便起。"（《五分律》卷二十七，T22/177/a）

按：例（1）中"量"，《大正藏》校勘记云：宋、元、明、宫、圣本作"良"。"量"乃"良"之音借字。从句义来看，"良"为表示假设的连词，相当于"假如""如果"。文献中"良"有副词"确实""果然"义，《文选·古诗十九首》："良无磐石固，虚名复何益。"李善注曰："良，信也。"《助字辨略》卷二："良，信也，果也，诚也。"佛典中也有用例，梁慧皎撰《高僧传》卷四："遁叹曰：'昔匠石废斤于郢人，牙生辍弦于钟子，推己求人，良不虚矣。'"（T50/349/c）《大唐西域记》卷十二："时彼祠主为神下语：'必当痊复，良无他虑。'"（T51/940/c）由副词进一步虚化为假设连词，相当于"若"。例（1）中"量"与"若"义同，此句是说如果没有大比丘为伴就只能独自前往。例（2）中"良不能忍"义为若不能忍受。《五分律》中也有异文材料可以印证，如卷二十七："若有急事，要应取令得一人用，覆头而去。"（T22/177/b）例中"若"，《大正藏》校勘记云：宋、元、明本作"量"，宫本和圣本作"良"。"量"与"良"语音相同，在《广韵》中均为吕张切，来母阳韵，故文献中二者通用。如《山海经·海内北经》："（犬封国）有文马，缟身朱鬣，目若黄金，名曰吉量，乘之寿千岁。"郭璞注曰："量，一作良。"袁珂《山海经校注》："《文选·张衡〈东京赋〉》李善注引此经正作'吉良'。"① "量"与"良"同音形成异形词。

---

① 袁珂校注《山海经校注》，上海古籍出版社，1980，第301页。

【宛转】【婉转】【踠转】

(1) 时有摩诃罗出家,次守房舍,无手脚人,宛转来至其所。(《僧祇律》卷三十,T22/469/c)

(2) 时有比丘雨中与女人共行,俱脚跌倒地,相触婉转还相离。(《四分律》卷五十七,T22/987/a~b)

按：高文达《新编联绵词典》收录"宛转"为联绵词，其中有一个义项释为"来回翻动"[①]。因联绵词的书写形式不太固定，汉译佛典中又写作"婉转""踠转"等。《四分律》卷五十六："毕陵伽婆蹉至家时，小儿便抱脚婉转戏。"（T22/980/a）《法苑珠林》卷四十九："王今宜可杀子取肉济父母命。王闻子言，即便闷绝踠转躃地。"（T53/656/a）例中"踠"，《大正藏》校勘记曰：宋、宫本作"婉"，元、明本作"宛"。徐振邦认为："构成联绵词的两个字用以表音，词义和词形并无关系，因而不同地域不同时代不同的人用哪两个字来记录同一个联绵词往往不同，于是同一联绵词出现了几种形体。"[②]"宛转""婉转""踠转"是因联绵词而形成不同的书写形式。

王云路、方一新认为"宛转"义为"（因痛苦、悲伤而）身体在地上滚动、翻转"[③]。柴红梅举例（1）指出"宛转"为身体在地上艰难转动、翻转的样子[④]。从两书所举例证及上揭二例来看，"宛转"表示滚动、翻动时确实含有痛苦、悲伤或艰难之义。然中古律部佛经亦有例外，《十诵律》卷三十六："时太子捉鬘以系额上，现如是相，欲令知是调达。复现作端正小儿，着金宝璎珞，在太子膝上东西宛转。太子呜抱共戏唾其口中，现如是相，欲令知是调达。"（T23/257/c）此例中描写小儿在太子膝上翻转戏耍之状。又《十诵律》卷四十："不得倒立，不得掷绝，不得如鱼婉转。犯者，皆突吉罗。"（T23/290/c）此两例中"宛（婉）转"即翻转、转动，并无痛苦、悲伤或艰难之义。

---

① 高文达主编《新编联绵词典》，河南人民出版社，2001，第410~411页。
② 徐振邦：《联绵词概论》，大众文艺出版社，1998，第149页。
③ 王云路、方一新：《中古汉语语词例释》，吉林教育出版社，1992，第377页。
④ 柴红梅：《汉语复音词研究新探——以〈摩诃僧祇律〉为例》，天津古籍出版社，2014，第98页。

【富罗】【腹罗】【福罗】【布罗】

(1) 尔时长老难陀、优波难陀冬盛寒时，着厚纳衣，敷暖床褥，头上着帽，脚着富罗，前然炉火。(《僧祇律》卷十一，T22/318/b)

(2) 拭脚物，有比丘先取浣披展拭富罗，时六群比丘次第夺取，他不与斗诤。(《十诵律》卷四十八，T23/350/a)

按："富罗"即短勒靴。《翻译名义集》卷三标注"富罗"的梵语为Pūlā，释曰："正言腹罗，译云短勒靴。"(T54/1108/b) 其书写形式并不固定，萧齐僧伽跋陀罗译《善见律毗婆沙》卷十六："是故无着革屣入佛塔，手捉革屣入佛塔，着腹罗入佛塔，手捉腹罗入佛塔。"(T24/787/b)《玄应音义》卷十六《善见律》第十六卷"腹罗"："或作福罗，或云富罗，正言布罗，此云短勒靴也。"(C057/4/c)《僧祇律》卷三十一："从今日听作尼目呵革屣法，着福罗不听遮前应遮后。"(T22/482/a) 明弘赞《四分律名义标释》卷十八"富罗"："或言腹罗，或作福罗。应法师云：'正言布罗。'此译为短勒靴。"(X44/540/c) 唐义净译作"布罗"，《根本说一切有部毗奈耶》卷二十一："若为作帽及作布罗，或立幡等密而持去者无犯。"(T23/739/a) 富罗、腹罗、福罗、布罗等因属音译词而形成不同的书写形式。

【阿摩勒】【菴摩勒】【庵摩勒】【菴没罗】【阿末罗】

(1) 彼守僧药比丘，应以新器盛呵梨勒、阿摩勒、鞞酰勒、毕跋罗、干姜、苷蔗糖、石蜜。(《五分律》卷八，T22/62/b)

(2) 尔时阿那律共行弟子口干病，医师教含阿摩勒，口可得差。弟子答言："佛未听我含阿摩勒。"是事白佛，佛言："听比丘口病含阿摩勒。何以故？口干病相宜故。"(《十诵律》卷三十七，T23/268/c)

按："阿摩勒"即余甘子。萧齐僧伽跋陀罗译《善见律毗婆沙》卷十七："阿摩勒者，此是余甘子也，广州土地有，其形如蕤子大。"(T24/795/a)《翻译名义集》卷三"阿摩勒"条释曰："树叶似枣，华白而小，果如胡桃，味酸甜可入药。"(T54/1103/a) 唐定宾《四分律疏饰宗义记》

卷八："阿摩勒者，此是余甘子也。"（X42/273/a）唐大觉《四分律行事钞批》卷十四："频陀山下有余甘子，初散之时，其味酸苦。食已饮水，甘味如蜜，故名余甘子。"（X42/1054/c）又作"菴摩勒""庵摩勒"等，《五分律》卷二十四："尔时去舍卫城不远，有菴摩勒林。彼林侧有长者名质多罗，信乐佛法，常供给诸比丘。"（T22/163/b）元魏吉迦夜共昙曜译《付法藏因缘传》卷四："后以瓦器半庵摩勒持与王食。"（T50/310/b）

"阿摩勒"又可译为"菴摩洛迦"，唐义净译《根本说一切有部毗奈耶杂事》卷一："佛言：'所谓余甘子（梵云菴摩洛迦，此云余甘子，广州大有，与上菴没罗全别，为声相滥人皆惑之，故为注出是掌中观者）、诃梨勒、毗酰勒、毕钵梨、胡椒。此之五药，有病无病、时与非时，随意皆食，勿致疑惑。'"（T24/210/b）又唐义净译《根本萨婆多部律摄》卷八："又有五种涩物药：一、菴摩洛迦；二、诳婆；三、瞻部；四、失利洒；五、高苦薄迦。"（T24/569/c）例中"菴摩洛迦"，《大正藏》校勘记曰：宋、元、宫本作"菴没罗"，明本作"奄没罗"。《玄应音义》卷二十一《大菩萨藏经》第十五卷"阿末罗"："磨钵反。旧言菴磨罗果，亦作阿摩勒果，其叶似小枣，花亦白小，果如胡桃，其味酸而且甜，可入药，分经中言如观掌中者也。"（C057/69/c）"阿摩勒"是梵语 Āmra 的音译词。因音译词翻译时用字不同，佛典中有"阿摩勒""菴摩勒""庵摩勒""菴没罗""阿末罗"等多个异形词。

三 从文献角度看异形词的来源

从文献角度来看，中古律部汉译佛经中的异形词多与佛典异文和刊刻谬误有密切的关系。汉文佛典历经多次传抄刊刻，版本众多，异文情况错综复杂。《大正藏》底本以《高丽藏》为主，同时在每页正文之下详列《资福藏》、《普宁藏》、《径山藏》、正仓院圣语藏本、宫内省图书寮本等不同藏经的版本异文。《中华藏》底本以《赵城金藏》为主，每卷之后详列房山云居寺石经、《资福藏》、《碛砂藏》、《普宁藏》、《永乐南藏》、《径山藏》、《清藏》、《高丽藏》等不同藏经的版本异文。不同藏经版本的异文之间形成了大量的异形词①。还有些异形词是因佛经传抄和刊刻过程中文字讹误而形成的，杨宝忠称此类由文字讹变造成的异形词为"讹变异形词"②。例如：

【嗶嗶】【喂喂】

尔时六群比丘从禅坊中起，在屏处暗地立，悚耳皱面，反眼吐舌，作嗶嗶声，恐怖十六群比丘。(《僧祇律》卷十九，T22/379/c)

按：例中"嗶嗶"，《大正藏》校勘记：宋、元、明本作"喂喂"。《中华藏》亦作"嗶嗶"（T36/799/c），校勘记曰：资、碛、普、南、径、清作"喂喂"。"嗶嗶"与"喂喂"是因版本异文而构成的一组异形词。

《僧祇律》卷十三："时婆罗门作是念：'我今欲求胜法，从彼出家，而此中嗶嗶，似如童子在学堂中学诵声，亦复不知何者是师？谁是弟子？'"（T22/336/c）《玄应音义》卷十五《僧祇律》第十三卷以"瘏瘏"立目收释，引《通俗文》曰："痛声曰瘏。"（C056/1047/a）此处玄应所释不确，《慧琳音义》沿袭此说。《可洪音义》卷二十五"嗶喂"条指出玄应之误："下乌罪反，律意谓黑处土地，口中作喂喂声，以怖小儿也。'喂'字在律文第十九卷内，所用字因缘不同，义亦有异，而应和尚总以'瘏'字替之，非也。"（K35/497/a）清德基辑《毗尼关要》卷十二小注引上揭例句作："悚耳皱面，反眼吐舌，乃至曲一指，喂喂作恐怖相。"由此可知，五代经师可洪和清代沙门德基都认为当作"喂"字。"喂"有"恐"义。《玉篇·口部》："喂，恐也。""喂"之此义与"畏"有关，《老子》第七十四章："民不畏死，奈何以死惧之？"《汉书·广川惠王刘越传》："前杀昭平，反来畏我。"颜师古注："令我恐畏也。"《广雅·释诂二》："畏，惧也。""喂喂"与"恐怖十六群比丘"的文义相符，上揭

---

① 由异文形成的异形词也是由多种因素造成的，可能也与文字、语音、文献等有关。真大成考察了中古译经异文所反映的"一词多形"现象，认为主要有四种情况：一、由异体造成的一词多形；二、由通假造成的一词多形；三、由分化和孳乳造成的一词多形；四、由多种因素造成的一词多形。详见《中古译经异文所反映的"一词多形"现象》，《汉语史学报》第19辑，上海教育出版社，2019。

② 杨宝忠：《论"讹变异形词"》，《励耘学刊》（语言卷）2011年第2期。

例中"嘑嘑声"之"嘑嘑"当是"喂喂"的记音词。

【瘹下】【带下】

我今问汝:"汝是女不?是人不?非是非人不?非畜生不?非是不能女不?女根上有毛不?不枯坏不?无瘹下病不?非偏不?不二道合不?女根不小不?非是不能产不?非是无乳不?非是一乳不?非是恒有月水不?非无月忌不?"(《十诵律》卷四十六,T23/332/a)

按:"瘹",《大正藏》校勘记曰:宋、元、明、宫本作"带"。"瘹下"与"带下"因版本异文而形成异形词。从上揭例中"女根""能产""月水""月忌"等词可以看出,此段话谈及女性话题,"瘹下"即为妇科病。"瘹"为"带"之后起字。中医认为带脉环身一周,横束如带。《素问·痿论》"皆属于带脉而络于督脉"王冰注:"带脉者,起于季肋,回身一周,而络于督脉也。"《史记·扁鹊仓公列传》:"扁鹊名闻天下。过邯郸,闻贵妇人,即为带下医。"《慧琳音义》卷三十九《不空羂索经》第一卷"带门":"妇人带下病也,经从疒作瘹,非也。"(T54/560/b)又卷六十六《阿毗达磨法蕴足论》第六卷"瘹下"条注引《苍颉篇》云:"瘹下,妇人病也。"(T54/744/a)清桂馥《札朴·乡里旧闻》:"女下病曰瘹。""瘹"有二音,《广韵·祭韵》竹例切,又《广韵·泰韵》当盖切。明弘赞《四分律名义标释》卷十:"瘹,音治,久痢也,下重而赤白曰瘹。若音带,则妇人下部病也。"(X44/482/b)此病得名当与人体中带脉有关。东汉医家张仲景《金匮要略·妇人杂病脉证并治》:"妇人之病……此皆带下,非鬼神。"清尤在泾纂注:"带下者,带脉之下,古人列经脉为病,凡三十六种,皆谓之带下病。"

【三奇杖】【三掎杖】【三岐杖】

(1)外道欲与比丘作异故,留朱罗赤石染衣,捉三奇杖持军持。(《僧祇律》卷二十,T22/394/a)

(2)时外道出家女,名字孙陀利,年少,颜容端正,着新染色衣,捉三掎杖,手执军持在店肆前行。(《僧祇律》卷二十九,T22/465/b)

按:"三奇杖",文献中又写作"三掎杖""三岐杖"。例(2)中"三掎杖"之"掎",宋、元、明、宫本作"岐"。《僧祇律》卷十六:"若外道闻请食者,便捉三奇杖军持,在前而去。"(T22/352/b)东晋佛驮跋陀罗译《大方广佛华严经》卷四十七:"或服草衣,或树皮衣,皆执澡瓶,持三奇杖,威仪庠序,无有变异。"(T09/695/c)例中"奇",元、明本作"岐"。"三掎杖"、"三岐杖"与"三奇杖"因文献版本不同形成异形词。

"岐"义为物有分支、分岔。《释名·释道》:"二达曰岐旁。物两为岐,在边为旁,此道并通出似之也。"《集韵·支韵》:"岐,分也。"《文选·左思〈蜀都赋〉》"羲和假道于峻岐"吕延清注:"岐,树奇枝也。"《资治通鉴·汉纪四十五》"或犹豫岐路"胡三省注引《尔雅》曰:"路二达谓之岐。"《大毗卢遮那成佛经疏》卷十九:"有文阇草似此间佛箭竹,治之作绳,三股线系身络背持曲杖,即古之三岐杖也。"(T39/779/b)唐实叉难陀译《大乘入楞伽经》卷七:"我在于林野,梵王来惠我,鹿皮三岐杖,膊绦及军持。"(T16/639/a)

"奇"亦有"分""分岔"义。《四分律》卷四十九:"时比丘尼结跏趺坐,血不净出,污脚跟指奇间。"(T22/930/a)"指奇间"即脚趾分岔处。又同卷:"彼用叉奇厕草杂叶,若用树皮、用草牛屎抟,佛言:'不应尔。'"(T22/932/b)《四分律名义标释》卷三十一"叉奇":"奇,棱也,柧也,亦叉也,故三叉及三棱木,谓之三奇。三木相倚,亦谓三奇。"(X44/641/c)"奇"与"倚"通。《集韵·纸韵》:"倚,依也。或作奇。""三岐杖"又可以表示三木相倚,类似今天的三脚架。《玄应音义》卷二"立拒"条:"此外道瓶,圆如瓠,无足,以三杖交之,举于瓶也。诸经中或言执三奇立拒,或言三叉立拒,皆是也。"(C056/844/c)

【捲手】【瘑手】【廯手】

相者,若比丘往语余比丘言:"汝恶相人,用出家受戒为?汝<u>捲手</u>、兀手、瘿癖、左作、臂似鸟翅。"轻毁心故,一一语波夜提。<u>是名为相</u>。(《十诵律》卷九,T23/65/c)

按:例中"捲手"之"捲",《大正藏》校勘记曰:宋、元、明本作

"庵"。《中华藏》本《十诵律》卷九底本为金藏广胜寺本,对应文字亦作"捲"(C37/292/c),未出校勘记。上揭例中说"恶相人"不能出家受戒,"捲手""兀手""瘿癖"等都属"恶相"。由此可知,"捲手"应与"兀手""瘿癖"等语义一致,指身体上的某种疾病或缺陷。然"捲"字与疾病或缺陷义无涉,疑为"痿"之误。手足屈病谓之"痿"。《玉篇·疒部》:"痿,手屈病。"《广韵·仙韵》:"痿,手屈病也。"清桂馥《札朴·乡里旧闻》:"屈手曰痿。"

关于"捲""痿"互混,汉文佛典中亦有反映。刘宋求那跋陀罗译《大方广宝箧经》卷二:"时魔波旬欲恼文殊师利童子,即便化作四千比丘,衣服弊坏,威仪粗恶,执持破钵,鼻眼角睐,捲手脚跛,其形丑恶,在下行坐,以此钵食,复充足之。"(T14/473/a)此例中"捲手",《大正藏》校勘记曰:宋、宫本作"拳手",元、明本作"手拳"。今按,此例中的"捲手"亦为"痿手"之误。从句义来看,"痿手"与"脚跛"都指身体上的疾病或缺陷,是"其形丑恶"的具体表现。《慧琳音义》卷三十《大方广宝箧经》中卷"痿手"条注曰:"倦袁反。《文字集略》云:'痿谓手屈指不展也。从疒。'经从手作'捲'。《考声》云:'用力气势。'非经义,误用也。"(T54/509/b)

俗写中"疒""广"形近易混,《可洪音义》卷十二《中阿含经》第二十五卷"背瘘"条注曰:"力主反。正作偻,又力朱反,瘘拘曲脊也,正作瘘也。"(K34/1070/a)敦煌写卷S.4528:"故我是一切智人,减三界癡等烦恼。"例中"癡"即"癡"之误。故宋、元、明三本因"疒""广"相混而误将"痿"作"庵"。通过以上分析可知,当以"痿手"为是,"卷手""庵手"均是因文字讹误而形成的异形词。

文字、语音和文献之间有时是相互交叉的,有些文献中的异文就是文字或语音方面原因造成的,而有些异形词既与用字问题有关,也与语音问题密切相关。因此,三者之间并不是完全分割开来的。通过以上异形词的例子可以看出,中古律部汉译佛经中大量的逆序词既有在共时层面形成的,也有在词汇历时发展过程中形成的。异形词研究对汉语词汇史研究是非常有价值的。首先,异形词研究有助于辞书的编纂与修订。异形词的不同书写形式在辞书中应该都有收录,而且应当音义相同,但从目前辞书相关词条来看，有些是释义相同而读音不同，有些是读音相同而释义不同，还有一些是读音释义均不相同，这样会影响辞书的编纂以及对异形词的理解和掌握。其次，异形词研究还有助于加深对词义的理解。陈立中认为："对异形词进行研究，有助于解释词语形式和意义的演变过程。"① 异形词多与字形有关，若依形求义，就会导致解释词语时出现问题，只有梳理异形词各种不同的书写形式，才能正确理解词义，减少释义失误。另外，异形词研究也有助于佛典文献的研读。译师在翻译佛经时并非都会使用地道的汉语，因此在翻译的时候常会出现一词多形现象，特别是联绵词、音译词等。只有清晰地梳理异形词，辨识不同词形之间的关系，才能更好地理解佛典。总之，考察中古律部汉译佛经中异形词的不同书写形式，可以了解异形词彼此之间的相关性、词义的演变脉络以及具体使用情况，这样既可以了解佛典翻译中的文字使用情况，也有助于揭示中古律部汉译佛经中的词形演变。

第三节　中古律部汉译佛经中的缩略词

缩略词又称为简略语、缩约语、简缩语、缩语、略语、简称、省语、省称、省文等，是汉语词汇中一种十分常见的用语造词的形式。王吉辉有专书讨论现代汉语缩略词语，他把缩略词语定义为"音节较长的组合形式通过缩略而形成的音节较短的形式"②。俞理明认为"缩略"是"一种语言符号的再符号化"，并进一步对缩略进行明确界定："缩略是表意固定、高频率使用的多音词、词组，在整体意义不变的前提下，出于表达上的需要，截取其中部分形式凑合成一个结构残损的新形式来代替原来的全形式，把它作为一个话语的基本单位在句中使用。"③ 刘玉梅在《缩略词语形成的动因及认知限制条件》一文中总结了缩略词语与原有词语之间表现出的四种特征（其映射关系见图2-1）：（1）韵律信息量上，缩略词语小于原有词语；（2）句法信息量上，缩略词语与原有词语基本保持一致；

---

① 陈立中：《异形词与方言词源研究》，见《词汇学理论与应用》（五），商务印书馆，2010。
② 王吉辉：《现代汉语缩略词语研究》，天津人民出版社，2001，第1页。
③ 俞理明：《汉语缩略研究——缩略：语言符号的再符号化》，巴蜀书社，2005，第31页。

(3)语义信息量上,原有词语的语义透明度显然高于缩略词语,两者的语义关系基本对等;(4)语用信息量上,缩略词语大于原有词语,更加简洁、经济、省力①。

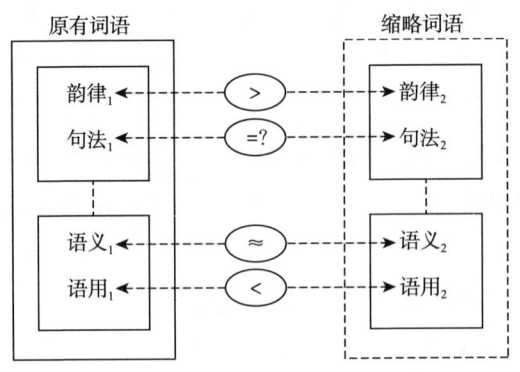

图2-1 原有词语与缩略词语之间的映射关系

中古律部汉译佛经中存在大量缩略词,主要有数字缩略词语和非数字缩略词语两大类。考察中古律部汉译佛经缩略词语的使用情况,有助于更好地了解中古律部汉译佛经的词汇面貌,同时也有助于探讨佛经中缩略词语的形成机制,对进一步研究佛经语言以及佛教词语的汉化都有重要的参考价值。

一 缩略词类型分析

(一)数字缩略词语

数字缩略词语是指把内容较为复杂的几个部分中共有的成分提取出来,再加上表示原构成项数的数字形成的一种紧缩形式。数字缩略词语在中古律部汉译佛经中的使用频率相当高,是较有特色的一类缩略词语。数字缩略词语包括"取字缩略"和"取义缩略"两种形式②。

1. 取字缩略

抽取原语词中各个组成部分的共同语素,再加上表示项数的基数词来构成紧缩词语,即"基数词+共同语素"。例如:

---

① 刘玉梅:《缩略词语形成的动因及认知限制条件》,《解放军外国语学院学报》2012年第1期。
② 颜洽茂列举大量例证说明译经中缩略的四种情况,详见《佛教语言阐释——中古佛经词汇研究》,杭州大学出版社,1997,第187~193页。

【二形】【二根】

（1）不与者，若男、若女、若黄门、<u>二形</u>、在家、出家，无有与者，盗心取。（《僧祇律》卷三，T22/244/a）

（2）若非人，若畜生，若<u>二形</u>，若被举，若灭摈，若应灭摈，若神足在空，若离见闻处，不成与欲，应更与余者欲。（《四分律》卷三十六，T22/821/c）

按："形"可指形体、身体，汉译佛典中用例颇多。除此义项之外，"形"还可指生殖器，《五分律》卷六："有一比丘不专系念，便大睡眠，蹋衣离身，形起露现。"（T22/40/a）《大词典》"形"条无此义项。上揭两例中"二形"即男形、女形的缩略。律部佛经中还有"二形人""男形""女形"等词，《四分律》卷二十二："若与二形人身相触者，偷兰遮。"（T22/715/c）又卷三十："二形者，男形、女形。"（T22/774/a）《大词典》释"二形"为雌雄两性，引《花月痕》为例，书证晚。"二形人"条有两个义项，其中义项❷"犹言两性人"，无书证。清谢圣纶《滇黔志略》卷十五："又有二形人，上半月为男，下半月为女。"明李端修、桑悦纂《太仓州志》卷九："正统间，太仓有二人各兼男女体，人谓之二形子。""男形""女形"，《大词典》未收。"二形"也称为"二根"，如：

（3）有主者，是舍有檀越主、若男、若女、黄门、<u>二根</u>。（《十诵律》卷四，T23/21/c）

（4）有五处行淫犯波罗夷。妇人、童女、<u>二根</u>、黄门、男子，是为五。（《四分律》卷五十九，T22/1005/b）

"二根"即男根和女根的缩略。明弘赞《四分律名义标释》卷四"二形"条："亦名二根，谓一身俱有男女二种根形。此二形人，佛不听出家。若已出家，即应驱摈。以此人于佛正法中，不能生道根栽故。"（X44/432/c）《五分律》卷十四："尔时诸比丘尼度二根人，诸白衣讥呵言：'云何比丘尼度二根人？无可度、不可度者！无沙门行，破沙门法！'"（T22/97/c）"二根人"即"二形人"。

【三宝】

(1) 若父母不信三宝者，应少经理；若有信心者，得自恣与无乏。（《僧祇律》卷二十八，T22/459/c）

(2) 长者言："我归三宝，不复更求诸余福田。愿受我食！"（《五分律》卷十，T22/73/a）

按："三宝"即佛宝、法宝、僧宝的缩略。《五分律》卷二十二："时舍卫城中有优婆夷字须卑，信乐佛法，见法得果，归依三宝，常请一切僧供给汤药。"（T22/148/b）《十诵律》卷四十六："汝应恭敬三宝：佛宝、法宝、僧宝。"（T23/334/c）丁福保编《佛学大辞典》"三宝"条："一切之佛陀 Buddha，佛宝也；佛陀所说之教法，法宝 Dharma 也；随其教法而修业者，僧宝 Saṃgha 也。"①

【四众】

(1) 尔时世尊，患于四众来往愦闹，告诸比丘："我今欲三月入静室，不听有人来至我所，除一送食比丘。"（《五分律》卷四，T22/26/a）

(2) 佛在舍卫国。尔时佛告诸比丘："我教化四众疲极，令诸比丘当教诫比丘尼。"（《十诵律》卷十一，T23/80/a）

按：上两例中的"四众"为比丘众、比丘尼众、优婆塞众、优婆夷众的缩略。佛经中"四众"所指对象很多，如《四分律》卷五十八："有四众：比丘众、比丘尼众、优婆塞众、优婆夷众。复有四众：刹利众、婆罗门众、居士众、沙门众。复有四众：四天王众、忉利天众、魔众、梵众。复有四众：爱、恚、怖、痴众。复有四众：不爱、不恚、不怖、不痴众。"（T22/1001/b）《十诵律》卷五十："有四众：刹利众、婆罗门众、居士众、沙门众。复有四众：比丘众、比丘尼众、优婆塞众、优婆夷众。复有四众：四天王众、忉利天众、魔众、梵天王众。复有四众：被教众、不被教众、浊众、清净众。"（T23/370/c）隋智𫖮说《妙法莲华经文句》卷二：

---

① 丁福保编《佛学大辞典》，上海书店，1991，第 366 页。

"'四众'者,旧云:'出家、在家各二,合为四众。'此名局,意不周。今约一众,更开为四:谓发起众、当机众、影响众、结缘众。"(T34/26/c)

【五根】【五力】

(1) 如是<u>五根</u>、<u>五力</u>、七觉分、八圣道分,如四念处,反覆三问。(《僧祇律》卷十四,T22/340/b)

(2) 时尊者宾头卢即还房中,明日平旦,着衣持钵,上下齐整,不左右顾视,如擎油钵,念不分散,端摄<u>五根</u>,如牛被驾,往诣树提长者舍。(《鼻奈耶》卷六,T24/877/c)

按:"五根""五力"均为取字缩略词。唐玄奘译《大般若波罗蜜多经》卷五百三十一:"云何名为五根?谓菩萨摩诃萨信根、精进根、念根、定根、慧根,是名五根。云何名为五力?谓菩萨摩诃萨信力、精进力、念力、定力、慧力,是名五力。"(T07/724/c)宋知礼述《金光明经文句记》卷三:"根谓五根,力谓五力,即信、进、念、定、慧。此五能生一切善法,名之为根。力排五障,乃以疑、怠、邪、乱、痴,遮此五故,名之为力。"(T39/120/a)明弘赞《四分律名义标释》卷二十五"五根"条:"一信根,二精进根,三念根,四定根,五慧根。言根者,能生也。"又同卷"五力"条:"一信力,二精进力,三念力,四定力,五慧力。言力者,谓力能破坏诸恶不善,成办善也。"(X44/594/c)

【七宝】

(1) 有人供养菩提树,<u>七宝</u>庄严,金银珠镮种种幡花、金绳连绵金锁悬铃,博山金光以用供养。(《僧祇律》卷三,T22/249/c)

(2) 王即答言:"我大有金银<u>七宝</u>无数,库藏盈满,可随意所与。"(《四分律》卷四十六,T22/911/b)

按:"七宝"即七种珍宝。《翻译名义集》卷三:"佛教七宝,凡有二种:一者七种珍宝,二者七种王宝。"(T54/1105/a)佛经文献中详细记载了七种珍宝的具体所指,《佛说大阿弥陀经》卷一:"阿弥陀佛刹中皆自然七宝，所谓黄金、白银、水晶、琉璃、珊瑚、琥珀、砗磲，其体性温柔，以是七宝相间为地。"（T12/331/c）另有关于七种王宝的记载，《五分律》卷十五："相师相之，若在家者，当为转轮圣王，主四天下，七宝自至，所谓轮宝、象宝、马宝、珠宝、女宝、臣宝、主兵宝。"（T22/102/b）明弘赞《四分律名义标释》卷六："云何七宝？一金轮宝，二白象宝，三绀马宝，四神珠宝，五玉女宝，六居士宝（余经名典财宝），七主兵宝。"（X44/448/a）

2. 取义缩略

概括原语词中各个组成部分的共有意义，再加上表示项数的基数词来构成紧缩词语，即"基数词＋共有意义"。例如：

【三衣】【五衣】

（1）又有诸比丘以<u>三衣</u>裹果、蓏、草、木、叶、牛屎。（《五分律》卷二十七，T22/180/c）

（2）若汝<u>三衣</u>满足者，余残衣尽用与我。（《十诵律》卷六，T23/45/a）

按："三衣"为三种法服的简称。明弘赞《四分律名义标释》卷八"三衣"："一僧伽梨，二郁多罗僧，三安陀会。此三法服，西天总名支伐罗。北方胡国，唤之为袈裟。"（X44/464/c）律部佛经中亦有"五衣"一词，《四分律》卷二十四："比丘尼衣服难得，应具五衣，我等宁可持此物贸衣。"（T22/729/b）此"五衣"者，《僧祇律》卷三十有详述："此是僧伽梨，此是郁多罗僧，此是安陀会，此是覆肩衣，此是雨衣，此是我五衣，此五衣尽寿不离宿受持。"（T22/472/b）

【八正道】【八道】【八圣道】

（1）某得四念处，乃至<u>八正道</u>分、三解脱门，我亦如是。（《五分律》卷二，T22/9/a）

（2）不得四正勤、四如意足、五根、五力、七觉、<u>八道</u>，皆波夜提。（《十诵律》卷四十四，T23/322/a）

（3）时无有知男子，比丘心有畏慎，不与说八圣道法。（《四分律》卷十一，T22/640/c）

按："八正道"也作"八道""八圣道""八贤圣道"等。《四分律》卷三十二："复次当知苦圣谛，我已知此，当修八正道：正见、正业、正语、正行、正命、正方便、正念、正定。"（T22/788/a）明弘赞《四分律名义标释》卷二十五"八贤圣道"："或云八支圣道，又云八正道。一正见，二正思惟，三正语，四正业，五正命，六正精进，七正念，八正定。是八通名正道者，正以不邪为义。今此八法，不依偏邪而行，故名为正。"（X44/594/c）

【三毒】【三垢】

（1）诸上信者便作是言："此尊者已灭三毒，恶法永尽，无有此事。"（《僧祇律》卷十二，T22/329/a）

（2）如是三垢人，一切恶不惧。智者于微恶，常怀于恐畏。（《四分律》卷一，T22/568/a）

按："三毒"与"三垢"义同，即"贪、瞋、痴"的缩略。明弘赞《四分律名义标释》卷二"三垢"："或名三秽，又名三毒。谓贪、瞋、痴也。《禅门》云：'引取之心，名之为贪；违忿之心，名之为瞋；迷惑之心，名之为痴。'"（X44/415/a）唐玄奘译《瑜伽师地论》卷八十九："复次于弊下境所起贪欲，名为贪垢；于不应瞋所缘境事所起瞋恚，名为瞋垢；于极显现愚痴众生尚能了事所起愚痴，名为痴垢。"（T30/804/a）

【三恶道】

（1）若犯女人，身坏命终堕三恶道。（《四分律》卷一，T22/570/b）

（2）复有比丘言："世尊！若比丘得须陀洹，断三结不堕三恶道必至净智，往来人天七死七生得尽苦际，如是比丘应先坐，先受水，先受饮食。"（《十诵律》卷三十四，T23/242/b）

按:"三恶道"即佛教六道轮回中的作恶者受生的三个去处,即地狱、饿鬼、畜生。失译《佛说净业障经》卷一:"佛告比丘:'于意云何?无生之法,当堕阿鼻地狱、饿鬼、畜生中耶?'答言:'世尊!无生之法尚无所有,而当有堕三恶道耶?'"(T24/1096/a)此例中"三恶道"与"阿鼻地狱、饿鬼、畜生"共现。明弘赞《四分律名义标释》卷二"三恶":"谓地狱、饿鬼、畜生,三恶道也。"(X44/417/a)"三恶道"也称为"三恶趣",《鼻奈耶》卷三:"坐与沙门婆罗门调戏故,由此因缘生三恶趣。"(T24/863/a)也可缩减为"三恶",如《四分律》卷一:"小毁则不定,大毁入三恶。"(T22/568/b)

【五阴】

(1)佛在乌摩国,与大比丘僧说<u>五阴</u>法,所谓色、受、想、行、识。(《十诵律》卷三十八,T23/276/b)

(2)生死已尽,梵行已立,所作已作,解了<u>五阴</u>,止宿泥洹。(《五分律》卷十五,T22/104/b)

按:由例(1)可知,"五阴"即"色、受、想、行、识"的缩略。明弘赞《四分律名义标释》卷二"五阴":"亦云五蕴,谓色、受、想、行、识也。阴以盖覆为义,谓能盖覆出世真明之慧,而增长生死,集散不绝,故名为阴。若具此五,名之为生;若散坏时,名之为死。"(X44/416/b)丁福保编《佛学大辞典》:"梵语之塞犍陀 Skandha,旧译为阴,又译为众,新译为蕴。阴者积集之义。众者众多和聚之义,亦蕴之义也。"[①]

(二) 非数字缩略词语

非数字缩略词语是与数字缩略词语相对而言的,主要是采用缩减的方法进行概括和节缩的词语,也可称为"缩减缩略词"。此种类型包括音译词缩略和非音译词缩略两种。

1. 音译词缩略

汉译佛经中有大量的音译词,在对音的过程中,为了表达的需要,对

[①] 丁福保编《佛学大辞典》,上海书店,1991,第 582 页。

有些词语在音节上进行了缩略。颜洽茂在谈到中古佛经借词时认为："梵词音节大抵在三音节以上，全部对音，自然有悖汉语语词以单、双音节为主的习惯。此期译经对前期译经中的大量全译进行了缩略。"① 顾满林对东汉译经音译词进行研究时指出："一部分音译词在东汉的译经中不是一词一译一形。有的词既出现全译形式又出现节译形式；有的词在节译时可以多保留一个或几个音节，也可以尽量节缩。"② 音译词缩略在中古律部汉译佛经中用例较多，如罗汉、涅槃（泥洹）、栴檀、尼、目连（大目连、目揵连）等，这些缩略词以专名居多。前人已经进行了大量的论述，以下略举几例。

【尼】

（1）诸比丘尼中有年少者，即褰衣随后，疾行而逐。诸尼中有羸老者，行不及伴，为贼所剥。（《僧祇律》卷十五，T22/348/b）

（2）僧今与尼某甲畜弟子羯磨。（《僧祇律》卷三十，T22/472/a）

按："尼"即比丘尼的缩略，其梵语形式为 Bhikṣuṇī。《佛光大辞典》解释"比丘尼"为："又作苾刍尼、比呼尼、煏刍尼等。意译乞士女、除女、薰女，或简称为尼。原指出家得度，受具足戒之女性，其后泛指出家之女子。"③《大明三藏法数》卷十一："梵语尼，华言女。佛初不度女人，出家成道之后，因姨母摩诃波阇波提恳求出家，佛乃度之，故名比丘尼。"（P181/797/b）方一新指出："从语言发展的角度看，纯粹的音译词不容易融入汉语词汇系统中，故汉民族往往通过把音译词改造为音意结合词或意译词的方法，使之更符合汉语的习惯和特点。"④ "比丘尼"缩略为"尼"后，成为构词能力较强的构词语素，如"尼衣""尼众""尼所""尼家""尼庵""尼戒""尼坛""尼姑""尼僧"等。《僧祇律》卷七："尔时风吹尼衣，拂陀骠膝上。"（T22/281/b）《四分律》卷二十六："时大将征还迎妇归家，其妇乐着比丘尼身细软，便逃走还至彼尼所。"（T22/744/b）

---

① 颜洽茂：《中古佛经借词略说》，《浙江大学学报》（人文社会科学版）2002年第3期。
② 顾满林：《汉文佛典用语专题研究》，四川大学博士学位论文，2006，第95页。
③ 慈怡主编《佛光大辞典》，佛光文化事业有限公司，1988，第1480页。
④ 方一新：《中古近代汉语词汇学》，商务印书馆，2010，第101页。

《四分律》卷二十九："嫌责迦罗比丘尼言：'汝云何喜斗诤断已，怀恨经宿嫌骂尼众耶？'"（T22/767/b）

【目连】【大目连】【目揵连】

（1）佛语目连："怪哉，目连！未曾有也！此愚痴人，不自知罪，乃使他人牵其臂出。"（《五分律》卷二十八，T22/181/a）

（2）尔时阿难语尊者大目连言："世尊服药，何处有随病食？"时目连即观见瞻波国，恕奴二十亿子日煮五百味食。（《僧祇律》卷三十一，T22/481/a）

（3）欲说法者，当如舍利弗、目揵连平等说法，勿与凡世人同说法。（《四分律》卷三十五，T22/817/a）

按：上举三例中"目连""大目连""目揵连"为人名，是"大目揵连""大目犍连""大目乾连"等缩略而成。《翻译名义集》卷一标注其梵音为 Mahā-maudgalyāyana，释云："什曰：'目连，婆罗门姓也，名拘律陀。拘律陀，树名。祷树神得子，因以为名。'"（T54/1063/b）"目揵连"或为"摩诃目揵连"，"摩诃"即华言大也①。《鼻奈耶》卷四："时尊者舍利弗、摩诃目揵连平旦着衣持钵，从耆阇崛山入罗阅城分卫。"（T24/868/a）

2. 非音译词缩略

此类缩略词语，有些在佛典原语中就已经形成，但缩略前的词语形式依然在翻译佛典中再现；有些则是译师为适应汉语的特点和佛经传播的需要在翻译中简缩词语的音节形式而成。非音译词缩略以双音词居多②，这与汉语词汇复音化的进程是一致的。例如：

---

① 丁福保：《阿弥陀经笺注》，星月点校，华东师范大学出版社，2014，第 41 页。
② 程湘清在《汉语史专书复音词研究》（商务印书馆，2003）一书中收录了他对先秦双音词研究和《论衡》《世说新语》《敦煌变文》等复音词研究的成果，从其结论来看，复音词绝大部分都是双音词。张庆云在《汉语缩略语的特点》[《烟台师范学院学报》（哲学社会科学版）1995 年第 1 期] 一文中指出："汉语的缩略语再现了现代汉语以双音节为主的模式。在抽样的 391 个缩略语中，双音节有 345 个，占总数的 88.2% 多。"刘禀诚、胡衍铮《缩略构词中的辩证法》[《井冈山学院学报》（哲学社会科学）2006 年第 3 期] 一文对《新华新词语词典》（2003）中的新缩略语进行了调查，据统计新缩略词语共有 121 个，其中双音缩略词语有 108 个，占所有缩略词的 89.3%。

【具戒】【具足】

（1）若知不满二十，生念欲与受具戒，及作方便，至第四羯磨未竟，皆突吉罗。（《五分律》卷八，T22/61/b）

（2）时受具足者，即共行不净已，后还诣众中。（《四分律》卷三十五，T22/815/b）

按："具戒""具足"即"具足戒"的缩略，指比丘、比丘尼所应受持之戒律。因与沙弥、沙弥尼所受十戒相比，戒品具足，故称具足戒。依戒法规定，受持具足戒即正式取得比丘、比丘尼之资格[1]。其缩略前原形式用例较多，如《五分律》卷三："若我二十受具足戒得阿罗汉，获六神通，当为众僧作差会及分卧具人。"（T22/15/a）《四分律》卷三十二："时尊者憍陈如，即名出家，受具足戒。"（T22/788/c）

【去来】

诸去来、现在佛常法，若欲入城有诸瑞应：象鸣鼻面举，马亦皆鸣牛吼；凫雁、鸳鸯、孔雀、鹦鹉、白鹄、千秋鹤尽皆和鸣；箜篌、筝、鼓、琵琶、筑、笛不鼓自鸣。（《鼻奈耶》卷五，T24/871/a）

按：此例中的"去来"为"过去、当来"。卢巧琴指出："（去来）可能是'过去''当来'的缩略词。"[2]《僧祇律》卷六："过去、当来及现在诸众生类，皆悉如是。"（T22/274/b）当然，"去来"也可能是"过去、未来"的缩略。律部佛经中也有用例，《十诵律》卷三十六："阿难未离欲故，不知过去、未来事，便以多闻慧为说神通道。"（T23/257/b）"当来""未来"义同，都指将来。《大词典》"去来"条义项❺：佛教语，指过去，未来。首引宋范成大《二偈呈似寿老》，例证晚。

【劳问】【问劳】

（1）说戒时僧未集，有檀越来者，上座应为说法共相劳问。（《僧

---

[1] 慈怡主编《佛光大辞典》，佛光文化事业有限公司，1988，第3078页。
[2] 卢巧琴：《东汉魏晋南北朝译经语料的鉴别》，浙江大学出版社，2011，第128页。

祇律》卷三十四，T22/499/b）

（2）诸佛常法，有客比丘来，以如是语劳问："忍不？足不？安乐住不？乞食易得？道路不疲耶？"（《十诵律》卷十二，T23/83/c）

按："劳问"即"慰劳问讯"的缩略。《四分律》卷三："吾昔一时在舍卫国祇树给孤独园，时有一比丘来至我所，头面礼足在一面坐。我慰劳问讯：'汝曹住止安乐不？不以乞食为苦耶？'"（T22/585/a）隋阇那崛多译《佛本行集经》卷二十三："尔时，菩萨以微妙口和软语言，如梵天音，辩才字句，不染不着，告摩伽王频头娑罗，慰劳问讯，作如是言：'善治大王！大吉大祥！从何远来？可坐憩息。营求何事而诣此乎？'"（T03/760/b）佛经中也有"问讯慰劳"用例，刘宋求那跋陀罗译《杂阿含经》卷二十八："时有生闻婆罗门来诣佛所，与世尊面相问讯慰劳，问讯慰劳已，退坐一面，白佛言：'瞿昙！谓非彼岸及彼岸。瞿昙！云何非彼岸？云何彼岸？'"（T02/201/a）

"慰劳问讯"也作"问讯慰劳"，汉译佛经中共出现65例，其中有63例出自刘宋求那跋陀罗译《杂阿含经》，而"慰劳问讯"在《杂阿含经》中只出现一次。可见，不同的词语组合方式与佛经翻译者的用语习惯有很大的关系。也可缩略为"问劳"，《乐邦文类》卷三："晋安帝自江陵还都，或劝师候觐，师称疾不前，帝复遣使问劳。"（T47/192/b）《经律异相》卷二十六："婆罗门子答王言：'我实贫穷，以母姊弟行用质债。'闻此萨和达王大好布施，故从远来欲乞丐还赎，母姊弟得自济活，于道中逢之，共相问劳。"（T53/142/a）

【雨衣】

（1）是比丘应着是下衣，往三由延受先衣。若是道中有诸难事，不得往趣衣者，得乞雨衣无罪。（《僧祇律》卷九，T22/302/c）

（2）佛语那迦波罗："汝取雨衣来，我欲至经行处经行。"（《四分律》卷十六，T22/673/b）

按："雨衣"即"雨浴衣"的缩略。《四分律》卷十："雨衣者，比丘用雨中浴。"（T22/630/a）明弘赞《四分律名义标释》卷十"雨浴衣"："谓着此衣，于大雨中浴，故名雨浴衣。"（X44/480/a）又卷十四"雨衣"："雨衣，即雨浴衣也。"（X44/514/a）文献中"雨衣"和"雨浴衣"同时出现，《四分律》卷十："时六群比丘闻佛听比丘得畜雨浴衣，即一切时春夏冬常求雨浴衣，不舍雨衣便持余用，现有雨衣，犹裸形而浴。"（T22/630/a）佛经中还有水浴衣、洗浴衣等，《五分律》卷五："愿佛亦听诸比丘尼畜水浴衣，我亦尽命供给舍卫城诸比丘尼水浴衣。"（T22/32/c）钱群英指出："雨衣、浴衣、雨浴衣、水浴衣、洗浴衣都是僧尼洗澡时使用，其中雨衣、雨浴衣为僧用，浴衣、水浴衣为尼用。"[1] 失译《萨婆多毗尼毗婆沙》卷六："比丘得畜雨衣，比丘尼得畜浴衣，不得畜雨衣，以尼弱劣担持为难，是故不听畜雨浴衣。"（T23/538/c）

【知友】【知旧】【亲旧】【旧知识】

（1）若无者，诸知友比丘有长衣应取着。若知友无衣，应问僧中有何等衣可分。（《四分律》卷七，T22/609/a）

（2）若比丘入聚落，至檀越家坐。若床脚高者，不得悬脚坐。若是知旧，应索承足机；若非知旧，应索砖木，承足而坐。（《僧祇律》卷二十，T22/392/a）

（3）时舍卫城中复有一长者，与跋难陀亲旧数数来往。（《四分律》卷七，T22/612/c）

（4）阿难执手，牵至佛所，到已，头面礼佛足一面立。阿难白佛言："是卢芝我旧知识，特相亲善，于佛不信。愿佛说法，令其开解。"（《十诵律》卷二十六，T23/193/c）

按："知友"为"知识亲友"或"亲友知识"的缩略。《四分律》卷十："彼比丘言：'六群比丘与我知识亲友，留衣在此出人间游行，是故我等为晒衣。'"（T22/632/b）又卷十三："尔时罗阅城中有大长者，是梨师达亲友知识。"（T22/653/c）"知旧""亲旧""旧知识"为"亲旧知识"

---

[1] 钱群英：《"雨衣""浴衣"及其他》，《中国典籍与文化》2005 年第 2 期。

的缩略。《四分律》卷八："时城内有一大臣，与跋难陀亲旧知识。彼于异时大得猪肉，即敕其妇：'跋难陀释子是我亲友，为其留分。'"（T22/618/c）无著道忠编《禅林象器笺》卷六"善知识"条："或称师家，或称道友，或师家呼学者，皆为善知识。知识者，友之义。谓知识其面也，非博知博识之谓也。"（B19/181/a）

二 缩略词成因探讨

通过分析缩略词的类型可知，中古律部汉译佛经中缩略词以数字缩略词为主。在非数字缩略词中又以音译词缩略居多，这与语料的性质有很大的关系。词语能否缩略，是否有必要缩略，其缩略的方式、缩略后的使用频率以及使用时间的长短等都受到多种因素的制约。

（一）语言经济性原则驱动

语言学中的"经济性原则"是法国语言学家马内丁在其《普通语言学纲要》中提出来的，主要是指语言在使用过程中，用最简最优的方式表达最丰富的语义内容[①]。经济性原则是语言发展中的重要原则，也是缩略语产生的主要原因之一。有学者指出："在词语缩略现象中，言者为了省力就会遵循最简化原则，尽可能将词语压缩和简化。同时，为了让听者正确理解他所要传递的信息，他还要考虑听者在理解缩略语中的省力，以确保取得成功的交际效果。"[②] 在不影响交流和表达的前提下，减少词语中音节的数量来实现原有的预定表达目标，是语言经济性原则的表现。龙国富从梵汉对勘的角度研究汉译佛经语言翻译的省略技巧，指出省略是语言翻译最为常用的一种语言经济性手法，而且他认为"数词替代省略"是指译经者用数词替代原典梵文佛经中诸多文字，以求达到省略目的的一种表达方式[③]。

中古律部汉译佛经中存在大量的数字缩略词，如《十诵律》卷四十四："若我有是事者，令我不得四念处、四正勤、四如意足、五根、五力、

[①] 参见伍铁平主编《普通语言学概要》，高等教育出版社，1993，第66页。
[②] 黄元龙、刘宇红：《试论缩略语的理据：省力原则》，《河南理工大学学报》（社会科学版）2009年第3期。
[③] 龙国富：《从梵汉对勘看汉译佛经语言翻译的省略技巧》，《语言科学》2017年第2期。

七觉、八道,当世世堕地狱、畜生、饿鬼。"(T23/322/a)例中"四念处""四正勤""四如意足""五根""五力""七觉""八道"等,若全部用缩略前的原有词语来表达,则此句繁复拖沓。因此,在经济性原则的驱动下,汉译佛经使用较少的音节表达较为丰富的语义,这样不仅可以缩短语言交流的时间,也有利于佛教戒律的口头宣扬和信息传递。从受众的角度来讲,大量的音节较长的专业词语会造成理解上的障碍,词语形式简短则好学易记。从语言媒介的角度而言,民众是语言与信息传播的对象,只有使用深入浅出而且简短的语言,才能让普通受众更好地理解佛经义理。

(二) 构造新词的必然要求

翻译不仅是将一种语言所表达的信息用另一种语言表达出来,同时也是一种创作活动。译师在从事佛经翻译时,既要简洁、精练地翻译原文,又要依据汉语的表达习惯创制新词。张永言认为:"由于一个词组或复合词中某一成分的省略或失落,余下来的成分就会承担整个词组的意义,从而造成新的词义的产生。"[①]

如"庄校"一词即是由"庄严校饰"缩略而成,《僧祇律》卷三:"是诸精舍内,庄严校饰,处处栊栻,悬杂幡盖,种种众宝,悬于栻上。"(T22/250/b)又卷二十九:"众人议言:'我等不可空钵与佛,应当庄严校饰。'"(T22/462/a)此例中"庄严校饰",《大正藏》校勘记曰:宋、元、明、宫本作"庄校"。《四分律》卷五十:"时六群比丘,为世尊以男女形像文绣庄校堂屋。"(T22/943/a)"庄校堂屋"即庄严校饰堂屋。"庄校"又写作"庄挍",《僧祇律》卷三十二:"扇法者,世人节会日男女游观,六群比丘持云母庄挍扇,有持草扇者,为世人所嫌。"(T22/488/a)又如"败人"指违背佛法戒律的沙门释子,《僧祇律》卷二:"众人惊怪自相谓言:'沙门释子,是女人身坏,如是犹故不舍,况复全形者!宜共防护,无令近门,此等败人,何道之有。'"(T22/235/b)"败人"即"败坏人""坏败人"的缩略。佛经中有"坏败人"和"败坏人"的用法,《僧祇律》卷八:"是沙门辈,亦复如是,伺人灾患,向城而走,是坏败人,有何道哉!"

[①] 张永言:《词汇学简论》,华中工学院出版社,1982,第58页。

(T22/294/c) 从缩略造成新词的角度来看，这种造词方式即缩略型改造法。

另外，缩略可以形成新的构词语素。俞理明认为："一些缩略的局部形式，可能被作为一个自由词素使用，也有通过词素替换造出带有缩略因素而没有原形式的新词。"[①] 很多的音译词缩略为单音节词后可成为构词语素。史有为在《异文化的使者——外来词》一书中介绍了大量来自佛教文献的外来词，如："佛"即佛陀，又作佛驮、佛图、浮图、浮屠、浮头、浮陀等，梵语为 Buddha；"僧"是僧伽的略称，梵语为 Saṃgha；"梵"原作梵摩，梵语为 Brahmā、Brahman；"忏"即忏悔，又作忏摩、叉磨，梵语为 Kṣama[②]。苏新春认为："新产生的外来单音语素，相对于原来的复音外来词来说，表现为一个缩略的过程。而由'单音节式'的缩略到'单音语素'的完成，中间必须经过或'独立运用'，或'重复构词'，或二者兼而有之的过程。"[③] 外来音译词缩略为单音节构词语素，可以和汉语中其他语素组合参与构词，有较强的构词能力。如"僧伽"缩略为"僧"既可独立运用，也可成为构词语素。《大词典》中语素"僧"居于前位构成的词语就有僧人、僧户、僧尼、僧寺、僧衣、僧众、僧宝等 82 个之多。由"僧"作为构词语素而构成的大量词语形成了特定的语义组合，既符合语言的经济性原则，又增强了词义的透明度，同时也是佛教词语汉化的具体表现。

（三）佛典语言风格的影响

汉译佛经的语言受到原典语言、译师的汉语水平、笔受的用语习惯及汉译佛典的语言风格等多种因素影响。在这些因素中，翻译佛经"四言格"的语言风格对缩略词的影响是不能忽视的。颜洽茂、荆亚玲指出："译经中这种外来词的省缩现象主要是受汉语语音特点的制约而出现，但同时，译经句式所限也是重要的外因之一，四言格为一些缩略形式的产生提供了先决条件。"[④] 方一新据东汉语料，举"喜踊""喜跃"例来考察词

[①] 俞理明：《汉语缩略研究——缩略：语言符号的再符号化》，巴蜀书社，2005，第 327 页。
[②] 史有为：《异文化的使者——外来词》，吉林教育出版社，1991，第 168~203 页。
[③] 苏新春：《当代汉语外来单音语素的形成与提取》，《中国语文》2003 年第 6 期。
[④] 颜洽茂、荆亚玲：《试论汉译佛典四言格文体的形成及影响》，《浙江大学学报》（人文社会科学版）2008 年第 5 期。

汇发展演变的某些轨迹时，认为这两个词是"欢（惊）喜踊跃"的缩称，并进一步指出简缩与佛典惯用四字一顿的句式有关①。中古律部汉译佛经中有些缩略词就是受到佛典语言风格的影响而产生的，如：

（1）时彼马师，信佛心净，悒念比丘，乞求无获，便作是言："正有马麦，若能食者，当减半分一升相与，足以支身，可以行道。"（《五分律》卷一，T22/1/b）

（2）譬如人以膏油膏车，为财物故，欲令转载，有所至到。比丘食知止足，取令支身，亦复如是。（《四分律》卷五十三，T22/963/c）

（3）佛种种呵责："汝等不闻，我先赞叹，少欲知足，衣裁蔽形，食足支命耶？"（《五分律》卷四，T22/23/a）

（4）比丘寻自思惟："檀越信施心重，我不能消，不如行乞，趣得支命。"（《僧祇律》卷二十，T22/390/b）

例中"支身""支命"均出现在"2+2"的四言格中，是"支身命"的缩略。"身命"即"生命"。《僧祇律》卷二："欲得寂灭乐，当习沙门法；止则支身命，如蛇入鼠穴。"（T22/241/c）《四分律》卷四十一："时琉璃王见即生慈心，言：'摩诃男乃为亲里故，不惜身命。'"（T22/861/a）"支"义为支持、维持。《玉篇·支部》："支，持也。""支身"与"支命"义同，即维持生命。汉译佛经中"支身命"的用法也较为常见。很多词语是为了满足佛典用语四言格的标准格式而进行的缩略。四言格中，原有多音节外来词常因受到字数限制而省缩为三音节、双音节或者单音节的词。②后汉失译《大方便佛报恩经》卷一："尔时，父母即随子言，割三斤肉，分作三分。二分父母，一分自食，以支身命，得至前路。"（T03/129/b）此例中"支身命"未缩略为"支命"或"支身"，可能也是为了满足四言格式。

当然，缩略词语的产生并不是一蹴而就的，很多缩略词语的形成都有

---

① 方一新：《东汉语料与词汇史研究刍议》，《中国语文》1996年第2期。
② 颜洽茂、荆亚玲：《试论汉译佛典四言格文体的形成及影响》，《浙江大学学报》（人文社会科学版）2008年第5期。

一个产生、冲突、改变、适应、融合的过程。有些缩略词语可能走完这个过程，最终成为汉语中的通用词语，而有些缩略词语的使用范围较为狭窄，最终不能被使用者接受，逐渐淘汰，退出语言的使用范围，这也是语言在发展过程中的一个自然状态。

第三章
中古律部汉译佛经戒律词汇研究

"律藏"作为佛经"三藏"之一，是佛陀为弟子制定的有关生活规范的戒律，主要用来指导僧众生活和约束僧人言行，内容包括具体的戒律条文和戒律制度制定的经过。《四分律序》[①]中对戒律产生的原因及作用进行了详细说明。

> 夫戒之兴，所以防邪检失，禁止四魔。超世之道，非戒不弘，斯乃三乘之津要，万善之窟宅者也。然群生愚惑，安寝冥室，宛转四流，甘履八苦，开恶趣之原，杜归真之路，游游长夜，莫能自觉。时有出家庶几玄微者，徒怀远趣，迷于发足。是以如来悼群瞽之无目，睹八难以增哀，开戒德之妙门，示涅槃之正路。始于毗耶离初结兹戒，凡有二百五十八篇。以此七罪科分，升降相从，轻重位判，斯皆神口之所制，祸福之定楷者也。然律藏渊旷，卷舒无常，略而至三，广则无量，此二百五十，盖因时人之作也，足以启曚（蒙），足以阶道，三宝之隆，以之为盛，先圣之道，斯为美矣！（T22/567/a）

从《四分律序》中可以看出，戒律乃"神口之所制，祸福之定楷"。

[①] 《四分律序》托名僧肇，实际并非僧肇所作。徐文明指出《四分律序》并非当时作品，从内容和流传来看，当为唐朝道宣之后、开元以前之作。见徐文明《〈四分律序〉辨伪》，《佛学研究》2010年第1期。

劳政武在《佛教戒律学》中指出了佛教戒律的两个主要目的："一在使教团的秩序及发展得以维持及确保,二在使徒众能得到精神解脱证取佛果,故极重道德性诚属必然。"① 为了规范僧侣的日常生活行为,佛陀"因时人之作"创制了佛教戒律。

佛教戒律是僧团内部的"共同语言",因此具有明显的社团性成分。俞理明认为:"由于特定表达的需要,语言材料中会有许多社团性的成分,一些常用度或普遍度不高的成分,由于话题或行文风格等方面的缘故,在某一种或一些文献中,可能会还有较高的复现率。因此,在一次对专人或专书的描写中,有必要对这类成分作专门的分析。"② 刘素燕指出:"《僧祇律》作为戒律,还有一类较为特殊的佛经语词,那就是戒律语词,这一类词与律法的概念、执行有关,主要界定一些动作行为,因而有其特殊性。"③ 其实,包括《僧祇律》在内的中古律部汉译佛经都具有这种特殊性,即拥有大量的佛教戒律用语。本章主要探讨戒律词汇体系的构成,分析戒律词汇的语义类别,思考戒律词汇的特点。

第一节　戒律词汇体系的构成

佛教戒律是佛教僧团内部人群共同遵守的行为规范,而戒律语言则是在僧团内部特殊话语体系下起到沟通交流作用的媒介。高名凯指出:"行业语是以职业的特点来组成社团的。每一个行业都可能有个行业语,行业语是为这一行业的社团服务的。"④ 作为一种语言的社团变体,戒律语言拥有一套完整而系统的词汇体系。当然,这种社团变体语言是建立在全民共同语的词汇系统之上的,但又有别于全民共同语。结合中古律部汉译佛经中戒律词汇的特点,参考法律词语的

---

① 劳政武:《佛教戒律学》,宗教文化出版社,1999,第159页。
② 俞理明:《词汇历史研究中的宏观认识》,《江苏大学学报》(社会科学版)2008年第3期。
③ 刘素燕:《〈摩诃僧祇律〉中的训释性语句》,《井冈山师范学院学报》2003年第S1期。
④ 高名凯:《语言论》,商务印书馆,1995,第439页。

分类①，我们把戒律词汇分为专业术语和普通词语两大类。

一 专业术语

在整个词汇系统中，如果按照不同的社会团体来划分的话，每一行业都有自己专属的专业术语。戒律文献中的专业术语是戒律文献的核心和标志。刘红婴等曾说："不能想象，如果没有法律术语，法律制度何以构建，法律文化何以承载，法律行为何以贯穿，法律理念何以表达。"② 如果离开了大量的戒律专业术语，戒律文献也就失去了专业性和风格特点。戒律文献中的专业术语又可分为戒律核心术语和戒律衍生术语两类。

（一）戒律核心术语

所谓戒律核心术语是指在戒律文献中，专门用来表达戒律范畴的概念、指称戒律特有的事物、反映戒律相关事物本质属性的核心用语。从戒律词汇体系的构成来看，戒律核心术语虽然数量并不是很多，但是占据重要地位。大量的专业术语，如五篇、七聚、四科等，是戒律文献语言特色所在，也是戒律文献有别于其他文献的重要标志。如：

（1）佛以是事集比丘僧，告诸比丘："若比丘从心想说，犯波逸

---

① 目前对法律语言词汇体系或法律词语分类的研究成果较多，比较有代表性的如潘庆云《法律语言艺术》（学林出版社，1989，第60页）把法律语言的词语分为法律术语和普通词语两大类。邱实《法律语言》（中国展望出版社，1990，第18页）把法律词语分为法律术语、行业用语和借用词语三种类型。李振宇《法律语言学初探》（法律出版社，1998，第22页）认为法律词汇包括法律专有术语、借之于普通词汇的法律用语以及形成法律语体特征的习惯用语；王洁《法律语言研究》（广东教育出版社，1999，第41~47页）认为法律语言的词汇体系是由法律专业术语和全民共同语的基本词汇构成。刘蔚铭《英文法律术语的类别与译名实例解析》（《术语标准化与信息技术》2003年第3期）把法律术语分为四类：普通术语、排他性术语、专用术语、借用术语。陈炯、钱长源《中国古代法律词汇形成、发展和演变述论》［《安徽大学学报》（哲学社会科学版）2003年第5期］认为中国古代法律词汇的形成方式有四种：随着法律产生而形成的最初的基本词汇、以法律基本词汇为词根构成的法律词汇、借之于普通词语而形成的法律词汇、形成法律语体特征的习惯用语。王东海《古代法律词语义系统研究——以〈唐律疏议〉为例》（中国社会科学出版社，2007，第82~93页）把《唐律疏议》中的法律词汇分为专用法律术语、借域通用法律术语和法律叙事语三部分。

② 刘红婴等：《法律的关键词——法律与词语的关系研究》，知识产权出版社，2012，第22页。

提者，无有是处。"（《五分律》卷六，T22/37/b)

（2）孤无母者，谓女无母，依父生活，是名无母。若有男子欲求此女为妇，倩比丘往求，比丘许者，犯越比尼罪；往向彼说，犯偷兰罪；得不得还报时，犯僧伽婆尸沙。（《僧祇律》卷六，T22/271/c)

（3）若比丘，故作跳行入白衣舍，犯应忏突吉罗。以故作故，犯非威仪突吉罗；若不故作，犯突吉罗。(《四分律》卷二十，T22/700/a)

（4）比丘从余比丘借独坐床已，作是念："我后不复还。"主求索言："长老！还我床。"作是言："不与汝。"寻生疑悔心："我将无得波罗夷耶？"是事白佛，佛言："不得波罗夷，得偷兰遮。"（《十诵律》卷五十八，T23/428/a)

上面四例中皆有戒律罪名类专业术语，如例（1）中"波逸提"，例（2）中"越比尼罪""偷兰罪""僧伽婆尸沙"，例（3）中"应忏突吉罗""非威仪突吉罗""突吉罗"，例（4）中"波罗夷""偷兰遮"等。柴红梅指出："佛祖在制定戒律的时候，往往首列制戒因缘，敷演戒条时亦通过引经、讲故事等方式进行，为了戒律的周遍、易懂甚至生动性，其所涉人物、地点及相关环境往往迥异，因而带来了大量的人名、物名和戒律名。"① 除以上所举，戒律文献中还有如波罗提木叉、波罗提提舍尼、越毗尼等罪名和杀戒、盗戒、淫戒、妄语戒等戒名。又如：

（5）是时长老阿嗜多受戒五岁，善诵持毗尼藏。（《十诵律》卷六十一，T23/453/c)

（6）尔时尊者耶输陀僧上座，问言："谁应结集律藏？"（《僧祇律》卷三十三，T22/493/b)

（7）颇有比丘在一处坐犯五种戒体耶？（《十诵律》卷五十一，T23/377/a)

（8）若比丘不善知戒相，安居时驱他起者，越毗尼罪。（《僧祇律》卷二十七，T22/445/c)

---

① 柴红梅：《汉语复音词研究新探——以〈摩诃僧祇律〉为例》，天津古籍出版社，2014，第 53~54 页。

例（5）"毗尼藏"为三藏之一，又称"毗奈耶藏"，统称戒律经典。例（6）例"律藏"亦为三藏之一。例（7）和例（8）中的"戒体""戒相"即戒律四科（还有戒法、戒行）。以上列举涉及律名、罪名、戒名等方面的专业术语。这些术语使用频率很高，具有用法固定、语义明确等特性。戒律专业术语是戒律词汇体系的重要组成部分，也是戒律文献的特色之所在。正如熊德米所言："法律由法律语言构建而成，法律语言的精髓是法律术语。法律的内在精神主要通过法律术语这一可视性外部物化表现形式体现出来。"[①]

（二）戒律衍生术语

所谓戒律衍生术语是指由戒律核心术语衍生而来，以戒律核心术语为基础而构成的戒律词语。刘红婴等指出："一些法律术语在时间的长河里流转，其生命力不断伸展、变化，其生存语境也在扩张、转换。"[②] 戒律词汇作为语言的社团变体，要想满足社团沟通交流的需要，就必须以核心术语为基础不断创新本社团的词汇成员，因而就有了戒律衍生术语。如：

（1）佛言："彼比丘有惭愧心，乃能守戒而死。"（《五分律》卷二十六，T22/173/b）

（2）若有所问者，当先护戒，随顺而答。（《僧祇律》卷二十二，T22/403/c）

（3）阿难答言："我不轻戒，故不问。"（《十诵律》卷六十，T23/449/b）

（4）若说戒日来在众中，请教授人值说法便听，无犯。（《四分律》卷十三，T22/650/a）

（5）佛塔前沙门塔前还戒，不为还戒。（《鼻奈耶》卷一，T24/852/c）

"戒"是佛教戒律中的核心术语。在此基础上，又衍生出了诸如守戒、

---

① 熊德米：《〈大清律例〉法律术语特征探析》，《西南政法大学学报》2016年第4期。
② 刘红婴等：《法律的关键词——法律与词语的关系研究》，知识产权出版社，2012，第22页。

护戒、轻戒、说戒、还戒、戒品、戒相等大量的戒律术语。在本章第三节中我们将讨论以"戒"为构词语素所构成的词语，其中大量的戒律术语都可以认为是由"戒"作为核心术语衍生出来的。又如：

（6）六群比丘恒遮其五种羯磨，呵责羯磨、驱出羯磨、依止羯磨、举罪羯磨、下意羯磨。（《五分律》卷六，T22/39/b1-3）

（7）优波离言："我若往到彼，应作羯磨者作羯磨，应治罚者当罚之。应作折伏羯磨、不语羯磨、发喜羯磨、摈出羯磨、举羯磨、别住羯磨、摩那埵羯磨、阿浮呵那羯磨，有如是如是过，我当作如是羯磨治，汝等尔时心莫不悦。"（《僧祇律》卷十二，T22/327/c）

（8）治罪羯磨者，谓苦切羯磨、依止羯磨、驱出羯磨、下意羯磨、摈羯磨，如是等苦恼羯磨，是名治罪羯磨。（《十诵律》卷五十六，T23/410/b）

当佛教戒律产生以后，很多相关概念便应运而生。如"羯磨"一词梵语为 Karma，明弘赞《四分律名义标释》卷四对"羯磨"有详细解释："此翻为事，亦翻为业，又翻所作，谓所作事业也，又翻作法。苑法师云：'此言办事，谓诸法事，由兹成办也。'《摩得勒伽》云：'羯磨有何义？谓依事所作，故名羯磨。'"（X44/432/b）举凡授戒、说戒、忏悔，乃至各种僧团公共事务的处理所应遵行的一定程序，统称为"羯磨"①。故由"羯磨"衍生的戒律术语很多，如呵责羯磨、驱出羯磨、依止羯磨、举罪羯磨、下意羯磨、治罪羯磨等。戒律文献中由核心术语衍生出的大量类义术语，也属于戒律专业术语的范畴。戒律衍生术语与戒律核心术语之间有其内在的必然联系，戒律衍生术语所表示的意义可以认为是戒律专业术语的具体化，即指称戒律相关具体事务或行为。

二　普通词语

文献中的词汇是在共时层面的历时演变中形成的。方一新指出："一

---

① 劳政武：《佛教戒律学》，宗教文化出版社，1999，第179页。

个时代词汇的存在和发展，离不开对前代词汇的继承和创新，同时又为后世词汇的形成及演变打下了基础。"① 除戒律专业术语之外，戒律词汇系统还继承了传统法律词语，转化了大量全民共同语。

（一）继承法律词语

佛教戒律与世俗法律有着密切的关系。一方面，佛陀制定戒律参照了部分世俗法律。如《五分律》卷一："尔时摩竭大臣出家修道，侍佛左右。佛问比丘：'阿阇世王，人盗齐几，便得死罪？'比丘白佛：'五钱已上，便与死罪。'佛复以此更呵责已，告诸比丘，以十利故为诸比丘结戒。从今是戒，应如是说：'若比丘，盗五钱已上，得波罗夷，不共住。'"（T22/6/a）此处佛陀制定偷盗佛五钱以上的波罗夷罪，就是依据世俗法律制定的。

另一方面，戒律文献在汉译的过程中，使用了大量古汉语已有的法律词语。"法律词汇则是随着法制的滥觞、沿革，律令的颁布、法律事务的发展而逐步发展演变，日趋繁丰和完备。"② 我国古代法律的问世是以夏朝的建立为标志的，《左传·昭公六年》："夏有乱政，而作禹刑。"古代的法律语言中，有很多词语具有旺盛的生命力，如罪、法、律、犯、罚等一些基础的词语，在古代的文献典籍中早已出现。佛教戒律在汉译过程中继承和吸收了中国古代传统的法律词语。如"律"，最早为乐器术语。《说文》："律，均布也。"由古代乐器中调音律的工具借指法律。"律"与"法"可以通用。西汉扬雄《解嘲》："吕刑靡敝，秦法酷烈，圣汉权制，而萧何造律。""刑""法""律"同义并举。

中古律部汉译佛经中，"律"指佛教持守的戒律。如《四分律》卷三十七："应如是差堪能羯磨者，若上座，若次座，若诵律，若不诵律。"（T22/831/a）《十诵律》卷四十三："若如法、如律、如佛教，三约敕不舍者，是比丘尼犯僧伽婆尸沙。"（T23/311/b）"律"可以作为构词语素，构成大量表达戒律相关概念的词语，如法律、戒律、律语、经律、律相、律师、律仪、律藏、律文等。又如"法"，古文作"灋"。《说文·廌部》：

---

① 方一新：《东汉魏晋南北朝史书词语笺释》，黄山书社，1997，第21页。
② 潘庆云：《法律语言艺术》，学林出版社，1989，第15页。

"瀍，刑也。平之如水，从水；廌，所以触不直者；去之，从去。"《尚书·吕刑》："制以刑，惟作五虐之刑曰法。""法"作为佛教戒律文献中的基本概念，虽然使用对象不同，意义有别，但依然是在继承传统法律词汇的基础上而形成的。"法"在中古律部汉译佛经中用例非常多。柴红梅指出"法"为佛化汉词，在佛教中用以指一切的事物，可以与很多名物词结合。她列举了厕法、果法、浆法、筒灌法等49个戒法名，这些主要是对僧侣日常生活进行规范约束的戒条的类别名①。除此之外还有很多，如：

(1) 尔时调达，即将是众，还自住处，更立<u>法制</u>。(《十诵律》卷三十七，T23/265/a)

(2) 第三议言："我等不应辄<u>判</u>此<u>罪</u>。"(《五分律》卷三，T22/19/b)

(3) 譬如转轮圣王，不以无过而为婆罗门居士而制<u>刑罚</u>。(《僧祇律》卷一，T22/227/c)

(4) 自出罪使人出者，若弟子犯可<u>治罪</u>，若<u>犯</u>僧伽婆尸沙，覆藏者，应自与波利婆沙。(《僧祇律》卷二十八，T22/458/c)

(5) 于彼河边洗刀，心生悔恨言："我今无利非善，彼比丘<u>无罪过</u>，而我受雇断他命根。"(《四分律》卷二，T22/575/c28)

(6) 世尊告曰："阿难不<u>犯罪</u>，此乃摩邓伽咒所惑。若复当有被咒术者，彼亦<u>无罪</u>。"(《鼻奈耶》卷三，T24/864/c)

从例中法制、判、罪、刑罚、治罪、犯、罪过、犯罪、无罪等词语可以看出，我国古代传统的法律词汇在戒律文献中得到一定的继承。尽管古代法律词语的原义不能完全体现在佛经戒律词汇体系之中，但在戒律词语的使用中可以清晰地看到沿袭传统法律词汇的痕迹。传统法律词语在长期的使用过程中，已经具有了人们公认的特定含义，佛教戒律没有必要舍弃它们而另外创造新的词语。在继承的基础上，赋予它们特定的戒律意义，就能满足戒律词汇体系的表达需要。这不仅可以减少重新造词的麻烦，还

---

① 柴红梅：《汉语复音词研究新探——以〈摩诃僧祇律〉为例》，天津古籍出版社，2014，第60页。

有利于佛教戒律在中国的传播和弘扬。另外，传统法律词语进入戒律文献，不仅提供了特定的戒律内涵，还可以附加其他成分，将语言形式进一步整合，进而丰富戒律词汇系统。

(二) 转化全民共同语

戒律语言与全民共同语之间的属种关系，决定了戒律词汇体系必然要从全民共同语中吸收具有生命活力的符号成分。因此，在继承传统已有法律词语之外，戒律词汇还转化了大量的全民共同语。所谓转化，是指原有词语在进入戒律文献以后发生了变化，用以表达具有戒律色彩的意义或概念。戒律词汇体系中有大量词语来自全民共同语，它们转化改造后，有了特定的戒律含义。从表面上看，这类转化词语似乎不属于戒律词汇，没有特定的戒律内涵，但是在戒律文献中却显示出鲜明的戒律色彩。刘愫贞在研究法律语言时把法律语词与社会日常用语两种性质兼具的词语称为"两栖词语"，她认为："法律语汇无疑是包括社会日常用语的，但社会日常用语语义的多元性，色彩的缤纷化，很难直接用来表达具有特定含义的法律概念，因此必须对社会日常生活用语进行一番梳妆打扮的加工改造工作，从立法与司法的角度，对它们进行界定和限制，使它们由社会日常用语转换为法律语词。"[①] 佛教戒律是衡量佛教僧团内部人员行为是否规范的标尺，其中大量的词语是由全民共同语转化而来。如：

(1) 自今已去，与诸比丘结戒，集十句义，乃至正法久住。欲说戒者，当如是说："若比丘，故弄阴失精，僧伽婆尸沙。"(《四分律》卷二，T22/579/b)

(2) 若欲心起身生，有出想，故弄精欲出，而不出外者，偷兰罪。(《僧祇律》卷五，T22/263/c)

此两例中的"故"，在字形和读音上与全民共同语完全一致。但在戒律文献中"故"却有特定的含义，即明知故犯之义。戒律规定不可故意弄阴失精，例中"故"是"存心而为"之义，即故意弄阴失精，这就违犯了

---

① 刘愫贞:《法律语言的类别和特点》,《语文建设》1993 年第 8 期。

佛教戒律。与此相对则为非故意所为，故不犯。《四分律》卷二："若触衣、触涅槃僧失不净，若大便、小便时失不净，若冷水、暖水洗浴失不净，若在浴室中，用树皮、细末药、泥土浴失不净，若手揩摩失不净，若大啼哭，若用力作时，一切不作出不净意，不犯。"（T22/580/a）例中种种"失不净"不是故意所为因而不犯。由此可见，看似普通的一个"故"字，在佛教戒律文献中却是判定犯罪与否的重要依据。

又如"守门"一词作为全民共同语，指看守门户，但在戒律文献中语义似有不同。

（3）彼比丘言："汝不欲作贼者，汝但守门，当与汝分。"摩诃罗念言："我不作贼，与我等分，何以不去？"答言："可尔。"即俱共去，使摩诃罗守门。彼比丘便入，盗心触物时，二俱得越比尼罪；若动彼物时，二俱得偷兰罪；若离本处满者，二俱得波罗夷。（《僧祇律》卷三，T22/251/b）

"守门"一词，佛经中多作"看守门户"之义。而例（3）中的"守门"指为秘密行动的人观察动静。盗戒乃是五戒中最为复杂的一戒，《僧祇律》和《十诵律》分别用5卷和4卷的篇幅来详细解释盗戒。上例中比丘作贼行窃，令摩诃罗与其配合，承担"望风""放哨"等作用，二人皆犯。

根据词的稳定性和普遍性，俞理明把词汇系统分为基本层、常用层、局域层、边缘层四个部分，并且认为："局域层中，社团词汇成分跟全民用语的关系，应该给予注意。全民用语作为社团用语的母体，不仅在于它是社团交际中的基础部分，而且，社团用语本身也是以全民用语为基础发展起来的。"[①] 作为社团用语的佛教戒律文献也是以全民共同语为基础的，普通日常生活词语本来没有特定的戒律内涵，但出现在戒律文献中却可以表现出鲜明的戒律色彩。如"不净"，中土文献中指不干净，在中古律部汉译佛经中多指淫秽之事。《鼻奈耶》卷三："有沙门婆罗门至此家乞食

---

① 俞理明：《词汇历史研究中的宏观认识》，《江苏大学学报》（社会科学版）2008年第3期。

者，妇便共调戏，说淫之欢乐：'可来与我作不净行。'"（T24/862/c）佛教认为行欲乃鄙陋之事，爱污染心，故又称为"不净行"。又如"恶口""妄语""叉腰"等都是全民共同语中普通的动作行为，但是进入戒律范畴，就可用来表示犯戒行为。又如"瞋""怒""忿"等在全民共同语中表示一种情绪，在戒律文献中则具有戒律内涵。另外，戒律文献中还有大量的戒律叙述词语，其本身并不特殊，但这些全民共同语一旦进入戒律范畴，就可能显示出特定的戒律意义，成为判定僧众行为规范与否的关键和惩罚处置的依据。因此，此类由全民共同语转化而来的词语，也应该是戒律词汇体系的重要组成部分。

中古律部汉译佛经中戒律词汇的来源与词汇体系的构成如图3-1所示。

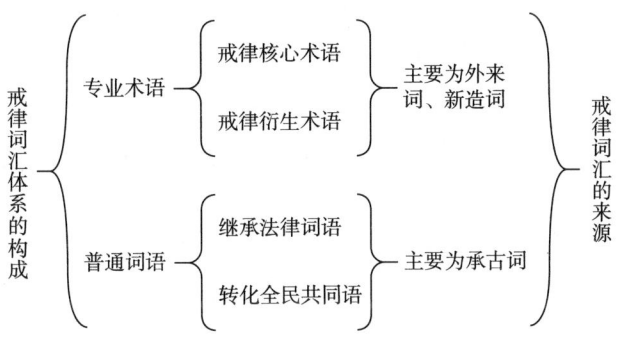

图3-1 戒律词汇的来源与词汇体系的构成

从戒律词汇的来源上看，戒律核心术语和戒律衍生术语以外来词和新造词为主，继承法律词语和转化全民共同语则以承古词为主，它们共同构成了中古律部汉译佛经中戒律词汇的体系。在中古律部汉译佛经文献约240万字的语料中，由戒律核心术语和戒律衍生术语所构成的戒律专业术语，在戒律语言的词汇体系中数量并不是很多，所占比例也不是太大，但这类词能量巨大、特色鲜明，能充分显示戒律语言的专业特点。正是因为这两类词语频频出现，律部佛经才与经部、论部有明显的不同。相比之下，普通词语在戒律语言体系中，并不像前两者那样可以使戒律语言充分显示其戒律特色，但在其具体运用中常常对戒律专业词语起到解释、配合、辅助、补充等作用。离开了这些词语，佛教戒律文献不可能表达出完整的意思，纷繁复杂的戒律条文也难以成篇。若此，则戒律思想也就无法有效传播,佛教戒律"扬善止恶"的目的也就难以达成。佛教戒律涉及僧侣生活的各个层面,在具体表述中,普通词语也具有不可替代的作用。普通词语与戒律专业术语互相补充、相辅相成,共同构成戒律语言的词汇体系。

第二节 戒律词汇的语义类别

戒律词语并不仅仅是指绝对意义上的"戒律专业术语",而是指与佛教戒律相关或具有戒律意义的词语。在纷繁复杂的戒律体系中,戒律词汇具有一定的系统性。张永言认为:"在词汇领域里,各个语言单位之间的联系主要是意义上的联系;我们要把一种语言的词汇当作一个体系来研究,首先就得按照词的语义联系进行分门别类的工作。"[①] 刘红婴等也指出:"词语的形成依法律思维的特征而类聚,也就外化为不同的类别。"[②] 中古律部汉译佛经内容庞杂,主要包括佛教的禁戒和制度,内容涵盖佛教信众必须受持的各种止恶行善的戒法条文、僧尼生活的行仪规范,以及僧团的组织、制度和行事等。[③] 我们从语义的角度,结合佛教戒律的特点,把中古律部汉译佛经中的戒律词语分为戒名罪名类、受戒持戒类、违犯行为类、审问告发类、惩治责罚类、其他类等六大类。

一 戒名罪名类

戒律文献中大量的戒名罪名类词语是戒律文献的主要特色。戒名类词语有五戒、八戒、八分戒、具戒、具足戒、大戒、杂碎戒、比丘戒、沙弥尼戒、比丘尼戒、五众戒、优婆夷戒、四戒、二部戒等。罪名类[④]词语有波罗夷、波逸提、越毗尼、突吉罗、偷兰遮、僧残、不定法、三十舍堕、四提舍尼、僧伽婆尸沙、波罗提木叉等。例如:

[①] 张永言:《词汇学简论》,华中工学院出版社,1982,第67页。
[②] 刘红婴等:《法律的关键词——法律与词语的关系研究》,知识产权出版社,2012,第11页。
[③] 陈士强:《大藏经总目提要·律藏》,上海古籍出版社,2015,第3页。
[④] "罪名"与"罚名"之间有时相互重合,比如"波罗夷"即指罪名,也指惩罚。劳政武指出:"戒律的编次特色,是以'罚'来系'罪'的;由是每聚(章)罪名的名称,也就是罚的名称。"我们把这类放在罪名中论述。参见劳政武《佛教戒律学》,宗教文化出版社,1999,第169页。

【波逸提】

即比丘、比丘尼所受持的具足戒之一，是轻罪的一种，有陷于罪恶，身心焦灼，烦躁不安之义。此类有两种：一为单纯的堕，名为"单堕"；另一种为"舍堕"，乃涉及财物之罪①。律部佛典中多有用例，如：

（1）若比丘，食残宿食，<u>波逸提</u>。（《五分律》卷八，T22/54/b）

（2）若比丘非时教诫比丘尼者，<u>波逸提</u>。（《僧祇律》卷三十，T22/475/b）

（3）若比丘尼，故断畜生命者，<u>波逸提</u>。（《四分律》卷二十五，T22/735/c）

"波逸提"梵语为 Pāpattikā。《翻译名义集》卷七："波逸提，义翻为堕。"通过文献检索和佛教辞书可知，其翻译形式还有很多，如波夜提、贝夜提、贝逸提、波逸底迦、波质底迦、波质胝柯、波药致、波罗逸尼柯、波罗夜质胝柯、波罗夜质胝迦，含有堕、令堕、能热烧、烧煮覆障、应对治、应忏悔、应功用诸义。通过 CBETA 电子佛典检索，我们对"波逸提"一词五种主要的音译形式进行统计，结果见表 3-1。

表 3-1 "波逸提"音译形式统计

单位：次

音译形式	首见时代、译者及文献	律部文献用例					总计
		五	四	十	僧	鼻	
波逸提	刘宋·佛陀什、竺道生《五分律》	689	1035	1061	3	13	2801
波夜提	西晋·安法钦《阿育王传》	1	3	1079	1172	0	2255
贝夜提	姚秦·竺佛念《鼻奈耶》	0	0	0	0	7	7
贝逸提	姚秦·竺佛念《鼻奈耶》	0	0	0	0	16	16
波逸底迦	唐·义净《根本说一切有部毗奈耶》	0	0	0	0	0	0

注："波逸提"的音译形式有很多，表中只列举了五种，其他的零星用例多出现在律部佛经的注疏中。表中的"五""四""十""僧""鼻"分别代表《五分律》《四分律》《十诵律》《僧祇律》《鼻奈耶》，下同。

---

① 劳政武：《佛教戒律学》，宗教文化出版社，1999，第 172 页。

由表 3-1 可以看出，此词出现的频率极高，在《四分律》《五分律》中主要用"波逸提"，而"波夜提"在其中分别只出现了 3 次和 1 次；《十诵律》中"波逸提"和"波夜提"出现频率相当。《僧祇律》中主要用"波夜提"，而"波逸提"仅出现 3 次；《鼻奈耶》中则主要使用了"波逸提"、"贝夜提"和"贝逸提"，未见使用"波夜提"。中古汉译佛典中未见"波逸底迦"，这种翻译形式主要出现在唐义净译《根本说一切有部毗奈耶》中。

【波罗提提舍尼】

比丘、比丘尼所受持的具足戒之一，又译为波罗底提舍尼、波胝提舍尼、钵喇底提舍那，或略称波罗提舍尼、波罗舍尼、提舍尼等，梵语为 Pratideśanīya。意译作对他说、向彼悔、悔过法等。《翻译名义集》卷七："波罗提提舍尼，义翻向彼悔，从对治境以立名。"（T54/1175/b）丁福保编《佛学大辞典》释"波罗提提舍尼"为："六聚罪之第四，犯戒律之罪名也，译曰向彼悔。此中有四戒，犯此戒者，必对余一比丘忏悔，忏悔则其罪消灭，故名向彼悔罪。"①《五分律》卷十："复有一比丘无病，从羯磨学家取食。受已，心疑：'我故当不犯波罗提提舍尼耶？'"（T22/73/b）《四分律》卷四十八："是中比丘不犯波罗提提舍尼，自言犯波罗夷乃至恶说亦如是。"（T22/922/a）《十诵律》卷四十九："如是有比丘于波罗提提舍尼中生怖畏心，应如是知，未犯者不犯。"（T23/357/a）

【突吉罗】

佛教戒律中的罪名之一，梵语为 Duṣkṛta，意译为恶作、小过、轻垢，是戒律中轻罪的总称。《五分律》卷十六："弟子应承奉和尚，若不白和尚入聚落，突吉罗。"（T22/111/a）《僧祇律》卷二十五："突吉罗者，如世尊语优陀夷、六群比丘及余比丘等：'作是事不好。'是名突吉罗。"（T22/429/b）《翻译名义集》卷七引《善见》云："突者，恶也。吉罗者，作也。"（T54/1175/b）《慧琳音义》卷四十五《菩萨戒》第二本"突吉罗"："屯讷反。梵语，小罪也。"（T54/608/a）"突吉罗"又译为"突膝吉栗多""突悉吉栗多"，唐道宣撰《四分律删繁补阙行事钞》卷二引《声论》

---

① 丁福保编《佛学大辞典》，上海书店，1991，第 1541 页。

曰："正音突（徒勿反）膝吉栗多。"（T40/48/a）清德基辑《毗尼关要》卷十五引《声论》曰："正音突悉吉栗多。"（X40/616/c）

【波罗夷】

佛教戒律中的罪名之一，是一种重罪，义与"极恶"相当，其梵语为 Pārājika。《五分律》卷二："若比丘，手自杀人，断其命，是比丘得波罗夷，不共住。"（T22/7/c）《僧祇律》卷二十五："波罗夷者，淫、盗、断人命、自称过人法。"（T22/429/a）《十诵律》卷五十八："比丘持可税物行到关门，作是念：'我若持是物过得波罗夷。'"（T23/428/a）《玄应音义》卷二十三《显扬圣教论》第二十卷"波罗阇已迦"："此云他胜，谓破戒烦恼，为他胜于善法也。旧云波罗夷，义言无余。若犯此戒，永弃清众，故曰无余。"（C057/97/b）失译《毗尼母经》卷七："尊者迦叶惟说曰：'犯最重恶，于比丘法中更无所成，名波罗夷。'又波罗夷者，如人犯罪，施其死罚，更无生路。犯波罗夷，永无忏悔之路，于比丘法中更不可修，名波罗夷。"（T24/842/b-c）

【僧伽婆尸沙】

佛教戒律中的罪名之一，是仅次于波罗夷的重罪，其梵语为 Saṃghāyaśeṣa，译曰僧残。《僧祇律》卷五："时尸利耶婆数数犯僧伽婆尸沙罪，便作是念：'世尊制戒，犯僧伽婆尸沙罪者，应六日六夜行摩那埵。'"（T22/262/c）《四分律》卷五十七："时有女人捉比丘足礼，觉触受乐动身，疑，佛言：'僧伽婆尸沙。'"（T22/986/c）《翻译名义集》卷七"僧伽婆尸沙"条引《善见》云："僧伽者，为僧。婆者，为初，谓僧前与覆藏羯磨也。言尸沙者，云残，谓末后与出罪羯磨也。"（T54/1175/a）"僧伽婆尸沙"意译为"僧残""众决断""众余"等形式。比丘、比丘尼僧残之数不同，依《四分律》，比丘有"十三僧残"，比丘尼有"十七僧残"。《三藏法数》卷四："梵语僧伽婆尸沙，华言僧残。谓犯此戒，如人被他所残。命虽未尽，形已残废，故也。"（B22/162/a）

【偷兰遮】【偷罗遮】

偷兰遮，又作偷罗遮，佛教戒律中的罪名之一。《翻译名义集》卷七标其梵语为 Sthūlātyaya。明弘赞《四分律名义标释》卷四"偷兰遮"："或云偷兰遮耶，或云土罗遮，或云窣吐罗底也。"（X44/431/c）《僧祇律》

卷三十：" 长老比丘言：'汝以脚蹴女人，得偷兰遮。不作言作，波夜提。'"（T22/468/c～469/a）《五分律》卷二十九："有诸比丘尼作酒沽，多人讥呵。佛言：'不应尔，犯者偷罗遮。'"（T22/190/a）《四分律》卷二十二："比丘方便教比丘尼犯淫，作者偷兰遮，不作者突吉罗。"（T22/714/c）南朝齐僧伽跋陀罗译《善见律毗婆沙》卷九："偷兰遮者，偷兰者，大；遮者，言障善道，后堕恶道，于一人前忏悔，诸罪中此罪最大。"（T24/733/c）明性祇述《佛说目连五百问经略解》卷一注"偷兰遮"曰："梵语也。《善见律》云：'偷兰名大，遮是华言。'谓遮障善道，华梵双举也。谓犯此罪者，大障善道，堕于恶趣。"（X44/876/a）《佛光大辞典》："意译大罪、重罪、粗罪、粗恶、粗过、大障善道。为佛制戒六聚之一，七聚之一。乃触犯将构成波罗夷、僧残而未遂之诸罪；不属于波罗夷等五篇之罪，除突吉罗罪外，其余一切或轻或重的因罪、果罪皆总称为偷兰遮。"①

【不定法】

即尚不能决定的罪，比丘是否犯罪以及所犯何罪不太清楚。《五分律》卷四："佛种种呵责，如淫事中说已，告诸比丘：'以十利故，为诸比丘结不定法。'"（T22/22/c）《四分律》卷五："于三法中应一一治，若波罗夷，若僧伽婆尸沙，若波逸提。如住信优婆私所说，应如法治是比丘，是名不定法。"（T22/600/c）明弘赞《四分律名义标释》卷八"不定法"条："梵云阿尼竭达磨，此言不定法。《律摄》云：'不定法者，言此罪体，无定相故，容有多罪，不可言定。'"（X44/463/c）"不定法"又作不定、二不定法。失译《萨婆多毗尼毗婆沙》卷四对"不定"进行了较为详细的解释："不定者，佛坐道场时，已决定五篇戒。轻重通塞，无往不定。此所以言不定者，直以可信人不识罪相轻重，亦不识罪名字，设见共女人一处坐，不知为作何事？为共行淫？为作摩触？为作恶语？为过五六语？故言不定。"（T23/525/c）因罪行不定，故治罪的方式也不定。

【杂碎戒】

佛教戒名之一，其梵语为 Sahadhammikasikkhā adaṃ paṭhamaṃ。《五分

---

① 慈怡主编《佛光大辞典》，佛光出版社，1988，第4384页。

律》卷六:"六群比丘言:'何用诵习杂碎戒为?'"(T22/41/b)《四分律》卷五十四:"时诸比丘皆言:'来,我当语汝杂碎戒。'中或有言:'除四波罗夷,余者是杂碎戒。'或有言:'除四波罗夷、十三事,余者皆是杂碎戒。'或有言:'除四波罗夷、十三事、二不定法,余者皆是杂碎戒。'或有言:'除四波罗夷、十三事、二不定法、三十事,余者皆是杂碎戒。'或有言:'除四波罗夷乃至九十事,余者皆是杂碎戒。'"(T22/967/b)从《四分律》所载来看,"杂碎戒"不太明确。萧齐僧伽跋陀罗译《善见律毗婆沙》卷十六:"杂碎者,从二不定乃至众学,是名杂碎。"(T24/786/b)唐道宣撰集、清读体续释《毗尼作持续释》卷十五:"杂碎戒者,除初二篇,余者谓之杂碎戒。"(X41/513/b7)从比丘较为轻视诵习此戒来看,"杂碎戒"当指杂乱零碎的戒律的统称。

二 受戒持戒类

佛陀制定戒律之后,僧团成员必须遵守执行,因此有很多受戒持戒类词语。受戒持戒类主要包括授受、持守和违犯戒律类等。授受戒律类词语如说戒、授戒、受戒、制戒、结戒等;持守戒律类词语如持戒、守戒、赞戒等;违犯戒律类词语如舍戒、还戒、反戒、破戒、犯戒、戒赢等。例如:

【受戒】

指通过一定的形式,领受佛陀所制定的戒法。《五分律》卷一:"世尊!我有是念,今欲出家,唯愿与我出家受戒!"(T22/2/b)《四分律》卷三十:"时世尊制戒听百岁比丘尼见新受戒比丘,当起迎逆礼拜,恭敬问讯,与敷坐具。"(T22/776/c)《十诵律》卷五十四:"如佛所言:'污比丘尼人不得出家受戒。若出家受戒,应灭摈。'"(T23/397/b)又作"纳戒""禀戒"。对传授戒法的一方而言,称为授戒。以所受戒相的不同,佛教教团有七众之别,又称受戒七众,即优婆塞、优婆夷、沙弥、沙弥尼、式叉摩那、比丘、比丘尼。《汉书·薛宣传》:"长吏莫不喜惧,免冠谢宣归恩受戒者。"东汉道教文献中也有用例,如《太平经》卷一百一十《大功益年书出岁月戒》:"受戒之日,不敢解止须臾也,但恐未能卒竟之耳。"

【说戒】

为受戒者讲解戒律。《五分律》卷十八:"佛既听布萨说戒,诸比丘便日日布萨。"(T22/121/b)《僧祇律》卷二十七:"诸比丘心生疑惑:'贼前得说戒不?'"(T22/447/c)《鼻奈耶》卷一:"尔时世尊十五日说戒,在大众中敷高座坐具坐定,遍观众比丘竟,见诸比丘坐少不足言。"(T24/855/b)另外,佛制于每半月布萨之日,上座比丘诵读戒本时,诸比丘中若有犯戒者,应于众僧前忏悔,也称为说戒。《佛光大辞典》释"说戒":"指为受戒者讲解戒律,有二义,或单指解说戒法,或于每半月布萨之日。上座比丘诵读戒本时,诸比丘中若有犯戒者,须于众前忏悔,亦称说戒,未受具足戒者不得听之。后者就布萨日之作为而称为说戒;若就比丘之忏悔而言,则称说罪。"①

【结戒】

即制定戒法之义。《五分律》卷六:"佛种种呵责已,告诸比丘:'今为诸比丘结戒,从今是戒应如是说:"若比丘,妄语,波逸提。"'"(T22/37/b)《四分律》卷二:"时有一比丘乱意睡眠,于梦中失精有忆念,觉已,作是念:'世尊与诸比丘结戒,弄阴失精,僧伽婆尸沙。'"(T22/579/b)《十诵律》卷四十:"佛在舍卫国,尔时崛多生男儿,作是念:'佛结戒,不听触男子。我生男儿,不知云何?'"(T23/293/a)

【持戒】

与"破戒"相对,即护持戒法之义。《五分律》卷十七:"若言曾出家,应问:'汝本出家持戒完具不?'"(T22/119/c)《十诵律》卷四十二:"比丘尼言:'莫作是语,我是持戒断淫欲人。'"(T23/307/a)《四分律》卷三十四:"佛问阿难:'此小儿能驱乌,能持戒,能一食不?若能如是者,听令出家。'"(T22/810/c)

【舍戒】【还戒】

即舍弃所得之戒。《五分律》卷十九:"若舍戒,若犯波罗夷,若犯僧伽婆尸沙,若犯偷罗遮,若犯波逸提,若犯波罗提提舍尼,若犯突吉罗,若犯恶说。"(T22/132/a)《僧祇律》卷一:"诸比丘以是因缘往白世尊:

---

① 慈怡主编《佛光大辞典》,佛光文化事业有限公司,1988,第5922页。

'是比丘舍戒。'"（T22/231/c）《十诵律》卷二十四："如沙弥尼愁思欲舍戒，遣使诣比丘所白言：'大德！我愁思欲舍戒，大德来，为我说法。'"（T23/175/a）僧尼受戒要经过严格的审查及一定的仪式，但舍戒却很简单，只需要对任何一个人声明自己愿意舍戒，即算舍戒，便可放弃僧尼身份。

"舍戒"又称为"还戒"，《僧祇律》卷一："若比丘于和合僧中受具戒，若不还戒而行淫法，是比丘得波罗夷罪，不应共住。"（T22/231/c）卷二又进行了详细说明："若向比丘、比丘尼、式叉摩尼、沙弥、沙弥尼、外道、出家、在家俗人言：'我舍佛、舍法、舍僧、舍学、舍说、舍共住、舍共利、舍经论、舍比丘、舍沙门、舍释种，我非比丘、非沙门、非释种，我是沙弥、是外道、是俗人，如本五欲我今受之。'是名还戒。"（T22/235/c）明智旭录释《重治毗尼事义集要》卷一："若向人说舍，则名还戒。"（X40/352/b）

【反戒】

"反戒"即可指违犯戒律，也可指反戒归家。宋允堪述《四分律随机羯磨疏正源记》卷六："反戒：一则违反戒律。二则反戒还家。"（X40/859/c）《四分律》卷十二："旧住比丘作是念：'何以不见客比丘耶？将不命过，或能有远去，或能反戒作白衣，或能被贼，或为恶兽所食，或为水所漂？'"（T22/644/b）《十诵律》卷四十："是事白佛，佛言：'若比丘尼一反戒，不复听出家受具戒。'"（T23/291/a）从二例中"作白衣""不复听出家"等信息可知，"反戒"指反戒归家，相当于"舍戒""还戒"。唐志鸿撰《四分律搜玄录》卷三："反戒者，舍戒罢道也。"（X41/890/b）"反戒"还指违犯戒律，《十诵律》卷四十："佛在舍卫国，尔时有比丘教一比丘反戒，随得罪；若教比丘尼、式叉摩尼、沙弥、沙弥尼令反戒，突吉罗。"（T23/291/b）

【破戒】【犯戒】

与"持戒"相对，即毁破所受持的戒律。《四分律》卷四十九："时比丘尼破戒有娠，在悬厕上大小便，堕胎在厕中，除粪人见之。"（T22/930/a）《五分律》卷八："佛种种呵责：'汝不应与未满二十人，受具足戒；未满二十，多所不堪，致有破戒！'"（T22/61/b）"破戒"又称为"犯戒"，《僧祇律》卷三十八："比丘尼嫌呵言：'此人犯戒，捉户钩开他房户，共男子住。云何与受具足？'"（T22/534/a）《四分律》卷五十七："时有比丘，有童女为檀越，数犯戒语比丘，比丘言：'汝无惭愧犯持戒者。'"（T22/988/b）明弘赞《四分律名义标释》卷三十九"破戒五过"条："一自害，二为智者所呵，三有恶名流布，四临终时生悔恨，五死堕恶道。"（X44/695/a）《十诵律》卷三十八："佛在舍卫国，憍萨罗国有阿练儿处，有二比丘在彼住：一人犯戒，一人净持戒。此二比丘未曾见佛，欲共往见佛，道中值有虫水。破戒者语持戒者言：'可共饮是水。'持戒者言：'水中有虫，云何可饮？'犯戒者言：'我若不饮便死，不得见佛闻法及僧。'持戒者言：'至死不饮。'"（T23/273/a）

【戒羸】

即戒力逐渐减弱。《佛学大辞典》释为："体之势用羸劣也。"①"羸"义为"衰弱""劣弱"。《汉书·南粤王传》"其众半羸"颜师古注："羸，谓劣弱也。"秦失译《毗尼母经》卷二："戒羸者，比丘生念，不乐梵行、乐在外道乃至作僧祇人，是名戒羸。"（T24/809/a）《十诵律》卷一："佛在舍卫国，有一比丘名跋耆子，不舍戒、戒羸不出，还家作淫。"（T23/1/c）《十诵律》卷五十六："戒羸不出者，不令他人了知。"（T23/411/a）《四分律》卷一："欲说戒者当如是说：若比丘共比丘同戒，若不还戒、戒羸不自悔，犯不净行乃至共畜生，是比丘波罗夷不共住。"（T22/571/a）明弘赞《四分律名义标释》卷三"戒羸"："卢回切，音雷。病也，瘦也，困也，谓于如来戒法中，无力能持，心生厌倦，思在家业。"（X44/429/a）宋元照《四分律行事钞资持记》卷二："如戒本云：'戒羸不悔，谓将欲趣犯，戒力微弱，故云羸也。'"（T40/265/b）

三 违犯行为类

佛教戒律对僧侣的日常行为做了明确规定，如击攊、形笑、谤、诬谤、诽谤、不与取、叉腰、堕胎、妄语、诱调、诱诳、诱弄、诱訹、共要等都是违犯戒律规定的日常生活行为。此类与犯戒类词语相关，但不同的是此类所表示的多是触犯戒律的具体行为。例如：

---

① 丁福保编《佛学大辞典》，上海书店，1991，第1112页。

【不与取】

不与而取的行为，即为偷盗。《五分律》卷一："时诸比丘种种呵责：'汝所作非法，不随顺道！世尊种种毁呰不与取，赞叹不盗。汝今云何躬行贼法？'"（T22/5/c）《僧祇律》卷二："诸比丘白佛言：'世尊！云何是达腻伽比丘最初开不与取？'佛告诸比丘：'是达腻伽不但今日犯最初不与取，过去世时，已曾最初犯不与取。'"（T22/239/b）别人未与而自取之，即偷盗。《十诵律》卷一："不与取者，他人不与是物。若男、若女、若黄门、若二根人不与，盗取，是名不与取。"（T23/4/b）"不与取戒"为五戒中的第二戒"盗戒"。《四分律》卷一："尔时世尊知而故问迦楼比丘言：'王法不与取，几许物应死？'比丘白佛言：'若取五钱，若直五钱物应死。'"（T22/573/b）佛陀依据当时印度摩竭陀国的国法而制定了相关戒律，偷盗罪就是如此。国法规定偷盗五钱，即犯死罪；所盗之物值五钱者，亦成重罪。

【谤】【诽谤】【诬谤】

"谤"是指将没有事实根据的言论加于人。《僧祇律》卷六："陀骠摩罗子往白世尊：'慈地比丘以无根波罗夷法见谤。'"（T22/280/b）"根"即根据、证据之类，"无根"即没有根据，纯属捏造。《僧祇律》卷六中有对"谤"的解释："谤者，无事横说过也。"（T22/280/c）唐道宣撰、宋元照述《四分律含注戒本疏行宗记》卷三："彼由见闻后，能生举罪心。见闻作根故，论谤无事枉，先瞋后起谤，故瞋为谤根。"（X39/880/c）其中"论谤无事枉"有注曰："捏造谤词，并无事实根据，纯属诬枉。"中古律部汉译佛经中亦有"诽谤"一词，如《四分律》卷二十五："彼比丘尼谏此沙弥尼言：'汝莫作是语，莫诽谤世尊，诽谤世尊不善。'"（T22/736/a）《鼻奈耶》卷四："此比丘因小事作大诽谤清净比丘梵行。若比丘作是诽谤者，僧伽婆施沙。"（T24/868/c）以本来没有之事或无妄之祸对人进行诬蔑诽谤称为"诬谤"。《五分律》卷九："有人语言：'汝诬沙门释子，应受此罪。若复诬谤，后当剧是。'"（T22/65/a）《慧琳音义》卷五十二"诬谤"："武干反。《说文》：'加言也。'亦欺也。以恶取善曰诬也。"（T54/652/c）《楞严经直指》卷八："诬谤为枉，谓本无之事，比之谗贼逼枉良善也。"（X14/574/a）《楞严经讲录》卷八："诬谤者，以无妄之祸，加之于人。"（X15/111/a）

【叉腰】【扠腰】

指手放在腰间的一种动作行为。《十诵律》卷十九:"佛闻是事语诸比丘:'从今不叉腰入家内,应当学。'叉腰入,突吉罗。"(T23/136/a)《五分律》卷二十八:"复有别住比丘,于如法比丘前反抄衣、扠腰、着革屣、覆头、通肩覆、或坐、或卧。佛言:'皆不应尔!'"(T22/181/b) "叉(扠)腰"是全民共同语,但由此二例可知,"叉(扠)腰"不符合出家人的威仪,故为戒律所禁止。"叉(扠)腰"所犯的罪行轻重也有所不同,这在戒律文献中有详细的规定。《四分律》卷二十:"若比丘,故作叉腰行入白衣舍,犯应忏突吉罗。以故作故,犯非威仪突吉罗;若不故作,犯突吉罗。"(T22/700/c)"叉腰"与"扠腰"的用例最早见于中古律部汉译佛经,《大词典》首引例分别为章太炎《新方言·释言》和《小说选刊》1981年第11期,例证过晚。

【堕胎】

即胎儿堕落、流产。《四分律》卷五十六:"比丘即咒食与之令食,彼得堕胎。比丘疑,佛问言:'汝以何心?'答言:'杀心。'佛言:'波罗夷。'"(T22/981/a)佛戒杀生,而堕胎是以伤害胎儿生命为目的,使之于自然生产之前脱离母体,因此佛教中亦戒堕胎。在佛教戒律中,堕胎亦犯杀人罪。根据不同的情况,所犯罪行轻重不同,《十诵律》卷五十八:"比丘瞋母堕胎,若母死,得波罗夷。若儿死,得偷兰遮。若俱死,得波罗夷。俱不死,得偷兰遮。"(T23/436/a)堕胎是杀人的一种,戒律中规定不管以什么方式杀人均犯罪。《僧祇律》卷四:"比丘杀人者,若用刀杀,若毒杀,若涂杀,若吐杀,若下杀,若堕胎杀,若说相杀、叹誉杀。"(T22/255/b)

【共期】【共要】

"共期"即共相邀约之义。《僧祇律》卷十九:"佛语比丘:'何处一切王家得是信心?此不与共期,过患如是,况复共期?从今日后,不听与女人共期道行。'"(T22/381/c)《十诵律》卷十一:"从今是戒,应如是说:若比丘与比丘尼共期同道行,从一聚落至一聚落,波逸提。"(T23/83/a)卫燕红认为"期"有"会合"之义,故"共期"即男女之事。[①]此

---

① 卫燕红:《敦煌写本〈四分律〉复音词研究——以北6800、6802—6805号卷为例》,南京师范大学硕士学位论文,2009,第61页。

释误。从上例中"共期道行""共期同道行"等提示性语言可知，例中的"共期"即共相邀约之义。《说文·月部》："期，会也。"清段玉裁注曰："会者，合也。期者，邀约之义，所以为会合也。"《诗经·鄘风·桑中》写男女相期约会之情，此诗有"期我乎桑中，要我乎上宫"之句，其中的"期"即有"会合"之义，"要"有"邀约"之义。明弘赞《四分律名义标释》卷十三"同期"条释曰："期者，约也，会也，谓共结契而要约也。此戒谓比丘不得与尼同期路行。"（X44/500/b）戒律中也规定了在两种情况下比丘与比丘尼共行不犯。一是不期而遇不犯，《四分律》卷十三："时诸比丘不先与比丘尼共期，卒道路相遇，畏慎不敢共行。佛言：'若不共期，无犯。'"（T22/652/b）二是遇到困难不犯，《五分律》卷九："若诸难起，共期行，不犯。"（T22/63/c）

戒律佛经中还有"共要"一词，《四分律》卷一："共要者，共他作要教言，某时去、某时来。"（T22/575/a）又卷十七："知是贼伴，共要同道行，至村间向处道行，至一一道，波逸提。"（T22/681/c）《十诵律》卷六："尔时舍卫国，众人共要，聚集一处，若不及者罚钱五十。"（T23/46/c）例中"共要"即共同约定。"要"与"约"音近义通。《汉书·礼乐志》："明德乡，治本约。"颜师古注："约，读为要。"《广雅·释言》："要，约也。"《孟子·公孙丑上》："又不如曾子之守约也。""守约"即"守要"。晋陶潜《搜神后记》卷六："因便共要，若有先死者，当相报语。"《五分律》卷二十："取衣比丘得衣时共要：'若能担此衣还所住者，当与二分。'既担还，复悔不与。"（T22/136/c）唐法砺撰《四分律疏》卷二："共要者，谓契要。"（X41/578/b）共同约定多为口头上的，而契约则是双方或多方共同签订、遵守的。

【两舌】

即在两者之间搬弄是非，挑拨离间。《四分律》卷十一："自今已去与比丘结戒，集十句义，乃至正法久住，欲说戒者，当如是说：'若比丘两舌语，波逸提。'"（T22/636/c）《十诵律》卷五十三："若比丘两舌谗比丘，得波逸提。若比丘两舌谗比丘尼、式叉摩尼、沙弥、沙弥尼，得突吉罗。"（T23/391/c）又作"离间语""两舌语"，是十恶业之一。唐道宣撰、宋元照述《四分律含注戒本疏行宗记》卷四："二边传言，故为两舌。

此本翻译，颇是质陋。故今现翻云离间语，斯为得矣。故虽两舌，不作分意，不犯此戒。"（X40/82/c）隋慧远撰《大乘义章》卷七："言乖彼此，谓之为两。两朋之言依于舌起，故曰两舌。"（T44/613/a）道经中也有用例，敦煌道经写本 S.784《天尊说禁戒经》卷二："悭贪瞋怒，绮妄无实，恶口两舌，祝诅骂詈。"叶贵良指出道经文献中"两舌"是源于佛教修行业缘的语词①。

【妄语】

即以欺骗别人为目的而说的虚妄语。《僧祇律》卷二十九："我罗睺罗，归依佛竟，归依法竟，归依僧竟，尽寿不杀生、不盗、不邪淫、不妄语、不饮酒。"（T22/460/b）《僧祇律》卷四："妄语者，妄自称说。"（T22/261/b）《四分律》卷四十七："于僧中问时，亦复如是前后言语相违，在众中故作妄语。"（T22/915/b）《四分律疏》卷九："言不称实为妄，彰之在口为语，非心不犯称故。"（X42/316/c）又作"故妄语""虚妄语""虚诳语"等。《十诵律》卷九："故妄语者，知是事不尔，诳他故异说。"（T23/63/c）刘宋求那跋陀罗译《鹦鹉经》卷一："鹦鹉摩牢兜罗子，于世尊倍增上瞋恚不乐，骂世尊，恚世尊，诽谤世尊：'此沙门瞿昙！虚妄语！'"（T01/889/a）唐般若译《大方广佛华严经》卷三十一："善财复言：'云何语言，名为真实？'答言：'善男子！不虚诳语，是名真实。'"（T10/805/a）

【诱调】【诱诳】【诱弄】【诱訹】

即引诱、欺骗。《四分律》卷三十七："尔时有比丘于住处安居，时有大童女来诱调比丘：'汝何不休道？我当为汝作妇。'"（T22/834/a）又同卷："时有淫女来诱调比丘：'汝可休道，我当为汝作妇，或嫁女与汝。'"（T22/834/a）唐志鸿撰《四分律搜玄录》卷三："诱调比丘者，诱引调唝也。"《荀子·正名》："彼诱其名，眩其辞，而无深于其志义者也。"杨倞注："诱，诳也。但欺诳其名而不正，眩惑其辞而不实，又不深明于志义相通之理也。""调"亦有欺骗之义。《广雅·释诂二》："调，欺也。"《玄应音义》卷五《观察诸法行经》第四卷"调戏"："徒吊反，谓相嘲调也。

---

① 叶贵良：《敦煌道经写本与词汇研究》，巴蜀书社，2007，第 578~579 页。

调，弄也。"（C056/889/b）"诱调"为并列复合词，即引诱欺骗之义。

中古律部汉译佛经中有"诱诳"一词，《十诵律》卷四十一："尔时王园比丘尼精舍，有剃发师与比丘尼剃发，诱诳一式叉摩尼坏出家心，如是诱诳第二、第三人，以是事故，尼僧减少。"（T23/296/b）"诱诳"与"诱调"义同，都是指引诱欺骗等，《十诵律》中还出现了其逆序形式，如卷三十六："随比丘所须物，皆用诳诱。"（T23/259/c）除此以外，表示此义的词语还有"诱弄""诱誺"，《五分律》卷二十九："有比丘尼诱弄比丘言：'我是族姓，礼仪备举，女工具足。'"（T22/187/b）《鼻奈耶》卷四："时大有长者妇女便作是念：'此迦留比丘广有知识，国王大臣长者梵志无不识者，所求尽得。我等共往诱誺迦留比丘，使至他家。'"（T24/864/c）晋竺法护译《生经》卷一："猕猴诱誺我夫，数令出入。当图杀之，吾夫乃休。"（T03/76/c）方一新认为"誺"字乃誺之形讹，"诱誺"同义连文，"诱誺我夫"即引诱我夫①。所释准确，可参。

【异分】【取片】

"异分"与"取片"均为诬谤他人。《五分律》卷三："若比丘见他犯僧伽婆尸沙，定生僧伽婆尸沙想。瞋故，于异分中取片。若似片，谤无波罗夷比丘，僧伽婆尸沙。"（T22/16/c）《四分律》卷四："彼于异时若问若不问，知是异分事中取片，是比丘自言：'我瞋恚故作是语。'作是语者，僧伽婆尸沙。"（T22/589/c）唐道宣撰、宋元照述《四分律含注戒本疏行宗记》卷三："异分者，若假异罪、异趣、异人，若本在家，若假响。"（X39/884/c）又同卷："异分者，并非实犯，假余相谤，故曰异分。"（X39/884/c）"取片"即指抓取违犯戒律的行为当中的小事，进而扩大化，诬谤为违犯根本戒法。唐道宣撰、宋元照述《四分律含注戒本疏行宗记》卷三："诸威仪为片，谓于四夷中取少乖威仪事而兴谤也。"（X39/884/c）明弘赞《四分律名义标释》卷十九"异分事中取片"："异分者，八波罗夷是。此中若犯一事，即非沙门、非释女，失比丘尼法。涅槃无有其分，以涅槃乖生死故，故名异分。片者，诸威仪中小小事也，谓取波罗夷法中小小之罪，谤他言犯波罗夷也。"（X44/548/a）

---

① 方一新：《玄应〈一切经音义〉卷一二〈生经〉音义札记》，《古汉语研究》2006年第3期。

四　审问告发类

只有通过审问或僧众的揭发，佛陀才能对僧尼某一行为是否构成犯戒、所犯何戒、情节轻重及如何处罚等进行确认与评判。与之相关的词语有断事、断当、检校、检问、举、作举、弹举、覆藏、自首、直首等。

【断事】

即裁断、裁决之义。《五分律》卷六："复有不如法断事诸比丘，作是念：'佛若听我等不如法断事，还发起者善。'"（T22/39/b）《僧祇律》卷十一："若食后断事讫，便清旦还。若食前断事讫，食后便还，不得住待客比丘供养。"（T22/323/c）"断"有"决"义。《易·系辞上》："系辞焉以断其吉凶。"《国语·晋语九》"及断狱之日"韦昭注："断，决也。""断事"即对事情进行判决处理。与"断"相关的还有一些词，如"断事堂""断事所""断事处"等指判决或裁决的处所，《十诵律》卷三十九："跋难陀释子共一估客儿净，估客儿瞋，以拳打跋难陀。时跋难陀往到断事所言：'此估客儿打我。'问：'何以诤？'即答以上事。时断事人即唤估客儿，来已问言：'打比丘不？'"（T23/283/b）《四分律》卷三十九："诸比丘白佛，佛言：'不应在断事处取死人衣。'"（T22/849/c）《四分律》卷四十二："时断事堂，有五百诸梨奢共坐食，无数方便赞叹佛法僧。"（T22/871/b）"断事人""断事官"指执行判决或裁决的人。《僧祇律》卷二十四："断事官言：'取和上打三肋折，取戒师挽舌，出十众合，各与八下鞭，受具足者极法治罪。'"（T22/419/c）

【断当】

即决断、裁决之义，《十诵律》卷五十二："若比丘贷他物，抵言不贷，故妄语得波夜提。若先用尽，后断当。断当已，得波罗夷。若先断当，后离本处，离本处时得波罗夷。"（T23/381/a）张相《诗词曲语词汇释》指出"断当"为"商订之辞"[①]，《唐五代语言词典》释"断当"为"商量"[②]。以上释义与中古律部汉译佛经用例不符。"断当"即决断、裁

[①] 张相：《诗词曲语词汇释》，中华书局，1953，第693~694页。
[②] 江蓝生、曹广顺编著《唐五代语言词典》，上海教育出版社，1997，第103页。

决之义，柴红梅已释①。"断"与"当"都有"决罪"义。《汉书·贾谊传》"二世见当以重法者"颜师古注引如淳曰："决罪曰当。"黑维强指出在契约文书中，"断"与"当"连缀成词，意思与"断作"同，即作出、确定（价格）②。《僧祇律》卷二十七："尔时瞻波比丘诤讼相言，不和合住，诸比丘以是因缘往白世尊。佛语诸比丘：'从今日僧应羯磨，优波离为瞻波比丘断当事。'"（T22/443/b）此例中"断当"即是对"瞻波比丘诤讼"进行裁决。

【检校】

即审核查看。中古律部汉译佛经中多指审核查看僧尼行为是否违犯戒律。《四分律》卷二十五："诸比丘尼即自相检校，谁为此事？即知六群比丘尼中有作此事者。"（T22/740/a）《僧祇律》卷十二："阿难！若有如是事起，应疾集僧。疾集僧已，检校此事，如法如律，如修多罗，随其事实用现前毗尼除灭。"（T22/328/b）例中"检校"一词，又写作"检挍""捡挍"。《僧祇律》卷三十："檀越后便检挍，油不入师。依止弟子心生疑悔，语诸比丘尼，诸比丘尼言：'汝犯波罗夷。'"（T22/468/b）《五分律》卷三："后捡挍，何处何时云何见也。"（T22/16/b）《僧祇律》卷八："捡挍者：汝见何事？淫耶？盗耶？故杀人耶？不实称过人法耶？云何见？何因缘见？何处见？是名为捡挍。若不如是问者，是名不捡挍。"（T22/281/c）

【检问】

即检查问罪。《四分律》卷四："时世尊告诸比丘：'汝等应检问此慈地比丘，莫以无根非梵行谤，此沓婆摩罗子比丘清净人，若以无根非梵行谤者获大重罪。'"（T22/588/a）也作"捡问"，《五分律》卷三："诸比丘复以白佛，佛以是事集比丘僧，告诸比丘：汝等应捡问慈地：'汝言陀婆坏汝妹梵行，为实为虚？'"（T22/16/a）例中"捡"，《大正藏》校勘记曰：宋、元、明、宫本作"检"。《僧祇律》卷十九："断事人言：'一一将来捡问事实。'"（T22/381/b）《大词典》释"检问"为"也谓查察问

---

① 柴红梅：《汉语复音词研究新探——以〈摩诃僧祇律〉为例》，天津古籍出版社，2014，第79页。
② 黑维强：《敦煌、吐鲁番社会经济文献词汇研究》，民族出版社，2010，第449~451页。

罪"。例举《陈书·侯安都传》:"部下将帅多不遵法度,检问收摄,则奔归安都。"例证晚。

【举】【作举】

"举"有检举、揭发之义。《荀子·不苟》:"正义直指,举人之过恶,非毁疵也。"戒律佛经中"举"表"检举""揭发"义的用例很多,《五分律》卷二十四:"若彼比丘实不犯罪而被举者,汝等犹应语言:'应自见罪悔过。'"(T22/158/c)《僧祇律》卷二十六:"骂而后举者,先恶骂已,后五众罪中若举一一罪,是名骂而后举。"(T22/442/b)"作举"即举罪告僧。《四分律》卷三十六:"当作如是白:'大德僧听!所由诤事,令僧斗诤彼此不和,彼人犯罪,为作举已,还为解罪。'"(T22/830/a)宋元照撰《四分律行事钞资持记》卷一:"作举谓僧中德人举罪告僧。"(T40/197/b)

【弹举】

"弹举"也表示检举、揭发之义。《四分律》卷十八:"时六群比丘中有犯事者,恐众僧弹举六人,便共相随,至大食、小食上。若众僧大集说法时,若说戒时,六人共俱不相离,使诸比丘无由得与作羯磨。"(T22/687/b)《大词典》释"弹举"为"弹劾检举"。姚秦竺佛念译《出曜经》卷二十一:"为法律所弹,于闻便有阙者,戒律之人以法弹举,斯人犯律不行正法,为人所讥行惭愧事,是故说,为法律所弹,于闻便有阙也。"(T04/721/a)唐道宣撰《关中创立戒坛图经》卷一:"若斯御众,诚在三师,有见非违,即须弹举,无宜妄称大物,是非不挠其心乎!"(T45/815/c)

【覆藏】【藏覆】

即隐瞒罪行。《五分律》卷十一:"诸比丘尼诃责言:'汝云何生时覆藏其罪,死乃发露?'"(T22/78/c)"生时覆藏"与"死乃发露"相对,词义显豁。《僧祇律》卷三十六:"佛言:'此是恶事。迦梨!汝云何知比丘尼犯重罪覆藏?此非法非律,不可以是长养善法。'"(T22/516/b)例中"覆藏"指知道僧尼犯罪而为之隐藏。清书玉科释《沙弥律仪要略述义》卷二:"覆藏者,覆是隐覆,藏谓包藏。经云:'包藏瑕玼,佛不许可,说悔先罪,净名所尚。'故知有犯戒事,不得包藏隐覆也。"(X60/303/b)《四分律》卷十七:"若比丘知他比丘犯粗罪,覆藏者,波逸提。"(T22/679/a)在佛经中还可以表示隐藏具体的事物,《僧祇律》卷九:"时诸比丘尼语偷兰难陀言：'如是应覆藏之物，云何示人？若欲浣者应浣，若不浣者应举。'"（T22/300/c）"应覆藏之物"指应该隐藏的东西。

【自首】

"自首"即自陈己罪，主动交代自己的过错。《汉书·梁怀王揖传》："王阳病抵谰，置辞骄嫚，不首主令，与背畔亡异。"颜师古注："不首，谓不伏其罪也。"《集韵·宥韵》："首，有咎自陈。"《广韵·宥韵》："首，自首前罪。"《五分律》卷九："王复语言：'汝云囊中有千金钱，今何故不受？'彼人便自首言：'本实五百，我瞋故，诬比丘耳！'"（T22/65/a）《鼻奈耶》卷一："诸大比丘好切责数，得诸比丘责数已，即便自首。诸比丘语：'云何比丘，世尊竟不说无数方便说淫恶露耶？'"（T24/852/c）

【直首】

中古律部汉译佛经中还有"直首"一词。《十诵律》卷三十："六群比丘言：'此人不肯直首，当与作，不见摈。'"（T23/218/b）《十诵律》卷五十八："诸比丘言：'此比丘不肯直首，当以两木压取其辞。'"（T23/437/b）"直首"仅在《十诵律》中出现6次，《十诵律》中还有"直首"的扩展形式，如卷二十："六群比丘共相谓言：'此云何直尔不自言罪，当与作不见摈。'"（T23/141/b）又卷三十："诸比丘作是念：'此比丘不肯直尔便首，当与作不见摈。'"（T23/214/a）此两例中的"直尔不自言罪"与"不肯直尔便首"意同，即直接承认自己的过错。钱群英认为："直有坦直、坦率义，首谓承认罪过或错误，直首就是坦率承认罪行。"[①] 戴军平释为"直接伏罪，坦白认罪"[②]，可参看。

五 惩治责罚类

违犯佛陀制定的戒律，僧尼就会受到惩治和责罚。佛教讲求轮回和因果报应，目的是引导人们止恶扬善。因此，与世俗法律不同的是，戒律惩罚的主要目的是"忏悔"。与之相关的词语有忏悔、摈出、灭摈、羯磨、折伏、拷责、布萨、自恣、悔过、杀罚、治罚、还俗、罚谪、摩那埵等。

[①] 钱群英：《佛教戒律词汇研究》，浙江大学博士学位论文，2003，第149页。
[②] 戴军平：《〈十诵律〉词汇研究》，暨南大学博士学位论文，2012，第122页。

【罚谪】【谪罚】

即惩罚、处罚。《四分律》卷四十四:"僧差使竟,至居士家如是语:'居士!忏悔!僧已为善法比丘作罚谪。'"(T22/893/b)《玄应音义》卷十四《四分律》第十八卷"罚谪":"扶发反。《说文》:'罪之小者曰罚。'《广雅》:'罚,折伏也。'字从刀从詈。谪,《说文》:'都革反,罚也。'《字林》:'过责也。'《方言》:'谪,罪过也。'《通俗文》:'罚罪者曰谪。'"(C056/1029/b)

戒律文献中还出现其逆序形式"谪罚",《四分律》卷四十四:"如是阿难闻世尊教已,将善法比丘至质多罗居士家,语言:'忏悔!居士!彼比丘,僧已为作谪罚。'"(T22/893/b)又卷四十九:"诸比丘白佛,佛言:'听唤来谪罚。若不改,应为彼沙弥和尚阿阇梨作不礼羯磨。'"(T22/929/c)《玄应音义》卷二十五《阿毗达磨顺正理论》第十一卷"谪罚":"都革反。《通俗文》:'罚罪曰谪。'谪,责也,亦罪过也。罚,折伏也。"(C057/125/c)《大词典》收"谪罚"而未收"罚谪"。

【折伏】

即制伏、降服之义,也是对僧尼的惩罚。《僧祇律》卷十一:"若比丘与共行弟子,依止弟子衣已,不可教诫,为折伏故夺。后折伏已还与,无罪。"(T22/319/b)《十诵律》卷四十八:"尔时六群比丘,有大沙弥,隐处毛生。小违逆师意,师即剥衣。裸身可羞,人所不喜,是事白佛。佛言:'不应以小事折伏沙弥,若折伏时应留一衣。'"(T23/350/c)《玄应音义》卷十四《四分律》第十九卷"罚谪"引《广雅》:"罚,折伏也。"(C056/1029/b)唐大觉撰《四分律行事钞批》卷五:"佛言:'不应以小事折伏沙弥,若折伏时应留一衣。'今言不应以小事折伏,谓不应为小事剥衣裸身,作余折伏行。"《大词典》"折伏"条有二义:❶制伏,使屈服;❷信服,佩服。第一个义项《十诵律》中有用例,如卷十八:"随所犯事,应令如法悔过,应更呵令折伏:'汝失无利是恶不善,说戒时不尊重戒,不一心听。'"(T23/127/a)此例中"呵令折伏"即有让其屈服之义。《大词典》例引唐般剌蜜帝译《楞严经》,例证偏晚。

【灭摈】【摈出】【摈置】

即除去僧籍而摈弃驱逐。《五分律》卷三:"弥多罗比丘尼被灭摈已,出游人间，慈地兄弟犹语诸比丘言：'陀婆力士子坏我妹梵行，故致使如是。'"（T22/16/a）《十诵律》卷二十一："是诸比丘尼多是阿罗汉，是人污比丘尼，不应与出家受具足。若与出家受具足，应灭摈。"（T23/153/a）《四分律》卷十七："尔时诸比丘，亦不知是灭摈不灭摈，后乃方知是灭摈，或作波逸提忏者，或有疑者。"（T22/684/c）唐道宣撰《四分律删繁补阙行事钞》卷一："灭摈者，谓犯重已举至僧中白四除弃也。"（T40/8/c）明弘赞《四分律名义标释》卷十九"灭摈"："灭者，绝也，没也。摈者，斥也，弃也。谓犯此戒，即应除去，不问不治，永绝舍弃，灭没其名，更复不得入道也。"（X44/545/c）戒律中规定僧尼若犯杀、盗、淫、妄等四类重罪，而且没有悔过之心的，要除其僧籍，相当于普通法律中的死刑。无著道忠编《禅林象器笺》卷十五："灭摈者，当世之死刑。谓律乘犯四重者，为波罗夷罪。于是人方行灭摈矣。所谓灭者，除去名籍也。"

"摈"有抛弃、驱除、排斥之义。《淮南子·说林训》"美女摈于宫"高诱注："摈，弃也。"《广韵·震韵》："摈，摈斥。"中古律部汉译佛经中，对僧尼的处罚还用"摈出""摈置"等词。如《鼻奈耶》卷九："世尊告曰：'若比丘习恶见，已摈出。若与坐卧、言语者，堕。'"（T24/888/c）《僧祇律》卷三十二："不得直尔放之，当罚六月，摈置人间。"（T22/489/a）

【忏悔】

"忏悔"是梵汉合璧词，意译为"悔往"。《佛光大辞典》释"忏悔"："谓悔谢罪过以请求谅解。忏，为梵语kṣama（忏摩）之略译，乃'忍'之义，即请求他人忍罪；悔，为追悔、悔过之义，即追悔过去之罪，而于佛、菩萨、师长、大众面前告白道歉；期达灭罪之目的。"[①]《僧祇律》卷七："长老阐陀、迦留陀夷，便一由旬迎尊者阿难，即忏悔言：'长老！我所作非善，犯诸过恶，从今已去不敢复作。'"（T2/287/b）《十诵律》卷四十："佛在舍卫国。尔时诸比丘尼，在比丘前忏悔，发露粗罪。"（T23/294/c）《鼻奈耶》卷十："有所犯过，上座比丘当向下座忏悔，下座比丘当向上座忏悔。"（T24/899/b）清书玉科释《沙弥律仪要略述义》卷二：

[①] 慈怡主编《佛光大辞典》，佛光文化事业有限公司，1988，第6772页。

"忏名披陈众失，发露过咎，不敢隐讳；悔名断相续心，厌悔舍离，能作所作合弃，故名忏悔也。"（X60/303/b）"忏"即请求他人忍罪，"悔"即悔过之义。"忏悔"即追悔过去之罪，而于佛、菩萨、师长、大众面前告白道歉，请求容忍宽恕之义。

【悔过】【改悔】

"悔过"即悔改过错，佛教戒律中指僧尼对自己所犯的错误进行忏悔等。《僧祇律》卷五："尸利耶婆言：'诸长老！我犯罪悔过，尚不厌倦。汝等受我悔过，何足为难？'"（T22/262/c）《十诵律》卷八："尼萨耆波夜提者，是钵应舍，波夜提罪应悔过。"（T23/54/c）与"悔过"相近的还有"改悔"一词，《五分律》卷二十四："彼二比丘，后正顺于僧，改悔自责，求解呵责羯磨。"（T22/163/a）《四分律》卷三十六："若能于中改悔，不相发举，此则名为众僧以法和合。"（T22/830/a）"改悔"即认识错误，加以改正。"悔过""改悔"或是"忏悔改过"的缩略形式，《四分律》卷四十三："若彼比丘顺从众僧忏悔改过，求索解不见举羯磨者，即应白四羯磨解。"（T22/883/c）西晋安法钦译《阿育王传》卷二："宿大哆是王亲弟，唯愿听使，忏悔改过。"（T50/106/b）

【自恣】

即随他人之意自己举发所犯的过错。《五分律》卷十一："恼僧者：若布萨，若自恣，若诸羯磨，皆如调达破僧中说。"（T22/82/b）《僧祇律》卷十四："比丘尔时随所须者得自恣取，无罪。"（T22/338/b）《四分律》卷三十七："前安居者欲自恣，后安居者不知得自恣不？"（T22/832/a）"自恣"意译为满足、喜悦。僧尼于每年安居期满之日举行检举忏悔集会，请别人尽情揭发自己的过失，自己进行忏悔。又云"随意"，即随别人的意愿，尽情检举其过。唐义净撰《南海寄归内法传》卷二："梵云钵剌婆剌拏，译为随意，亦是饱足义，亦是随他人意举其所犯。"（T54/217/c）《翻译名义集》卷四："《寄归传》云：'凡夏罢岁终之时，此日应名随意。即是随他于三事之中，任意举发，说罪除愆之义。旧云自恣者，是义翻。'"（T54/1123/a）

【摩那埵】

即僧尼犯僧残罪时，于六日六夜期间忏悔的灭罪方法。《五分律》卷二十九："比丘尼犯粗恶罪，应在二部僧中半月行摩那埵，半月行摩那埵已，应各二十僧中求出罪。"（T22/185/c）《四分律》卷四十八："比丘尼犯僧残罪，应在二部僧中半月行摩那埵。此法应尊重恭敬赞叹，尽形寿不得过。"（T22/923/b）明弘赞《四分律名义标释》卷十一"摩那埵"："此云意喜，谓比丘犯僧残法，不覆藏者，僧即与作白四羯磨。彼比丘得羯磨已，于众僧中，六夜而行其法。彼行法时，自意欢喜，亦使众僧欢喜。由六夜喜行其法，令僧欢喜，而罪得灭。自心欢喜，故云自喜。于六夜中，如法而行。僧众欢云：'此人改悔，成清净。'故云僧喜也。"（X44/485/c）《翻译名义集》卷七："摩那埵，《论》云：'秦言意喜，前虽自意欢喜，亦生惭愧，亦使众僧欢喜。'"（T54/1175/a）

【杀罚】【治罚】【受罚】

此组词都与惩罚有关。《僧祇律》卷十二："观已见彼诸比丘尼一切有过，皆被驱罚，未得解过，非是净器，无圣法分。"（T22/329/c）"驱罚"即驱逐惩罚。《僧祇律》卷十四："阐陀作是念：'今唤我者正当欲治罚我罪，更无余事。'"（T22/340/a）"治罚"为同义并列复合词，即惩治、处罚之义。《僧祇律》卷二十："佛语舍利弗：'众多梵行人作是论，汝云何默然而听？今当罚汝在日中立。'舍利弗受罚，即立日中。"（T22/392/c）"受罚"即遭受处罚。"罚"本指罪过、罪行，《说文·刀部》："罚，罪之小者。"段注曰："罚为犯法之小者。"在中古律部汉译佛经中，"罚"是一个非常活跃的构词语素，由"罚"构成的词语还有重罚、刑罚、罪罚、驱罚、罚钱、罚谪、谪罚、罚金、诛罚、责罚等。

【拷责】

即拷问、责问之义。《五分律》卷五："时有群劫到王舍城，伺觅富室，见二比丘大以金银及钱买物，又卖物取之，便共议言：'观此邑里，无胜沙门释子之富，阿练若处劫之又易。'便于后日，至阿练若处捉诸比丘，拷责金银及诸钱物。"（T22/36/c）西晋竺法护译《修行地道经》卷二："譬如大吏捕得盗贼，其下小吏恐责其辞，又复有吏诱进问之，其次小吏鞭杖拷之，又复有吏不问善恶，亦不拷责，是谓口粗而怀三毒者。"（T15/194/a）《大正藏》校勘记曰：拷，宋、元、宫本作"考"，明本作"栲"。俗写中"扌""木"往往不别，故明本写作"栲"。《大词典》未收"拷责"，释"考责"为"拷打勒索"，此义与上举《五分律》例吻合，但佛经中"考责"也有"责问""责备"

之义,东晋瞿昙僧伽提婆译《增壹阿含经》卷三十六:"是时,尊者阿难悲泣涕零,不能自胜,又自考责:'既未成道,为结所缚,然今世尊舍我灭度,当何恃怙?'"(T02/751/a)例中"自考责"即责问、责备自己。辛嶋静志《道行般若经词典》释"考责"为"reproaches, blames"①,可参。

【还俗】

指僧尼因违犯戒律而恢复俗人的身份。《十诵律》卷四十九:"是不修身戒心智已,与比丘尼相近,或犯大事舍戒还俗。"(T23/359/a)《五分律》卷三:"欲破彼梵行者:欲使还俗,若作外道。"(T22/16/b)无著道忠编《禅林象器笺》卷十五"还俗"条:"《居家必用吏学指南篇》云:'还俗,谓僧道犯罪归家者。'《经国大典》注解云:'还俗,僧道出家曰弃俗。若犯罪,令其还归本俗为民也。'"(B19/498/a)《大词典》首引《宋书·徐湛之传》为例,较晚。

无罪而自愿归家亦称为"还俗"。《僧祇律》卷三十六:"女人之法淫欲偏多,年遂转大欲情亦炽,不能自制,即白师言:'我结使起,不乐出家,今欲还俗。'"(T22/516/b)《禅林象器笺》卷十五"归俗"条引《居家必用吏学指南篇》云:"归俗,谓僧道无罪,自愿归家也。"(B19/498/b)因"归"与"还"义同,故也有"归还俗"的用法。唐菩提流志译《大宝积经》卷八十八:"我等作如是念:'我等不能修得此法,欲还归俗。何以故?信施之食难可消故。'"(T11/507/a)在后世的法律中,也有令僧道"还俗"的处罚,"自唐以迄清止,凡僧道犯罪,官方得强使之还俗不许再为僧道"②。

六 其他类

其他类包括职位、场所以及戒律四科等的相关词语。职位类的如律师、法师、戒师、教授师等;涉及说戒和受戒等场所的如戒坛、戒场、说戒堂、断事堂、断事所、受戒处等;戒律四科包括"戒法""戒体""戒相""戒行"。

---

① 〔日〕辛嶋静志:《道行般若经词典》,日本创价大学国际佛教学高等研究院,2001,第289页。
② 劳政武:《佛教戒律学》,宗教文化出版社,1999,第257页。

【律师】

"律师"在佛教中指称善解戒律之人，梵语为 Vinaya-dhara。《僧祇律》卷二十："若为律师法师敷师子座，散华着上，不得坐，拂去而坐无罪。"（T22/392/b）《僧祇律》卷二十二："若法师、若律师，风雨、寒雪、大热时，捉盖为说，无罪。"（T22/410/c）《僧祇律》卷四十后附私记："时巴连弗邑有五百僧，欲断事而无律师，又无律文无所承案。"（T22/548/b）唐义净译《根本说一切有部毗奈耶》卷十三："于经师、律师、论师、法师、禅师，不以同类令聚一处，如是不依同类分与房舍卧具之时。"（T23/695/b）《禅林象器笺》卷六："《顿悟要门论》云：'有客问云："弟子未知律师、法师、禅师，何者最胜？"师曰："夫律师者，启毗尼之法藏，传寿命之遗风。洞持犯而达开遮，秉威仪而行轨范。牒三番羯磨，作四果初因。若非宿德白眉，焉敢造次。"'"（B19/167/a）

【法师】

法师有广义和狭义之别。广义之法师，通指佛陀及其弟子；狭义则专指一般通晓经或律之行者，又称为经师或律师。梵语为 Dharma-bhāṇaka，巴利语为 Dhamma-kathika。戒律文献中的法师多指经师或律师。《僧祇律》卷三十四："若法师为说法、布萨时至者，应问：'檀越欲去住？'"（T22/499/b）《四分律》卷四十七："若评断事比丘中，有法师在座，彼舍正义，以言辞力强说。"（T22/918/a）《十诵律》卷十三："跋难陀是大法师，有乐说辩才，为说种种妙法。"（T23/90/b）《鼻奈耶》卷九："尊者阐怒语诸比丘：'我不学此戒，当先问博学毗尼法师，此戒有何义？'"（T24/891/a）

【戒师】

授戒之师。《僧祇律》卷三十："此人入僧中，一一头面礼僧足，在戒师前蹲跪合掌，授与衣钵。"（T22/472/b）《四分律》卷三十五："时戒师当作白羯磨言：'大德僧听！彼某甲，从某甲求受具足戒。'"（T22/814/c）又作戒和尚、得戒和尚，即授戒和尚，为授戒本主，三师之一，指对出家或在家的教徒授戒的僧人。受具足戒法为受戒仪式中最具规模者，仪式中传授戒法之师称为戒和尚，讲授戒法者称为教授师，教导戒场有关作法者为羯磨师，三者合称为三师。

【教授师】【教师】

三师之一，于戒场上教授受戒的威仪作法。小乘戒以现前之师为教授师，与羯磨师均为戒腊五年以上者。大乘圆顿戒，则别请弥勒菩萨为教授师。《四分律》卷十二："时比丘尼闻教授师来，当出半由旬迎，安置坐处，办洗浴具，办粥种种饭食。"（T22/649/b）《十诵律》卷二十一："戒师应唱：'众僧和集，谁能为某甲作教授师？'"（T23/155/c）《慧琳音义》卷十六《大方广三戒经》卷下"阿耆利"："耆音祇，梵语疨质不妙，或云阿阇梨，唐言云教授师。"（T54/404/b）

【戒场】【戒坛】【界场】

即授戒之坛场。《五分律》卷十六："诸比丘既结戒场，不舍而去。"（T22/112/a）《僧祇律》卷十："在戒场上受具足已，布施僧石蜜各一瓶。"（T22/317/c）明弘赞《四分律名义标释》卷二十四："戒场本设此场者，为一住处众多难集，故别结斯场，用拟众中有于要事，随时得作。"（X44/591/c）明弘赞《沙弥律仪要略增注》卷一："坛即戒场，此场僧共秉法羯磨而成。若非此场。戒无由得。"（X60/226/c）《五分律》卷十七："佛以是事集比丘僧，告诸比丘：'听将欲受戒者着戒坛外，眼见耳不闻语处，请十众在戒坛上。'"（T22/119/b）又卷二十一："有一住处僧得可分衣，一比丘持至戒坛上独取受持。"（T22/142/c）戒场为授戒之道场，同于戒坛，但戒坛者自地而立，戒场仅限平地。《释氏要览》卷一"立坛始"条："今言坛、场非一也。坛则出地立基，场则除地令平。今有混称，盖误。"（T54/273/b）

"戒场"又作"界场"。《五分律》卷八："汝等善受具足戒不？受戒有界场不？"（T22/58/b）《四分律》卷三十六："尔时有一异住处，说戒日客比丘来，见旧比丘在界场上，见而不求，便作羯磨说戒。"（T22/828/c）例中"界"，《大正藏》校勘记曰：宋、元、明、宫本作"戒"。从以上二例句义可知，"界场"也应指说戒的场所。

【说戒堂】

说戒处所称为"说戒堂"。《四分律》卷二十四："时有众多比丘尼于露地说戒，有居士见问言：'阿姨！何故露地说戒，无有说戒堂耶？'"（T22/729/a）《四分律》卷三十七："尔时有异住处比丘自恣，有比丘在说戒堂外，诸比丘自恣竟，起出去外。"（T22/837/a）"说戒堂"多设在讲堂或作食处。唐道宣撰《四分律删繁补阙行事钞》卷一："中国布萨有说戒堂，至时便赴，此无别所，多在讲、食两堂。"（T40/35/b）萧齐僧伽跋陀罗译《善见律毗婆沙》卷十："众僧材木，拟作说堂，或作食堂者，先白众僧，然后借用得。"（T24/742/b）

【戒法】【戒体】【戒行】【戒相】

"戒法""戒体""戒行""戒相"合称为"戒律四科"。《十诵律》卷三十九："女人喜忘智慧散乱，我般泥洹后，诸比丘尼当从大僧问戒法。"（T23/281/b）《十诵律》卷五十一："颇有比丘在一处坐犯五种戒体耶？"（T23/377/a）《僧祇律》卷三："有一比丘摩诃罗出家，不善戒行，有比丘语言：'长老共作贼来。'"（T22/251/b）《僧祇律》卷二十七："知房人应呵责言：'长老！汝不善知戒相，云何安居中起他？'"（T22/445/c）"戒法"即佛陀制定的戒律之法。"戒体"即戒律原理的根本问题。"戒行"是随顺其戒体，而如法动作三业。"戒相"即戒之相状差别①。宋元照《四分律行事钞资持记》卷二："问：'何以不但释相，而总论四戒者？'答：'戒是一也。轨凡从圣，名法；总摄归心，名体；三业造修，名行；览而可别，名相。由法成体，因体起行，行必据相。当知相者，即是法相，复是体相，又是行相，无别相也。'"（T40/262/b）

第三节　戒律词汇的特点分析

郭成伟在《中国法制史》中指出："原始社会虽不能产生体现为国家形态的法，但却产生了法的胚胎形态——氏族习惯。所以，从一定意义上讲，法律的起源，实质上是氏族习惯向奴隶制习惯法的质变过程。"② 佛教戒律也经历了习惯到习惯法的形成过程。佛教最初并没有戒律，随着佛教僧团的壮大，出家弟子过犯与日俱增，为了维护修行秩序，有针对性地禁恶劝善，佛陀不得不随事制戒，不断地为僧团立法，佛教戒条缘此也由原

---

① 劳政武：《佛教戒律学》，宗教文化出版社，1999，第310~315页。
② 郭成伟：《中国法制史》，中国法制出版社，1999，第11页。

来的五戒增至百千不等①。从某种意义上来说，佛教戒律并不是纯粹意义上由国家机关根据立法程序制定的法律，而是一种具有普遍约束力的行为准则。这些行为准则是佛教教义和社会道德伦理的混合物，属于特定体裁的社团用语。张小艳指出："某一特定体裁的文体在语言上往往有自己的特色。体裁语言的研究不但可以深入地把握这种文体语言的特点，也可为全面地描写一个时代的词汇系统打下坚实的基础。"②通过梳理佛教戒律文献，发现戒律词汇主要有三个特点：活跃性与衍生性并存、精确性与模糊性统一、专业性与通俗性兼具。

一 活跃性与衍生性并存

文献的性质和内容不同，其中活跃的构词语素也不一样。学者已就不同的文献进行了探讨，如宋闻兵指出《宋书》中的"奔"作为一个动词语素频繁活动并构成大量双音新词，这既与"奔"中古时期的多义性有关，也受到《宋书》文献性质的影响③。《诸病源候论》作为医学典籍，其中活跃的构词语素如"变""虚""结"等，大都富有医学特色④。元代农书中的农业词汇中活跃的构词语素，如"熟""种""田""接"等都显示出农书的语言特色⑤。中古律部汉译佛经最大的特色就是有大量的戒律词语，这些戒律词语因创造新词的需要，产生了大量活跃的构词语素，本节主要以构词语素"罪""戒"为例进行说明。

【罪】

表示犯法义的"罪"本字为"辠"。清段玉裁《说文解字注》引《文字音义》云："始皇以辠字似皇，乃改为罪。"《礼记·服问》"罪多而刑五"陆德明释文："罪，本或作辠。辠，正字也。"《玉篇·网部》："罪，犯法也。"作为单音节词，"罪"在中古律部汉译佛经中多指罪行，如《五分律》卷二十八："成就恶法，覆藏其罪，不舍邪见。"（T22/181/a）《十诵律》卷四十："诸比丘尼发露时，不知是何罪？"（T23/294/c）受佛戒者所

---

① 吴海勇：《中古汉译佛经叙事文学研究》，学苑出版社，2004，第53页。
② 张小艳：《敦煌书仪语言研究》，商务印书馆，2007，第257~258页。
③ 宋闻兵：《〈宋书〉词语研究》，浙江大学博士学位论文，2003，第58~59页。
④ 郭颖：《〈诸病源候论〉词汇研究》，浙江大学博士学位论文，2005，第67~70页。
⑤ 曾令香：《元代农书农业词汇研究》，山东师范大学博士学位论文，2012，第174~182页。

犯之罪，分为两类：（1）性罪，指杀、盗、淫、妄四重戒。因其自性为恶，故不待佛制，犯之即获罪报。（2）遮罪，指酒戒等。因其自性非恶，佛为保护余戒，故遮止之。若是犯此遮罪，则得犯佛制之罪①。

中古律部汉译佛经中以"罪"为构词语素的词语非常多，共有 82 个，其中双音节词有 64 个：赎罪、举罪、出罪、解罪、除罪、免罪、开罪、救罪、问罪、治罪、犯罪、获罪、伏罪、遭罪、灭罪、断罪、覆罪、畏罪、罪罚、大罪、小罪、粗罪、恶罪、罪治、罪人、罪数、罪名、罪缘、罪事、罪业、罪门、罪法、罪行、罪障、罪状、罪过、罪根、罪厄、现罪、本罪、逆罪、堕罪、得罪、死罪、罪相、共罪、同罪、舍罪、觅罪、过罪、见罪、闻罪、疑罪、堕罪、受罪、片罪、实罪、罪种、罪报、罪作、罪净、罪举、罪悔、边罪。三音节词有 13 个：无量罪、妄语罪、粗恶罪、无间罪、断头罪、可忏罪、比丘罪、违言罪、覆藏罪、无根罪、僧残罪、中间罪、伏首罪。四音节及以上的词有 5 个：波罗夷罪、偷罗遮罪、突吉罗罪、波夜提罪、僧伽婆尸沙罪。从位置关系来看，"罪"可以作为前构词语素，也可作为后构词语素，主要构成名词、动词或形容词。

【戒】

本指防备、戒备。《左传·襄公三年》"不虞之不戒"杜预注："戒，备也。"佛教中"戒"专指戒律，"戒律"乃"戒"与"律"的合称。在中古律部汉译佛经中，"戒"与"律"浑言不别，析言则异。《玄应音义》卷十四《四分律》第一卷"说戒"条释曰："戒，亦律之别义也。梵言'三婆啰'，此译云禁戒者，亦禁义也。《广雅》：'戒，备也。'《周易》：'以此斋戒。'韩康伯曰：'洒心曰斋，防患曰戒。'字体从卄持戈，以戒不虞字意也。"（C056/1021/c）杨维中等指出了"戒"与"律"之间的异同："戒是所不为，梵文为 Sila，译音尸罗，意译贯行，转为行为、习惯、道德等；律是有所当为，梵文 Vinaya，音译那耶、鼻奈耶、毗尼、毗泥，意译伏调、灭、离行、善治等。戒和律之间，在内容上无大的不同，只是在不同场合有一些微小的区别。"②

中古律部汉译佛经中，由构词语素"戒"构成的词语有 85 个。其中

---

① 慈怡主编《佛光大辞典》，佛光文化事业有限公司，1988，第 5922 页。
② 杨维中等：《中国佛教百科全书·仪轨卷》，上海古籍出版社，2001，第 105~106 页。

表示戒律名称的有：戒律、戒经、经戒、圣戒、佛戒、僧戒、禁戒。表示具体戒名的词语有：盗戒、杀戒、淫戒、恶戒、大戒、小戒、同戒、具戒、具足戒、杂碎戒、毁呰戒、优婆夷戒、比丘戒、沙弥戒、沙弥尼戒、五众戒、优婆塞戒、增上戒、僧残戒、波罗夷戒、波罗提木叉戒、大妄语戒、二岁戒、不共戒、长衣戒、媒嫁戒、净食戒、乐学戒、轻呵戒、细微戒、八分戒。有关戒律四科的词语有：戒法、戒相、戒体、戒行。有关戒律的缩略词有：三戒、五戒、八戒、十戒。表示戒律的场所及说戒受戒主体的有：戒坛、戒场、戒和尚、戒师、说戒人、具戒人。表示违犯戒律的有：轻戒、违戒、破戒、犯戒、反戒、缺戒、舍戒、戒赢、越戒。表示遵守和学习戒律的有：说戒、学戒、制戒、结戒、受戒、授戒、持戒、赞戒、诵戒、守戒、还戒、施戒、教戒、修戒、乞戒、斋戒。表示戒律品性的有：戒德、戒品、戒论、戒定、戒义、戒印、戒定慧、戒过。

刘红婴等认为："单字词作为语素构成新术语的能力如此之强，且使用密度大、频率高，显现了其生命力的旺盛。由单字词繁衍派生出来的新术语，在内容和形式上具有着明确的类聚特点，形成了若干的术语群组。"①"罪"与"戒"是佛教戒律术语中的基础性概念，由这些基础性概念构成的大量词语具有明确的类聚特点，在语用功能上具有较强的开放性和衍生性。除"罪"和"戒"以外，佛教戒律文献中还有"法""律""犯""瞋"等一批构词能力较强的语素，这些构词语素所构成的词语都与佛教戒律有直接关系。

律部佛经与经、论两部相比，最大的特色就是戒律内容的凸显。大量的戒律内容通过一批活跃的构词语素体现出来，由这些特殊构词语素衍生出的词语形成了一个庞大的词群和义类。郭颖指出："不同体裁文献所具有的活跃的构词语素会有所不同，语素能产与否既与其含义多少等自身条件有关，也与其所在的文献性质有关。"②受文献语料的数量和译师的语言风格等种种因素的影响，中古律部汉译佛经中各构词语素的构词数量、活跃程度及衍生能力也各不相同。但从总体上来看，戒律文献中构词语素数量多，具有很强的活跃性和衍生性，能凸显戒律文献的

---

① 刘红婴等：《法律的关键词——法律与词语的关系研究》，知识产权出版社，2012，第29页。
② 郭颖：《〈诸病源候论〉词语研究》，浙江大学博士学位论文，2005，第67页。

语言特色。

二 精确性与模糊性统一

精确词语与模糊词语主要区别是在词语的语义表达上，二者是相对而言的。蒋冀骋在《模糊语义学导论》序言中说："在我看来，精确既是绝对的，又是相对的，绝对中有相对，相对中有绝对。精确以模糊为起点，模糊以精确为基础。没有模糊就没有精确，同时没有精确也就没有模糊。二者相互依存，互为前提。"① 为了表达准确，首先要选用精确词语，但是也不排斥模糊词语。佛教戒律文献中的戒律词语具有精确性和模糊性统一的特点。

（一）戒律词语具有精确性

首先，戒律词语具有精确性是由戒律文献本身的特点所决定的。徐梦醒指出："语言上的精确性，是法学完成使命的前提。"② 尽管佛教戒律不是真正意义上的法律，但同样具有法律语言要求精确的特点。语言不仅是交际的工具，更是表达思想、传递价值的手段。佛教戒律是僧团内部共同遵守的行为规范，是僧侣们的日常生活行为准则。在戒律条文制定过程中需要准确无误地用语言表达戒律思想。词语的准确与否至关重要，直接关系到僧众行为是否符合戒律要求。因此，戒律语言的权威性和约束性要求戒律语言必须做到准确清晰，这样它才能成为日常行为的依据。如：

（1）诸比丘以是白佛，佛言："不听用外道铜钵，犯者突吉罗！听用三种钵：铁钵、瓦钵、苏摩钵。"（《五分律》卷二十六，T22/170/a）

（2）若比丘不以二分黑、三分白、四分龙自作新卧具，成者，尼萨耆波逸提，不成者，突吉罗。若使他作成，尼萨耆波逸提。（《四分律》卷八，T22/615/b）

（3）比丘捉女衣，得突吉罗。若女人捉比丘衣无罪。比丘捉女人

---

① 参见黎千驹《模糊语义学导论》，社会科学文献出版社，2007，序言。
② 徐梦醒：《法律语言的含混性》，《河南财经政法大学学报》2018年第1期。

鬘，捉发花，捉真珠，捉耳璎珞，捉耳珰，捉如是等女人庄严具，偷兰遮。(《十诵律》卷五十九，T23/443/b)

例（1）中佛陀对比丘所用之钵有明确规定，可以使用铁钵、瓦钵、苏摩钵，但不允许使用铜钵。例（2）中对比丘制作卧具进行了明确规定，包括使用材料以及制作的状态等。对若违反制作卧具的规定，比丘所犯何罪、如何惩罚等都进行了清楚说明。例（3）中则对比丘与女人之间的动作进行了明确规定，为防止比丘玷污梵行，佛陀专门制定"摩触女人戒"。佛教戒律的目的在于引导和制约僧侣的行为，如果戒律语言表述含混不清、模棱两可，就会导致僧侣们无所适从，不知如何遵守和执行，这样戒律就很难达到其目的。因此，对戒律的制定者来说，佛教中规定的行为准则必须通过准确的语言来表达；而对于佛教徒来说，只有知晓和掌握佛教戒律的思想和具体内容，才能明白自己应该怎么做，哪些行为是可以实施的，哪些行为是被禁止的，哪些行为是在特殊情况下可以实施的，一旦实施这些禁止的行为会产生什么后果，应该接受什么惩罚等。

其次，戒律语言的精确性还体现在戒律文献中大量随文注释材料的运用。王东海指出："律学自诞生时就和小学紧密结合在一起的，它采用注释、诠解的训诂方法，注释的目的就是通过对语言文字的理解和把握，为消除法律实践中一些疑难问题铺平道路，提供法理依据。"[1] 为了避免产生概念上的模糊和词义上的分歧，在制定戒律条文过程中，使用了大量的随文注释，如：

（4）若比丘，半月内浴，除因缘，波逸提。因缘者：病时、作时、行路时、风雨时、热时，是名因缘。(《五分律》卷九，T22/66/b)

（5）女人者：若母、姊妹、亲里、非亲里；若老、若少、在家、出家。(《僧祇律》卷七，T22/290/c)

（6）从今听畜粪扫衣四种。何等四种？一冢间衣，二出来衣，三无主衣，四土衣。何等冢间衣？有衣裹死人弃冢间，是为冢间衣。何

---

[1] 王东海：《古代法律词汇语义系统研究——以〈唐律疏议〉为例》，中国社会科学出版社，2007年，第9页。

等出来衣？裹死人衣，持来施比丘，是为出来衣。何等无主衣？若聚落中若空地，衣不属他，若男子、若女人、若黄门、若二根，是为无主衣。何等为土衣？有巷陌中、若冢间、若粪扫中有弃弊物，是为土衣。(《十诵律》卷二十七，T23/195/a)

随文注释可以让语言变得更加精确，比如例（4）中通过随文注释的方式解释了不犯之"因缘"具体所包含的事项；例（5）中对"女人"进行了范围上的说明；例（6）中对比丘所畜四种粪扫衣进行了界定。这些随文注释虽然不是传统意义上的词义训诂，但可以让僧众更加清楚明确地理解戒律条文。王建指出："法律语言作为一种具有规约性的语言分支，其独特的语言风格特点之一就是措辞十分准确，以避免产生不必要的歧义，从而有利于法律适用的便捷顺达。"① 只有准确地表达，才能明确佛陀制定戒律的意图和目的，佛教戒律的遵守者也才能知道哪些事情可以做，哪些事情不可以做。在戒律条文的制定过程中，案件的性质、类型以及罪行的轻重，与违犯动机、行为方式等有直接关系。因此，需要运用精确性的词语表达佛教戒律所规范的行为主体、行为客体、行为方式和行为后果等，否则便会失之毫厘，谬以千里。如《僧祇律》卷十一："夺比丘衣者，尼萨耆波夜提。夺比丘尼衣者，偷兰罪。夺式叉摩尼、沙弥、沙弥尼衣者，越毗尼罪。乃至夺俗人衣者，越毗尼心悔，是故说。"（T22/319/b）同是"夺衣"，但对象不同，犯罪的轻重也截然不同。

另外，戒律文献中数量词的大量使用也是语言精确性的表现。戒律条文中的数量词十分丰富，这些数量词的使用让戒律条文变得具体准确，如：

（7）有一比丘至他作食处，取一钵羹，生疑问佛。佛言："汝以何心取？"答言："以盗心。"佛言："若直五钱，犯波罗夷；若减五钱，偷罗遮。"（《五分律》卷二十八，T22/182/c）

（8）若比丘，作尼师坛当应量作。此中量者，长佛二磔手、广一

---

① 王建：《法律语言的模糊性及准确运用》，《西南政法大学学报》2006 年第 2 期。

搩手半。过者裁竟，波逸提。(《四分律》卷十九，T22/694/b)

（9）是中犯者，若比丘独与一女人露地共坐，波逸提。起已还坐，波逸提。随起还坐，随得尔所，波逸提。若相去半寻坐，波逸提。相去一寻坐，波逸提。相去一寻半坐，突吉罗。不犯者，若相去二寻，若过二寻坐，不犯。(《十诵律》卷十二，T23/85/b)

以上三例中的数量词都表示确切的内涵。例（7）中的"五钱"是判定比丘盗窃罪行轻重的一个标准；例（8）中"二搩手""一搩手半"也是明确的表达。虽然手有大小之分，但戒律中的量作会比较精确，都以佛手的尺寸为标准。《僧祇律》卷二十："搩手者，如来搩手长二尺四寸。"（T22/393/a）例（9）中比丘与女人共坐的距离不同，所犯罪行也不相同。其中的"半寻""一寻""一寻半""二寻""二寻半"均为确切的表达。这些数量词在戒律语言中使用非常频繁，而且也至关重要，直接关系到僧尼的行为是否符合戒律规范，也是衡量僧尼有无犯罪、罪行轻重以及如何处罚的重要依据。

（二）戒律词语具有模糊性

所谓的模糊性是相对于戒律词语的精确性而言的，指戒律词语的内涵和外延不够精确。虽然戒律语言力求清晰明确，但在实际使用过程中，却运用了很多模糊词语，也就是说戒律词语是模糊性与精确性的有机统一。

首先，戒律词语之所以具有模糊性，是因为语言本身就存在模糊性。1965 年，美国科学家扎德（L. Zadeh）提出了"模糊集"（fuzzy sets）的问题①，模糊语言学也由此而产生。许威汉指出："语言三要素语音、词汇、语法都有模糊性，而词汇最为突出。"② 人类活动中不可能处处都用精确的概念，模糊的表达也是必不可少的。在一定意义上来说，没有模糊词语，就不会有文学作品，也同样不会产生佛教戒律。戒律词语具有精确性的特点，但离开模糊词语的使用，戒律条文将无法概括所有具体的情况，从而也损害了戒律词语的精确性。因此，戒律词语中精确性和模糊性是统一

---

① 参见伍铁平《模糊语言学》，上海外语教育出版社，1999，第 7 页。
② 许威汉：《二十世纪的汉语词汇学》，书海出版社，2000，第 483 页。

的。佛教戒律文献中的词语也具有模糊性。如《僧祇律》卷二十三："若不实者，便于中欺诳，亦复于如来、应供、正遍知声闻众中欺诳，此是大罪。"（T22/413/b）又卷二十五："复成就七法。知罪、知无罪、知重、知轻、不以重罪作轻、不以轻罪作重、善知羯磨，是名七。"（T22/428/c）《十诵律》卷十三："第二比丘清净持戒，乃至小罪，生大怖畏。"（T23/92/c）例中"大罪""轻罪""重罪""小罪"等词语，所指对象的范围并没有精确的界限。卢秋帆指出："法律语言存在模糊性，从立法阶段开始，法律语言的模糊性就是难以消除的现象，模糊性贯穿于法律活动的整个过程。"[①]

其次，佛教戒律纷繁复杂的体系用精确词语难以完全概括。佛教戒律是一个非常复杂的体系，传来中国的戒律有四律五论之多，而每一部广律的制戒因缘和戒相条文都非常繁复，如比丘尼律有 348 条，而每一条戒相之中，又都有开、遮、持、犯的分别，而开、遮、持、犯也有轻重等级的不同，即使是犯同一条戒，由于动机、方法、结果等不同，犯罪的轻重和忏悔的方式也不同[②]。由此可知，戒律事物是无限的，而戒律语言是有限的，不可能用无限多的词语来表达所有的事物，这也不符合语言表达的经济性原则。如：

(10) 从今是戒应如是说："若比丘欲盛变心，故触女身，若捉手、臂、头发，一一身分上下摩触，僧伽婆尸沙。"（《十诵律》卷三，T23/15/a）

(11) 若比丘淫欲意，与女人身相触，若捉手、若捉发、若触一一身分者，僧伽婆尸沙。（《四分律》卷二，T22/580/b）

上两例为僧残法的一种，即摩触女人。"身"包括了从头发到两足的全身各个部分。《十诵律》卷三："一一身分者，眼耳鼻等。"（T23/15/a）"一一身分"即从头发至足下，无论身体的哪一个部位，若以淫欲心与之相触，即结僧残罪。"相触"则包括了摩触的一切方式。律典中举了很多

[①] 卢秋帆:《法律语言的模糊性分析》,《法学评论》2010 年第 2 期。
[②] 参见圣严法师《戒律学纲要》，宗教文化出版社，2006，第 49~50 页。

相触的方式,《四分律》卷二:"身相触者,若捉摩、重摩、或牵、或推、或逆摩、或顺摩、或举、或下、或捉、或捺。"(T22/580/c)此例中种种摩触方式以"相触"来进行概括。因不可能全部列举,所以用"一一""相触"等具有模糊性的词语来表达,用以概括前后文中未能完全表达的内容。

另外,模糊词语可以让戒律具有周遍性。"佛陀制戒的缘由,是'随犯随制',即有门人做了某种不当的行为,佛陀才宣布今后不得为此种行为的'戒条'(学处)。"① 这种"随犯随制"的方式无法全部用精确的词语来表达。戒法层出不穷,用模糊词语可以涵盖那些暂未发生的犯罪行为。如:

(12)若比丘,故夺畜生命,波逸提。畜生者:除龙,余畜生是。(《五分律》卷八,T22/58/b)

(13)佛告阿难:"此一切诤事,如相打相搏、牵出房种类、两舌无根谤,如是等罪,皆应如草布地毗尼中灭。"(《僧祇律》卷十三,T22/335/b)

(14)若索诃梨勒、阿摩勒、毗醯勒、波株罗、毗牧蔓陀、多耶摩那、伽楼伽卢醯尼等苦药,得者,突吉罗,不得者,亦突吉罗。(《十诵律》卷十七,T23/118/b)

上引诸例中所使用的"除""余""等"便是语义高度概括且具有模糊性的词语,这样的表达不仅可以避免戒律条文的繁杂,同时也使表述疏而不漏。这类的词语边界较为模糊,具有一定的开放性,具有精确词语无法替代的作用。

一般来说,戒律词语如果含糊不清、表意不明,势必会造成理解上的偏差,不利于佛教徒遵守和执行,同时也会影响到佛教戒律的威严。但有些模糊词语的表达不仅不会影响到戒律的执行和传播,反而会使戒律语言变得更加简洁和周密。如:

---

① 劳政武:《佛教戒律学》,宗教文化出版社,1999,第156页。

（15）若比丘，种种贩卖求利，尼萨耆波逸提。（《五分律》卷五，T22/36/c）

（16）若比丘尼，身生痈及种种疮，不白众及余人，辄使男子破若裹者，波逸提。（《四分律》卷二十九，T22/767/c）

"种种"是一个模糊词语。例（15）中的"种种"有两个方面的含义：一是种种物类，即贩卖的东西，如食物类、衣物类、生活用品类，乃至生产资料、生活资料以及动产、不动产等；二是种种方式，即贩卖的手段，如论讲价钱、互为契约、抬价压价、自作或教人作等。例（16）中的"种种"包括各种疮病，如果将以上二则戒条中的"种种"都换成确切词语，整个条文就会前后重复，繁缛不堪。因此，模糊词语在戒律文献中的功能是精确词语无法替代的。

当然，在一定的条件下，二者也是可以相互转化的。伍铁平指出："同世界上的一切矛盾对立着的双方无不在一定条件下向它的对立面转化一样，语言（不论科学语言还是日常生活用语）中既有表达精确概念的词语，也有表达模糊概念的词语，这一对矛盾中的双方也在一定的条件下向它的对立面转化。"[①] 有些模糊词语在一定的环境中，会失去或部分失去原有的模糊意义，从而产生精确意义。如：

（17）是中犯者，若比丘过量长作尼师檀，波逸提。（《十诵律》卷十八，T23/130/b）

（18）若比丘有难处、妨处，自求作屋，无主自为己，不将余比丘指授处所，若过量作者，僧伽婆尸沙。（《四分律》卷三，T22/585/b）

以上两例中"过量"本身是一个较为模糊的词语。但在戒律文献中，僧尼所作之物如尼师檀、房屋、雨浴衣等的尺寸都是有严格规定的，不能随意更改，否则就会违犯戒律。《十诵律》卷二十七："诃已告诸比丘：'从今日欲作雨浴衣应量作，是中量者，长佛六搩手、广二搩手半。若过

[①] 伍铁平：《模糊语言学》，上海外语教育出版社，1999，第170~171页。

量作,犯波逸提罪。'"(T23/196/c)由此可知,测量的标准是统一以佛手的长度为参照的。因此,"过量"一词看似具有模糊性,实际上却表达了精确的含义。

三 专业性与通俗性兼具

王东海指出:"法律语域处于全民语域和纯专科语域(自然科学、技术科学专科)的过渡地带,体现出来的全民性和专业性的交叉特点更易于探究专科词汇语义理论的实质。"① 这一特点在戒律文献中也得到体现。戒律词语是戒律文献特有的内容,具有专业性,但同时又以全民共同语为基础,因而也具有通俗性。

(一)戒律词汇具有专业性

首先,戒律词汇的专业性主要体现在大量的戒律专业术语上。戒律文献主要是面向僧尼二众的,正如辛嶋静志所说:"律典中有不少口语词汇、语法,但律典终究是出家人的律典,读律典给在家听是被禁止的。"② 佛教律部文献是专门解释佛教戒律的,所以有很强的专业性。其专业性主要体现在大量专业术语的使用上。戒律专业术语具有行业语的性质,因此也具有行业语的很多共同特点,如用法较为固定、语义单一、出现频率高等。如:

> 比丘见他犯粗恶罪,不得覆藏。覆藏者,波夜提。应向人说,说时不得。辄向人说,当向善比丘说,若同和上、阿阇梨,若彼犯罪比丘凶暴,若依王力、大臣力、凶恶人力,或起夺命因缘毁伤梵行者,应作是念:"彼罪行业必自有报,彼自应知。喻如失火,但自救身焉知余事。"尔时但护根相应无罪。若比丘知他比丘犯四事、十三僧伽婆尸沙,若一一覆藏者,波夜提。三十尼萨耆、九十二波夜提,若一一覆藏者,越毗尼罪。四波罗提提舍尼、众学法,一一覆藏者,越毗尼心悔。若覆藏比丘尼八波罗夷、十九僧伽婆尸沙,一一覆藏者,偷

---

① 王东海:《古代法律词汇语义系统研究——以〈唐律疏议〉为例》,中国社会科学出版社,2007,第2页。
② [日]辛嶋静志:《佛典语言及传承》,裘云青、吴蔚琳译,中西书局,2016,第19~20页。

兰遮。三十尼萨耆、百四十一波夜提，若一一覆藏者，越毗尼罪。八波罗提提舍尼、众学法，若一一覆藏者，越毗尼心悔。式叉摩尼十八行法，更受学法，若一一覆藏者，越毗尼罪。沙弥、沙弥尼十戒，若一一覆藏，更与出家法，越毗尼罪。下至俗人五戒，若一一覆藏者，越毗尼心悔。(《僧祇律》卷十九，T22/377/a)

以上这段话中有大量的戒律专业术语，例如"粗恶罪""尼萨耆""波夜提""僧伽婆尸沙""越毗尼罪""波罗提提舍尼""偷兰遮""众学法""式叉摩尼十八行法""越毗尼心悔"等。这些词语在传统的法律文献中闻所未闻，在戒律文献以外的汉译佛经中也罕有用例。但在律部佛经中有大量的用例，而且出现频率极高，凸显了戒律文献的语言特色，是戒律语言专业性的标志。

通过 CBETA 电子佛典检索，我们对"波逸提""突吉罗""波罗夷""偷兰遮""僧伽婆尸沙"等的用例进行了统计，具体数据见表 3-2。

表 3-2　中古律部汉译佛经中五个罪名用例统计

单位：次

罪名	五	四	十	僧	鼻	合计
波逸提	689	1038	2141	1175	36	5079
突吉罗	643	1545	1678	6	0	3872
波罗夷	184	657	955	583	4	2383
偷兰遮	141	519	522	77	0	1259
僧伽婆尸沙	151	319	1161	459	7	2097
总计	1808	4078	6457	2300	47	14690

注：表中"波逸提"还包括其音译形式"波夜提""贝夜提""贝逸提"，"偷兰遮"包括其音译形式"偷罗遮"，以上各词均未统计其意译形式。

从表 3-2 中可以看出，"波逸提"共出现 5079 次，是五个罪名中使用频率最高的，"突吉罗"共出现 3872 次，"波罗夷"共出现 2383 次，"偷兰遮"共出现 1259 次，"僧伽婆尸沙"共出现 2097 次，这五个戒律罪名在中古律部汉译佛经中共出现 14690 次，足见戒律专业术语的出现频率之高。熊德米认为："法律语言词汇系统中最为重要也最能体现民族法律文化精神的部分，就是集中反映每一时代表达法律实质内容的法律专门术语。"① 戒律专业术语在戒律语言的词汇系统中，虽然数量不大，但因其具有特殊意义而显得非常重要。它们是戒律语言中特有的词汇成员，也是戒律词汇系统中的主要成员，正是由于它们的存在，戒律语言才最大限度地凸显了其特别之处。

（二）戒律词汇具有通俗性

首先，大量全民共同语的使用是戒律词汇通俗性的标志。戒律词汇虽然有自身的体系，但毕竟不是独立的词汇系统，它是全民共同语词汇系统中的一个分支，因此有很多戒律词语是来自全民共同语的。王宁指出："其实古代的法律语言并不都是专业性的，尤其是对犯罪过程和侦破过程的描述，与日常生活的用语往往一致。"② 全民共同语是戒律词汇体系的源泉和根本。吴海勇指出："如果戒律仅止于这些条条杠杠的戒规条文，戒律的文学性也就无从谈起。事实上，除上述戒本外，还存有另一种戒律，它详细记述佛陀当年制戒的整个过程，先交代时间、地点，继写某比丘或比丘尼过犯事件，转叙由此引发的不良的社会影响，然后是佛陀闻知呵责制戒，如有后续事件发生，复补叙佛陀为此再度制戒云云。"③ 因此，要把制戒过程和戒律条文解释清楚，只有专业术语是不行的，还需要大量通俗的全民共同语为基础。如：

> 尔时尊者阐陀比丘起大房，覆已，有余草，复更重覆。故有余草，第三覆，犹复有余草在。时彼作是念："我不能常从檀越求索草，为更重覆不止，屋便摧破。"……世尊尔时集比丘僧，呵责阐陀比丘言："汝所为非，非威仪，非沙门法，非净行，非随顺行，所不应为。云何阐陀！起大房重覆不止，使摧折崩破耶？"世尊以无数方便呵责阐陀比丘已，告诸比丘："阐陀比丘痴人！多种有漏处，最初犯戒。自今已去，与比丘结戒，集十句义，乃至正法久住，欲说戒者，当如

---

① 熊德米：《〈大清律例〉法律术语特征探析》，《西南政法大学学报》2016年第4期。
② 参见王东海《古代法律词汇语义系统研究——以〈唐律疏议〉为例》，中国社会科学出版社，2007，序言第2页。
③ 吴海勇：《中古汉译佛经叙事文学研究》，学苑出版社，2004，第53~55页。

是说：若比丘作大房舍，户扇窗牖及余庄饰具，指授覆苫齐二三节，若过，波逸提。"（《四分律》卷十二，T22/647/a）

此段文字为波逸提法之"覆屋过三节戒"，前半部分为制戒因缘，后半部分叙述了戒律条文的制定过程。其中都使用了大量通俗易懂的日常生活词语。如"户扇"即门，"窗牖"即窗户，"庄饰具"即装饰房屋的雕刻彩画等，"覆苫"即用草覆盖在屋顶上，"二三节"即不能超过二三重，"过"即超过限度。唐法砺在《四分律疏》卷五中阐明制定此戒的原因："凡物有限，事成为要。贪不知量，重覆不已，令屋崩倒，损丧功业。讥过不轻，是以圣制。"（X41/646/b）戒律是在僧侣现实生活的基础上制定的，主要关注符合佛教教义的日常行为方式，界定僧侣在社会生活中的违犯行为，并根据这些行为制定惩罚措施，而这些无不与僧尼的日常生活息息相关。俞理明在研究佛教用语的社团差异时指出："我们认为社会方言不是一个独立的系统，它依附于全民共同语，是在全民共同语中的基本成分的基础上，附有的带有本交际社团特有成分的用语。"[1] 因此，可以说戒律来源于僧团社会现实生活的需要。一旦离开了现实的社会生活，戒律将成为无源之水、无本之木。

其次，戒律词汇的通俗性是弘扬和传播佛教戒律的需要。汉译佛经语言有较强的口语性。梁启超曾指出："佛恐以辞害意且妨害普及，故说法皆用通俗语，译家惟深知此意，故遣语亦务求喻俗。"[2] 梁晓虹等指出："汉译佛经的语言在一定程度上反映了汉末以后数百年间汉语的实际情况，弥补了这一时期其他汉语典籍中方俗口语材料的不足，提供了研究汉语实际语言变化的宝贵材料。"[3] 由此可见，就戒律语言的交际性而言，简明性和通俗性是其必须坚持的原则。虽然很多专业术语让大众理解起来有一定的难度，但最终的目的都是要让僧众知晓和理解，因此语言具有简明化及大众化的特性。"僧团内有各地出身的僧人，传教的对象不仅有知识分子，

---

[1] 俞理明：《从"佛陀"及其异译看佛教用语的社团差异》，《合肥师范学院学报》2011年第4期。
[2] 梁启超：《翻译文学与佛典》，《佛学研究十八篇》，上海古籍出版社，2001。
[3] 梁晓虹、徐时仪、陈五云：《佛经音义与汉语词汇研究》，商务印书馆，2005，第249页。

还有其他各阶层的人，即使用尊贵优美、高尚文雅的梵语讲经，民众也无法理解，因此使用口语是必要的。"① 法律语言简明化和大众化的根本目的则是让普通百姓读懂戒律，听懂戒律，为戒律的制定和弘扬提供先决条件。因此，要使公众真正明白并掌握戒律，就必须保证戒律语言通俗易懂。清代王明德《读律佩觿》："律虽刑书，是即心学也，读律者以心衡心，则律义自昭昭矣。"虽然说的是世俗法律，但对佛教戒律来说也是一样的。佛教戒律是需要僧众共同遵守的行为规范和日常生活准则，因而需要僧团内部共同知晓和执行。若戒律语言过于艰深晦涩，理解难度过高，则不利于戒律的弘扬和传播，也就难以实现"律义自昭昭"了。因此，戒律语言具有通俗性特点，在下一章中我们专门探讨中古律部汉译佛经中的方俗口语词，亦可说明佛教戒律语言通俗易懂。

---

① 〔日〕辛嶋静志：《佛典语言及传承》，裘云青、吴蔚琳译，中西书局，2016，第 155 页。

第四章
中古律部汉译佛经方俗口语词例释

本书所谓的方俗口语词指的是方言词、口语词和俗语词的合称。方言词是与共同语词相对而言的，口语词是与书面语词相对而言的，而俗语词则是与雅言词相对而言的，三者既相互联系又各有所指。俗语词的概念古已有之，但关于俗语词的界定，学术界目前还未形成统一的认识。郭在贻认为俗语词包括方言词和口头语词（方言词有时也就是口头语词，二者不宜截然分明）[①]。黄征在总结张相、蒋礼鸿、郭在贻三位大师俗语词研究的基础上，对汉语俗语词进行了界定："汉语俗语词是汉语词汇史上各个时期流行于口语中的新产生的词语和虽早有其词但意义已有变化的词语。"[②] 朱庆之在《佛典与中古汉语词汇研究》中认为："口语词与俗语词本是两个互有区别的概念：口语词是相对于书面语词而言的，主要指只用于日常口语（包括方言词）而不用于书面语的那些词；俗语词是相对于雅语（文雅的）而言的，主要指口语中那些粗俗鄙俚难登大雅之堂的词。"[③] 张涌泉在《敦煌文献俗语词研究的材料和方法》一文中指出："所谓俗语词，主要是指古代民间的口头语词。这种口头语词，过去是不能登大雅之堂的，因而在正统的文言文里非常少见。"[④] 杨琳则认为："俗语词从本质上来讲就是口语词，英语中称为 colloquial words，colloquial 的意思就是'口语的、

[①] 郭在贻：《训诂学》（修订本），中华书局，2005，第109页。
[②] 黄征：《汉语俗语词研究的几个理论问题》，《杭州大学学报》（哲学社会科学版）1992年第2期。
[③] 朱庆之：《佛典与中古汉语词汇研究》，文津出版社，1992，第57页。
[④] 张涌泉：《敦煌文献俗语词研究的材料和方法》，《中国典籍与文化》2012年第1期。

通俗的'。之所以称为俗语词，是相对于书语词的文雅典重而言的。"①

从以上所述可知，学术界对俗语词的界定有如此大的争议，关键因素有两个：一是俗语词之"俗"到底为何义？二是俗语词与口语词、方言词之间的关系。雷汉卿在《近代方俗词丛考》中指出："学术界之所以对'俗语词'这一概念的内涵和外延还不能准确界定，除了以前的研究基础比较薄弱外，我认为主要还是因为具体感性材料积累得不够，所以我们不想在这里介绍关于'俗语词'的种种说法，也不试图给'俗语词'下定义，只想为俗语词的研究提供一份具体的材料，相信这样的材料积累多了，俗语词的真面目就会逐渐显露出来。"② 我们的研究重点并不放在讨论俗语词的概念以及俗语词与口语词、方言词等术语之间的关系上，故本书统称为方俗口语词。方俗口语词根据使用语境和语体的不同，可分为俗语词、方言词和口语词③。

郭在贻曾指出："在整个汉语史的研究中，关于词汇史的研究是最薄弱的环节，而在词汇史的研究中，关于俗语词的研究又几乎等于零。"④ 经过近几十年的发展，俗语词研究已经取得了丰硕的成果，研究队伍不断壮大，研究内容日渐深入，研究材料不断拓新。近年来，汉译佛典中的大量方俗口语材料也逐渐引起学者的广泛关注。徐时仪认为："汉译佛经的语言在一定程度上反映了汉末以后数百年间汉语的实际情况，弥补了这一时期其他汉语典籍中口语材料的不足，提供了研究汉语实际语言变化的宝贵材料，在俗语词研究方面具有很大的价值。"⑤ 陈明在《梵汉本根本说一切有部律典词语研究》中指出："佛教律典主要描述了印度古代社会与寺院的日常生活情形，与一般的佛教经论相比，口语词、俗语词更丰富。"⑥

记录和保存大量的方俗口语词是中古律部汉译佛经的一大特色。但随着语言的发展变化，词语的"俗"与"雅"也会发生转化。汉译佛经中有些当时明了易懂的方俗口语词，往往需要加以训释才能明确其含义。我们

---

① 杨琳：《俗语词研究概说》，《文化学刊》2013年第5期。
② 雷汉卿：《近代方俗词丛考》，巴蜀书社，2006，第2页。
③ 徐时仪：《〈朱子语类〉词汇研究》，上海古籍出版社，2013，第349页。
④ 郭在贻：《训诂学》（修订本），中华书局，2005，第144页。
⑤ 徐时仪：《古白话词汇研究论稿》，上海教育出版社，2000，第45页。
⑥ 陈明：《梵汉本根本说一切有部律典词语研究》，北京大学出版社，2018，前言第1页。

在前人研究的基础上，充分运用排比归纳、审音辨形、钩沉古注、比勘异文、印证方言、参证习俗等训释方法，选取中古律部汉译佛经中较有代表性的、字书辞书未加关注或关注不够的方俗口语词，从名物、称谓、行为及其他等四个方面进行分类例释①，试图通过大量的语言材料展示中古律部汉译佛经的语言面貌。

第一节　名物类方俗口语词

"名物"一词最早见于《周礼·天官·庖人》："掌共六畜、六兽、六禽，辨其名物。"刘兴均等指出："名物是古代人们从颜色、形状（对于人为之器来说是指形制）、功用、质料等角度对特定具体之物加以辨别认识的结果，是关于具体特定之物的名称。"② 中古律部汉译佛经中名物类方俗口语词主要有舂杵、单衣、户排、簸席、狗子、蚊子、刀子、谷㲲、麦㲲、火母、火子、床米、苦酒、捞（橯、耢、劳）、瓺瓽、马耳树、湄（徽）、簿筏、土墼、尾、恶水、恶声鼓、鞋、杨枝、齿木、竹篾等，例释如下。

【舂杵】

时女人瞋恚言："沙门释子，此非是辞谢法，我宁受汝舂杵打死，不欲令此覆藏处出现于人。我当以是事白诸比丘。"（《僧祇律》卷五，T22/264/b）

按：《大词典》释"舂杵"为"古代乐器的一种。用来调节音乐的节拍。"例引《文献通考·乐十二》："舂杵，亦谓之顿相。相，助也，以节乐也。"从文义来看，上揭例中的"舂杵"并非乐器，此句前文为："时优陀夷时到，着入聚落衣，持钵入城，次行乞食。入一家时，有妊娠女人，舂极坐臼上息。"（T22/264/b）例中所讲为舂米之事，由此可见"舂杵"为一种舂谷物的工具。佛教戒律中是允许畜这种舂米之具的，《五分律》卷二十六：

---

① 此分类参考俞理明、顾满林《东汉佛道文献词汇新质研究》中从意义的角度进行分类的方法。因中古律部汉译佛经中称谓类方俗口语词较有特色，且数量较多，故另列一类。

② 刘兴均等：《"三礼"名物词研究》，商务印书馆，2016，第34页。

"米中有谷，不知云何？佛言：'听畜臼杵，令净人簁①之。'"（T22/171/c）例中"臼杵"之"杵"与上揭例中"舂杵"应为同一物。

《说文·木部》："杵，舂杵也。"清段玉裁注："杵，舂捣粟也，其器曰杵。"除《大词典》所释的义项之外，"舂杵"还有两个义项：一是表示动作行为，"舂杵"同义连言，即舂捣去除谷物的外壳。《玉篇·木部》："杵，舂。"唐不空译《大方广如来藏经》卷一："譬如稻谷与粟糜，大小麦等于豆；彼等为糠之所裹，是不堪任于所食。若能舂杵去于糠，于食种种而堪用。"（T16/462/b）二是表示工具，即舂捣谷物、药物等使用的木棒。萧齐僧伽跋陀罗译《善见律毗婆沙》卷八："老妪在户里，掷粪箕及舂杵所及处立，在此掷石所及处。"（T24/729/c）上两例中"舂杵"都与乐器无关，《大词典》"舂杵"条当增补以上两个义项。

音乐起源于劳动，表乐器的"舂杵"与人们的生产劳动有密切的关系。舂米、捣衣、筑土等所用的木棒都可以称为"杵"，这些劳动工具在古人的生产实践中逐渐演变为乐器。《中国乐器大词典》释"舂杵"为："夯杵用于建筑工程中夯实土基，操作者常作夯歌为节奏。后演化为'舂牍'。"②《释名·释乐器》："舂，撞也，牍，筑也。以舂筑地为节也。"杜佑《通典》："舂牍，虚中如筒，无底，举以顿地如舂杵，亦谓之顿相。"由上可知，无论早期的"舂杵"还是演变以后的"舂牍"，都是从古代的劳动工具"杵"发展而来，利用舂杵捣击之声伴随劳动来唱歌。

语言与习俗也有着密不可分的关系。"语言是人类文化的活化石，通过她，我们可以看到一些古代文化的面貌及发展轨迹。"③目前一些少数民族仍有相关的习俗，如瑶族的长鼓舞所用的鼓就像瑶族的生产工具——舂杵，故长鼓舞又称为"舂杵舞"或"舂杵把戏"④。黎族的"舂米舞"就是以杵臼击打的音响与节奏为伴奏⑤。这些民族习俗成为研究语言和民俗

---

① "簁"，《大正藏》校勘记曰：宋、元、明、宫、圣本作"伐"。今按，"簁"当为"师"讹误。本书第二章第一节有论，可参。
② 应有勤、孙克仁编著《中国乐器大词典》，上海教育出版社，2015，第49页。
③ 谭伟：《从"嫁接"看风俗的消亡对词义的影响》，《汉语史研究集刊》第11辑，巴蜀书社，2008。
④ 邓瑜：《贵州少数民族传统体育形成的地理环境因素分析》，《六盘水师范高等专科学校学报》2011年第3期。
⑤ 杨莉川：《黎族传统舞蹈解读》，《琼州学院学报》2012年第6期。

活动的活化石。

【单衣】

是比丘尼今冬入夜寒风破竹时，着<u>单衣</u>行乞食，汝等若不能各各作一衣与者，当共合作一衣与。（《十诵律》卷四十四，T23/316/c）

按："单衣"佛经中有用例，如隋阇那崛多译《佛本行集经》卷十三："时颇谁那大算计师，及诸释种一切宗族，生大欢喜，踊跃无量，遍满其体，不能自胜，身上唯留一个单衣，余衣悉解，以施太子。"（T03/710/b）梁慧皎《高僧传》卷六："后少时，邕见一人着单衣帽①，风姿端雅，从者二十许人，请受五戒。"（T50/362/c）"单"与"禅"通，故也写作"禅衣"。东晋帛尸梨蜜多罗译《大灌顶经》卷三："遇大疾病厄难之日，当洗浴身体。男子着单衣白帢，女当素衣，澡漱口齿，七日七夜，长斋菜食。"（T21/504/b）《玄应音义》卷四《大灌顶经》第三卷作"禅衣"，释曰："多安反。《说文》：'衣不重也。'《广雅》：'襌，薄也。'"（C056/872/c）《释名·释衣服》卷五："襌衣，言无里也。"又同卷："有里曰复，无里曰单。"宋魏了翁《古今考》卷十四："从衣从单乃襌衣。襌，音丹，衣不重者。"曾昭聪指出"襌"通"单"，引《广雅·释诂一》："襌，襆也。"王念孙疏证："《说文》：'襌，衣不重也。'通作单。"②清张慎仪《蜀方言》卷上："单衣曰襌。"纪国泰《〈蜀方言〉疏证补》："'衣不重'者，谓衣无里也，即单层的衣服。"又谓："'襌'音[tan⁵⁵]，与'单'音、义近，故多写作'单衣'，鲜有作'襌衣'者。"③纪国泰所释音义极是，然典籍中也常写作"襌衣"，如《汉书·盖宽饶传》："宽饶初拜为司马，未出殿门，断其襌衣，令短离地。"颜师古注曰："襌，音单，其字从衣。"明万历《杭州府志》卷七十一："乡里亲族，每从征伐，单衣入阵，众皆披靡。"清乾隆《辰州府志》卷十四《风俗考》："老少皆跣足，冬夏皆单衣。"

---

① 帽，《大正藏》校勘记曰：元本、明本作"帕"。
② 曾昭聪指出"单被"与"襌被"是因文字通假而形成的异形词，详见《近代汉语异形词来源释例》，《汉语史学报》第13辑，上海教育出版社，2013。
③ 纪国泰：《〈蜀方言〉疏证补》，巴蜀书社，2007，第201页。

皆其例。

【房排】【户钩】

（1）若故不住，应与作房排、户钩、与杖、与革屣、与盖、与扇、与水瓶、与洗瓶、若盛水器、与浴室瓶及床、与刮污刀、与香熏、与丸香、与房衣。（《四分律》卷四十二，T22/869/b）

（2）除钵、小钵、半钵、键𨩲、小键𨩲、剃头刀、钳镊、爪刀、针刀子、户钩、曲户钩、剃刀匣……除上尔所物，余一切铁物不应分。（《十诵律》卷二十八，T23/203/a-b）

按：例（1）中"房排"，宋、元、明、宫本作"户扉"，圣本作"户排"。杨黛认为户排（门排）是挂钥匙（户钩）的木牌或铜牌，"排""牌"系同音通用字。此物的形制则难以确知①。"户排"类似钥匙，但并非挂钥匙的牌子。元魏慧觉等译《贤愚经》卷十一："于时如来，欲令众会知作恶行必有罪报，敕一比丘：'汝持户排，往指鬘房，刺户孔中。'比丘即往，奉教为之，排入户内，寻时融消。"（T04/427/c）由例中持"户排"刺"户孔"可知，"户排"类似今天的钥匙。"户排"与"户钩"常互为异文。例（2）中"钩"，宋、元、明、宫本作"排"，圣本作"鎃"。梁宝唱等集《经律异相》卷三十四："王敕女夫，自捉户排，若欲出时而自闭之。"（T53/184/b）例中"排"，宫本作"钩"。徐时仪指出"排"或受"钩"影响而换旁从金作"鎃"②。

关于"户排"的得名之由佛经音义有释，《慧琳音义》卷四十六《大智度论》第十卷"户排"："蒲皆反。谓木闑，开户者也，如户钩等。又诸户闑皆置排记，佛于食后，视排案行诸比丘房也。"（T54/611/b）黄先义认为户排（门排）、户钩（门钩）、户钥（门钥）三词意思相同，都是指开门的钥匙。"户排"有"钥匙"义，盖如慧琳所说，在钥匙上挂个小排（牌），写上记号或序号，便于查找使用，因此可称钥匙为户排③。陈文杰

---

① 杨黛：《佛经词语随札》，《古汉语研究》1998年第2期。
② 徐时仪：《玄应和慧琳〈一切经音义〉研究》，上海人民出版社，2009，第310页。
③ 黄先义：《中古佛经词语选释》，《台州师专学报》1997年第4期。

认为"户排"为典型的流俗语源,并进一步指出"户排"是根据其功能(开门)来命名的,并用温州方言材料加以印证①。此说较为可信,"排"的钥匙义,当与其排户的功能有关②。《僧祇律》卷二:"诸比丘便往彼房,以指打户,唤言:'长老开户!'彼比丘默然不应,有年少比丘多力,强排户入,盗衣比丘即大惭愧,低头不语。"(T22/242/a)《四分律》卷四十九:"彼应至房所排户,若有关闭,应开。"(T22/931/a)例中"排户"即开门,方志中多有记载,如清雍正《宁波府志》卷二十九:"一日伺文远出,夜半排户入,欲污之。"

【簸席】【籧篨】

(1) 诸比丘不知着米处。佛言:"应着簸席上。"(《五分律》卷二十六,22/171/c)

(2) 船上载十七种谷,谷上敷籧篨,若席覆上,比丘得在上坐,不应名字。(《僧祇律》卷十六,T22/358/c)

按:"簸"与"籧篨"均为席子的俗称。例(1)中"簸",《大正藏》校勘记曰:宋、元、明、宫本作"廢"。按,当作簸或籔,即竹席。《集韵·废韵》:"簸,籧篨也,或作籔。"《方言》卷五:"簟,其粗者谓之籧篨。"郭璞注曰:"江东呼籧篨为簸。"《广雅·释器》:"簸,席也。"王念孙疏证曰:"簸与籔同。"《通俗编》卷三十六《杂字》:"斜文为簸。"《可洪音义》卷十六"簸席":"上方时反,下祥昔反。䕩,簟也。正作簸席。"(K35/150/c)民国《嘉定县续志》卷五:"簸,俗谓籧篨也。"

《玉篇·竹部》:"籧篨,竹席也。"《淮南子·本经训》:"若簟籧篨。"高诱注:"籧篨,苇席。"唐道宣撰《续高僧传》卷二十四:"卿独侮慢,奕不答应,退造《破邪论》两卷,皆负籧篨,径诣朝堂,以陈所述。"

---

① 陈文杰:《方言在佛经语言研究中的价值举隅》,《汉语史研究集刊》第23辑,四川大学出版社,2017。

② "户排"之"排",或与方言词"钯"有关,《方言》卷九:"凡箭镞……其广长而薄镰(者)谓之錍,或谓之钯。""钯"多表示长柄齿状物,"杷"表示一种长柄而有齿的农具,钥匙也同样具有长柄有齿的特点。豫南方言至今仍称钥匙为"钥钯子""锁钯子","排"与"钯"语音相近。

(T50/636/b)《慧琳音义》卷八十三《大唐三藏玄奘法师本传》第十卷"簜篨"："上音渠，下音除。许注《淮南子》云：'簜篨，草席也。'《方言》：'宋魏之间谓簟，粗者为簜篨也。'"(T54/849/c) 也作"蘧蒢"①，唐义净译《根本说一切有部毗奈耶杂事》卷三十："后时商主，因酒睡着，遂将蘧蒢裹束，送着街衢。"(T24/353/c) 唐道世撰《法苑珠林》卷十四："龙朔二年夏四月，戍城火灾，门楼及人家屋宇并为煨烬，唯二精舍及浮图并佛龛上纸帘、蘧蒢等，但有佛像独不延燎，火既不烧，岿然独存。"(T53/391/c－392/a)

【狗子】【蚊子】【刀子】

(1) 尔时世尊在拘睒弥，时跋难陀释子畜狗子，见诸比丘吠。比丘白佛，佛言："不应畜。"(《四分律》卷五十三，T22/961/a)

(2) 住毗舍离，诸比丘在禅坊中患蚊子，以衣扇作声。(《僧祇律》卷三十二，T22/488/a)

(3) 杂物者，钵、钵支鍱、腰带、刀子、针筒、革屣、盛油革囊、军持、澡瓶，如是比杂物施，现前僧应得，是名杂物。(《僧祇律》卷二十八，T22/454/c)

按："子"作为后缀，有较强的口语色彩。中古律部汉译佛经中"子"作为词缀放在动物或者昆虫后面的例子还有很多，如"猴子""猫子""犊子""师子""蚁子"等。《四分律》卷三："难处者，有虎狼、师子诸恶兽，下至蚁子。"(T22/585/b)"子"还可以作为器物后缀，如例(3)中的"刀子"。《通俗编》卷二十六："俗呼器物，多以'子'为助。"② 蒋宗许在《汉语词缀研究》一书中列举大量例证说明"子"作为后缀，成熟于东汉，发展于魏晋，并认为："比较起来，'子'应是口语化最彻底且组合能力最强的后缀之一。"③

---

① 参见陈明《梵汉本根本说一切有部律典词语研究》，北京大学出版社，2018，第 304~305 页。
② (清)翟灏：《通俗编（附直语补证）》，颜春峰点校，中华书局，2013，第 369 页。
③ 蒋宗许：《汉语词缀研究》，巴蜀书社，2009，第 172~178 页。

【谷麨】【麦麨】

谷者，白米谷、赤米谷、䵂麦、小麦，悉不听受。若生痈瘙疖，须小麦涂者，应使净人作净已，得自取。研破用涂之，不听受。若净屋中有谷麨、麦麨，若须者得自取，不听受。(《僧祇律》卷三十一，T22/478/a)

按："谷麨""麦麨"即破碎的谷壳、麦皮等。隋阇那崛多等译《起世经》卷四："譬如壮夫手把麦麨，把已高举，末令粉碎，于虚空中，分散弃掷，令无遗余。"(T01/330/a) 东晋法显译《大般涅槃经》卷二："若是牸牛，不食酒糟、滑草、麦麨。"(T12/378/c)《玉篇·麦部》："麨，麦麨。"《类篇·麦部》："麨，逸织切。麦䴷也。"《玄应音义》卷十五《僧祇律》第三十一卷"谷麨"条释曰："夷臧反，谓谷麦穅皮也。律文作䒑，草名也。"(C056/1050/a) 今按"律文作䒑"之"䒑"非草名，"䒑"为"芅"之误①。《中华藏》对应文字作："若净屋中有谷芅、麦芅，若须者得自取，不听受。"(C37/3/a) 明弘赞《四分律名义标释》卷十五"扫麨"："夷益切，音弋，亦音翼。麦糠也。"(X44/515/b) 宋李诫编修《营造法式》卷十三："用石灰十斤，用麦麨九斤，压两遍令泥面光泽。"清郝懿行《证俗文》卷四"麻捣"条案语："麦麨，《玉篇》：'麦壳破碎者'今麦糠也。皆可和泥，泥墙屋。"今西安方言称麦穅、豆穅皮为麦麨、豆麨子②。

【火母】【火子】

时诸比丘须火，佛言："听比丘于阿兰若处，作火术出火。须火母木，听作。须钻火子，听作。彼须绳、所须之物，一切听与。"

---

① 按，"䒑"为"芅"之误。《玉篇·竹部》："䒑，竹索。"《高丽藏》本《玄应音义》对应文字作"芅"。《集韵·职韵》逸织切："芅，铫芅，草名，羊桃也。"又《广韵·职韵》"麨""芅"同属"弋"小韵，故律文或因二字音同而将"麨"写作"芅"，而"䒑"与"芅"则形近而误。《碛砂藏》本《玄应音义》对应文字作"芅"。《集韵·戈韵》古禾切："芅，草名。"虽"芅"可表草名，但与"麨"读音差别较大，盖亦因与"芅"形近而误。今《中华藏》对应文字作"谷芅、麦芅"(C37/3/a)。《慧琳音义》卷十五《大宝积经》第九十七卷"穲麨"注："下蝇民反。《考声》云：'麦糠也。'从麦弋声也。或作芅。"由此亦可证"䒑"为"芅"之误。参见丁庆刚《〈摩诃僧祇律〉之慧琳"音义"考校》，《殷都学刊》2017年第3期。

② 参见孙立新《西安方言研究》，西安出版社，2007，第282页。

（《四分律》卷五十二，T22/954/b）

按："火母木"即取火时所钻之木。汉译佛经中"火母"一词多有用例，东晋瞿昙僧伽提婆译《中阿含经》卷五十九："犹如东方刹利童子来，彼取干娑罗木作火母，攒攒生火。南方梵志童子来，彼取干娑罗木作火母，攒攒生火。"（T01/794/b）从句义可知，干娑罗木充当"火母"，即钻木取火所用之"燧"。佛典音义中多次释"燧"为"火母"，如《玄应音义》卷九"钻燧"："又作鐩，同，辞醉反。火母也。"（C056/959/b）《可洪音义》卷五"钻燧"："音遂，火母也。"（K34/777/c）又卷二十二"䥝燧"："上子乱反，下音遂，火母也。上正作钻。"（K35/353/c）由此可知，"火母"即"燧"也。

"火子"即取火的器物，汉译佛典中仅见此例。《四分律》注疏中有沿用，如唐道宣《四分律删繁补阙行事钞》卷三："兰若比丘开以火术出火，火母、火子及钻等并得。"（T40/126/a）《大词典》收录有"火母""火子"，释"火母"曰："指五行中的木。五行循环相生，木生火，故称。"释"火子"曰："古代军队中低级军官的一种名称。"均与上揭例中两词的义项不符。宋元照《四分律行事钞资持记》卷三中明确指出何为"火母""火子"："火母，所钻物，如竹木等。火子，取火物，如干艾等。钻，即火钻，亦用竹木为之。"（T40/386/c）所钻之物，如竹、木等为取火之母体；取火之物，如干艾等为取火之子。二者如同母子关系，故俗称"火母""火子"。

【䆉米】

尔时比丘乞食得饭，佛言："听食。"得种种饭，粳米饭、大麦饭、䆉米饭、粟米饭、俱跛陀罗饭，佛言："听食如是种种饭。"（《四分律》卷四十二，T22/866/c）

按："䆉米"是一种粮食作物，即穄子。《玄应音义》卷十四《四分律》第四十二卷"䆉米"条注曰："字体作穈，亡皮反。《吕氏春秋》曰：'饭之美者，有阳山之穄。'高诱曰：'关西谓之䆉，冀州谓之穄。'"

（C056/1033/c）五代景霄《四分律行事钞简正记》卷十二："床者（靡皮反），谓关西、荆州呼为床。若北人冀州等唤作穄，此间亦名为穄。"（X43/317/b-c）东晋法显译《大般涅槃经》卷三十："佛言：'善男子！菩萨摩诃萨，当以苦行，自试其心，日食一胡麻，经一七日；粳米、䝁豆、麻子、粟床及以白豆，亦复如是，各一七日。'"（T12/803/b）《玄应音义》卷二《大般涅槃经》第三十三卷"粟床"："字体作䵻、穈二形，同。亡皮反。禾稔也。关西谓之床，冀州谓之穄。"（C056/846/a）宋处观《绍兴重雕大藏音》卷三："䵻、穈、床、穈，并眉音。"（C059/539/a）《可洪音义》卷十六"床米"："上美为反。穄别名也，正作穈也。"（K35/161/a）清张慎仪《方言别录》卷上亦有记载①。

【苦酒】

（1）有比丘风病，应合和小便、油、灰、<u>苦酒</u>，用摩身体。（《五分律》卷二十二，T22/147/c）

（2）酢浆令人醉者，亦不听饮，除苷（甘）蔗<u>苦酒</u>、葡萄<u>苦酒</u>，及酢浆。（《僧祇律》卷二十，T22/387/b）

（3）不犯者，或时有如是病，若口痛，若食羹，若食酪、酪浆、酥毗罗浆，若<u>苦酒</u>，无犯。（《四分律》卷二十一，T22/708/a）

按："苦酒"即醋的俗称，因有苦味且具有酒的特点，故曰苦酒。北凉昙无谶译《大般涅槃经》卷二十六："如盐性碱，能碱异物；石蜜性甘，能甘异物；苦酒性酢，能酢异物；姜本性辛，能辛异物；诃梨勒苦，能苦异物。"（T12/521/a）"苦酒性酢"即苦酒性酸。又《大般涅槃经》卷四十："善男子！若言诸法有自性者，当知诸法各有定性。若有定性，甘蔗一物，何缘作浆，作蜜石、蜜酒、苦酒等？若一性，何缘乃出如是等味？若一物中出如是等，当知诸法不得一定，各有一性。善男子！若一切法有定性者，圣人何故饮甘蔗浆、石蜜、黑蜜，酒时不饮，后为苦酒，复还得饮，是故当知，无有定性。"（T12/599/b）宋智圆《涅槃经疏三德指

---

① （清）张慎仪：《续方言新校补　方言别录　蜀方言》，张永言点校，四川人民出版社，1987，第161页。

归》卷二十:"后为苦酒者,苦酒,醋也。谓酒变为醋,饮之无罪。"(X37/617/a)明弘赞《四分律名义标释》卷十八"苦酒"条释曰:"即醋也。因有苦味,俗呼为苦酒。"(X44/539/b)清德基辑《毗尼关要》卷十五:"若口痛,若食羹,若食酪、酪浆、苏毗罗浆,若苦酒,无犯。"(X40/624/a)其中"苦酒"后注曰:"即醋也。因有苦味,俗呼为苦酒。"

唐白居易《白氏六帖事类集》卷五"苦酒"条:"苦酒,醋也。"南宋刘昉《幼幼新书》卷四十《果部》:"醋,一名苦酒。"明李时珍《本草纲目·谷四·醋》〔释名〕引陶弘景曰:"醋酒为用,无所不入,愈久愈良。亦谓之醯,以有苦味,俗谓苦酒。"清代以来的方志中亦有"醋"称为"苦酒"的记载,如清道光《镇江志》卷四:"酢,出金坛,极酽且美,今以充贡。《释名》:'醯,苦酒。'即今之醋也。"民国《桓仁县志》卷八:"醋,陶云:'俗呼苦酒。'今案醋多以酒糟合米酿成。"民国《固安县志》卷二:"醋,一名苦酒,亦谓之醯。"《大词典》"苦酒"条义项❸释为"醋的别名",引《晋书·张华传》,例证晚。张显成也指出"苦酒"是"醋的别名",举马王堆帛书《五十二病方》例提前《大词典》例证[①]。

【捞(㭬、耢、劳)】

时六群比丘畜白衣器耕犁若捞,白佛,佛言:"不应畜。"(《四分律》卷五十二,T22/954/c)

按:从句义来看,"捞"为一种平整田地的农具。《玄应音义》卷十四《四分律》第五十二卷"若捞":"借音力导反。关中名磨,山东名捞,编棘为之,以平块也。"(C056/1036/b)唐大觉《四分律行事钞批》卷十三:"捞(力逴反),应师云:'编棘为足之,用平土块。山东名捞。关中名磨也。'私云:京中城西曾见也,编棘树子作,将树尾织相着,状似摆(去声),留树头向后,以当摆齿,其陆田耩竟。即将此物牛牵,以石与土压上使重,用平田也。"五代景霄《四分律行事钞简正记》卷十六:"捞(力到反),破土用之。江东呼为把,山东名捞,关内名磨。"佛典音义及

---

① 张显成:《先秦两汉医学用语研究》,巴蜀书社,2000,第204页。

注疏中均写作"捞",当为"樗"或"耢"换旁俗字。"樗"为农具,即磨田器。《集韵·号韵》:"樗,摩田器,或从耒。"《正字通》卷八:"耢,郎到切。劳,去声。摩田器。"清倪倬《农雅·释器》:"耖之,然后耢之。""耢"又名"盖磨",清厉荃《事物异名录》卷十八"盖磨":"《农桑通诀》:'今人呼耢曰盖磨。'"光绪《增修登州府志》卷六"稼穑"条曰:"磨田用耢,水漫用耙。"民国《牟平县志》卷十:"平土具曰耢,音涝。""樗"或"耢"又作"劳"。王祯《农书》卷十二:"劳,无齿耙也。但耙楱之间用条木编之,以摩田也。"

【甋甎】

阿罗毗国诸比丘,日日檐①石、土墼、<u>甋甎</u>、泥土,治佛塔精舍。(《十诵律》卷六十一,T23/469/b)

按:例中"甋甎"是治佛塔精舍的材料。"甋甎"是一种建筑材料,即方形的砖。清段玉裁《说文解字注》引韦昭注曰:"吴语曰:'圆曰囷,方曰鹿。'然则鹿专者,言其方正也。"《玄应音义》卷十五《十诵律》第五十七卷"甋甎":"力毂反,下又作塼,同,脂缘反。狭长者谓之甋甎。"(C056/1045/a)又卷十九《佛本行集经》第四十四卷"甋甎":"力毂反,下又作塼,同,脂缘反。《通俗文》:'挟长者谓之甋甎。'"(C057/48/c)律部汉译佛经中多用作"甎",《四分律》卷五十:"彼洗脚天雨泥污脚污衣坐具,佛言:'听以石、若甎、若木作道。'"(T22/938/b)

《尔雅·释宫》:"瓴甋谓之甓。"郭璞注曰:"甋甎也。今江东呼瓴甓。"《玉篇·瓦部》:"甋,力木切,甓也。甎,之缘切,甋甎。"《广雅·释宫》:"甓,甋甎。"《慧琳音义》五释"甎"均引《埤苍》云:"甋甎也。"明张自烈《正字通》卷七:"甓,披席切,音僻。《说文》:'瓴,甋也。'即今甋甎。"清钱大昕《恒言录》卷五"甋甎"条谓:"《广雅》:'甓,甋甎也。'郭璞注《尔雅》亦以甓为甋甎。"清胡文英《吴下方言考》卷十:"甋,音鹿。《广韵》:'甋,甋甎(音占)。'案:甋甎,即甎

---

① "檐",《大正藏》校勘记曰:宋本、元本、明本作"擔"。当作"擔",二者形近而误。

也。吴中恶丐以甓自击名曰砉（音得）甋甓。"①

"甋甓"又写作"碌甓"，寒山诗："烝砂拟作饭，临渴始掘井。用力磨甋甓，那堪将作镜。"项楚校勘曰："'甋'原作'碌'，兹据正中本、高丽本改。"② 清王有光《吴下谚联》卷四"丢了黄金抱碌砖"条："黄金至贵，碌砖至贱，物之情也。贵之则抱，贱之则丢，人之情也。""甋甓"又称"甋瓠"，东晋失译《般泥洹经》卷下："其壁牒尉，雕文克镂，地集甋瓠，及民室屋，皆四宝成。"（T1/185/b）《玄应音义》卷十三《佛灭度后金棺敛送经》"甋瓠"注引《广雅》曰："甋瓠，甋甓也。"（C056/1006/c）又卷四"甋瓠"注云："字又作墦，同。普安反，下侯徒反。《通俗文》：'甓方大谓之甋瓠。'今大方甓是也。"（C056/880/a）由玄应所释可知"甋瓠"为大甓。"甋瓠"俗写作"番胡"，《可洪音义》卷二十二"番胡"注云："上普官反，大甓也。正作甋瓠也。"（K35/379/b）汉译佛经中的不少方俗口语词在方言中可以得到印证。正如方一新所说："现代汉语方言是汉语词汇研究的宝贵材料，在书面用例作为主要材料的基础上，若能再利用现代方言作为旁证，则会使结论更加可靠。"③"甋甓"为"甓"之俗称在明清方志中多有记载，明崇祯《太仓州志》卷二："今吴人呼甓曰甋甓。"清康熙《嘉定县志》卷四、清乾隆《宝山县志》卷一："俗呼砖曰甋甓。"清乾隆《长洲县志》卷十一："谓甓曰甋甓。"清光绪《嘉定县志》卷八："甋甓，俗呼甓也。"今吴语方言区如上海、江苏等地仍称"砖"为"甋砖"④。《大词典》"甓"条首例引唐李咸用《和友人喜相遇》十："命达夭殇同白首，价高甓瓦即黄金。"例证偏晚。表示"砖"义的"甋甓""碌甓""甋瓠"等词《大词典》未收，当补。

【马耳树】

尔时，病比丘须种种细末药洗，佛言："听用种种细末药。是中

---

① （清）胡文英著，徐复校议《吴下方言考校议》，凤凰出版社，2012，第192页。
② 项楚：《寒山诗注（附拾得诗注）》，中华书局，2002，第263页。
③ 方一新：《中古近代汉语词汇学》，商务印书馆，2010，第789页。
④ 许宝华、〔日〕宫田一郎主编《汉语方言大词典》，中华书局，1999，第7136页。有学者指出："上海方言往往称大的长方形砖头为甋甓。"参见梁晓虹、徐时仪、陈五云《佛经音义与汉语词汇研究》，商务印书馆，2005，第290～291页。

细末药者，胡桐树末、马耳树末、舍摩罗树末洗。"（《四分律》卷四十二，T22/867/b）

按："马耳树"即枇杷树的俗称，因枇杷树叶形似马耳而得名。汉译佛典用例较多，北凉昙无谶译《大方广三戒经》卷一："是时山王中，稠林郁茂，枝条无折，多众杂树：天木树、毕利叉树、马耳树、毕钵罗树……沈水、苏合，是等诸树，无不备有。"（T11/687/a）唐义净《根本说一切有部毗奈耶破僧事》卷十四："复以真珠、玫瑰、瓶项盖其瓶口，将至寒林马耳树下，掘坑埋之。"（T24/174/a）"马耳树"又名"驴耳树"，其得名之由文献中有记载，如宋唐慎微《证类本草》卷二十三引《图经》曰："（枇杷）木高丈余，叶作驴耳形，皆有毛。"元胡古愚《树艺篇·果部》"枇杷"："树高丈余，叶似驴耳，其实如弹丸。"明弘赞《四分律名义标释》卷二十八"马耳树"："亦云驴耳，即枇杷树。木高丈余，叶作驴耳形，皆有毛。四时不凋，盛冬开白华。至三四月而成实，其味甘酸。少食止吐止渴，多食发热发疼。叶干去毛，理肺脏，下气，除呕哕不已，治热嗽无休。木白皮，主呕逆，不能下食（叶皮治病，皆煎汤服之）。"（X44/616/a）"马耳树""驴耳树"即枇杷树的别称，因其叶形似马耳、驴耳而得名。

【湄（黴）】

若比丘僧伽梨、郁多罗僧、安陀会、尼师坛、枕褥、革屣，衣上生湄，使净人知，着日中暴已，得自揉修去。若饼上生湄，当使净人知已，然后得食。（《僧祇律》卷第十四，T22/339/c）

按："衣上生湄""饼上生湄"指衣服和食物因受潮而长出的白毛。"湄"音"眉"，同"霉"或"黴"[①]。"湄"即"黴"之同音借字。《玄应音义》卷十五《僧祇律》第十四卷"生黴"注中改"湄"为"黴"，引《通俗文》云："物伤湿曰黴。"（C056/1047/b）"黴"即东西因久雨发霉

[①] 参见李维琦《佛经续释词》，岳麓书社，1999，第194页；《佛经词语汇释》，湖南师范大学出版社，2004，第213页。

而产生的黑点。《玉篇·黑部》:"黴,黴败也。"《格物粗谈·服饰》:"梅叶煎汤洗夏衣黴点,即去。"《僧祇律》卷三十四:"佛住舍卫城祇洹精舍,尔时世尊五事利益故,五日一行诸比丘房,见房舍漏坏不治事,雨潦弥满,水渍不通,门户虫噉,床褥醭青。"(T22/503/a)上引例中"醭",宋、元、明、宫本均作"塺"。按,"醭"与"塺"均与文义不符。"醭"指酱类食物变质败坏。《广韵·齐韵》:"醭,醭醭,酱上白也。""塺"指灰尘。《说文·土部》:"塺,尘也。"《慧琳音义》卷五十八《僧祇律》第三十四卷"青㵪":"无悲反。《通俗文》:'物殇湿曰㵪。'律文作湄、瀔二形,非字体也。次下卷'生黴'同。"(T54/693/a)慧琳改"醭"为"㵪","㵪"乃"黴"之异体。

明周梦旸《常谈考误》:"南人谓夏至雨为梅雨。四五月衣物湿败为上梅,相沿久矣。及观《楚辞·九叹》有云:'颜黴黎以沮败兮。'注:'音眉,面黑也。'又观《说文》:'物中久雨青黑曰黴。'则梅字当为黴。"清翟灏《通俗编·杂字》引《古隽略》:"黄梅雨之'梅',当为'黴',因雨当梅熟之时,遂讹为梅雨。"张慎仪《蜀方言》:"物伤湿色变曰黴。"民国《贵州通志·风土志·方言》:"物湿而黑腐曰勃,一曰黴,音梅。""黴"当为"㵪"或"黴"字之形误。民国《兴义县志》第十一章:"物混而色变黑曰黴,音梅。"姜亮夫《昭通方言疏证》:"今昭俗以霉为之曰发霉,霉即黴后起专字。"① 中原官话和西南官话中还有"长黴""黴醭"等词。

【簿筏】

问:"若比丘船、簿筏上安居,得名安居不?"答:"若是船、簿筏上水下水,不得;若系在柱、若树、若橛、若石沈不移,得安居。""是比丘何处应与安居衣物分?"答:"即随船、簿筏上所得。"(《十诵律》卷五十四,T23/400/a)

按:"簿筏"即小舟,俗称筏子。《方言》卷九:"泭谓之𥴙,𥴙谓之

---

① 姜亮夫:《昭通方言疏证》,见《姜亮夫全集》第十六册,云南人民出版社,2002,第179页。

筏。"《广雅·释水》:"樟,筏也。"王念孙疏证:"箄、樟、簰并同。"《玄应音义》卷十四《四分律》第二卷"筏舩":"编竹木浮于河以运物者,南土名簰,北人名筏也。"(C056/1023/b)《大词典》释"簰筏"为筏子,引明归有光《都察院左副都御史李公行状》:"自江淮至于京师,簰筏相接。"例证过晚。

"簰筏"在汉译佛经中有不同的写法,《五分律》卷一:"船者:皮船、瓶船、木船、箄筏,尽名为船。"(T22/6/c)《大正藏》校勘记曰"箄筏",宋、元、明本作"簰栿",宫本作"椑栿"。又卷十九:"若依牧牛羊人,作椑栿人、船行人安居,皆亦如是。"(T22/130/a-b)《大正藏》校勘记曰"椑",宋、元、明、宫本作"簰"。《可洪音义》卷十五"椑栿":"上蒲皆反,又作牌,正作簰筏。"(K35/94/a)《四分律》卷十六:"若竹、若簰顺流上下,若取石取沙,若失物沈入水底,此没彼出。或欲学知浮法,而浮擢臂画水濽水,一切无犯。"(T22/672/c)例中"簰",圣本作"桿"。"桿"与"椑"形近而误。明弘赞《四分律名义标释》卷十四"若簰":"步皆切,音牌,大栿也。《广雅》云:'簰、泭,筏也。'今编竹木,以水运为簰。秦人名筏,江南名簰。"(X44/513/a)曾良指出:"'椑'是木排、竹排的意思,等于今天的'排'字。""簰"后来也写作"箄""牌"等,曾良已有详述①,可参。

【土墼】【塼墼】

(1)彼作房应知初安,若石、若<u>土墼</u>、泥团,乃至最后泥治讫是。(《四分律》卷三,T22/585/c)

(2)阿罗毗国诸比丘,日日檐石、<u>土墼</u>、甀甄、泥土,治佛塔精舍,衣不净垢,污行乞食。(《十诵律》卷六十一,T23/469/b)

按:"土墼"指未经烧制的砖坯。《说文·土部》:"墼,令适也。一曰未烧者。"清段玉裁注曰:"今俗语谓未烧者曰土墼。"《慧琳音义》卷二十八《大方等顶王经》"土墼"条注曰:"下经历反。顾野王云:'克土

---

① 曾良:《敦煌佛经字词与校勘研究》,厦门大学出版社,2010,第282~283页。

方而不烧为墼也。'"（T54/498/c）姜亮夫《昭通方言疏证》："昭人谓以土筑之成长形块状如砖而厚者曰土墼。"① 民国《续修盐城县志稿》卷三："今人范土为块以砌墙曰土墼。"《大词典》释为"砖坯"，首引清纪昀《阅微草堂笔记》例，过晚。

中古律部汉译佛经中还有"塼墼"一词，《五分律》卷二十五："佛言：'听筑墙，若累塼②墼，草瓦覆上。听作门屋，亦听重作，听作两扇。'"（T22/167/c）元魏瞿昙般若流支译《正法念处经》卷六十二："譬如屋宅，集众材木、塼墼合和，互相依止，名之为屋。"（T17/366/c）"塼墼"即"砖块"。"塼"同"甎"。《玉篇·土部》："甎，亦作塼。"《大词典》收"甎墼"条首引唐玄奘《大唐西域记·印度总述》："室宇台观，板屋平头，泥以石灰，覆以甎墼。"例证晚。"墼"与"垫"形近易混，曾良《敦煌佛经字词与校勘研究》对此有详细论述③。《四分律》卷二："若营事作房舍，误堕垫石、材木、椽柱杀人，不犯。"（T22/577/b）《大正藏》校勘记："垫"，宋、元、明、宫本作"墼"。今按，"垫石"不辞，当作"墼石"是。明弘赞《四分律名义标释》卷五"墼石"："古历切，音吉，土砖也。《广韵》云：'土墼未烧塼坯也。'"（X44/441/a）

【尾】

（1）时六群比丘互相看<u>尾</u>，谁<u>尾</u>长？谁<u>尾</u>短？着何药？诸比丘白佛，佛言："不应更相看<u>尾</u>，问其长短，着何等药。"（《四分律》卷四十三，T22/877/b）

（2）彼共白衣浴，更相看<u>尾</u>，某甲长，某甲粗。（《四分律》卷五十，T22/942/a）

按："尾"即生殖器，从上两例来看，专指男性生殖器。钱群英认为"尾"具有男性生殖器义是借代产生的④。《说文·尾部》："尾，微也。从

---

① 姜亮夫：《昭通方言疏证》，见《姜亮夫全集》第十六册，云南人民出版社，2002，第374页。
② 塼，《大正藏》本作"塼"，二字形近而误。
③ 曾良：《敦煌佛经字词与校勘研究》，厦门大学出版社，2010，第92页。
④ 钱群英：《佛教戒律词汇研究》，浙江大学博士学位论文，2003，第108页。

到毛在尸后，古人或饰系尾，西南夷亦然。"段注曰："尾为禽兽之尾。"朱骏声曰："禽兽后也。"《玉篇·尾部》："尾，脊尽处也，鸟兽鱼虫皆有之。"清顾张思《土风录》卷七"尾巴"条："尾曰尾巴。按《正韵》'巴'字注：'又尾也。'《正字通》云：'方俗有尾巴语，经传不载。'"由禽兽的尾巴，引申指禽兽用尾交配。《尚书·尧典》"鸟兽孳尾"孔传："乳化曰孳，交接曰尾。"清王筠《说文句读》："尾，交接也。……案，谓鸟兽雌雄相交也。"交尾即指鸟兽的生殖器相交接。因生殖器在隐微之处，故《说文》训为"微"。蒋宗福指出："一些动物的生殖器也在尾端，故雌雄交配称交尾，即性器相接。"[1] 王绍峰认为："'尾'即尻也，屁股、生殖器也。"[2] 方言中称具有两种生殖器为"二尾子"，律部佛经中称为"二形人"，《四分律》卷二十二："若与二形人身相触者，偷兰遮。"（T22/715/c）明弘赞《四分律名义标释》卷四"二形"："亦名二根，谓一身俱有男女二种根形。此二形人，佛不听出家。若已出家，即应驱摈。"（X44/432/c）"二形人"即具有两种生殖器之人，与"二尾子"义同，亦可证"尾"有生殖器之义。

【恶水】

（1）佛在王舍城，尔时诸比丘以荡钵水，泻白衣屋内。诸居士见，讥呵言："此诸比丘不知荡钵恶水所应泻处，况知远事！"（《五分律》卷十，T22/75/c）

（2）尔时僧院内作食厨，潘汁荡器，恶水流出巷中，为世人所嫌："云何沙门释子住处、食厨不别？"（《僧祇律》卷三十一，T22/477/a）

按："恶水"即淘米、洗菜和刷洗锅碗等用过的水，也称"泔水""潲水"。东晋瞿昙僧伽提婆译《中阿含经》卷四："不噉鱼，不食肉，不饮酒，不饮恶水，或都无所饮。"（T01/441/c）元魏瞿昙般若流支译《正法念处经》卷十一："既得脱已，于五百世生饿鬼中，食人所弃荡器恶

---

[1] 蒋宗福：《四川方言词语续考》，巴蜀书社，2014，第224~228页。
[2] 王绍峰：《初唐佛典词汇研究》，安徽教育出版社，2004，第150页。

水。"（T17/60/c）明弘赞《沙弥律仪要略增注》卷二："恶水是洗器浣濯之水，不得当人行道处弃泻。"（X60/259/a）"恶水"也指脏水，如汉失译《大方便佛报恩经》卷三："时王舍城人担持大小便利，弃是坑中，天雨恶水，亦入其中。"（T03/141/a）禅籍中用例较多，《宏智禅师广录》卷一《泗州大圣普照禅寺上堂语录》："莫听别人浇恶水，要须冷煖自家知。"（T48/7/a）《续传灯录》卷十一《长芦福禅师法嗣》："达磨祖师无端将一杓恶水泼在天下老宿头上。"（T51/532/c）雷汉卿指出："'恶水'可指'泔水'和'脏水'。从禅籍看多半是指'脏水'。"① 在徐州、扬州、洛阳、南京、西安等地方言中"恶水"即泔水②。

【恶声鼓】

（1）时梵施王使人即收王长生及第一夫人，执缚并打<u>恶声鼓</u>，现死相，众人聚集。（《四分律》卷四十三，T22/881/a）

（2）时诸大众即捉缚，打<u>恶声鼓</u>，为现死相，顺路唱令，从右门出，至杀处杀之。（《四分律》卷五十八，T22/1000/c）

按："恶声鼓"即在犯罪之人行刑之前所打的一种破败鼓声。明弘赞《四分律名义标释》卷二十九"恶声鼓"条注曰："谓打破败鼓声，犹如驴鸣，是不吉之兆，现其死相，乃西国之刑规也。"（X44/628/a）由此可知，"打恶声鼓"或为当时的一种刑法规定。佛经中还有用例，如元魏瞿昙般若流支译《正法念处经》卷三十二："若有丈夫侵他妇人，为官所收，打恶声鼓，从右门出，欲断其命，无救无护，无所悕望，愁悴忧恼。"（T17/187/b2）唐义净《根本说一切有部毗奈耶杂事》卷二十八："时旃荼罗以赤氎花系于颈下，打恶声鼓，恶人随逐，举刀怖惧，如炎魔卒，送向尸林。"（T24/339/b11-13）皆其例。

【鞴】

诸比丘作<u>鞴</u>大深，诸居士讥呵言："此比丘所着富罗，如我等

---

① 雷汉卿：《禅籍方俗词研究》，巴蜀书社，2010，第186页。
② 参见李荣主编《现代汉语方言大词典》，江苏教育出版社，2002，第4180页。

鞾。"以是白佛，佛言："不应深作鞾，听至踝上。"有诸比丘作鞾如鞾，诸居士讥呵如上。以是白佛，佛言："应开前。"（《五分律》卷二十一，T22/146/c）

按："鞾"即"勒"。《玄应音义》卷十五《五分律》第二十一卷"作勒"："一豹反。靴勒也。律文作鞾，俗语也，书无此字。"（C056/1053/a）"鞾"又写作"鞴"。宋元照《四分律行事钞资持记》下一："鞾，亦作鞴，即靴勒也。"又上二："裘谓皮衣，鞴即是勒。"《广韵·东韵》："鞴，吴人靴勒曰鞴。"《集韵·东韵》："吴人谓靴勒曰鞴。"南宋谢深甫监修《庆元条法事类》卷三："靴用黑革，以麻底贰重，皮底壹重，白绢衲毡为里，自底至鞴口高九寸。""鞴口"即靴子的勒口。明程明善《啸余谱·中州音韵》："鞴，吴人靴勒曰鞴。""鞾"又写作"韂"。清郝懿行《证俗文》卷二："俗谓靴鞾曰勒。鞾音邕，鞾勒也，或作韂。"民国《太谷县志》卷四："鞾鞾曰勒。"《大词典》收"靴勒"一词，释为"靴筒"，首例引元武汉臣《老生儿》第二折："靴勒里有两绽钞，你自家取了去。"例证偏晚。此条《字典考正》亦有论述①，可参。

【杨枝】【齿木】

（1）受具足已，诸比丘犹如前法唤言："沙弥与我知净杨枝及草树叶。"（《僧祇律》卷十九，T22/383/b）

（2）一切入口物，除水及齿木，是名手受物。（《十诵律》卷五十六，T23/413/c）

按："杨枝"又称"齿木"。"嚼杨枝"是印度的洁齿习俗。唐玄奘译《大唐西域记》卷二中也记载了嚼杨枝的习俗："凡有馔食，必先盥洗，残宿不再，食器不传。瓦木之器，经用必弃。金银铜铁，每加摩莹。馔食既讫，嚼杨枝而为净。"嚼杨枝的主要作用是清洁口腔和牙齿。《僧祇律》卷三十四："比丘答言：'世尊制戒，不听嚼齿木，口臭恐熏诸梵行人，故在

---

① 邓福禄、韩小荆：《字典考正》，湖北人民出版社，2007，第448～449页。

下风。'佛言:'听用齿木,应量用,极长者长十六指。'"(T22/505/a-b)在中古律部汉译佛经中,嚼杨枝已经成为一种规定,并且对齿木的长短、种类、作用以及使用场所都进行了规定。《四分律》卷五十三:"不嚼杨枝,有五事过:口气臭、不别味、增益热癊、不引食、眼不明。不嚼杨枝,有如是五过。嚼杨枝有五事利益:一、口气不臭;二、别味;三、热癊消;四、引食;五、眼明。嚼杨枝,有如是五事利益。"(T22/960/c)

"杨枝"的种类很多,《五分律》卷二十六:"佛言:'有五种木不应嚼:漆树、毒树、舍夷树、摩头树、菩提树。余皆听嚼。'"(T22/176/b)明弘赞《沙弥学戒仪轨颂注》卷一:"杨枝即齿木之别名。除诸毒树,余一切苦涩辛酸枝条,皆可作齿木。"(X60/724/b)又弘赞《沙门日用》卷二:"杨枝者亦云齿木,梵语弹多坭瑟搋,此云齿木。除漆树、毒树、菩提树不用,其柞条、楮、桃、槐、柳、苍耳根,以苦涩辛辣者为佳。长者一磔手,短者四指。有云长者尺二寸,短者六寸。大者如小指,小者如箸。"(X60/223/c)《鸡林类事》是宋代孙穆撰写的一部关于高丽风俗语言等方面的著作,其中就记载"齿刷曰养支",有学者指出"养支"应该是当时高丽语的汉字记音,意思相当于宋代汉语中的"齿刷"①。王邦维曾经指出:"直到现在,在印度一些偏僻的农村里,牙刷没有普及的地方,听说还有人使用这种方法来保持口腔的卫生。"②

【竹篾】

佛住舍卫城,尔时比丘尼敷簟席缝衣,<u>竹篾</u>伤小便道血出。诸比丘尼以是因缘,往白世尊。(《僧祇律》卷四十,T22/544/c)

按:例中"竹篾"指已经析开的竹皮,通常较薄且锋利如刀,因而容易伤人。"篾"字《说文》未收。《说文·竹部》:"箯,竹肤也。从竹,民声。"清段玉裁注曰:"肤,皮也。竹肤曰箯,亦曰笋,见《礼器》。俗作筠。已析可用者曰篾。"从段注可知"箯"与"篾"的不同之处。《集韵·屑韵》:"篾,析竹也。"《广韵·屑韵》:"篾,竹皮。"清张慎仪《蜀

---

① 王庆:《嚼杨枝:历史上的洁齿习俗》,《民俗研究》2014 年第 1 期。
② 王邦维:《也谈"嚼杨木"的由来》,《学术研究》1983 年第 2 期。

方言》卷下:"竹皮曰篾。"纪国泰《〈蜀方言〉疏证补》:"竹皮之未析者曰筤,已析可用者曰篾。张氏不辨其异,径谓'竹皮曰篾',且以'筤'为'篾'之本字,失之不确。蜀人谓竹皮之已析可用者曰'篾'或'篾条';'篾条'之短者曰'篾片儿';'篾条'之带青皮者为'青篾',不带青皮者为'黄篾'。"① 纪国泰明确指出"筤"与"篾"的主要区别在于是否已经析开。

姜亮夫《昭通方言疏证》:"今昭人有篾青篾黄之别而皆曰篾。"② 蒋宗福《四川方言词语考释》"青篾"条:"有青色表皮的篾条。与之相对则有黄篾。"③ 豫南地区亦然,称剖开的竹皮为篾,也有篾青、篾黄之分。"竹篾"也称为"籟"。《玄应音义》卷十七《阿毗昙毗婆沙论》第三十八卷"竹篾":"莫结反。《埤苍》:'析竹皮也。'中国谓竹篾为籟,籟音弥。蜀土亦然。"(C057/16/b)《玉篇·竹部》:"籟,竹篾也。"《慧琳音义》卷五十二《长阿含经》第七卷"为籟"注:"亡支反。《字林》:'竹篾也。'经文或作篾,义同。今蜀土关中皆谓竹篾为籟。"(T54/649/c)明李实《蜀语》:"竹篾曰籟条。籟,音迷。籁,同。"清光绪《叙州府志》卷二十二、清光绪《平越直隶州志》卷五、民国《蓬溪县近志》卷七均记载:"竹篾曰籟。音迷。"《大词典》"篾"条:"❶薄竹片;劈成条状的竹皮。"首引例为明宋应星《天工开物·攻黍稷粟梁麻菽》,《大词典》收释"竹篾"首引书证为《元史·天文志》,例证均偏晚。

第二节 称谓类方俗口语词

"称谓"一词最早见于《后汉书·郎颛传》:"今去奢即俭,以先天下,改易名号,随事称谓。"向熹在《称谓词与〈称谓词典〉》一文中指出:"称谓词就是用来彼此称呼的词。"④ 中古律部汉译佛经中称谓类方俗口语词主要包括亲属称谓、社会称谓、情感称谓三大类。亲属称谓是对具有亲

---

① 纪国泰:《〈蜀方言〉疏证补》,巴蜀书社,2007,第280页。
② 姜亮夫:《昭通方言疏证》,见《姜亮夫全集》第十六册,云南人民出版社,2002,第379页。
③ 蒋宗福:《四川方言词语考释》,巴蜀书社,2002,第562页。
④ 向熹:《称谓词与〈称谓词典〉》,四川大学学报(哲学社会科学版)2006年第4期。

属关系的人的称谓,如阿父、阿翁、阿母、阿兄、阿弟、姑、姑妐、本二、故二等。社会称谓是对人的社会属性的称谓,如偷儿、屠儿等。情感称谓指带有鲜明感情色彩的称谓,如不吉利人、不吉利物、短寿物、短寿、长寿、众多人子、秃居士、噉酒糟驴等。

【阿父】【阿翁】【阿母】【阿兄】【阿弟】

(1) 是二小儿饥,见诸饼食,从父摩诃卢索言:"阿父!与我食,与我饼。"父语儿言:"但索无价,谁当与汝?"(《十诵律》卷二十一,T23/151/b)

(2) 佛住舍卫城,尔时六群比丘展转作俗人相唤,阿翁、阿母、阿兄、阿弟。(《僧祇律》卷三十五,T22/510/b)

按:名词前加词头"阿"构成的称谓词,口语色彩较浓①。中古律部汉译佛经中由词头"阿"构成的称谓词很多,除上两例中的阿父、阿翁、阿母、阿兄、阿弟之外,还有阿爷、阿婆、阿舅、阿尼等。"阿父""阿翁"即父亲,公、翁一声之转。"阿母"即母亲,"阿兄""阿弟"即称兄弟。《僧祇律》卷二十一:"妇人言:'阿尼且食,我当更求与之。'比丘尼言:'今世饥俭,何处更得?'"(T22/397/b)此例中的"阿尼"是世俗之人对尼姑的称谓。由上揭例(2)可知,"阿"在亲属称谓前乃是世俗人的称谓表达,出家以后对亲属的称谓要发生改变,《僧祇律》卷三十五:"共翁语时不得唤言'阿翁、阿爷、摩诃罗',应言'婆路醯多';共母语时不得言'阿母、阿婆',应言'婆路醯帝'。共兄语时不得言'阿兄'。"(T22/510/b-c)

周俊勋指出"阿+X"的形式在东汉时就已经出现,主要有三种语义变体模式:(1)"阿+名、字";(2)"阿+亲属称谓";(3)"阿+代词"②。中古律部汉译佛经中的"阿"可以放在疑问代词"谁"前,《僧祇律》卷十四:"复作是思惟:'我今当扰乱阿谁,能使一切僧,皆共扰乱,不得作羯磨?'"(T22/340/a-b)《十诵律》卷二十六:"婆罗门言:'云

---

① 敏春芳:《敦煌愿文词汇研究》,民族出版社,2013,第269~270页。
② 周俊勋:《魏晋南北朝志怪小说词汇研究》,巴蜀书社,2006,第185页。

何得住？阿谁供给？'"（T23/188/b）传世文献中"阿"在亲属称谓前的用法较为常见，很多学者都已经指出①，此不赘述。

【本二】【故二】

（1）有一摩诃罗比丘，梦中与本二行淫。觉已，出房高声大唤："我非沙门，非释种子！"（《五分律》卷二十八，T22/182/b）

（2）尔时长老阿难陀，是偷兰难陀比丘尼本二，不善观察，与不净衣浣，作是言："姊！为我浣染打此衣。"（《僧祇律》卷八，T22/300/c）

按："本二"即出家前的配偶。宋元照《四分律删补随机羯磨疏济缘记》卷四："本二即在俗时妻，二谓匹偶也。"所释可商。佛经文献中"本二"是男女出家后的互称，例（1）中"本二"是"摩诃罗比丘"对出家前妻子的称谓。例（2）中"本二"则是"偷兰难陀比丘尼"对出家前丈夫的称谓。李维琦释为"出家前已婚，出家后男女双方互为本二"②。颜洽茂也指出"本"犹"故也；旧也"③。中古律部汉译佛经中还有"故二"一词，《四分律》卷一："尔时世尊知时义合，问须提那：'汝实与故二行不净耶？'"（T22/570/b）又卷五十七："时有比丘持苏毗罗浆在道行，故二唤共行不净，即示其女根。"（T22/987/b）

"故二"与"本二"义同。明弘赞《四分律名义标释》卷三"故二"注曰："故者，旧也。梵音褒罗那地邪，此云旧、第二，或云本二，即旧妻也，谓舍俗出家，无复妻名。以其本在俗时，妻居次故，因名为故二也。"（X44/428/c）"故二"的梵文写为 Purāṇa-dvitīyā。Purāṇa 有"故旧""以前""过去"等义④。汉译佛经中"故二""本二"也有译为"先妻"

---

① 具体可参看江蓝生《魏晋南北朝小说词语汇释》，语文出版社，1988，第 8~11 页；蔡镜浩《魏晋南北朝词语例释》，江苏古籍出版社，1990，第 1~2 页；江蓝生、曹广顺编著《唐五代语言词典》，上海教育出版社，1997，第 1 页；蒋宗许《汉语词缀研究》，巴蜀书社，2009，第 121~129 页；刘传鸿《中古汉语词缀考辨》，北京大学出版社，2018，第 45 页。

② 李维琦：《佛经词语汇释》，湖南师范大学出版社，2004，第 13~15 页。

③ 颜洽茂：《佛教语言阐释——中古佛经词汇研究》，杭州大学出版社，1997，第 50 页。

④ 参见〔日〕获原云来《梵和大辞典》（汉译对照），新文丰出版公司，1980，第 795 页。

的,梁僧伽婆罗译《阿育王经》卷十:"昔与父母有约,出家之后,当数看父母。白和上言:'往父母处,是其先妻,为其懊恼,不复严饰。'"(T50/168/c)

【姑】【姑妐】

(1) 女适男家,每执苦事,遂生劳患,卧到日出。时姑唤言:"何以不起?汝不知妇礼,晨朝当起,扫洒执作,瞻视宾客。"(《僧祇律》卷六,T22/271/b-c)

(2) 须提那妇数日之中便有月水,即以白姑,姑欢喜言:"是有子相。"(《五分律》卷一,T22/3/a)

按:从上两例句义可知"姑"即丈夫的母亲。《礼记·内则》:"妇事舅姑,如事父母。"《释名·释亲属》:"夫之母言姑。"中古律部汉译佛经中亦有"姑妐"之称,《僧祇律》卷三十六:"不听者,未嫁女,当问父母;已出嫁,当问婿姑妐及叔。"(T22/519/c) 又卷三十八:"此女后嫁适婆罗门家,姑妐严恶难事,乃至我用此活为?不如自杀。"(T22/529/a) 从此两例中的"已出嫁""嫁适"等词语可知,"姑妐"是对丈夫父母的称呼,即公公婆婆。《玄应音义》卷十五《僧祇律》第三十六卷"姑妐"注:"故胡反。《白虎通》曰:'姑者,故也。故,老人之称也。'《说文》:'姑,母也。'① 下之容反。《释名》:'俗谓舅章曰妐。'"(C056/1050/c) 清厉荃《事物异名录》卷七《伦属部》:"妐姑,《吕览》:'姑妐知之。'按关中呼夫之父曰妐。""妐"也写作"伀"。清梁章钜《称谓录》卷七:"伀、妐,刘熙《释名》:'俗谓舅曰章,又曰妐。'《一切经音义》引作'俗谓舅章为伀。'颜师古《汉书》注:'关中呼夫之父曰妐。'《吕览》:'姑妐知之,曰为我妇而有外心。'注:'妐即翁也,音钟。'案,伀、妐古通用。"

【夫主】

(1) 我在家时,夫主作粗恶语向我,犹不能堪忍,况今出家之

---

① "姑,母也",《碛砂藏》本和《高丽藏》本《玄应音义》对应文字均作"姑,夫母也"。考《说文·女部》:"姑,夫母也。"由此可知"母"前脱"夫"字。

人，恶口如是？（《四分律》卷三，T22/581/b）

（2）诸女人言："我食欲人缠腰使细，欲令夫主爱念。阿梨耶用是何为？"（《僧祇律》卷四十，T22/544/c – 545/a）

按："夫主"即指丈夫。旧时以夫为主，故称夫主。《十诵律》卷四十六："主不听者，有三种：若未嫁女，父母不听；若已嫁未至夫家者，尔时两边不听；若已至夫家，夫主不听。波夜提。"（T23/330/b）东晋瞿昙僧伽提婆译《中阿含经》卷七："诸贤！犹如初迎新妇，见其姑嫜，若见夫主，则惭愧羞厌。"（T01/466/a）东晋瞿昙僧伽提婆译《增壹阿含经》卷三十一："时，彼侍臣往而问之所由哭耶？淫女报曰：'夫主见弃，是故哭耳。'"（T02/722/a）传世文献亦多有此称，晋葛洪《神仙传》卷四："太玄女者，姓颛名和，少丧夫主。"《后汉书·列女传·曹世叔妻》："正色端操，以事夫主，清静自守，无好戏笑，洁齐酒食，以供祖宗，是谓继祭祀也。"光绪《嘉应州志》卷七："夫谓妻曰老婆，妻谓夫曰老公，亦曰夫主。"清翟灏《通俗编》卷四《伦常》亦收"夫主"条，可参见。

【姊妹】【大姊】

（1）诸比丘尼见，语言："姊妹！此比丘比丘僧已和合，与作不见罪羯磨。"（《五分律》卷十一，T22/78/b）

（2）若比丘与女人共井汲水，若比丘下灌时女人欲下，当语言："姊妹小住，待我灌出竟，然后下。"（《僧祇律》卷五，T22/266/c）

（3）时有一比丘着弊故补纳僧伽梨，莲华色比丘尼见已，发愍愍心，即问比丘言："大德！何故乃着此弊故僧伽梨耶？"答言："大姊！此尽法故弊坏耳。"（《四分律》卷六，T22/606/b）

（4）尔时有比丘爪长，至一白衣家，此比丘颜貌端正，白衣妇女见已便系意于彼比丘，即语比丘言："共我作如是如是事。"比丘言："大姊！莫作是语，我等法不应尔。"（《四分律》卷五十一，T22/945/b – c）

按：《说文·女部》："姊，女兄也。"《尔雅·释亲》："谓女子先生为姊，后生为妹。"《诗经·邶风·泉水》："问我诸姑，遂及伯姊。"毛传："先生曰姊。"明弘赞《四分律名义标释》卷十九"大姊"："姊，音子，女兄也。本作姊，俗作姊。姊，四姓出家，同归姓释，是为法中姊妹。"（X44/546/a）例（1）中的"姊妹"和例（3）中的"大姊"是比丘对比丘尼的称谓。例（2）的中"姊妹"和例（4）中的"大姊"是比丘对在家女子的称谓。由此可知，"大姊""姊妹"为当时俗称，相当于今之姐姐、大姐等称呼。佛典中用例比比皆是，《四分律》卷十九："比丘应语彼比丘尼如是言：'大姊且止！须比丘食竟。'"（T22/696/c）《十诵律》卷三："时迦留陀夷遥见众女人，便言：'姊妹来！我当示汝诸房舍处。'"（T23/14/c）

【姊妹夫】

（1）持女意语男者，有女人语比丘言："汝能持是语语彼男子不？我为汝作妇，若共私通，汝能为我作夫。若共私通，若我与汝女，若与姊妹，汝能作我女夫，若<u>姊妹夫</u>。"（《十诵律》卷三，T23/18/c）

（2）有比丘夏安居，是中男子不如法语："大德！我与汝女若姊妹，汝作女婿，作<u>姊妹夫</u>。"（《十诵律》卷二十四，T23/177/a）

按："姊妹夫"即是对姐妹丈夫的称呼，俗称为连襟。唐义净《根本说一切有部尼陀那目得迦》卷七："时彼城中有一长者名室利笈多，元是露形外道门徒，即是聚底色迦姊妹夫也。"（T24/443/b）《温州话词语考释》："姊妹夫：姐妹的配偶，连襟。"①

【偷儿】【屠儿】

（1）有一比丘本是<u>偷儿</u>，语诸比丘："可共至彼聚落取物。"诸比丘便从其语，先往取之。彼比丘于后生疑问佛："我如是教人盗，犯波罗夷不？"（《五分律》卷二十八，T22/183/c）

（2）男言："我是某甲<u>屠儿</u>，有长老迦游延，常出入我家，我常

---

① 沈克成、沈迦：《温州话词语考释》，宁波出版社，2009，第603页。

供给饮食、衣被、汤药。噫耳！彼常语我言：'莫作恶行，后得大苦。'我时答言：'先世以来，以此为业，今若不作，那得自活？'"（《十诵律》卷二十五，T23/179/b）

按："偷儿""屠儿"即小偷、屠户的俗称。元魏慧觉等译《贤愚经》卷七："彼时国中，有一老母，无有子息，单穷困厄。时诸偷儿，往诣其舍，欲共杀牛。老母欢喜，为办薪水煮熟之具。"（T04/401/c）《僧祇律》卷二十四："恶友者，与象子、马子、偷儿、劫贼、樗蒱①儿，如是等共相亲厚。"（T22/423/c）竺家宁举东汉和六朝的语料指出："词尾'儿'在汉代即已萌芽，六朝即已蓬勃发展。"② 蒋宗许对竺文进行了反驳，认为汉代及六朝的所谓后缀"儿"的例子不成立，并指出"屠儿"等是对卑下者的贱称③。中古律部汉译佛经中除了偷儿、屠儿之外，还有伎儿、乞儿、外道儿、樗蒱儿、牧牛儿等表称谓的词语，其中"儿"均为有实在意义的词素。

【不吉利物】【不吉利人】

（1）比丘问："汝何故还？"彼人便瞋言："不吉利物！何以问我？"比丘言："纵使我不吉利，汝应语我还意！"（《五分律》卷九，T22/65/a）

（2）比丘尼语诸男子言："汝可小避，莫逼近我！"诸男子言："不吉利人！剃头着割截衣，不应来此；而来此者，是欲求男子！云何使我避去？"（《五分律》卷十三，T22/90/a）

按："不吉利物""不吉利人"都是对比丘或比丘尼的骂詈之辞。佛经中常认为见到比丘或比丘尼是不吉利的，如《五分律》卷八："佛以是事集比丘僧，种种呵责六群比丘言：'汝等愚痴，所作非法！军发行时，以见沙门为不吉。'"（T22/56/a）此句义为军队在出发时见到沙门不吉。因

---

① 又作"樗蒱"，即"樗蒲"。
② 竺家宁：《中古汉语的"儿"后缀》，《中国语文》2005年第4期。
③ 蒋宗许：《〈中古汉语的"儿"后缀〉商榷》，《中国语文》2006年第6期。

这些事情不吉利,故称沙门为"不吉利物""不吉利人"。元魏吉迦夜共昙曜译《杂宝藏经》卷九:"王于道士剃发之人,特复憎恶,王大恚言:'汝今定死。'寻便遣人,将迦栴延,垂欲加害。迦栴延白王言:'我有何过,乃欲见害?'王复语言:'汝剃发人,见者不吉,是以今者欲杀于汝。'"(T04/489/c) 也称为"不吉人",如《五分律》卷八:"尔时诸比丘到军中再三宿,观军着仗、列阵。乃至战时,战士见之,咸瞋恚言:'此不吉人,已复来此! 王若不信乐佛法,我当先断其头,然后击贼!'"(T22/56/b) 又骂比丘尼为"不吉弊女",如《十诵律》卷四十四:"诸居士呵责言:'诸比丘尼,不吉弊女,余无屏厕耶? 于此净茂草处着大小便。'"(T23/319/a)又卷四十六:"先有比丘尼,裸形河中洗浴,诸居士妇呵责言:'不吉弊女,粗身大腹垂乳,何用作比丘尼为? 何不反戒作婢?'"(T23/335/a)

【短寿物】【短寿】【长寿】

(1) 比丘尼骂言:"短寿物! 汝是贼! 王舍城人恒来,喜作细作,伺国长短。"即语弟子:"取我僧伽梨来,系此短寿,闭着狱中。"(《僧祇律》卷三十六,T22/519/b)

(2) 佛住舍卫城,尔时有夫妇出家,时夫摩诃罗来与食,在边而立。其夫说先时女人恶事,闻已不喜,便作是言:"短寿摩诃罗! 不识恩义,不应说者而说之。"(《僧祇律》卷三十八,T22/532/c)

(3) 佛住王舍城,尔时树提比丘尼隐处生痈,诸比丘尼入聚落乞食,后有治痈师来。比丘尼言:"长寿! 与我破痈。"(《僧祇律》卷三十九,T22/541/c)

按:"短寿物"犹今之骂人语"短命鬼"。"短寿"为骂詈之词,与"长寿"相对。朱庆之指出"短寿"为詈语,"长寿"是对他人的敬称[1]。李维琦说:"长寿既是祝福的话,那短寿就是骂人的话。"[2] 吴海勇指出:"律部多记比丘称在家信众为'长寿',这又与古印度社会祝人'长寿'

---

[1] 朱庆之:《佛典与中古汉语词汇研究》,文津出版社,1992,第 21 页。
[2] 李维琦:《佛经续释词》,岳麓书社,1999,第 96~97 页。

的习俗有关。"① 律部佛经中常用"长寿"一词,《僧祇律》卷四:"是时看病比丘便往鹿杖外道所语言:'长寿!汝能杀某比丘者,当与汝衣钵。'"(T22/254/a)《四分律》卷五十三:"时世尊嚏,诸比丘咒愿言:'长寿!'诸比丘、比丘尼、优婆塞、优婆夷亦言:'长寿。'"(T22/960/b) 此例是说世尊在打喷嚏的时候,别人在旁边说祝福语"长寿"。方志中有记载,如民国《雄县新志》"嚏喷"条云:"今俗人嚏,云人道我,此乃古之遗语也。说林俗凡小儿喷嚏,呼千岁及大吉。考《燕北录》:'戎主太后喷嚏,近侍臣僚齐声呼"治夔离",犹汉呼"万岁"也。'俗盖本此。"与祝人长寿相反的,则是骂人"短寿"。今吴语中犹有骂人之词"短命""短寿命""短阳寿"等②。

【众多人子】

(1) 受取已,即罢道,脱去袈裟,着两张细氍,巷中作如是骂言:"耆域医师众多人子,我雇五百两金、两张细氍而不肯治,见我出家,便与我治,反更得氍。"(《僧祇律》卷二十四,T22/420/b)

(2) 外道尼骂言:"众多人子大腹沙门尼,汝便杀我,终不与汝作。"(《僧祇律》卷三十六,T22/517/c)

按:"众多人子"为骂詈语,犹今骂人之词"杂种"③。在《僧祇律》中仅出现三次,《僧祇律》卷四十:"佛住舍卫城,尔时有比丘尼,不先看墙外,掷弃大小便。时有婆罗门新洗浴,着新净衣,巷中行正堕头上。婆罗门瞋骂言:'众多人子沙门尼,污我如是。'"(T22/543/a) 从"骂""瞋骂"等可以看出,"众多人子"是骂詈之词。清顾张思《土风录》卷八:"詈人曰杂种。"今江淮官话、西南官话有骂人曰"杂儿种"的④。

---

① 吴海勇:《中古汉译佛经叙事文学研究》,学苑出版社,2004,第139页。
② 许宝华、〔日〕宫田一郎主编《汉语方言大词典》,中华书局,1999,第6168~6169页。
③ 姜黎黎:《〈摩诃僧祇律〉单音动词词义演变研究及认知分析》,中国社会科学出版社,2014,第16页。
④ 许宝华、〔日〕宫田一郎主编《汉语方言大词典》,中华书局,1999,第2137页。

【秃居士】【秃头居士】【秃头辈】

（1）诸外道妒嫉讥嫌言："是秃居士舍内作饭食。诸居士内有库藏食箪食厨。诸沙门释子自言善好有德，而舍内亦有库藏食厨，与白衣何异？"（《十诵律》卷二十六，T23/190/a）

（2）复问言："从谁间得耶？"报言："秃头居士边得。"复问："何者是秃头居士？"报言："沙门瞿昙是。"（《四分律》卷十五，T22/664/c）

（3）诸居士见，问言："谁积此食？"有人言："沙门释子！"即皆讥诃："此秃头辈，唯知贪受，不计损费！"（《五分律》卷八，T22/54/b）

按："秃"是对僧尼的骂詈之辞。《说文·秃部》："秃，无发也。"《吕氏春秋·明理》"盲秃伛尪"高诱注："秃，无发也。"因皈依佛门需要剃度，故世俗人多骂僧尼为"秃"。上三例中"秃头辈""秃头居士""秃居士"皆是如此。《佛光大辞典》"秃人"条释曰："诽谤僧伽之语。又作秃、秃比丘、秃奴、秃婢。乃斥骂外形虽是剃头之出家众，实则为破戒不守教制者，或斥出家以图生活方便者。"①汉译佛经中用"秃"为构词语素构成的词很多，如"秃丁""秃人""秃奴""秃驴"等，亦用来骂詈僧人。宋人编撰《东坡居士佛印禅师语录问答》："不秃不毒，不毒不秃，转秃转毒，转毒转秃。"此虽是东坡与佛印二人的戏谑之辞，但也可以看出世人常以"秃"来骂詈僧人。

【噉酒糟驴】

（1）即唤摩尼师来作器，器成偶似钵形，离车作是念："此是出家人器，非俗人所宜，应与萨遮尼揵子。"复有言："应与姊子尼健。"复有言："何故与是噉酒糟驴？应与世尊。"（《僧祇律》卷二十九，T22/462/a）

（2）时优婆塞言："我师少欲知足。"外道弟子复言："我师少欲知足。"优婆塞言："汝师无惭无愧，噉酒糟驴，我师少欲知足有惭

---

① 慈怡主编《佛光大辞典》，佛光文化事业有限公司，1988，第 2985~2986 页。

愧。"(《僧祇律》卷三十一，T22/482/b)

按："噉酒糟驴"为骂詈语词，朱庆之已揭之①。戒律规定出家僧尼不准饮酒，与酒相关的食物均不得食，《四分律》卷十六："若饮醋味酒者，突吉罗。若食曲，若酒糟，突吉罗。"（T22/672/b）《十诵律》卷十七："若噉酒糟，随咽咽，波逸提。"（T23/121/b）"酒糟"为造酒之后留下的渣滓，若吃此物容易引起醉乱。梁宝亮等集《大般涅槃经集解》卷七："僧宗曰：'酒糟者，食则醉乱，怀相在心，则迷真法也。'"（T37/409/b）隋慧远述《大般涅槃经义记》卷二："酒糟喻痴，滑草喻贪，麦麨喻瞋，断名不食。"（T37/651/a）唐义净译《根本说一切有部苾刍尼毗奈耶》卷十六："若食酒糟，醉者堕罪。若不醉者，得恶作罪。"（T23/994/b）宋延寿集《宗镜录》卷三十九："酒糟是愚痴。"（T48/648/a）《后汉书·五行志》："国且大乱，贤愚倒置，凡执政者，皆如驴也。"

在中国传统文化中，"驴"有特定的感情色彩和文化意义。"南北朝时，驴字被涂抹了强烈的憎恶色彩，与和尚的某些恶劣品性联系在一起。""到了宋人以后的小说戏曲，受市井习俗的沾染，以驴嘲人、骂人，更是花样翻新，不一而足，如人的脸长，被称为'驴脸'，刺耳的不谐音，被称为'驴叫'，为人执拗倔强被斥为'驴性'，和尚被骂为'秃驴'，还有'村驴'、'笨驴'、'蠢驴'……不难看出，在这些以驴为系的'词场'中，实际上驴字已具有某种符号化的意味。"②

禅宗文献多用"噇酒糟汉"，如《景德传灯录》卷九《百丈怀海禅师》："一日上堂大众云集，乃曰：'汝等诸人，欲何所求？'因以棒趁散，云：'尽是噇酒糟汉，恁么行脚取笑于人，但见八百一千人处便去，不可只图热闹也。'"《五灯会元》卷七《福州雪峰义存禅师》："师住后示众曰：'我当时若入得老观门，你这一队噇酒糟汉，向甚么处摸索？'"酒糟一般作为喂猪等动物的饲料，故"噇酒糟汉"即是骂人为猪等动物③。

---

① 朱庆之：《佛典与中古汉语词汇研究》，文津出版社，1992，第22页。
② 滕先森：《驴与中国传统文化》，《文史杂志》2001年第5期。
③ 谭伟：《〈祖堂集〉语词考释》，《汉语史研究集刊》第7辑，巴蜀书社，2004。

第三节　行为类方俗口语词

行为类方俗口语词主要指表示行为动作或事物运动变化的词语。周作民指出："这类词是词汇中极具活力的部分，它们的发展变化无疑是词汇发展变化的重要表现。"① 本节选择中古律部汉译佛经中具有代表性的行为类方俗口语词，主要有逼、抄取、抄断、废、妨废、放气、缝缀、膏、交通、交会、绞捩、儭赁、撚、缦（漫）、捺、拍石、拼（絣）、起、嗽（嗽、欶、嗾、嘲）、听许、行、眤、迎逆、隐、展、筑、總等，例释如下。

【逼】

至明日，复作布萨食，作釜饭逼上饭汁自饮，即觉身中内风除，宿食消，觉饥须食，作是念："阿阇梨是一食人，应当须粥。"（《僧祇律》卷二十九，T22/462/c）

按：郭在贻指出："审辨字形不仅对于传统训诂学是重要的，在训诂学的新领域——俗语词研究中，审辨字形有时也是解决问题的关键。"② 此例中的"逼"当为"滗"的记音字，"逼上饭汁"义为"滤出饭汁"。《玄应音义》卷五《心明经》"滗饭"条注曰："碑密反。《通俗文》：'去汁曰滗。'江南言逼，讹耳。今言取义同也。经文作匕，俗语也。"（C056/898/c）《广雅·释诂二》："滗，盩也。"王念孙疏证："滗之言逼，谓逼取其汁也。《玉篇》：'滗，筲去汁也。'《众经音义》卷五引《通俗文》云：'去汁曰滗。'……今俗语犹云滗米汤矣。"明凌蒙初《三刻拍案惊奇》卷五："劳氏每日只煮粥，先滗几碗饭与阮大吃，好等他田里做生活。次后把干粥与婆婆吃，道他年老饿不得，剩下自己吃，也不过两碗汤几粒米罢了。"

明清俗语辞书多有记录，如清唐训方《里语徵实》卷一："去渣曰滗，音背。"清翟灝《通俗编》卷三十六："滗，音笔。《博雅》亦训'盩'。

---

① 周作民：《中古上清经行为词新质研究》，中国社会科学出版社，2013，第11页。
② 郭在贻：《训诂学》（修订本），中华书局，2005，第60页。

《集韵》训'去滓',今云'滗药'是也。"《越谚》卷下:"滗,留渣取汁也。"① 也写作"泌",章太炎《新方言》:"古字无滗,故医经但作分泌。今人皆谓去汁曰泌,引申之谓甚清为泌清。"清乾隆《象山县志》卷一:"去汁曰滗,音笔。"民国《定海县志》卷五:"滗,去汁也。如药在罐中,覆以罐盖,使汁沥出曰滗药,亦作洷、泌。"

【抄】【抄断】

(1) 诸外道见是桥已,皆大欢喜,各作是言:"此诸沙门徐徐而来,我等当先渡,取第一坐处。"即皆奔走竞抄趣桥,各欲先渡。(《僧祇律》卷十六,T22/353/b)

(2) 比丘有五法,不应将作伴行:"喜大在前行,喜大在后,喜抄断人语次。不别善恶语,善语不赞,称美恶言,如法得利,不以时为彼受。有是五法,不应将作伴行。"(《四分律》卷五十九,T22/1006/c)

按:"抄"有走近路之义。《后汉书·鲜卑传》:"出塞抄击鲜卑,大斩获而还。""抄击"即从侧面绕到敌后进行袭击。例(1)中的"竞抄趣桥"即有抄近路直接到达桥之义。方言大词典释"抄直"为"走较近的路。西南官话",今扬州、南京、武汉等地有"抄近""抄近路""抄直"等用法,即走较近的路②。江西抚州崇仁县有"抄直走",即"抄近路走"③。"抄"还可指谈话中间的插入,如例(2)中"抄断"义为中途打断、截断。"喜抄断人语次"即喜欢打断别人说话,相当于今天说的"插嘴"。别人讲话时,不待他人说完就从中插话。"抄断"也作"剿断",《汉语方言大词典》释"剿断"为"截住、中断,古方言",引《朱子语类辑略》卷二:"譬如听人说话,一般且从他说尽,不可剿断他说。"④

另,《大字典》释"抄"为:"同'抄',抚摸。"引《集韵·戈韵》:

---

① 侯友兰等点注《〈越谚〉点注》,人民出版社,2006,第301页。
② 参见李荣主编《现代汉语方言大词典》,江苏教育出版社,2002,第1640页;许宝华、〔日〕宫田一郎《汉语方言大词典》,中华书局,1999,第2548页。
③ 陈诺、谢留文:《江西崇仁方言同音字汇》,《方言》2022年第4期。
④ 许宝华、〔日〕宫田一郎:《汉语方言大词典》,中华书局,1999,第6740页。

"抄,摩抄也。亦省。"无书证。《四分律》中恰有一例可作补充,卷五十七:"时有比丘欲心抄女人尻,疑,佛言:'僧伽婆尸沙。'"(T22/986/c)此例中"抄"同"抄"。"抄女人尻"即是因欲心而抚摸女人臀部。此种行为亦为戒律所禁止,故犯僧伽婆尸沙罪。《慧琳音义》卷五十七《佛说长者子懊恼三处经》"摩抄"条:"下索何反。《声类》云:'摩抄,犹扪摸也。'《古今正字》:'从手沙声。'经从少作抄,误,遗脱也。"(T54/686/c)宋代僧人睦庵善卿《祖庭事苑》卷一《云门录》下:"摩抄,正作抄,桑何切,摩也。"

【废】【妨废】

(1) 诸比丘布萨时不肯时集,<u>废</u>坐禅行道。(《五分律》卷十八,T22/122/c)

(2) 又诸比丘亦与诸比丘尼衣,令浣、染、打。时诸比丘尼以此多事,<u>妨废</u>诵读坐禅行道。(《五分律》卷四,T22/26/c)

(3) 彼众人嫌言:"我等各各<u>废</u>家事,到此间共料理官事。汝今云何<u>妨废</u>众人?"(《僧祇律》卷十一,T22/321/b)

按:"废"有妨碍、影响之义。《尔雅·释诂下》:"废,止也。"《论语·雍也》"中道而废"刘宝楠正义曰:"废,犹言止也。"由"止"引申为妨碍、影响。例(1)中"废坐禅行道"即影响坐禅行道。又如《十诵律》卷二十六:"婆罗门思惟:'我四月安乐自娱,二月逐沙门瞿昙,以我一人废诸国事。'"(T23/188/c)此例义为因我安乐自娱而影响诸国事。例(2)中比丘尼因忙于浣染打衣,所以影响了诵读坐禅行道。例(3)中"妨废"后跟"众人"可以看出,"妨废"义为影响、妨碍。

《大词典》未收"妨废"一词,《汉语大词典订补》释该词为"妨碍而废弃"[①],此释义既不能"揆之本文而协",又不能"验之他卷而通"。《汉语大词典订补》中例证如《宋书·礼志三》:"郊祀礼典所重,中间以军国多事,临时有所妨废。"《新唐书·刘宪传》:"蚕务未毕而遣使抚巡,所至

---

① 汉语大词典编纂处编《汉语大词典订补》,上海辞书出版社,2010,第451页。

不能无劳钱。又赈给须立簿最，稽出入，往返停滞，妨废且广。"明余继登《典故纪闻》卷八："胡人慕利，往来道路，贡无虚月。缘路军民递送，一里不下三四十人伺候于官，累月经时，妨废农务，莫斯为甚。"此三例中"妨废"均可理解为"妨碍、影响"。若把"妨废"之"废"理解为"废弃"，则有望文生义之嫌。

【放气】

（1）来入已，在前者膝头蹴，在后者肘头筑，放气调戏。(《僧祇律》卷十五，T22/344/a)

（2）佛住舍卫城，尔时六群比丘餐麨、啖豆、多饮酪浆，在禅坊中四角头坐，迭互放气，粗细作声而言："长老！此声调和甚好不？"以手把气而挂他鼻言："长老！香不？"(《僧祇律》卷三十五，T22/513/c)

按：从以上两例句义来看"放气"即放屁之义。吴海勇在《中古汉译佛经叙事文学研究》一书中指出："出于纪实的需要，戒律文学明显具有不避秽俗的特色。"① 失译《毗尼母经》卷六："气有二种：一者上气，二者下气。上气欲出时，莫当人张口令出，要回面向无人处，张口令出。若下气欲出时，不听众中出，要作方便出外，至无人处令出，然后回来入众，莫使众讥嫌污贱。入塔中时，不应放下气令出。塔舍中、安塔树下、大众中，皆不得令出气。师前、大德上座前，亦不得放下风出声。若腹中有病急者，应出外，莫令人生污贱心。"(T24/838/a) 曾良举此例认为"下气"即屁②。"放气"与此例中"放下气""放下风"义同。

【缝缒】

佛言："听草作，若毳、若劫贝作贮。若褥小，应张缝着床四边；若褥缘破裂，应补治；若贮聚一处，应缝缒。"(《四分律》卷五十，T22/937/b)

---

① 吴海勇：《中古汉译佛经叙事文学研究》，学苑出版社，2004，第61页。
② 曾良：《敦煌佛经字词与校勘研究》，厦门大学出版社，2010，第320页。

按:"缝纫"为同义并列复合词。《慧琳音义》卷五十九《四分律》第五十卷"缝纫"注:"于近反。纫衣也。《通俗文》:'合袂曰纫。'"(T54/704/c)明弘赞《四分律名义标释》卷三十三"缝纫":"纫,于谨切,音隐。缝衣曰纫,又合袂曰纫也。"(X44/651/b)《广韵·应韵》:"缝衣相着。"敦煌写本S.617《俗务要名林·女工部》:"纫,缀絮。于谨反。"唐张鷟《游仙窟》卷五:"新妇曾闻:'线因针而达,不因针而纫。女因媒而嫁,不因媒而亲。'"唐杜甫《李监宅》:"尚觉王孙贵,豪家意颇浓。屏开金孔雀,褥隐绣芙蓉。"明杨慎《丹铅总录》卷二十一"褥纫芙蓉"条:"《集韵》:'缝衣曰纫。'今俗云穿针纫线是也。杜诗'褥纫绣芙蓉'而字借'隐'。"明张自烈《正字通》卷八:"纫,以忍切,音隐。缝衣曰纫。"明耿随朝《名物类考》卷三:"缝衣曰帙,曰纫,曰绽,曰緘,曰纫。"表示缝义的"纫"在很多方言中留存,清光绪《镇海县志》卷三十九:"纫,《肯綮录》:'缝衣曰纫。'案,俗谓缝被曰纫被。"姜亮夫《昭通方言疏证》:"昭人谓穿针纫线,音如引。"① 朱彰年等编纂《宁波方言词典》释"纫"为"〈动〉用针线固定被面和被夹里及所絮的棉花等"②。

【膏】

(1) 譬如人以膏油<u>膏</u>车,为财物故,欲令转载,有所至到。(《四分律》卷五十三,T22/963/c)

(2) 譬如有人以脂<u>膏</u>车。所以膏者何?以其重载故。(《鼻奈耶》卷三,T24/861/b)

按:"膏车"即将油脂类东西涂抹在车轴或机器上。"膏"有"润""滋润"义。《诗经·曹风·下泉》:"芃芃黍苗,阴雨膏之。"孔颖达疏:"此苗所以得盛者,由上天以阴雨膏润之。"《国语·周语上》"土膏其动"韦昭注:"膏,润也。"《集韵·号韵》:"膏,润也。"汉译佛经中有较多用例,如后秦佛陀耶舍共竺佛念译《长阿含经》卷十三:"又如膏车,欲

---

① 姜亮夫:《昭通方言疏证》,见《姜亮夫全集》第十六册,云南人民出版社,2002,第327页。
② 朱彰年等编著《宁波方言词典》,汉语大词典出版社,1996,第490页。

使通利，以用运载，有所至到；比丘如是，食足支身，欲为行道。"（T01/84/c）姚秦竺佛念译《出曜经》卷二十八："于食知止足，及诸床卧具者，如彼行人，量食而进，亦不贪饕，趣支其命，行道而已。所以取膏，而膏车者，欲使重载，有所致也。"（T04/763/c）

佛典音义明确指出"膏"的动词义，如《慧琳音义》卷三十六《大日经》第七卷"膏车辖"注曰："上音告。《考声》云：'以膏油加车轴曰膏车。'"（T54/547/b）《可洪音义》卷十七"膏车"："上音告，润轴也。"（K35/196/a）《大词典》释"膏车"为"在车轴上涂油，使之润滑。常喻远行"。首引明何景明《塞赋》："昔予膏车而北骛兮，顾九折而返御。"例证偏晚。现代方言中还继续使用该词义，如相宇剑指出安徽淮北方言中也存在表示给物体抹油的"膏"①。济南方言有"膏油"一词②。"膏"也写作"告"，指给机器或轴承一类的东西加油③。《地道战》："你给辘轳告点油吧！"孙玉文在《汉语变调构词考辨》一书中指出表动词义的"膏"属于变调构词，"膏"读去声，是由名词"油脂"义衍生而来；并且认为"膏"的变调构词来自口语，非经师人为分出来的④。

【交通】【交会】

（1）有男子倩比丘往语外淫女与我<u>交通</u>，乃至还报，僧伽婆尸沙。（《僧祇律》卷六，T22/273/b）

（2）从是以后，渐与俗人及诸外道<u>交通</u>，遂便有娠。比丘尼即便驱出，语其师言："汝不知弟子与俗人外道私通耶？"（《僧祇律》卷三十六，T22/516/b）

按：从句义来看，上两例中的"交通"即发生性关系。"交"有交配、性交之义。《礼记·月令》"虎始交"郑玄注："交，犹合也。"《左传·襄公二十五年》："庄公通焉。"洪亮吉诂引服虔云："凡淫曰通。"

---

① 相宇剑：《淮北方言古语词考释》，《淮北师范大学学报》（哲学社会科学版）2012年第1期。
② 钱曾怡编纂《济南方言词典》，江苏教育出版社，1997，第182页。
③ 许宝华、〔日〕宫田一郎主编《汉语方言大词典》，中华书局，1999，第2706页。
④ 孙玉文：《汉语变调构词考辨》，商务印书馆，2015，第320~324页。

《广雅·释诂一》:"通,淫也。"颜洽茂认为"交通"是文言词俗语义,即一些文言词在使用过程中,往往产生俗语义,逐渐成为口语词①。关于此词蔡镜浩、李维琦均有解释②。中古律部汉译佛经中还有"交会"一词,如:

(3) 须臾者,若端正女人,有男子情比丘往求须臾交会,乃至还报,僧伽婆尸沙。(《僧祇律》卷六,T22/273/a)

(4) 尔时诸比丘尼于有食家宿,闻彼夫妇交会时声,生爱欲心,不复乐道,遂有反俗作外道者。(《五分律》卷十三,T22/94/b)

"交会"与"交通"义同。《僧祇律》卷六:"私通者,暂交会也。"(T22/271/c)"交会"本指聚集、会合之义,引申指两性的会合。"交会"在例(3)、例(4)中指男女两性之间,亦可指禽兽之间,《僧祇律》卷五:"若比丘在空闲处住,见有禽兽交会,见已欲心起,失不净者,是应责心。"(T22/263/c) 此即为颜洽茂所说的"文言词俗语义"。《大词典》"交会"条例引明冯梦龙《古今谭概》及章太炎《五无论》例,例证过晚。

【绞捩】

(1) 复有浣衣人,持衣至水边浣。浣已,绞捩。晒已,一处坐看。(《十诵律》卷五十八,T23/428/c)

(2) 还复取初捉者,先拭脚指间,次拭脚跟处,次拭第二者亦尔。次浣巾绞捩晒之,莫使尘生虫食,然后洗手。(《僧祇律》卷三十五,T22/508/a-b)

按:《大词典》未收"绞捩"一词,从构成方式来看"绞捩"当为同

---

① 颜洽茂:《佛教语言阐释——中古佛经词汇研究》,杭州大学出版社,1997,第 233~234 页。

② 参见蔡镜浩《魏晋南北朝词语例释》,江苏古籍出版社,1990,第 171 页;李维琦《佛经释词》,岳麓书社,1993,第 251~252 页。

义并列复合词，义为"挤压、拧"，此义柴红梅已揭①。《吴下方言考》卷七："《关尹子》：'木之为物，钻之得火，绞之得水。'案：绞，捩转也。吴中谓沛物出水曰'绞'。"徐复校议引《齐民要术·种红花蓝花栀子》："揉花，布袋绞取纯汁，着瓮碗中。"②中古律部汉译佛经中也有单用"绞"的，《四分律》卷四十一："彼浣已，不绞去水，烂坏虫生。佛言：'应绞去水，晒令干。'"（T22/862/c）明弘赞《四分律名义标释》卷二十三"绞去"："古巧切，交上声。绕也，缠急也，谓绞衣去水也。"（X44/582/c）"绞去水"即拧干水之义。《十诵律》卷六十一："佛在苏摩国，是时长老阿那律比丘弟子病，服下药，中后心闷，佛言：'与熬稻华汁与。'与竟，闷不止，佛言：'竹笋汁与。'与竟，不差，佛言：'囊盛米粥绞汁与。'"（T23/462/a）"囊盛米粥绞汁"是把粥装入囊内，通过挤压把汁滗出来。

"捩"在佛经中可单用，《十诵律》卷六："迦留陀夷更着余衣，脱此衣与比丘尼。比丘尼持是衣小却一面，捩衣取汁着小便处。"（T23/43/b）《四分律》卷三十三："若有如是污应去之，宜浣者浣之。捩去水，舒张晒置，若木床、若绳床上。"（T22/802/a）此例中的"捩"，《大正藏》校勘记曰：宋、元、明、宫本作"绞"，二者同义造成异文。唐义净译《根本说一切有部毗奈耶杂事》卷十九："时诸苾刍每用罗竟，不数洗濯，不捩干，不日暴，不翻转，令罗疾坏。"（T24/293/c）"捩干"即是挤去水分令其变干。徐时仪在《玄应和慧琳〈一切经音义〉研究》中指出"捩"为方俗口语词，义为"绞"，也写作"缔"及"捞"③，可参。

【僦赁】

若营事比丘，雇窑师、木师，作不净语，犯越比尼罪。若泥师、画师一切作师亦如是。若僦赁车、马、牛、驴、驼、人、船等，亦如是。（《僧祇律》卷十，T22/313/b）

---

① 柴红梅：《汉语复音词研究新探——以〈摩诃僧祇律〉为例》，天津古籍出版社，2014，第194页。
② （清）胡文英著，徐复校议《吴下方言考校议》，凤凰出版社，2012，第128页。
③ 徐时仪：《玄应和慧琳〈一切经音义〉研究》，上海人民出版社，2009，第403~404页。

按：“僦”为汉代以来的俗语词，与同义词"赁"构成并列复合词"僦赁"，即"租赁"之义。《广韵·宥韵》："僦，僦赁。"《广雅》："僦，赁也。"王念孙疏证曰："《史记·平准书索隐》引《通俗文》云：'雇载曰僦。'"《汉书·酷吏传》："初，大司农取民牛车三万两为僦，载沙便桥下，送致方上。"颜师古注曰："僦谓赁之与雇直也，音子就反。"《玄应音义》卷十五《僧祇律》第十卷"僦赁"注："子溜、将六二反。《通俗文》：'雇载曰僦。'"（C056/1046/c）宋孙光宪《北梦琐言》卷三："密于乌巾上帖文字云：'此处有屋僦赁。'相国不觉，及出，朝士见而笑之。"宋陶谷《清异录》卷一"钱井经商"条："僦屋出钱号曰痴钱，故僦赁取直者，京师人指为钱井经商。"清同治《万安县志》卷十七："凡仆马僦赁一切之费，举不以烦于吾民。"《大词典》释"僦赁"为"租赁"，孤证例引自宋周密《武林旧事·观潮》："江干上下十余里间，珠翠罗绮溢目，车马塞途，饮食百物皆倍穹常时，而僦赁看幕，虽席地不容间也。"例证偏晚。

【撚】

彼<u>撚</u>髭令翘，佛言："不应尔。汝等痴人！避我所制，更作余事。自今已去，应须发尽剃。"（《四分律》卷五十一，T22/945/c）

按：《大正藏》校勘记云："撚"，圣乙本作"涅"。"涅"当为"捏"之误。《玄应音义》卷十四《四分律》第五十一卷"撚髭"注："乃殄反。《通俗文》：'手捏曰撚。'两指索之也。《声类》：'撚，紧也。'律文作捏，乃结反，《字林》：'捏，撚也。'"（C056/1036/a）明弘赞《四分律名义标释》卷三十四释"撚髭"之"撚"曰："撚，乃珍切，音涊。《字林》云：'捏，撚也。'《通俗文》云：'以手指捏曰撚。'"（X44/661/a）《玉篇·手部》："捏，撚也。""捏"同"捏"。戴侗《六书故》卷十四："撚，两指搓撚也。"《慧琳音义》卷六十《根本说一切有部毗奈耶律》第十九卷"撚为"注："年典反。以二指一去一来相搓曰撚。"唐代义净翻译的佛经中用例甚多，《根本说一切有部毗奈耶》卷三十七："时此城中于一园处有五百女人，依此园林，撚劫贝线，以自活命。"（T23/830/b）又《根本说一切有部毗奈耶杂事》卷三十七："即取稻谷，多集诸人，令一一粒以指撚糠，米无有碎。"（T24/336/c）清光绪《井研县志》卷一："手捏曰撚。"今按，"捏"当为"捏"之形误。民国《安徽通志稿·方言考》卷一："又曰以指捏物而旋转之曰撚占，亦曰撚。按，《说文》：'撚，执也。'一曰揉也。《通俗文》：'手捏曰撚。'"

【缦】【漫】【鞔】

（1）彼安钵着地坏熏，佛言："不应尔。应以泥浆洒地安，若故坏熏，应安着叶上、若草上。若故坏熏，应作钵支。若复坏熏，以物<u>缦</u>底。"彼以宝<u>缦</u>底，佛言："不应用宝，应以白镴铅锡。"（《四分律》卷五十二，T22/953/a）

（2）诸比丘便用金、银、宝作。佛言："不应尔！听用铜、铁、竹、木、瓦、石作之；以十种家施衣，细者<u>漫</u>口，不听用粪扫衣，犯者突吉罗！"（《五分律》卷二十六，T22/173/c）

按："缦""漫"均为通假字，正作"鞔"。李维琦认为"鞔"义为"覆""蒙"[1]，所释准确。《集韵·桓韵》："鞔，一曰覆也。"例（1）中"以物缦底"即熏钵时以东西覆盖钵底，避免熏坏。例（2）中"细者漫口"即用细施衣蒙住漉水筒的一端。明弘赞《四分律名义标释》卷三十五"宏埒"条引《五分律》云："亦听畜漉水筒，用铜铁竹木瓦石作之，以细衣缦口，不听用粪扫衣（谓鞔一头，一头注水）。"（X44/667/b）例（2）中"漫"当作"鞔"，即覆盖、蒙住之义。律部佛经中"鞔"字亦见，《四分律》卷三十九："尔时长老毕陵伽婆蹉，脚跟破，须鞔跟革屣，诸比丘白佛，佛言：'听着鞔跟革屣。'"（T22/848/b）《玄应音义》卷十四《四分律》第三十九卷"鞔着"："莫干反。《苍颉篇》：'鞔，覆也。'今谓覆盖为鞔，《周礼》'栈车无革鞔'是也，律文作缦、漫二形，假借也。"（C056/1035/c）明弘赞《四分律名义标释》卷二十六"鞔跟"注曰："鞔，谟官切，音瞒，覆也。或借用漫字。"（X44/605/a）

明李实《蜀语》："皮冒鼓曰鞔，鞔音瞒。"清顾张思《土风录》卷十

---

[1] 李维琦：《佛经词语汇释》，湖南师范大学出版社，2004，第212~213页。

四"皮冒鼓曰漫"条:"大苏《寄刘孝叔》诗:'东海取鼍漫战鼓。'俗以皮冒鼓及布绢冒筛曰漫,本此。"清康熙《广东通志》卷三十:"其皮鞔鼓,声闻二十里。"民国《大埔县志》卷十四:"以皮布紧覆物曰鞔。《说文》:'鞔,覆空也,母官切。'《广韵》:'补也。'《苍颉篇》云:'覆也。'埔人以布蒙人物面曰鞔,以皮钉鼓曰鞔鼓。"民国《嘉定县续志》卷五:"鞔,俗言覆也。""鞔"在冀鲁官话、晋语、江淮官话、西南官话、吴语、赣语、粤语、闽语等均表"以皮蒙鼓"之义①。

【捺】

(1) 是女人初夜请比丘作不净事:"我当为汝供给捺脚。"(《十诵律》卷十六,T23/113/a)

(2) 捺者,或捺前、捺后、捺乳、捺髀。(《四分律》卷二十二,T22/715/b)

按:"捺"指用手按压之义。《广韵·曷韵》:"捺,手按。"《集韵·曷韵》:"捺,手重按也。"明弘赞《四分律名义标释》卷六"捺髀":"捺,乃八切。难,入声,手按也。"(X44/448/b) 陈明娥在《朱熹口语文献词汇研究》中认为"捺"是近代汉语才出现的一个动词②,此说不确。汉译佛经中习见,西晋竺法护译《普曜经》卷三:"菩萨在坐以手捺张,抨弓之声,悉闻城内。"(T03/502/a) 后汉康孟详译《佛说兴起行经》卷一:"便右手捺项,左手捉裤腰,两手蹙之,挫折其脊,如折甘蔗。"(T04/167/c)《大词典》义项❶释为"用手向下按",首例为《太平广记》卷二百四十九引唐张鷟《朝野佥载》,例证晚。

"捺"还可以与其他动词组合成词,如"捉捺""搔捺"等。《四分律》卷四十九:"时有比丘尼在白衣家内住,见他夫主共妇鸣口,扪摸身体,捉捺乳,年少比丘尼见已,便生厌离佛法心。"(T22/928/a)《十诵律》卷三:"若比丘为出黄、赤、白、薄精故,搔捺小便处,发心、身动、精出,僧伽婆尸沙。"(T23/14/c) 明弘赞《四分戒本如释》卷二:"捺者,

---

① 详见许宝华、〔日〕宫田一郎主编《汉语方言大词典》,中华书局,1999,第7195页。
② 陈明娥:《朱熹口语文献词汇研究》,厦门大学出版社,2011,第227页。

摩捺前后乳髀也。"（X40/210/c）《乾隆藏》随函音义"搔捺"注为："搔，苏遭切，手爬也。捺，乃曷切，手按也。""捉捺""搔捺"辞书均未见收录。"捺"清代以来的方志中多有记载，如清乾隆《象山县志》卷一："手重按曰捺。"清道光《广东通志》卷九十二："以手按物曰捺。"民国《东莞县志》卷十一："用力重按曰捺。捺读难，入声。"

【拍石】

如余沙门婆罗门食他信施，专为嬉戏，棋局、博掩、樗蒱、八道、十道或复拍石，断除如是种种嬉戏。（《四分律》卷五十三，T22/963/a）

按：例中棋局、博掩、樗蒱、八道、十道、拍石等均指博戏，"拍石"即为"投壶"的俗称。《玄应音义》卷十四《四分律》第五十三卷"拍石"："弹棋也。拍，音普白反。"（C056/1036/c）明弘赞《四分律名义标释》卷三十六"拍石"："普伯切，音珀。拊也，打也。拍石，弹棋也。弹棋是汉宫人妆奁戏也，或云掷石，即投壶也。投壶古用石，今用矢矣。"（X44/676/b）从弘赞所释可知，"投壶"又可称为"拍石""掷石""弹棋"等。《艺文类聚》卷七十四《古歌》："上金殿者，玉樽延贵客，入门黄金堂，东厨具肴膳，椎牛烹猪羊，主人前进酒，琴瑟为清商，投壶对弹棋，博弈并复行。""投壶"是古代从射礼衍生出的一种投掷游戏，文献中早有记载，《礼记·投壶》："投壶者，主人与客燕饮，讲论才艺之礼也。"郑玄注："投壶，射之细也。"《左传·昭公十二年》："晋侯以齐侯宴，中行穆子相，投壶。"南阳汉画馆藏投壶汉画像石（见图4-1），可与文献相互印证。从此画像石可见画中人抱矢欲投之状及壶内所投之矢。"拍石"佛经中又称为"掷石"，如北凉昙无谶译《大般涅槃经》卷十一："樗蒱、围棋、波罗塞戏、师子象斗、弹棋、六博、拍毱、掷石、投壶、牵道、八道行成，一切戏笑悉不观作。"（T12/674/b-c）《可洪音义》卷十六"掷石"条注曰："上池只反。经音义作'拍石'。"（K35/166/a）明代僧人袾宏撰《梵网菩萨戒经义疏发隐》卷五："掷石投壶者，投壶古用石，今用矢也。"（X38/201/c）

图 4-1 投壶汉画像石

注：此画像石出土于南阳市独山处沙岗店汉墓中。参见刘红玉《南阳出土投壶汉画像石赏析》(《中原文物》2002 年第 5 期)、宋华《南阳汉画像石（砖）中的射箭活动》(《中原文物》2013 年第 4 期)。

【拼（絣）】

（1）若作屋以绳拼地应量，彼作者过量，作者犯。(《四分律》卷三，T22/586/a)

（2）彼缝衣时患曲，听绳墨拼令直。(《四分律》卷五十二，T22/953/c)

（3）缀已，或有不直，佛言："处处拼拼。"(《十诵律》卷三十七，T23/270/a)

按："拼"为弹绳墨也。明弘赞《四分律名义标释》卷六"拼地"注："亦作抨，俗作伻，三形同。补耕切，音崩。使也，挥也，弹也。今谓弹绳墨为之拼。江南名抨也。"(X44/452/c)《玄应音义》凡五释"拼"，均为弹绳墨之义，如卷十四《四分律》第三卷中"拼地"注云："补耕反。今谓弹绳墨为拼也。江南名抨，音普庚反。"(C056/1024/c)《慧琳音义》对此词亦有解说，如卷七十五《修行道地经》第三卷"拼直"："补耕反。谓弹绳墨为拼也。经文作絣，帛无文者，非此义也。"

"拼"也写作"絣"。例（3）中的"拼"，《大正藏》校勘记曰：宋、元、明本作"絣"，宫本作"抨"，圣本作"絣"。后秦佛陀耶舍共竺佛念译《长阿含经》卷十九："其诸狱卒，捉彼罪人，扑热铁上，舒展其身，以热铁绳絣之使直，以热铁斧逐绳道斫，絣彼罪人，作百千段，犹如工匠，以绳絣木，利斧随斫，作百千段。"(T01/123/b)《玄应音义》卷十二《长阿含经》第十九卷"拼之"条:"古文枰,同,补耕反,谓弹绳墨为拼也。经中作绷。《字林》:'无文绮也。'绷非此用也。"(C056/990/c)《慧琳音义》卷七十九《经律异相》第四十九卷"绳拼"条:"上音乘,下百萌反。郭注《尔雅》云:'如木匠振墨绳曰拼。'《说文》:'拼,亦弹也。'从手并声。"《可洪音义》卷二十"绳拼":"北耕反,振墨绳也。正作绷。"(K35/279/b)《广韵·耕韵》:"绷,振绳墨也。"清桂馥《札朴》卷九《乡里旧闻》:"绷,木工振绳墨使直也。"王绍峰指出"绷"为正字,并认为"'绷'可为名词,也可为动词。作动词时,为拉紧、拉义"①。民国《牟平县志》卷十:"缝衣以粉线取直曰绷,音崩。"今西安等地亦称弹线曰绷②。

【起】

(1) 有比丘净地取土,不净地起屋;比丘持食着中,谓以为净。(《五分律》卷二十二,T22/152/c)

(2) 尔时比丘逼僧伽蓝作房,旧知事人语言:"长老!莫逼僧住处起房。"(《僧祇律》卷二十七,T22/444/a)

(3) 佛即与发爪甲:"汝供养是。"即白佛言:"世尊!听我以发爪起塔。"佛言:"听起。"(《十诵律》卷四十八,T23/351/c)

按:"起"义为造、盖。"起房""起屋"即盖房、建造房屋之义。佛经中多作"起塔""起庙""起塔庙"。"起"与"作"共现,《十诵律》卷四十四:"尔时诸比丘尼行乞,欲为多人作房舍。诸居士问言:'欲作何等?'答言:'为多人起房舍。'"(T23/316/b)"起"有建造义在同经异译中可以找到证据,西晋竺法护译《正法华经》卷一:"诸佛世界,灭度众圣,所建宝庙,自然为现。"(T09/63/c)姚秦鸠摩罗什译《妙法莲华经》卷一:"复见诸佛般涅槃后,以佛舍利起七宝塔。"(T09/2/b)例中"起七宝塔"与前例中"建宝庙"义同,可见"起"有"建造"义。

清顾张思《土风录》卷六"起屋"条:"王凤洲答慎侍御问王维诗

---

① 王绍峰:《初唐佛典词汇研究》,安徽教育出版社,2004,第13页。
② 参见孙立新《西安方言研究》,西安出版社,2007,第278页。

'还从物外起田园',云:'"起"字即俗语"起屋"所自始,其说非也。《汉书》屡用"起"字。'"确如王凤洲所言,表"建造"义的"起"在中土文献中很早就有用例,《世说新语·豪爽》:"晋明帝欲起池台,元帝不许。"张永言、张万起等都认为"起"有"兴建、建造"之义①。中古律部汉译佛经中,表示"建造"类概念场的还有建、立、造、作、筑、营等。"起"既可以单用,也可以与"立"组合成词,《四分律》卷五十二:"时诸优婆塞作是念:'若世尊听我等及世尊现在起塔者,我当起立。'"(T22/957/c) 现代方言中,西南官话、吴语、粤语、闽语等中的"起"仍有建造义②。

【嗽(嗽、欶、嗦、嗍)】

(1) 作是念已,即于网林下没,在太子床上现,作小儿嗽指仰卧。(《五分律》卷三,T22/17/c)

(2) 时释家女抱孩儿,手捉生酥而嗽,放坐中地,儿便啼唤。(《僧祇律》卷三十,T22/470/c)

按:"嗽"义为吮吸,"嗽指"即吮吸手指。"嗽"本字当作"欶",《说文·欠部》:"欶,吮也。"《可洪音义》卷十六"嗽指":"上所卓反,正作欶、嗽。"(K35/145/b) 表"吮吸"义的"嗽",在中古律部汉译佛经中也写作"欶""嗽",如《四分律》卷四:"或变身作婴孩,身着璎珞,在太子抱上转侧欶太子指。"(T22/592/a)《玄应音义》卷十四《四分律》第四卷"欶太":"又作嗽,同,所角反。吮也。《通俗文》:'含吸曰嗽。'律文作嗽,俗字也。"(C056/1025/a)

明弘赞《四分律名义标释》卷七"欶太"释曰:"欶,所角切,音朔,与嗽同。吮也。"(X44/459/c)"嗽"乃"欶"之增旁俗写。《释名·释饮食》:"嗽,促也,用口急促也。"毕沅疏证:"《说文》:'欶,吮也。从欠,束声。'此加口旁字,俗。"《十诵律》卷六十一:"过去世时,有

---

① 参见张永言主编《世说新语辞典》,四川人民出版社,1992,第334页;张万起编《世说新语词典》,商务印书馆,1993,第344页。

② 许宝华、〔日〕宫田一郎主编《汉语方言大词典》,中华书局,1999,第4659页。

一国王，为毒蛇所螫。能治毒师，作舍伽罗咒，将毒蛇来，先作大火，语蛇言：'汝宁入火耶？宁还噉毒？'毒蛇思惟：'唾竟，云何为命故复噉？已吐，不可还噉。'"（T23/464/a）"噉毒"即把蛇毒吮吸出来。此例中"噉"，《大正藏》校勘记曰：宋、圣本作"噈"，元、明本作"唊"。唐道世《法苑珠林》卷四十六："又彼比丘，以瞋忿心恶业缘故，死便即作小毒龙身，生我腋下，噉于我血。"（T53/636/b）"噉"，宋、元、明、宫本作"唊"。"唊"亦为"欶"之俗写，《僧祇律》卷二十二："尔时有居士于精舍中设供饭僧，时六群比丘唊指食，为世人所讥：'云何沙门释子，如小儿唊指食？'"（T22/405/c）"唊"，校勘记曰：宋、元、明、宫、圣本作"噈"。《玄应音义》卷十六《僧祇戒本》"欶指"："又作噈，同。所角反。《通俗文》：'含吸曰欶。'戒文作噈，俗字也。"（C057/11/c）

"欶"又俗写作"嗍"，《集韵·觉韵》："欶，《说文》：'吮也。'或作噈、嗍。"《正字通·口部》："嗍，俗噈字。"唐义净译《根本说一切有部毗奈耶破僧事》卷十七："时未生怨王子患指疮病，将诣王所。王抱怀中，以手摩挲，以口嗍之。其时王子，啼泣不止，王既嗍其痛疖穴破，脓血在于口中，唾脓于地。"（T24/190/b）《希麟音义》卷九《根本破僧事》第十七卷"欶痛"："上所角反。《字书》云：'口噙也。'或作噈，律文作嗍，非。"清胡文英《吴下方言考》卷十："吴中谓咀物令出曰嗍。"①

表示吮吸义的"嗍（欶）"一直延续使用，清光绪《吴川县志》："以口啜物曰嗍，音朔。"民国《安徽通志稿·方言考》卷三："欶，《通俗杂纂》曰：'《说文》：欶，吮也。'安庆俗语谓含吸食物曰欶，色捉切。按，寿县谓小儿吸乳为欶。"民国《定海县志》卷四十五："欶，说文吮也。《通俗文》：'含吸也。'按，俗亦谓小儿吸乳曰欶奶，又谓吮骨中之脂膏曰欶骨髓。"

【听许】

（1）即复白言："五百比丘今在林外，欲来奉觐，唯愿听许。"佛言："听入。"（《僧祇律》卷十七，T22/364/a）

---

① （清）胡文英著，徐复校议《吴下方言考校议》，凤凰出版社，2012，第185页。

（2）时世尊闻善现龙王语，默然受之。时善现见佛听许，头面礼佛已，还往本处。（《四分律》卷四十二，T22/868/b）

（3）佛既不听洗，便臭秽不净，热时生虫。波阇波提比丘尼与五百比丘尼俱至佛所，白佛言："世尊！我等女人形体臭秽，正赖水洗，愿见听许！"佛告诸比丘："今听诸比丘尼以水作净。"（《五分律》卷十二，T22/87/a）

按："听许"同义连文，义为允许。《吕氏春秋·知士》："静郭君辞，不得已而受，十日谢病，强辞，三日而听。"高诱注："听，许。"《汉书·终军传》："军遂往说越王，越王听许，请举国内属。""听"之"允许"义，在汉译佛经中用例颇多，《四分律》卷三十七："时有房舍缺坏，诸比丘有畏慎，佛不听移转卧具从此房至彼房，诸比丘以此因缘白佛。"（T22/831/c）"不听"即不允许之义。方一新指出"不听"为"不允许"，并认为此词至晚已见于东汉典籍①。此后很多学者对此进行过研究，如梁晓虹认为"听""听许"作"允许""准让"讲，也是中古时期的习惯用法。叶爱国指出"不听"在西汉就有用例。谢质彬认为"不听"有"不听从"和"不允许"两解，作"不允许"解时，"不听"所在的句子必定是兼语句。方一新在《"不听"之"不允许"义的产生年代及成因》一文中进一步考察了"不听"作"不允许"讲的鉴别标准和产生年代，指出大约从战国后期起，"听"产生了允许义。陈秀兰考察了"不听"在二十五史中的使用情况，指出汉魏时期翻译佛典用例颇多。史光辉指出"不听"作"不允许"解，先秦就已产生，汉魏以来继续使用，特别是在汉译佛经中已用得相当普遍。于淑健也指出"听"有允许义②。

---

① 方一新：《东汉语料与词汇史研究刍议》，《中国语文》1996年第2期。
② 详见梁晓虹《〈六度集经〉语词札记》（《古汉语研究》1990年第3期），叶爱国《〈史记〉已有"不听"》（《中国语文》1997年第2期），谢质彬《"不听"作"不允许"解的始见年代及书证》（《中国语文》2000年第1期），方一新《"不听"之"不允许"义的产生年代及成因》（《中国语文》2003年第6期），陈秀兰《"不听"作"不允许"解的年代考证补》（《中国语文》2003年第6期），史光辉《也说"不听"》（《唐都学刊》2003年第3期），于淑健《敦煌佛经词汇札记八则》[《中山大学学报》（社会科学版）2009年第6期]、《敦煌佛典语词和俗字研究》（上海古籍出版社，2012，第270~271页）等。

《大词典》释"听许"为"听而许之",可见并没有把"听"理解为"许"义,雷冬平已经指出其错误,并且认为:"《汉大》未收录'听'之'允许'义,故而在解释'听许'一词时,根据某些例文中有用耳朵听到的内容,则把'听'的常用义'听从'替代了'允许'义,犯了随文释义的错误。"① 陈明通过梵汉对勘认为"开听""开许"都指允许,其梵语动词原形为 anu-√jñā-,意为"允许、许可"②。

中古律部汉译佛经中表示允许、准许义的词语,除了"听""听许"外,还有"听可""许可"等,如《四分律》卷四十:"时世尊默然许可。时萨阇婆罗门子闻佛许可已,从坐起绕佛而去,还菩提王子所,白如是言:'沙门瞿昙,我已白竟,默然许可。'"(T22/857/c)又卷五十二:"时世尊默然听可。时耆婆童子知佛听可,即从坐起前,礼佛足绕佛而去。"(T22/958/c)此两例中"许可""听可"与"听许"均为同义连言,义为"允许"。佛经中"可""许""听"也可单用,《四分律》卷三十八:"佛时默然可之,即以是因缘集比丘僧,为诸比丘随顺说法。"(T22/845/a)《十诵律》卷二十六:"民大居士从坐起,叉手合掌白佛言:'世尊!愿佛及僧受我舍宿。'佛默然许之。"(T23/192/a)《五分律》卷二十六:"王悉听之,皆见法得果,受三归五戒亦如上说。"(T22/172/b)皆其例。

【行】【大行】【小行】

(1)若掘厕下有水出者,不得先于中大小便,先令净人行,然后比丘尼行。(《僧祇律》卷四十,T22/543/b)

(2)彼出房看壁四面,无有尘土不?若有应扫洒除去,应取机净洗,应具净水瓶洗瓶饮水器,应问:"何处大行处?何处小行处?"(《四分律》卷四十九,T22/931/b)

(3)比丘有十种威仪不应礼。大行时、小行时、若裸身、若剃发、若说法、若嚼杨枝、若洗口、若饮、若食、若噉果,是为十。

---

① 雷冬平:《汉语大型辞书同义并列复合词的训诂失误及应遵循的原则》,《辞书研究》2014年第3期。
② 陈明:《敦煌文献与梵汉佛经词语互证三例》,朱庆之、汪维辉、董志翘等编《汉语历史语言学的传承与发展——张永言先生从教六十五周年纪念文集》,复旦大学出版社,2016,第515页。

(《四分律》卷六十,T22/1012/a)

按:例(1)中的"大小便"与"行"相对,"先令净人行"即先让净人大小便。例(2)中的"大行处""小行处"即大便处、小便处之义。例(3)中"大行时""小行时"即大便时、小便时。"行"的这种用法在汉译佛经中较为常见,朱庆之在《佛典与中古汉语词汇研究》一书中就已经指出其为口语词①,李维琦《佛经词语汇释》用丰富例证进行说明②,王云路、方一新《中古汉语语词例释》也指出"小行为小便,为六朝俗语"③。

除此之外,中古律部汉译佛经中还用"便右"来指称大便,仅见于《僧祇律》。《僧祇律》卷三十四:"佛住舍卫城,尔时诸比丘处处大便,为世人所嫌:'云何沙门释子似如牛驴,便右无常处?'"(T22/504/a)此例中"便右无常处"即指前面所说"比丘处处大便"。又同卷:"若欲入聚落,当先便右已而去。入聚落中若大行者,应往丈夫厕上,不得入女人厕。"(T22/504/b)朱庆之释"便右"为"大便"④。汪维辉进一步认为对于右利的人来说,使用右手当然更方便,因此"右"在汉人的语言意识里就有了"方便、便利"的意蕴⑤。

【哯】

时有病比丘服吐下药,比丘煮粥熟顷,日时已过,应煮麦令皮不破,漉汁饮之,无犯。若喉中哯出还咽,无犯。(《四分律》卷十四,T22/662/c)

按:"哯"指呕吐。《玄应音义》卷十四《四分律》第十四卷"哯出"注:"古文呀,同。下殄反。《说文》:'不欧(呕)而吐也。'今谓小儿吐乳为哯。"(C056/1028/b)《四分律》卷五十二:"佛言:'此比丘适从牛

---

① 朱庆之:《佛典与中古汉语词汇研究》,文津出版社,1992,第23页。
② 李维琦:《佛经词语汇释》,湖南师范大学出版社,2004,第65~66页。
③ 王云路、方一新:《中古汉语语词例释》,吉林教育出版社,1992,第402~403页。
④ 朱庆之:《佛典与中古汉语词汇研究》,文津出版社,1992,第23页。
⑤ 汪维辉:《佛经词语考释四则》,《浙江大学学报》(人文社会科学版)2005年第5期。

中来生此，若其不尔，不得久活。若余比丘有如是病，如是以为便身无患。哯食出，未出口得还咽。'"（T22/954/c）《龙龛手鉴·口部》："呀，或作哯，正。胡典反。小儿饮乳也，又不顾而吐也。"宋元照撰《四分律行事钞资持记》："哯，音演，呕吐也。"（T40/318/c）明弘赞《四分律名义标释》卷十三"哯出"注："以浅切，音衍，不故而吐也。《说文》云：'不呕而吐也。'小儿吐乳，亦谓之哯。"（X44/506/c）

隋巢元方《诸病源候论·小儿杂病诸候》"吐哯"条："小儿吐哯者，由乳哺冷热不调故也。"明戴冠《濯缨亭笔记》卷十："哯音演。小儿食乳既饱，口中流出余乳曰哯乳。"明焦竑《俗书刊误》卷十一《俗用杂字》："小儿吐乳曰哯，音岘。"明方以智《通雅》卷四十九《谚原》："小儿吐乳曰哯，音岘。"清唐训方《里语徵实》："小儿吐乳曰哯。"清胡文英《吴下方言考》卷九："音献。《关尹子·一宇篇》：'而哯之，而喷之。'案：哯，噫（呼盍切）也。今吴谚谓之呴（读若虾）哯。"民国《醴陵县志》："《说文》：'哯不欧（呕）而吐也。'从口见声，今呼 fuai，音毁。又今谓小儿吐乳为哯。"姜亮夫《昭通方言疏证》："今昭人谓'间奶'，即哯之音变。"① 关中地区"哯"亦读作 jiàn，婴儿吐奶谓之"哯奶"②。今赣方言、客方言、吴方言中"哯"均有表"呕吐"义的用法③。

【迎逆】

（1）二人既到，诸居士皆将大小，迎逆问讯，头面礼足，却坐一面。（《五分律》卷三，T22/22/a）

（2）时诸比丘尼遥见尊者舍利弗，以恭敬法，故不起迎逆。（《僧祇律》卷十五，T22/346/a）

（3）时尊者优波离，为客来至此众中，而诸痴比丘都不瞻视迎逆承事。（《四分律》卷三十六，T22/825/c）

---

① 姜亮夫：《昭通方言疏证》，见《姜亮夫全集》第十六册，云南人民出版社，2002，第354页。
② 景尔强：《关中方言词语汇释》，陕西人民出版社，2000，第148页。
③ 许宝华、〔日〕宫田一郎主编《汉语方言大词典》，中华书局，1999，第2627页。徐时仪指出今上海话称婴孩吐奶也为哯，参见《玄应和慧琳〈一切经音义〉研究》，上海人民出版社，2009，第413页。

按："迎逆"义为"迎接"，颜洽茂在《利用六朝佛典编写汉语语文辞书》中指出"迎逆"一词为六朝大众俗语①。《说文·辵部》："逆，迎也。从辵，屰声。关东曰逆，关西曰迎。"《方言》卷一："逢、逆，迎也。自关而东曰逆，自关而西或曰迎，或曰逢。""迎"和"逆"单用均有"迎接"义，如《五分律》卷七："时舍利弗、目犍连游行人间，到王舍城；有一居士闻二人来，便出迎之，头面礼足，却坐一面。"（T22/48/c）《僧祇律》卷七："譬如甘蔗田人，乘车载甘蔗归，诸童子辈，逆出村外，捉甘蔗乱取，就外噉食。"（T22/287/b）"逆出村外"即迎出村外。

不同藏经版本之间存在的大量异文，给人们阅读及研究汉文佛典带来诸多不便，但同时这些异文材料又是语言文字研究的富矿。苏杰指出："典籍异文有相当一部分可以归因于语言的演变，可以说是语言演变在文献上留下的痕迹。"② 这种语言演变在佛典异文中也有充分体现。我们在研究方俗词的时候，可以通过比勘不同藏经版本的异文来探明词义。如《四分律》卷三："佛语梵志：'若此龙出水来至汝所，时当起迎。'"（T22/584/c）例中"迎"，《大正藏》校勘记曰：圣本作"逆"。"迎"与"逆"异文同义。中土文献亦有例证，如《左传·昭公十三年》："无施于民，无援于外，去晋而不送，归楚而不逆，何以冀国？"《史记·楚世家》："子比无施于民，无援于外，去晋，晋不送，归楚，楚不迎，何以有国？"又《左传·哀公六年》"逆越女之子章"，《史记·楚世家》作"迎越女之子章"。根据异文材料，可证"逆""迎"义同。王凤阳指出"迎""逆"是不同方言的方言词，并对二者后来的变化进行了辨析③。王彤伟认为上古汉语中"逆"的使用多于"迎"，在战国晚期以前的文献中二者的分布较为整齐，在语用、语法的特点上具有一致性。随着关西方言地位的提升，"迎"最晚在秦汉时期已成为"迎接"范畴的基本范畴词，至中古汉语时，"逆"的使用已呈逐渐退出的态势④。在中古律部汉译佛经中，表"迎接"义的"迎"共出现297例，"逆"共出现4例，"迎逆"共出现3例，与中

---

① 颜洽茂：《利用六朝佛典编写汉语语文辞书》，《辞书研究》1988年第5期。
② 苏杰：《〈三国志〉异文研究》，齐鲁书社，2006，第260页。
③ 王凤阳：《古辞辨》，吉林文史出版社，1993，第576~577页。
④ 王彤伟：《〈三国志〉同义词及其历时演变研究》，巴蜀书社，2010，第380~381页。

土文献中发展趋势一致。当表"迎接"义的"逆"被"迎"取代后，后世不明此义，误改"逆"为"送"，《四分律》卷四十三："时诸优婆塞，自共作制限：'我等众人，都不应见拘睒弥比丘起迎，恭敬礼拜，问讯语言，及供养衣服、饮食、病瘦医药。'"（T22/883/a）例中"迎"，《大正藏》校勘记曰：宋、元、明本作"迎送"，宫本作"迎逆"。今按，当依宫本作"迎逆"，"逆"与"送"形近而误。

【隐】

（1）诸比丘取软木作床桄、床簀，故隐身苦恼，是事白佛，佛言："听作褥。"（《十诵律》卷三十四，T23/243/b）

（2）时比丘挟钵腋下，钵口向胁，道行遇雨，脚跌倒地，钵隐胁遂成患，佛言："不应尔。应钵口外向。"（《四分律》卷五十二，T22/953/b）

按：上两例中的"隐"即"硌"义。例（1）中"隐身苦恼"是说比丘用软木作床桄、床簀导致睡觉时硬物硌身。例（2）中"钵隐胁"即比丘因雨天路滑跌倒而腋下之钵硌胁成患。中古律部汉译佛经中还有用例，《十诵律》卷四十："偷兰难陀比丘尼随后来至，以肘隐大迦叶背。大迦叶言：'恶女！我不责汝，我责阿难。'是事白佛，佛言：'从今不听比丘尼隐比丘背。若隐者，突吉罗。'"（T23/291/c－292/a）"隐"有"硌"义，学者早已论之。王梵志诗《梵志翻着袜》："乍可刺你眼，不可隐我脚。"项楚注曰"隐，犹云'硌'"，并引明代李实《蜀语》："有所碍曰隐。隐，恩上声。"[1] 蒋宗福认为："'隐'指身体触着硬物或凸起物而感到不舒服或受到损伤。"并进一步指出，"隐"字的这一用法已见于初唐。[2] 由以上引例可知，南北朝已经有此用法。清唐训方《里语徵实》卷上："有碍曰隐。隐，恩上声。"方志中多有记载，如明正德《松江府志》卷三十二《遗事》："兴圣寺铜钟，元至正十年铸，相传铸时有老妪以双股银钗投液中，今见于钟腹，扣之隐手。"清道光《遵义府志》卷二十《风俗》：

---

[1] 项楚校注《王梵志诗校注》（增订本），上海古籍出版社，2010，第652~653页。
[2] 蒋宗福：《释"隐"》，《中国语文》1998年第3期。

"有碍曰隐。恩上声。"① 今成都话中把硌脚叫"隐脚",贵州平塘话也有这种说法,如"石头隐脚的"②。

【展】

(1) 不得同床卧,一床一人卧,三坐床得二人卧,<u>展</u>脚不得过膝。若方褥,三褥得二人卧,展脚不得过膝。(《僧祇律》卷三十九,T22/538/b)

(2) 佛言:"从今不听比丘尼大坐。若大坐,突吉罗。若<u>展</u>一脚坐,不犯。"(《十诵律》卷四十,T23/291/a)

按:"展"即伸之义。敏春芳例举敦煌愿文 P.3270、DX1049《儿郎伟》:"初春天使便到,加官且拜貂蝉。油幢双旌前引,天子委托西边。应是检虚之者,并教于鹿,展脚长眠。"敏文认为此例中"展脚"为俗语词,即伸脚③。《十诵律》卷四十五:"旧比丘尼言:'诸善女!睡无果无报,佛赞不睡眠,呵责睡眠,今我等觉不卧不睡眠。'即展一脚坐。"(T23/323/c)"展一脚"义为伸一脚。僧尼的坐姿在佛教戒律中是有严格规定的。《五分律》卷二十九:"一切比丘尼皆应累跌坐,若加趺坐,应互伸一脚,犯者突吉罗!"(T22/189/b) 此例中"伸一脚"与《十诵律》两例中的"展一脚"义同。王梵志诗《他家笑吾贫》:"吾无呼唤处,饱吃长展脚。"项楚注曰:"展脚,伸开两腿。"并引《景德传灯录》卷八《五台山隐峰禅师》:"师一日推土车次,马大师展脚在路上坐。师云:'请师收足。'大师云:'已展不收。'师云:'已进不退。'乃推车碾过,大师脚损。"④ 此例中"展"与"收"相对,词义甚明。汉文佛经中有用例,隋阇那崛多译《大威德陀罗尼经》卷十六:"于深夜中,还复睡眠,以展脚足。"(T21/821/a) 禅宗语录中亦有用例,《古尊宿语录》卷二十二《黄梅东山演和尚语录》:"登山须拄杖,渡水要行船。有客开颜笑,无愁展

---

① 此两例转引自《四川方言词语续考》,此书中并进一步指出"隐"也写作"硬""艮""梗"等,详见蒋宗福《四川方言词语续考》,巴蜀书社,2014,第701~706页。
② 黄武松:《敦煌文献俗语词方言义证》,《贵州师范大学学报》1991年第1期。
③ 敏春芳:《敦煌愿文词汇研究》,民族出版社,2013,第57页。
④ 项楚校注《王梵志诗校注》(增订本),上海古籍出版社,2010,第28页。

脚眠。"（X68/149/a）在乌鲁木齐和万荣方言中"展"均有"张开""放开"义①。

【筑】

（1）有比丘坐睡，余比丘以禅杖筑，便言："不睡，何以筑我？"（《十诵律》卷四十，T23/289/b）

（2）时有比丘以肘筑女人身，复有比丘以钵钩牵女人。（《五分律》卷二十八，T22/185/a）

按："筑"有捣、击之义。中古律部汉译文献中用例很多，"筑"的对象除了上面两例中的人及身体部位之外，还可以是"岸""地"等。《僧祇律》卷十六："若比丘在船上自恣与食，若船筑岸，若触木石，若回波，比丘身离本处，不作残食，食者，波夜提。"（T22/355/b）《四分律》卷十二："若扫经行来往处地，误拨断生草木；若以杖筑地，拨生草木断，无犯。"（T22/642/a）

《玄应音义》卷十九《佛本行集经》第十一卷"筑搣"："征逐反，下敕佳反。《广雅》：'筑，刺也。'《说文》：'筑，捣也。'搣，以拳手挃曰搣也。"（C057/42/c）又卷二十二《瑜伽师地论》第四卷"或筑"条："古文筑同，陟六反。《说文》：'筑，捣也。'《广雅》：'筑，刺也。'"（C057/78/b）姜亮夫《昭通方言疏证》："筑，《说文》：'捣也。'今昭人言以物或拳捣人曰筑，《诗》：'十月筑场圃'，其本义也，筑墙屋或曰舂，又以拳筑人或曰揍。舂、揍、筑皆同族耳。"②《僧祇律》卷十五："六群比丘复重苦求不止，堂内比丘即为开户，得入房已，趣纵横身，床上而卧，或以手肘膝，扠筑边人。"（T22/344/a）"扠"即用拳击打之义。《集韵·佳韵》："扠，以拳加物。"《广韵·佳韵》："扠，以拳加人。"后秦鸠摩罗什所译《妙法莲华经》卷五："亦不亲近诸有凶戏、相扠相扑，及那罗等种种变现之戏。"（T09/37/a）"扠筑"为并列复合词。

---

① 李荣主编《现代汉语方言大词典》，江苏教育出版社，2002，第3466页。
② 姜亮夫：《昭通方言疏证》，见《姜亮夫全集》第十六册，云南人民出版社，2002，第373页。

【總（摠、摁）】

如世尊说，当起慈心，不乐闻者方便使闻，诸不信者教令立信，乃至手<u>總</u>其头强劝令施。(《僧祇律》卷九，T22/306/c)

按：例中"手總其头"之"總"，《大正藏》校勘记云：元、明本作"摠"，宫本作"摁"。《中华藏》本《僧祇律》卷九底本为丽藏本，对应文字作"捴"（C36/636/b)，校勘记云：《碛砂藏》《普宁藏》《永乐南藏》《径山藏》《清藏》均作"摠"。

曾良指出"總"俗或作摠、捴、捻、惣等，并进一步分析了俗写为"摁"的成因："'糸'旁讹变为'扌'，是草书的缘故。'悤'旁为什么会俗写成'思'呢？实际与隶变有关，'囟'旁可隶写为'田'，如'细'字声旁本作'囟'，隶变为'田'；'思'字本是从'悤'讹变来的。盖'囟'、'囱'俗写相混，故'總'俗写为'摁'。"①

"摠"谓以手捉头。《玄应音义》卷十五《僧祇律》第九卷"手摠"条注："祖公反。《通俗文》：'手捉头曰摠也。'"(C056/1046/c）《集韵·东韵》引《字统》云："摠搣，俗谓之捉头。"《可洪音义》卷二十三《经律异相》第十九卷"手摁"条："子红反。摁搣也。《字统》云：'俗谓捉头也。'正作摠。"（K35/391/a）清任大椿《字林考逸》卷七："摠搣，俗谓之捉头。"中古律部以外的佛经亦有用例，如刘宋沮渠京声译《佛说净饭王般涅槃经》："国中人民，宛转自扑，哽咽啼哭，中有自绝璎珞者，中有自裂坏衣服者，中有自摠拔其发者，中有取灰土而自坌者，痛彻骨髓，犹颠狂人。"（T14/781/c）后秦失译《别译杂阿含经》卷九："长者白佛：'今所患苦，甚为难忍，所受痛苦，遂渐增长，苦痛逼切，甚可患厌。譬如力人以绳系于弱劣者头，摠搣掣顿，揉捻其头，我患首疾，亦复如是。'"（T02/441/b）

第四节　其他类方俗口语词

名物、称谓、行为之外的方俗口语词都归入此类，如晡时、高心、贡

---

① 曾良：《"冊""摁"俗写来历考》，《语言研究》2013 年第 1 期。

高、掬、屈伸（申）臂顷、渴仰、瘦瘠、兔缺、喝斜、厌课等性状类方俗口语词，即表示事物的表象、性状、类属以及体现事物或行为存在状况的数量、时间、范围和程度类词①。还有一些不太好归类的方俗口语词，如语气助词"来"等也归入此类。例释如下：

【晡时】

（1）地了竟、时中、前时、日中时、晡时、日没时，露地敷僧卧具已，便入室坐息，至日没竟时，乃举着覆处，波夜提。（《十诵律》卷十，T23/77/b）

（2）佛在舍卫城，尔时世尊教诸比丘唯畜三衣，而六群比丘食前、食后、晡时，皆着异衣。（《五分律》卷四，T22/23/a）

按："晡时"即是申时，下午三点到五点之间。从例（1）可以看出"晡时"在日中之后，在日没之前。又如《僧祇律》卷二十五："到食时作覆藏心，乃至明相出时，是名一夜覆。中时、晡时、日没、初夜时亦如是。"（T22/432/a）佛经音义中多次对"晡时"作注释，《玄应音义》卷九《大智度论》第四卷"晡时"："补胡反。《淮南》云：'日行至于悲谷为晡时，谓加申时也。'"（C056/951/c）

《慧琳音义》卷三十四《文殊师利巡行经》"晡时"条注："上补胡反。许注《淮南子》：'日行至申为晡时。悲谷者，日入处也。'顾野王云：'悲谷是日加申时也。'"《可洪音义》卷十《大智度论》第四卷"晡时"："上布胡反，申时。"（K34/985/b）禅宗语录及灯录中"十二时歌"多有"平旦寅"，《禅林象器笺》卷四"寅旦"条曰："《传灯录》载宝志和尚十二时颂。其十二时者，曰平旦寅，曰日出卯，曰食时辰，曰禺中巳，曰日南午，曰日昳未，曰晡时申……"《汉语方言大词典》记载闽语中"晡时"即"傍晚"②。

【高心】【贡高】

（1）佛如是种种因缘呵已，语诸比丘："以十利故为诸比丘结戒：

---

① 参见俞理明、顾满林《东汉佛道文献词汇新质研究》，商务印书馆，2013，第304页。
② 许宝华、〔日〕宫田一郎主编《汉语方言大词典》，中华书局，1999，第5436页。

摄僧故、极好摄故、僧安乐住故、折伏高心人故、有惭愧者得安乐故、不信者得净信故、已信者增长信故、遮今世恼漏故、断后世恶故、梵行久住故。"(《十诵律》卷一，T23/1/c)

（2）是比丘尼出，自贡高语诸比丘尼言："我今问一比丘阿毗昙事，不能随顺答我。"(《十诵律》卷四十七，T23/341/b)

（3）彼怀憍慢贡高嫉妒之心，瞋恚不喜，不自慎护。(《四分律》卷五十二，T22/952/a)

按：例（1）中"高心人"即骄傲自大之人。颜洽茂在《利用六朝佛典编写汉语语文辞书》一文中指出"高心"就是骄傲自大，是六朝人俗语。① 后秦鸠摩罗什译《摩诃般若波罗蜜经》卷十八："须菩提！置是重罪，其罪过于五逆，以受是名字故，生高心，轻弄毁蔑余人。"(T08/353/a)《沙弥律仪毗尼日用合参》卷一对"空腹高心"进行了解释："《法华》所谓我慢自矜高，谄曲心不实者是。"例（2）和例（3）中"贡高"亦即傲慢、骄傲自大之义。朱庆之列举大量佛经用例说明"贡高"义为"骄傲自大"②。陈明通过梵本《迦叶品》与《佛说遗日摩尼宝经》诸译本的词汇对勘发现支娄迦谶译为"自贡高"，晋失译《佛说摩诃衍宝严经》和失译《普明菩萨会》译为"骄慢"，北宋施护《佛说大迦叶问大宝积正法经》译作"我见贡高"③。从对勘来看，"贡高"即"傲慢"，二者同义。

【锯齿】

（1）第一上座大婆罗门，是王大臣，有十二丑：瞎、偻、凸背、瘿、黄色、黄头、眼青、锯齿、齿黑、手脚曲、戾身不与人等、凸髋。(《四分律》卷三十一，T22/784/a)

（2）形相者，作如是言："长老！世尊制戒，身体成就，听受具足，汝曲脊、跛蹇、眼瞎、偃脚、搩头、锯齿、身不具足，而受具足，

---

① 颜洽茂：《利用六朝佛典编写汉语语文辞书》，《辞书研究》1988 年第 5 期。
② 朱庆之：《佛典与中古汉语词汇研究》，文津出版社，1992，第 107 页。
③ 陈明：《文本与语言——出土文献与早期佛经比较研究》，兰州大学出版社，2013，第 246、278~280 页。

不名受具足。"(《僧祇律》卷十九，T22/378/b)

按："锯齿"即牙齿不齐。唐灵泰撰《成唯识论疏抄》卷七："若识体事，由如锯齿，锯齿或高或下不定。"（X50/268/c）《可洪音义》卷十三"鎻齿"："上居去反，正作锯也。别本作锯齿也，或作鎻，音锄。"（K35/31/b）"鎻"，《大字典》未收，《中华字海》释为："音未详，人名用字。"今按，"鎻"即"鉏"之形近讹误字。《集韵·语韵》："鉏，鉏铻，相距貌。""鉏铻"也写作"龃龉"，即牙齿不整齐。《可洪音义》卷七"龃龉"："上音锄，下音鱼。齿不相值也，又音助语。"（K34/886/b）清智祥述《禅林宝训笔说》卷三："虽遭时势之龃龉。龃龉者，谓人齿相值一前一却，比坎坷之意。"（X64/718/a）《四分律》卷三十五："或尖头，或左臂坏，或右臂坏，或举齿，或虫身，或虫头……如此人不得度受具足戒。"（T22/814/b）《大正藏》校勘记云："举"，宋、元、明、宫本作"锯"。"举"与"锯""鉏"音同致误。

【掬】

（1）若饮食少，更语檀越："为作一掬钞者，波夜提。"（《僧祇律》卷十五，T22/351/a）

（2）于第十四日，次供檀越以一掬花授世尊，世尊嗅已，掷着空中，以佛神力故，变为万四千华台楼阁。（《四分律》卷五十一，T22/950/a）

按："掬"为量词，犹如"捧"，两手所捧为一掬。《小尔雅·广量》："一手之盛谓之溢，两手谓之掬。"胡承珙义证："溢与掬皆为量名。掬，当本作匊。"《说文·勹部》："在手曰匊。"清段玉裁注曰："米至散，两手兜之而聚……俗作掬。"《齐民要术·种胡荽》："布子于坚地，一升子与一掬湿土和之。"《正字通·手部》："掬，今俗谓两手所奉为一掬。"《慧琳音义》卷十九《自在王菩萨经》卷上"一掬华"条："弓六反。《说文》：'掬，撮也。'又曲指捧物也。"（T54/428/a）《四分律》卷五十一："尔时有檀越次供第四日者授世尊水，时世尊即取一把水，弃之前地，佛神力故，即成大池。"（T22/949/a）例中"把"，《大正藏》校勘记曰：

宋、元、明本作"掬"。按,当作"掬"是。汉译佛经中"掬"的对象为"水"的用例很多,元魏吉迦夜共昙曜译《杂宝藏经》卷一:"天神又复问言:'以一掬水,多于大海,谁能知之?'"(T04/449/b)唐实叉难陀译《大方广如来不思议境界经》卷一:"譬如有人于大海中,饮一掬水,即为已饮阎浮提中一切河水。"(T10/911/b)

【屈伸（申）臂顷】

(1) 世尊即以神力,如力士屈伸臂顷,持龙着世界中间,还迦叶所。(《五分律》卷十六,T22/108/a)

(2) 尔时目连屈申臂顷,到世尊所奉食世尊。(《僧祇律》卷三十一,T22/481/a)

按:"屈伸（申）臂顷"指极短的时间。《四分律》卷三十八:"时长老婆竭陀没于佛前,如力士屈申臂顷,踊出于石上。时诸长者见,叹未曾有:'世尊弟子神足犹尔,况复如来。'"(T22/843/c)"顷"指时间短,佛经中用法很多,如《四分律》卷二十二:"若比丘尼言人,若居士、居士儿,若奴,若客作人,若昼,若夜,若一念顷,若弹指顷,若须臾顷,是比丘尼犯初法应舍,僧伽婆尸沙。"(T22/718/c)此例中"一念顷""弹指顷""须臾顷"与"屈伸（申）臂顷"都表示时间极为短暂。

【渴仰】

(1) 王使此二人领军征罚,此二人渴仰,欲见比丘,即遣使往请比丘:"大德来!我欲相见。"(《四分律》卷十五,T22/669/c)

(2) 给孤独居士往到佛所,头面作礼一面坐已,白佛言:"世尊!若世尊游行人间教化时,我恒渴仰欲见佛,愿世尊与我少物使得供养。"(《十诵律》卷四十八,T23/351/c)

按:"渴仰"即十分仰慕。佛典中用例较多,如元魏吉迦夜共昙曜译《杂宝藏经》卷七:"昔舍卫国,波斯匿王、须达长者久不见佛,心生渴仰,于夏坐后,遣使请佛。"(T04/482/b)中古律部汉译佛经中还有"思慕如渴"的用法，《僧祇律》卷二十八："答言：'居士！不尔，我不见佛久，思慕如渴。'"（T22/456/a）西晋竺法护译《文殊师利佛土严净经》卷一："若有菩萨，慕求经道，如渴欲饮，志存正真，不好异法。"（T11/895/b）此例中"慕求经道，如渴欲饮"即"思慕如渴"最好的解释。《大词典》未收"渴仰"一词，《重编国语词典》释"渴仰"为"非常的仰慕"，引例为《元史·李昶传》："良以渴仰之心太切，兴除之政未孚故也。"例证偏晚。佛经中也有作"渴慕"的，如东晋佛驮跋陀罗译《大方广佛华严经》卷十三："唯于正法园苑之中，深心渴慕，但正思惟，究竟之法，一心愿乐，见善知识。"（T10/720/b）《大词典》"渴慕"条首引明屠隆《彩毫记·夫妻玩赏》例，过晚。张小艳指出敦煌书仪中有"思渴/倾渴/驰渴/渴仰/想渴/勤渴/攀渴"等词，都含有一个共同语素"渴"，即它们都以"口渴"的切身感受来比喻心中的思慕情怀[①]。佛经中"渴仰""渴慕""思慕如渴"等词表达了对佛陀的思慕之情。

【来】

（1）到聚落中不得绕塔、问讯和上阿阇梨，应语聚落中诸比丘言："旷野中有病比丘，共迎去来。"（《僧祇律》卷二十八，T22/456/b）

（2）佛在舍卫国。尔时波斯匿王有洗浴池，处处作堰。时十七群比丘共相谓言："至阿脂罗河上，洗浴去来。"（《十诵律》卷十六，T23/112/b）

按：从句义来看，上举两例中"去来"都为"去"义，"来"字无实义。即为句末语气助词，相当于"咧""哩"等。中古律部汉译佛经中用例较多，《僧祇律》卷十七："时诸比丘欲入聚落乞食，呼跋陀利言：'长老！共入聚落，乞食去来。'"（T22/359/c）《十诵律》卷五十八："诸比丘自相语言：'共作贼去来。'"（T23/427/c）晋陶潜《归去来兮辞》："归去来兮，田园将芜胡不归？"清王引之《经传释词》卷七："来，句末语助也。《孟子·离娄篇》：'盍归乎来？'《庄子·人世间篇》曰：'尝以语我来。'来

[①] 张小艳：《敦煌书仪语言研究》，商务印书馆，2007，第315页。

字皆语助。"清郝懿行《证俗文》卷十七:"语余声曰来。"章太炎《新方言·释词》:"《庄子·人世间篇》:'尝以语我来。'又曰:'子其有以语我来。''来'并即'矣'字,训'乎'者也……今语亦作'哩'。'哩''来',古音一也。"由此可知,"来"相当于句末语气助词"哩",具有浓厚的口语色彩。

【曼】

(1) 时诸贾人受教取宝,善行教授众贾人已,更诣余处。恶行王子以恶言向众贾人说之:"善行王子若安隐还至,当夺汝等宝。<u>曼</u>今未还,可推船置海而去。"(《四分律》卷四十六,T22/911/c)

(2) 时诸力人便相谓言:"前供养世尊比丘僧竟,未施衣。若当征行,或没不还。今<u>曼</u>时可共施比丘僧衣。"(《鼻奈耶》卷六,T24/875/a)

按:"曼"有"趁"义。《玄应音义》卷十四《四分律》第四十六卷"曼今"条:"莫槃反,高昌谓闻为曼,此应是也。律文有作闻,勿云反。《说文》:'闻,知声也。'"(C056/1034/b)《可洪音义》卷十二"曼今":"上莫官反,闻也。"(K34/1083/a)"闻"有"趁"义。张相《诗词曲语辞汇释》卷五:"闻,犹趁也;乘也。与听闻之本义异。"[①]蒋礼鸿《敦煌变文字义通释》收"闻"条,释为"趁",认为表示及时的意思[②]。汉文佛经中相关用例很多,后汉失译《杂譬喻经》卷二:"后时妇语其夫曰:'君弟小长,当娆君家,所有之物,皆当分之;曼其未大,何不除遣?'"(T04/507/c)此例中"曼",孙昌武、李赓扬注曰:"语气词,此处表示诘问。"[③] 此注有误。"曼其未大"即是趁其还未长大之义。元魏慧觉等译《贤愚经》卷十二:"其儿殊称,合土宣闻,国王闻之,怀惧言曰:'念此小儿,名相显美,傥有高德,必夺我位。曼其未长,当豫除灭,久必为患。'"(T04/432/b)例中"曼",《大正藏》校勘记曰:明本作"及"。今按,异文作"及",或许是不熟悉"曼"表示"趁、及"之义而随意改

[①] 张相:《诗词曲语辞汇释》,中华书局,1953,第623页。
[②] 蒋礼鸿:《敦煌变文字义通释》(第四次增订本),上海古籍出版社,1988,第489页。
[③] 孙昌武、李赓扬译注《杂譬喻经译注(四种)》,中华书局,2008,第176页。

动，此句是说趁此小儿还未长大赶紧除掉以绝后患。王云路、方一新《中古汉语语词例释》已指出"曼"义为"趁着"①。

【瘨瘶】

或左臂坏、或右臂坏、或举齿、或虫身、或虫头、或头发瘨瘶、或曲指、或六指、或缦指（《四分律》卷三十五，T22/814/a）

按：例中主要讲种种生病之人不得度受具足戒，由此可知"头发瘨瘶"即一种头发上的疾病。《集韵·铣韵》："瘨瘶，病也。"《正字通·疒部》"瘨"条："瘨瘶，病貌。瘫瘶，四体麻痹不仁，皆因风寒暑湿所致。"《中华大字典·疒部》释"瘨瘶"为"病貌"，并且认为："方书病名有瘫瘶，无瘨瘶。或音转瘫别作瘨。"或许二者都由"风寒暑湿"所致，但"瘨瘶"与"瘫瘶"差别较大，"瘨瘶"乃"瘫瘶"之音转还有待考证。《玄应音义》卷十四《四分律》第三十五卷"瘨瘶"："敕显、敕管反，言发病也。"（C056/1032/a）唐义净译《根本说一切有部百一羯磨》卷一："丈夫身中有如是病，谓癫病、瘿病、癣疥、疱疮、皮白、瘨瘶、头上无发……支节不具，汝无如是诸病及余病不？'"（T24/457/b）慧琳释此句中"瘨瘶"直接指出其为俗语，《慧琳音义》卷六十三《根本说一切有部百一羯磨》第一卷"瘨瘶"："瘨瘶，俗语，热毒风发落之状也。"《大字典》"瘨"字条释"瘨瘶"为"一种头发脱落的病"。《大词典》"瘨瘶"条例引唐段成式《酉阳杂俎·贝编》，释为"病貌"，例证偏晚。从佛经音义所释可知，"瘨瘶"为当时俗语，即头发脱落之病。

【兔缺】

或有风病，或有热病，或有痰癊病，或癣病，或有喉庆，或有兔缺，或无舌，或截舌，如此人不得度受具足戒。（《四分律》卷三十，T22/814/b）

---

① 王云路、方一新：《中古汉语语词例释》，吉林教育出版社，1992，第265页。

按："兔缺"即唇裂。明弘赞《四分律名义标释》卷二十四"兔缺"："梵云舍舍迦，此云兔。有白、玄、尨色者，其口唇自缺，故云兔缺。今无论上下唇缺，皆不听出家。"（X44/589/a）隋巢元方《诸病源候总论》卷三十："兔缺候，人有生而唇缺似兔唇，故谓之'兔缺'。世云：'由妇人妊娠时，见兔及食兔肉使然。'"元魏瞿昙般若流支译《正法念处经》卷十二："城中所有一切人中最为凡鄙，贫穷丑陋，手足劈裂，唇口兔缺，面色甚恶，无父无母，无有诸亲兄弟姊妹，常从他人，乞食活命。"（T17/71/a）明朱橚《普济方·妊娠诸疾门》："若食兔缺唇，食犬无声，食杂鱼而疮癣之属，皆以食物不戒故也。"明万历《兖州府志》卷四十："魏咏之，字长道，任城人。家世贫素，好学不倦，生而兔缺。"民国《海宁州志稿》卷三十："吴某，佚名，其口兔缺，人皆以吴缺嘴呼之。"

【脱】

（1）达腻伽即报言："汝但白王：'先达腻伽比丘从我索材，脱能持去？愿敕捡校。'"（《僧祇律》卷二，T22/239/a）

（2）妇常念言："脱有行人，从波罗奈来者，当从彼受作饮食法，然后作供养夫主。"（《僧祇律》卷七，T22/285/c）

按：从以上两例来看，"脱"为假设之辞，相当于"假若""如果"等。《玄应音义》卷二《大般涅槃经》第十一卷"脱能"："吐活、他外二反。《广雅》：'脱，可也。'脱，尔也，谓不定之辞也。"（C056/839/b）《资治通鉴·齐纪十》"脱距王师"胡三省注："脱，或也。"清刘淇《助字辨略》卷五："脱，或辞，犹傥也。"《僧祇律》卷八："若门无孔者，于水渎孔中，若内手，若内脚，莫先内手脚，脱有蛇蝮，应先以杖惊之，然后内手与衣合。"（T22/298/a）又卷二十："诸比丘言：'阐陀很戾，若唤来，必不来。若语莫来，脱有来理！'"（T22/387/b）皆其例。

【喎斜】

是比丘应唱，使诸比丘各持钵出；然后持所舍钵，至上座前问："须是钵不？若言须，应取上座钵看，若无钵、若太大、若太小、若

第四章·中古律部汉译佛经方俗口语词例释 / 233

穿缺、若喎斜，不应与。"（《五分律》卷五，T22/34/b）

按：例中"喎斜"即指钵歪斜不正。隋阇那崛多译《佛本行集经》卷二十六："眼孔可畏，或眼睛眜，视眄高低。或口喎斜，而复多齿。"（T03/776/c）姚秦鸠摩罗什译《妙法莲华经》卷六："唇不下垂，亦不褰缩，不粗涩，不疮胗，亦不缺坏，亦不喎斜。"（T09/47/a）《玄应音义》卷六《妙法莲华经》第六卷"呙斜"："口蛙反。《说文》：'口戾也。'《通俗文》：'邪戾曰呙是也。'"（C056/916/a）清唐训方《里语徵实》："口戾不正曰呙。呙音歪。"《大词典》释"喎斜"为"歪斜不正"。例引宋代宋慈《宋提刑洗冤集录》及《朱子语类》例，例证晚。陈明娥认为："在双音化动力的影响下，宋代又出现了'喎斜'这个并列新词，也表示'歪斜'之义，《朱子语类》是其较早的用例。"她指出："表示'不正；歪'义的'斜'与'邪'，其正字当为'衺'。"引《说文》段注"斜"字条曰："（斜）音转义移，乃用为衺。俗人乃以人之衺正作邪，物之衺正作斜。"①由以上所述可知，"喎斜"是东晋汉译佛经中就有的俗语词，而非宋代新词。

【无苦】

（1）佛言："白衣欲散华随意，若落比丘头及衣上，应拂去，落高座上，无苦。"（《五分律》卷十八，T22/121/c）

（2）时此长者见二变化，心开意解，叉手向佛白世尊言："此食杂毒，愿小顷留，更设好食。"世尊告曰："但行此食，无苦。"（《鼻奈耶》卷七，T24/884/a）

按："无苦"即无妨、没关系之义，多用于句末或单独成句。《大词典》"无苦"条有两个义项，其中义项❷为：不要担心受怕，没关系。例引宋吴淑《江淮异人录·洪州书生》，例证晚。译经中用例颇多，《四分律》卷四十六："时王女见之，即往白王言：'王今知不？我欲得此人为夫。'王言：'此是盲人。'女答王言：'无苦。'"（T22/912/c）东晋瞿昙

---

① 陈明娥：《朱熹口语文献词汇研究》，厦门大学出版社，2011，第 411 页。

僧伽提婆译《增壹阿含经》卷十四："迦叶报曰：'我不爱惜，但彼有毒龙，恐相伤害耳。'世尊告曰：'迦叶！无苦！龙不害吾，但见听许，止住一宿。'"（T02/619/c）后汉失译《大方便佛报恩经》卷四："王即往看，见已便识是善友太子，即怀恐怖而作是言：'波罗柰王若闻此事，嫌我不少。'即前忏谢善友太子：'我实不知。'太子言：'无苦，为我饷致，给与此牧牛人。'"（T03/146/b）皆其例。

【厌课】

（1）看水时不得厌课，当至心看。不得太速，不得太久。当如大象一回顷，若载竹车一回顷，无虫应用。（《僧祇律》卷十八，T22/373/a）

（2）佛言："从今日后，听两重作，不得辄尔厌课，持小故氍覆，当两重作。若用钦婆罗一重作，劫具二重作。"（《僧祇律》卷二十，T22/392/c）

按：汉译律典中"厌课"一词仅见于《僧祇律》。柴红梅释"厌课"为"随便应付、匆忙"。柴文进一步解释说："'课'之本义谓'考核，考试'，'厌'有厌恶义，因厌恶而随便应付，仓促了事，似可通。"① 柴文对"厌"与"课"的解释有待商榷。"厌课"之"厌"并非厌恶义。《荀子·修身》："厌其源，开其渎，江河可竭。"杨倞注："厌，塞也。""课"本义确为"考核、考试"，但"厌课"之"课"似与考核、考试义无关。"课"当为"责"义。"厌课"即塞责、应付之义。从文义来看，例（1）中的"至心看"即仔细看、用心看。"厌课"与"至心"相对，即是不仔细、不用心之义。例（2）中"辄尔厌课"即轻率应付、敷衍塞责之义。

研究佛教文献的时候要合理利用佛经注疏，很多的方俗词在历代的故训材料中都有反映，这些材料可以为理解方俗词提供不少有用的线索。中土佛教典籍亦见"厌课"一词的用例，唐宗密《佛说盂兰盆经疏》卷二："贫贱者迫以饥寒，富贵者荒于财色。设能追福，厌课者多。竭力罄心，

---

① 柴红梅：《汉语复音词研究新探——以〈摩诃僧祇律〉为例》，天津古籍出版社，2014，第195页。

万中无一。世途目击,岂不昭然。"(T39/509/b)此例中的"厌课",唐宋佛典注疏中有较为详细的解释。唐宗密疏、宋元照记《盂兰盆经疏新记》卷二:"厌课,谓事不得已而为之。"(X21/474/c)宋遇荣《盂兰盆经疏孝衡钞》卷二"厌课":"上音魇,塞也。课,责也。当二亲斋忌,无至诚修福,但厌塞人之课责,故为之耳。"(X21/557/a)宋日新《盂兰盆经疏钞余义》卷二"厌课者多"条:"厌,塞也;课,责也。当二亲忌日,无心修崇,但厌塞人之课责,故为之耳。"(X21/570/b)唐五代《四分律》注疏中对"厌课"亦有阐释,且明确指出"厌课"为"时俗之语"。唐大觉《四分律行事钞批》卷十:"不得厌课看者,济云:'北人时俗之语,唤粗略为厌课也。'"(X42/909/b)又卷十二:"不得辄尔厌课者,立谓:'率尔随时将小物而作也。无心忻念曰厌,似若他逼而作曰课也。'"(X42/980/b)五代景霄《四分律行事钞简正记》卷十二:"不得厌课看者,此是北①人时俗语也。今此间即云,影向看俱,是不仔细之貌。事不得已,心中甚厌,身但强收,故云厌课也。"(X43/326/c)据以上佛典文献注疏可知,"厌课"乃北人时俗之语,即塞责、仓猝应付之义。

　　研究佛教文献的时候要合理利用佛经注疏,很多的方俗词在历代的故训材料中都有反映,这些材料可以为理解方俗词提供不少有用的线索。此词首见《僧祇律》,语文辞书未见收录,而佛典注疏,特别是《四分律》注疏对其进行了详细的说明②。唐宗密《佛说盂兰盆经疏》卷二:"贫贱者迫以饥寒,富贵者荒于财色。设能追福,厌课者多。竭力罄心,万中无一。世途目击,岂不昭然。"(T39/509/b)唐宋佛典注疏中对"厌课"一词有较为详细的解释。唐宗密疏、宋元照记《盂兰盆经疏新记》卷二:"厌课,谓事不得已而为之。"(X21/474/c)宋遇荣《盂兰

---

① "北",原作"此",据唐大觉《四分律行事钞批》卷十改,二者形近而误。
② 佛典注疏从唐代开始盛行,律部佛典中,特别是《四分律》注疏尤为丰富,主要有唐法砺《四分律疏》十卷,唐道宣《四分律删繁补阙行事钞》三卷、《四分律比丘含注戒本》、《四分律删补随机羯磨》二卷、《四分律比丘钞》三卷、《四分律拾毗尼义钞》三卷,唐大觉《四分律行事钞批》十四卷,唐志鸿《四分律钞搜玄录》十卷,唐怀素《四分律开宗记》十卷,五代景霄《四分律行事钞简正记》十七卷,北宋元照《四分律行事钞资持记》三卷,明弘赞《四分律名义标释》四十卷等。详见陈士强《大藏经总目提要·律藏》,上海古籍出版社,2015。

盆经疏孝衡钞》卷二"厌课":"上音魇,塞也。课,责也。当二亲斋忌,无至诚修福,但厌塞人之课责,故为之耳。"(X21/557/a)宋日新《盂兰盆经疏钞余义》卷二"厌课者多"条:"厌,塞也;课,责也。当二亲忌日,无心修崇,但厌塞人之课责,故为之耳。"(X21/570/b)唐五代《四分律》注疏中对"厌课"亦有阐释,且明确指出"厌课"为"时俗之语"。唐大觉《四分律行事钞批》卷十:"不得厌课看者,济云:'北人时俗之语,唤粗略为厌课也。'"(X42/909/b)又卷十二:"不得辄尔厌课者,立谓:'率尔随时将小物而作也。无心忻念曰厌,似若他逼而作曰课也。'"(X42/980/b)五代景霄《四分律行事钞简正记》卷十二:"不得厌课看者,此是北①人时俗语也。今此间即云,影向看俱,是不仔细之貌。事不得已,心中甚厌,身但强收,故云厌课也。"(X43/326/c)据以上佛典注疏文献可知,"厌课"乃北人时俗之语,即塞责、仓促应付之义。

【宜可】【宁可】

(1)时尊者沓婆摩罗子得阿罗汉,在静处思惟,心自念言:"此身不牢固,我今当以何方便求牢固法耶?"复作是念:"我今宜可以力供养,分僧卧具、差次受请饭食耶!"(《四分律》卷三,T22/587/a)

(2)时贼帅言:"今观其所使非是常人,宜可与食。"(《四分律》卷四十六,T22/910/b)

(3)时阿难在露地敷绳床,夜多经行,夜过明相欲出,时身疲极,念言:"我今疲极,宁可小坐。"(《四分律》卷五十四,T22/967/a)

按:例(1)中"宜可"与"当"相对,有应当、应该之义。此例后文有与此相似的内容:"我今宁可以力供养,分僧卧具、及差次受请饭食耶!"(T22/587/b)"宁可"亦表示"应当""应该"义,律部佛经中用例较多,《五分律》卷十七:"时诸比丘游戏,诸禅不共论议,亦不共语。舍

---

① "北",原作"此",据唐大觉《四分律行事钞批》卷十改,二者形近而误。

利弗作是念：'彼作此语，若无人共论议者，必毁辱佛法。我今宁可与共论议。'复念：'此尼揵为摩竭国人之所宗敬，若我以一句义问，不能通者，必失名闻，不归大法。今当与之七日论议。'"（T22/114/b）例中"宁可与共论议"和"当与之七日论议"句式相同。两者比较可证"宁可"与"当"义同，即"应该""应当"之义。

【左作】

（1）相者，卷手、兀手、瘿癖、<u>左作</u>、臂似鸟翅，是名相。（《十诵律》卷九，T23/66/c）

（2）相者，若比丘往语余比丘言："彼说汝恶相人，用出家受戒为？汝卷手、兀手、瘿癖、<u>左作</u>、臂似鸟翅。"（《十诵律》卷九，T23/69/b）

按："左作"即左撇子。汉语中以右手为正手，把左手称为反手，故"左作"认为不合拍，所以与"卷手""兀手""瘿癖"等并举。汪维辉指出："人类以右利为常，汉语方言中有称右手为'顺手''正手''大手''好手'的（左手则称'借手''反手''小手''坏手'等），就是这一现象的反映。"①

【在在处处】

（1）时诸比丘尼出城已，各作是言："若我等向余方者，<u>在在处处</u>，皆见驱逐，无得住处。我等今当随世尊后去。"（《僧祇律》卷十二，T22/329/c）

（2）如是比丘<u>在在处处</u>眼见魔，魔不能得便，耳鼻舌身意，魔不得便。（《鼻奈耶》卷四，T24/866/b）

按："在在处处"犹言到处。李维琦指出"在在"犹在，仍有"任"的意思。与"所"连用，如果是表处所，同样包含"处处"之意，有周遍性②。辛

---

① 汪维辉：《佛经词语考释四则》，《浙江大学学报》（人文社会科学版）2005年第5期。
② 李维琦：《佛经词语汇释》，湖南师范大学出版社，2004，第369~370页。

嶋静志释"在在"为"everywhere"①。"处处"单用表示各处、到处义，戒律文献中多有用例。《僧祇律》卷九："诸比丘处处乞羊毛作毡衣，如是众多，为世人所厌。"（T22/306/c）《十诵律》卷十六："尔时波斯匿王有洗浴池，处处作堰。"（T23/112/b）"在在处处"同义连用。《四分律》卷九："自乞者，在在处处自乞。"（T22/624/b）

---

① 〔日〕辛嶋静志：《妙法莲华经词典》，日本创价大学国际佛教学高等研究所，2001，第353页。

第五章
中古律部汉译佛经词语考释

词语考释既是准确理解语料的基础工作，也是汉语词汇史研究的重要组成部分。方一新指出："从研究范围看，词汇史研究要从史的角度，对词汇的发展做全面描写和深入研究，揭示规律，需要对包括常用词、疑难词语在内的所有词汇做整体观照。"[①] 中古律部汉译佛经并不是只有枯燥的戒律条文，而是为修行的僧侣制定的日常生活和精神修养等方面的行为准则，包括僧尼的衣食住行以至七情六欲，涉及生活的每一个角落。为了说明制定戒律的理由，还穿插了许多用于比喻和举例的小故事[②]。总体上来说，中古律部汉译佛经拥有大量的口语表达，语言通俗易懂，但也还有一些词语需要进一步考释。如由版本异文、俗字误字、佛教文化阐释、通假引申造成的疑难词以及前人误解误释的词语等。我们在研读中古律部汉译佛经的过程中，对其中的部分词条进行考辨，今不揣固陋，择录部分，罗列如下。

【钵罗】【波罗】

若比丘欲作四十钵罗羊毛卧具者，二十钵罗纯黑、十钵罗白、十钵罗尨。欲作三十钵罗卧具者，十五钵罗纯黑、十五钵罗半白半尨。（《四分律》卷八，T22/615/a）

按：例中"钵罗"表重量单位，汉译佛典中又写作"波罗"，如《十

[①] 方一新：《训诂学与词汇史异同谈》，《历史语言学研究》第6辑，商务印书馆，2013。
[②] 徐时仪：《古白话词汇研究论稿》，上海教育出版社，2000，第45页。

诵律》卷七:"若作四十波罗敷具者,应用二十波罗纯黑糯羊毛、十波罗白糯羊毛、十波罗下羊毛。"(T23/48/b)戴军平对"波罗"进行过解释,他认为:"从上下文来看,这个重量很轻,一百波罗还不到一两。"① 此释不确。若按其"一百波罗还不到一两"的说法来解释,那"四十钵罗"还不到0.4两,用这么少的羊毛怎么可能做成卧具或者敷具②呢?这显然与实际情况不符。为便于讨论,我们把戴文所引《十诵律》中的两个例句摘录如下:

(1) 若取白糯羊毛,过十波罗,乃至一两作敷具,得突吉罗。(《十诵律》卷七,T23/48/b)

(2) 自乞者,或得五十波罗,或得百波罗,乃至得一两。(《十诵律》卷八,T23/55/a)

佛教戒律明确规定了比丘制作卧具或敷具时所需各种羊毛的数量,如果超过这个数量就会触犯戒律。如《五分律》卷五:"若比丘,作新卧具,应用二分纯黑糯羊毛,第三分白,第四分下;若过是作,尼萨耆波逸提。"(T22/35/b)所以例(1)的意思是说,如果在制作敷具的时候使用超过十波罗的白糯羊毛,哪怕只超出一两,都会犯突吉罗罪。在其他佛经文献中亦可找到印证,失译《萨婆多毗尼毗婆沙》卷五:"若取白羊毛十钵罗中过一两,突吉罗。"(T23/533/b)例(2)戴文只引了一部分,不太好理解。其前文如下:"从今是戒应如是说:'若比丘自行乞缕,使非亲里织师织者,尼萨耆波提。'"从此句可以看出,戒律规定比丘不得自行乞缕,而例(2)就是对"自乞"的阐述说明,即不管自乞得多少,哪怕是一两都会犯尼萨耆波提罪。由此可见,戴文对"波罗"一词的理解不准确。

---

① 戴军平:《〈十诵律〉词汇研究》,暨南大学博士学位论文,2012,第124页。
② 卧具也可称为"坐具""随坐衣"等,梵语音译作"尼师坛""尼师但那""尼师檀耶",是佛所制定的敷具之一,即比丘的随身物。关于其形制和大小佛经戒律中都有规定,《五分律》卷九:"若比丘,作尼师檀,应如量作:长二修伽陀磔手,广一磔手半;若续,方一磔手。若过,波逸提。"(T22/71/a)详见宋元照《佛制比丘六物图》。杨维中《中国佛教百科全书·仪轨卷》(上海古籍出版社,2001,第251~252页)"卧具"条亦有论述。

那一波（钵）罗到底是多重呢？核检佛典，我们在《十诵律》卷七正文的小注中找到了线索："一波罗者，此四两也。"（T23/48/b）此外，佛经注疏中亦有对此词的训释，明弘赞《四分戒本如释》卷五引《十诵律》云："一钵罗，此四两也。"（X40/231/a）然而也有不同的说法，南朝陈真谛译《佛说立世阿毗昙论》卷六："郁单越人，劫波树子衣，长二十肘，广十肘，重一波罗。"（T32/200/b）"重一波罗"后有括号注曰"南称一两"。明弘赞《四分律名义标释》卷九"钵罗"条进一步做了说明："或云波罗。《十诵律》云：'一钵罗，此四两也。'《立世毗昙论》云：'一波罗，此称一两。'斯或秤之大小不同故也。"（X44/472/a）清读体集《毗尼止持会集》卷六："若作四十钵罗卧具者，二十钵罗纯黑，十钵罗白，十钵罗犌。"其后括号中对"钵罗"注曰："《十诵律》云：'一钵罗四两。'《立世毗昙论》云：'一波罗一两。'或秤之大小故，译不同。今准《十诵》，则四十钵罗重十斤，应用五斤黑，二斤半白，二斤半犌。"（X39/384/c）由此可知，"波（钵）罗"有"四两"和"一两"之别，主要原因在于"秤之大小不同"。

出现"秤之大小不同"的情况，主要是由社会度量衡制度的混乱造成的。丘光明指出："南北朝度量衡混乱，主要原因是南北分治。南朝虽然也朝代更迭，但都自称是华夏正统，一切都以延续汉制为主，度量衡也依古制，遵而不改。北朝却动辄两三倍于古，其主要原因还是在于上层的贪婪和法制的无序。"① 因南北朝度量衡存在差异，故"波（钵）罗"有"一两"和"四两"之别。唐大觉《四分律行事钞批》卷八详细地阐述了南北朝度量单位在翻译佛经中的差异："由翻经有南北二国者，立谓：'江宁，即南朝也。洛阳，即北朝。故曰二国也。'南朝三藏，翻译多明小尺，即姬周尺也。北朝三藏，所翻译多明大尺，即魏尺也。今唐之尺，尺有二寸，即是魏尺也。"（X42/842/c）除此以外，汉译佛经中的度量单位如"搩手""肘""由旬"等都存在南北差异，长短的标准都不统一，这与佛经翻译时的社会制度、译师的汉语水平和翻译风格等有很大的关系。

---

① 丘光明：《中国古代度量衡》，中国国际广播出版社，2011，第112页。

【輟祠】

父母复言：" 尔虽吾子，今为释种，违我以道，夫复何言？但祖宗<u>輟祠</u>，人伦情重。王宪，嗣绝财物没官，吾备之矣！汝岂不知，余愿所期，在汝续种，汝其思之，吾言尽矣！"（《五分律》卷一，T22/3/a）

按：例中"輟祠"一词费解。核考文献，各本均有异文。《大正藏》校勘记曰：宋、元、明、宫本作"继嗣"。《中华藏》本《五分律》影印金藏广胜寺本对应文字亦作"輟祠"（C39/883/b），校勘记云：资、碛、普、南、径、清作"继嗣"。从文义来看，父母并不希望儿子皈依佛门，而是想让儿子继承家业、延续香火，然"輟祠"即中止祭祀、停止祭祀，此义与上揭例中父母逼迫儿子结婚生子之义不符，且也与诸本异文"继嗣"所表达的意思相悖。从例中"王宪，嗣绝财物没官"亦可看出，一旦香火断绝后继无人，所有财物都要充公，因此父母想方设法劝说儿子不要出家。此外，后文也明确说了父母的希望是"在汝续种"，即延续香火之义。综上，通过比勘异文和梳理文义，疑"輟"乃"酹"字之误。"酹"有祭祀义。《广韵·祭韵》："酹，祭也。""酹祠"切合文义，且也与诸本异文中"继嗣"所表达的意思相符。

佛经音义对辨正佛典文字讹误、勘定异文有非常重要的价值。《玄应音义》卷十五《五分律》第一卷"酹祠"："《说文》'餟'同，张芮反，酹祭也[①]。酹，力外反。《字林》谓：'以酒浇地祭也。'"（C056/1051/b）《玄应音义》出"酹祠"条，可见玄应所见本作"酹祠"，或是认为"輟祠"有误而改为"酹祠"。《可洪音义》卷十六《五分律》"輟祠"条释曰："上竹悦反，连祭也，正作酹也。下寺兹反，祭也。"（K35/144/c）可洪所立词目"輟祠"当为早期所见佛经原文，他认为"輟"字"正作酹"，义为"连祭"。据此可证，当作"酹祠"为是。"輟""酹"同从"叕"声，"車""酉"俗写相近。

汉译佛经中亦有"祭酹"一词，西晋竺法护译《舍头谏太子二十八宿经》卷一："王曰：'前世所可祠祀，人马祠祀，诸造祭酹。'"（T21/

[①] 今本《说文》作"祭酹也"。参见（汉）许慎撰，（清）段玉裁注《说文解字注》，上海古籍出版社，1988，第 222 页下。

414/b）东晋瞿昙僧伽提婆译《中阿含经》卷六："我应自安隐，供养父母，瞻视妻子，供给奴婢，当输王租，祠祀诸天，祭餟先祖及布施沙门、梵志，为后生天而得长寿，得乐果报故。"（T01/456/c）"祭餟"也即"祭祀"，"餟"泛指祭祀，与"祭""祠"义同。要之，律文本当作"餟祠"，各本作"辍祠"者当是由于音近相通或转写讹误。至于异文作"继嗣"，盖因不明"辍祠"乃"餟祠"之误，且受后文"嗣绝"的影响而臆改。

【厕草】【筹草】

（1）佛在舍卫城，尔时有一婆罗门出家，好净过常，自恶大小便，用利厕草割伤其肉，血污衣服及僧卧具。（《五分律》卷二十七，T22/177/a）

（2）若随贾客船上行时，若大便者，当到大行处，应用木板着下，令先堕木上，然后堕水。若无木者，乃至一厕草承。（《僧祇律》卷三十四，T22/504/c）

（3）世尊有如是教，听用厕草。彼用长厕草，佛言："不应用长厕草，极长一搩手。"（《四分律》卷四十九，T22/932/b）

按："厕草"指入厕后用以擦拭粪便的东西。《五分律》卷二十七："诸比丘便用竹片、芦片，伤坏其肉。佛言：'不应用利物作厕草，应削去楞；除漆树，余木尽听用。'"（T22/177/b）"厕草"之"草"并不是草，多为竹木削成的小薄片。宋道诚《释氏要览》卷三："已登正弹指，乃至十七，不得将草划地。"（T54/300/a）此句中"将草划地"后有括号注曰："草即筹子，浙人呼厕草。"由此可知"草"与"筹"义同，只是不同地方叫法不同而已。《四分律》卷四十九："彼用叉奇、厕草、杂叶。若用树皮，用草、牛屎抟，佛言：'不应尔。'"（T22/932/b）明弘赞《四分律名义标释》卷三十一"叉奇"条注曰："凡草木有叉棱者，不听用作厕筹，恐伤身体故也。"（X44/641/c）此处所说的"厕筹"即前例《四分律》中的"厕草"。元陶宗仪《辍耕录·厕筹》记载："今寺观削木为筹，置溷圊中，名曰厕筹。"禅籍中也作"厕筹子"，《古尊宿语录》卷三十八《襄州洞山第二代初禅师语录》:"总与么,总不与么,是东司头厕筹子。"(X68/246/a)又作"厕简子",无著道忠编《禅林象器笺》卷二十八"厕简子"条云:"厕筹,又名厕简子。"

中古律部汉译佛经中也称"厕草"为"筹草",《四分律》卷四:"尔时比丘患下脱痔病,以粗木作筹草,患痛,佛言:'听以毳,若劫贝,若鸟毛、故衣物拭之。'"(T22/862/c)《僧祇律》卷三十四:"尔时诸比丘用竹作筹草伤破身,诸比丘以是因缘往白世尊。佛言:'从今已后,不听竹片、苇片、木札及骨,应用滑物圆物。'"(T22/504/b)此两例中"筹草"与"厕草"义同。佛莹编《四分比丘尼戒本注解》卷二引《毗尼母经》卷六:"上厕去时,应先取筹草。"此处的"筹草"后加括号注为"草纸",由此可证二者义同。清郝懿行《证俗文》卷三"厕筹"条:"三藏律部宣律师上厕法用厕筹,是比丘之净用厕筹也。今山寺僧人用厕筹者,十八九用过仍濯而再用之。今西北宣大及两川诸郡,俱用瓦砾,并无厕筹者。"《大词典》收"厕筹",首引《北史·齐纪中·文宣帝》:"虽以杨愔为宰辅,使进厕筹。"例证晚。《大词典》未收"厕草""筹草"二词,当补。

【嘲话】【嘲哗】

(1) 六群比丘即往至王家船官上,请取好船及种种庄严,即持食具置船上,共比丘尼同载,顺流上下,嘲话戏笑。(《僧祇律》卷十五,T22/349/a)

(2) 尔时六群比丘入白衣家内坐,高声大唤,共相嘲话,为世人所讥:"云何沙门释子高声大唤,如商人失伴,如放牧人大唤。"(《僧祇律》卷二十一,T22/402/a)

按:"嘲话"义为调戏、调弄。例(1)中的"嘲话",宋、元、明本作"嘲语",宫本作"嘲诘"。今按,当作"嘲话"。"语""诘"与"话"形近而误。例(2)中的"嘲话",柴红梅释为"用言语相戏弄"。她认为"嘲话"一词属于"不被认同的类推",并且指出:"从整体语义上来看,'嘲话'的意义不如同义连文的联合式'嘲戏''嘲谑'直观,因而并未被广泛接受，其出现只是个偶然。"① 胡佳慧认为"话"义为"言说"，并且指出："'嘲话'一词，魏晋之前并未成词使用。后在使用过程中'话'的'言说'义沾染了'嘲'的'讥笑、戏谑'这一义项。"② 柴文和胡文均把"话"直接理解为言语、言说义，似有望文生义之嫌。《大词典》收"潮话"一词，释为"戏言谑语"，似乎也把"话"理解成了"言语"义。

"话"有"调"义。《广雅·释诂四》："话，调也。"《玉篇·言部》："话，调也。"日本僧人空海《篆隶万象名义·舌部》："䚻，朝快反。话字，啁调也。"③《玄应音义》卷十五《僧祇律》第十五卷"嘲话"："又作啁，同，竹包反。《苍颉篇》：'啁，调也，谓相戏调也。'"（C056/1047/b）"嘲话"之"话"有戏谑、调笑义，并非柴文所说的"只是个偶然"，也不是沾染了"嘲"的讥笑、戏谑义，而是由其"善言"义引申而来。因"话"有"调"义，故佛典中也有"嘲调"一词的用例。隋阇那崛多译《佛本行集经》卷五十七："尔时，难陀为己同行诸亲友等，恒常唤作佛客作人，被笑被呵，嘲调戏弄。"（T03/916/b）北凉昙无谶译《大般涅槃经》卷三十一："若有菩萨自言戒净，虽不与彼女人和合，见女人时，或共嘲调，言语戏笑。如是菩萨，成就欲法，毁破净戒。"（T12/549/a）两例中"嘲调"与"嘲话"义同。

"嘲"也作"啁""謿"。《慧琳音义》卷八十《开元释教录》第四卷"嘲之"条注曰："《说文》从口从周作'啁'，《考声》从言作'謿'，录文从口作'嘲'。同字也。"（T54/826/a）清段玉裁《说文解字注》："《仓颉篇》：'啁，调也。'谓相调戏也。今人啁作嘲。"佛典中"嘲话"也写作"嘲哗"，唐菩提流志译《大宝积经》卷八十二："彼应离酒，不醉不乱，不妄所说，不自轻躁，亦不嘲哗，不相牵掣，应住正念，然后知之。"（T11/473/c）《玄应音义》卷八《郁伽长者所问经》"謿哗"条曰："今作嘲，同，竹包反。《苍颉篇》：'啁，调也。'哗，宜作话，胡快反。《广雅》：'话，调也。'"（C056/943/a）"话"与"哗"常互为异文，元魏瞿

---

① 柴红梅：《汉语复音词研究新探——以〈摩诃僧祇律〉为例》，天津古籍出版社，2014，第224~225页。
② 胡佳慧：《基于〈碛砂藏〉随函音义中魏晋南北朝译经词汇新词新义专题研究》，广西大学硕士学位论文，2017，第96页。
③ 〔日〕释空海编《篆隶万象名义》，中华书局，1995，第47页。

昙般若流支译《正法念处经》卷三十二："时诸天女奉给天子，歌舞戏笑，种种吟咏，鄙亵调话，令此天子，心意迷惑。"（T17/188/b）例中"话"，《大正藏》校勘记曰：宋、元、明、宫本作"哗"。《玄应音义》卷十一《正法念处经》第三十二卷"调话"："经文作哗，音花，喧哗也。哗非字义。"（C056/977/c）"调话"与"嘲话"义同，均为并列复合词。

【差降】

（1）尔时诸比丘来入，有一比丘作是言："此堂都好，唯一角<u>差降</u>一麨麦许。"（《僧祇律》卷二十九，T22/462/a）

（2）于第六日，世尊化诸大众，皆一等类，无有<u>差降</u>。（《四分律》卷五十一，T22/949/b）

（3）时调达便起妒嫉意，向如来复作是念："此沙门瞿昙生处种姓不能胜我，此亦释种，我亦释种，有何<u>差降</u>？"（《鼻奈耶》卷二，T24/859/b）

按：从句义来看，例（1）中的"差降"义为"差、缺少"。佛经中"降"单用也可表此义，《四分律》卷五十二："时优波离与诸比丘共论法律，时诸丘来共听戒，坐处迮狭，不兼容受。佛言：'相降三岁，听共坐木床；相降二岁，听共坐小绳床。'"（T22/956/b）"相降"即相差。"差"与"降"同义，由"相差""缺少"引申为"差别"。例（2）中"无有差降"即没有差别之义，例（3）中"有何差降"即有何差别之义。

"差降"一词，《大词典》释为："按等第递降。"引《唐律疏议》和宋江休复《江邻几杂志》例为证。《中文大辞典》亦引《唐律疏议》释"差降"为"犹等第而降也"。上揭三例中的"差降"，均无"按等第递降"义，与两部辞书所释不符。王云路、王诚指出："本义产生核心义，而核心义制约绝大部分义项的产生和发展。"[1]"差"的核心义就是不相等，也就是错位，即有差别之义。《大词典》所举二例中的"差降"，都可以理解为"差别"，把"差降"理解成"按等第递降"没有依据。朱庆之曾指

---

[1] 王云路、王诚：《汉语词汇核心义研究》，北京大学出版社，2014，第75页。

出"罪有差降"即罪有轻重等级的不同①。宋江休复《江邻几杂志》卷二中"恩泽差别"与"疏亲差降"意思一样，都指差别。

"差降"表差别义，在汉译佛经中用例颇多。姚秦竺佛念译《出曜经》卷三："若少知识当诣贾家分卫乞食，好者给病，恶者自食。其瞻病者，则瞻我身，所获功德，亦无差降。"（T04/623/b）此句前面已说师徒二人如同父子，所有东西二人平分，而不管做什么，所获功德二者一致，没有差别。又姚秦竺佛念译《菩萨从兜术天降神母胎说广普经》卷五："菩萨摩诃萨以空灭想于色无受，等分众生，不见差降。"（T12/1040/a）此句中"差降"与"等分"相对，词义显豁，指平等分给众生，没有差别。《鼻奈耶》卷二："时世尊告诸比丘：'当知其有比丘，以衣裳、饮食、床卧、病瘦、医药故，非阿罗汉言阿罗汉。若复比丘作贼导师，将从百人、二百、三百，乃至千人，此二大贼有何差降？'比丘答曰：'将从百人及千人者，此常小贼。此第二贼，天上人中梵魔众沙门婆罗门，以衣裳、饭食、床卧、医药故，非阿罗汉言阿罗汉，此贼中之大贼。'"（T24/860/a－b）句中比丘以"小贼"和"大贼"的区别来回答世尊所问的"此二大贼有何差降"，显然"差降"为差别、区别之义。后秦鸠摩罗什译《大智度论》卷七："虽应以佛神力故，佛所行诸，三昧皆第一。然诸法中，应有差降。如转轮圣王众宝，虽胜一切诸王宝，然此珍宝中，自有差别，贵贱悬殊。"（T25/111/c）例中"差降"与"差别"对举，二者词义相同。

"差降"可由"差别"义引申为"递减、递降"。东晋法显译《大般涅槃经》卷二："阿难！当知若有众生以诸供具，而以供养此兜婆者，其所得福，渐次差降。"（T01/200/b）"渐次差降"即为依次递减。综上分析，"差降"有三个义项：❶差，缺少；❷差别，区别；❸递减，递降。《大词典》仅有一义，且例证与义项不符。

【床桄】

是国土多热，草叶生虫，佛言："听作荐席、蘧蒢。"虽受教，犹故生虫。佛言："听作床榻。"诸比丘取软木作床桄、床箦，故隐身苦

---

① 朱庆之：《佛典与中古汉语词汇研究》，文津出版社，1992，第103页。

恼，是事白佛，佛言："听作褥。"（《十诵律》卷三十四，T23/243/b）

按：陈明通过梵汉对勘指出"床桄"是 anganikā 的对译，义为"床脚"①。从文义来看，"床桄"并非床脚，而是指床上的横木。"床桄"与"床簀"都是前文佛陀准许制作的"床榻"的组成部分。因"取软木作床桄、床簀"制作"床榻"会导致"隐身苦恼"，故佛又准许比丘"作褥"。"隐身"即"硌身"。若把"床桄"理解为"床脚"，则与"隐身"无关。唐义净译《根本说一切有部毗奈耶破僧事》卷十四："尔时亲教床上转动，当即床桄忽折。闻床桄折声，摩纳婆自起，作如是念：'亲教床桄摧折，卧不安隐。我于床下，脊替床桄，不令堕地。'"此例中的"床桄摧折"当指床上的横木折断。

其实这个词不需要从梵文材料对勘的角度去解释，正如辛嶋静志曾说："可以在汉语里面解决的问题应在汉语里解决，不必提到梵文材料，否则反而会把问题复杂化。"② 张幼军也认为："对勘训释只是一种训释方法，并不能替代其他方法。"③故训材料中有很多关于"桄"的解释，《广雅·释水》："舳谓之桄。"王念孙疏证曰："此谓船前横木也。桄之言横也。《集韵》：'桄，舟前木也。'凡舟车前之横木皆曰桄。"朱骏声《说文通训定声》："桄字本当训为横木，与横略同。"佛经音义中也多次释"桄"为"横木"，《玄应音义》卷十四《四分律》第五十二卷"作桄"："古文撗、横二形，同，音光。《声类》作'輄'，车下横木也。今车床及梯舆下横木皆曰桄是也。"（C056/1036/b）清桂馥《札朴》卷九《乡里旧闻》："床横木曰桄。"民国《安徽通志稿·方言考》卷三："今泾县谓几足上之横木曰桄。"

另外，陈文列举三例来自义净所译律典及《十诵律》，此三例中"床脚"一词习见，《根本说一切有部毗奈耶》卷三十："邬波难陀善知声相，观其卧处，即移床脚，安彼头边，放身而坐。令床脚脱，打破彼头。"

---

① 陈明：《根本说一切有部律典梵汉词语例释》，《汉语史研究集刊》第 23 辑，四川大学出版社，2017。
② 〔日〕辛嶋静志：《佛典语言及传承》，裘云青、吴蔚琳译，中西书局，2016，第 28 页。
③ 张幼军：《佛教汉语训释方法探索——以〈小品般若波罗蜜经〉为例》，湖南师范大学出版社，2008，第 243 页。

(T23/789/a)《十诵律》卷十一："时草敷中生虫，噉是草，噉床脚、床桄、床档、床绳，噉被、褥、枕，噉已入壁中住。"（T23/77/c）由此可证"床桄"与"床脚"不是同一物。《大词典》释"桄"例引《旧唐书》，例证晚。王绍峰在《初唐佛典词汇研究》一书中指出初唐佛典中的例句可以提前此词的书证时代①，其实"桄"在东晋就已经出现了。

【诋谩】

（1）有五大贼：劫贼、盗贼、诈取贼、诋谩贼、受寄贼。（《十诵律》卷五十，T23/363/b）

（2）有六取：劫取、盗取、诈取、受寄取、诋谩取、如法取，是名六取。（《十诵律》卷五十，T23/367/b）

按："诋谩"义为"欺瞒""抵赖"。戴军平释"诋谩"为"诋毁谩骂"②，此释或受《大词典》"诋嫚"条释义影响。《大词典》"诋嫚"条释为"诋毁谩骂"，例引《文心雕龙·谐隐》："于是东方枚皋铺糟啜醨，无所匡正，而诋嫚媟弄，故其自称为赋，乃亦俳也。"此句中的"诋嫚"与"媟弄"连用，释为"诋毁谩骂"较为准确，但验之以上二例不通。

"诋"和"谩"均有欺骗义。《后汉书·樊準传》"文吏则去法律而学诋欺"李贤注："诋，亦欺也。"《慧琳音义》卷五十二"掠诋"条注引《广雅》云："诋，欺也。"（T54/655/b）《说文·言部》："谩，欺也。"《广韵·谏韵》："谩，欺谩。"《六书故》卷一一："谩，莫半切，言无实也。又平声，欺罔也，与瞒同。"《正字通·目部》："瞒，俗以匿情相欺为瞒。"张相在《诗词曲语词汇释》中指出"谩"有"瞒"义，并引例为证，如《气英布》第三折："不争的信随何说谎谩天口，你道嗜封王业，时当就。"③"诋谩"同义连言，当为"欺瞒""抵赖"之义。元魏慧觉等译《贤愚经》卷十一："二家相弃，遂失其牛。后往从索，言已还汝，共相诋谩。"（T04/428/b）从句中可知"诋谩"是主观上故意"装糊涂"之

---

① 王绍峰：《初唐佛典词汇研究》，安徽教育出版社，2004，第118页。
② 戴军平：《〈十诵律〉词汇研究》，暨南大学博士学位论文，2012，第103页。
③ 张相：《诗词曲语词汇释》，中华书局，1953，第236页。

义,即抵赖、欺瞒。

佛典音义有牴懱、拑濿、牴僈、牴谩等多种不同的书写形式。《玄应音义》卷十五《十诵律》第四十九卷"牴懱"注曰:"莫槃反。《说文》:'懱,忘也。亦懱兜也。'律文作僈,非也。"(C056/1044/b)《可洪音义》卷十《优婆塞戒经》第六卷"拑濿":"上丁礼反,下莫槃反,欺也。正作谩也。经音义作牴懱。"(K34/979/b)又卷十五《十诵律》第四十九卷"牴僈":"上丁礼反,下莫槃反。正作谩、懱二形。"(K35/112/a)《乾隆藏》本《十诵律》第五十四卷随函音义"牴谩"条注曰:"牴,典礼切,与抵同。谩,谟官切,欺也。"

汉译佛经中亦有"谩抵"一词,西晋竺法护译《佛说乳光佛经》卷一:"既偿钱毕,复谩抵人,言其未毕。但坐是故,堕畜生中十六劫。"(T17/756/a)从句义来看,此处"谩抵"亦为抵赖、欺瞒之义。《慧琳音义》卷三十三《佛说乳光佛经》第一卷"谩抵"注曰:"上满盘反。《说文》:'谩,欺也。从言曼声。'曼,音万也。下低礼反。《考声》:'抵,扞也,拒也。'《说文》:'从手氏,氏亦声也。'经从牛作牴,牴是触,误也。"由此可见,"牴谩"与"谩抵"义同,均有抵赖、欺瞒之义。

【釜燋】

尔时有居士请比丘尼僧食。诸比丘尼食前,着衣持钵往到其家,从作食人索饮,或索<u>釜燋</u>,或索饭。(《五分律》卷十四,T22/97/a)

按:上揭律文中"索釜燋",《玄应音义》卷十五《五分律》第十四卷作"索鑐",并释云:"今作铫,同。子消反。《韵集》云:'鑐,温器也,三足有柄。'《字林》云:'鑐,容一斗,似铫。'铫,又音遥。一音徒吊反。"(C056/1052/b)玄应所释不确,理由有三。其一,从上例中"索饮""索饭"等提示性词语可知,"索釜燋"应是索取一种食物,而不是索取一种煮饭的器具。其二,在佛典文献中,未见有比丘或比丘尼在乞食的时候索要"釜鑐"等煮饭器具的。其三,五代经师可洪也明确指出玄应的错误,《可洪音义》卷十六《五分律》第十四卷"釜燋"条:"子消反。釜底爆干之食也。经音义作'鑐',非也。律意不是器名也,彼误。"（K35/147/b）综合以上分析，我们认为《大正藏》本作"釜燋"为是。

张涌泉认为："文字因受上下文影响，而使本不一致的偏旁趋于一致，这是最为常见的一种类化现象。"① "燋"字或是受到上字"釜"的类化影响，而改变形旁写作"鐎"的。汉译佛经中"燋"常与"饭"连用，例如：

（1）时迦留陀夷小频申起，婆罗门妇见起，复作是念："着釜燋饭，当与其食。"即以杓酌，终不得燋饭，但得好饭，时釜饭流来向钵。（《鼻奈耶》卷九，T24/892/b）

（2）陈遗，吴人，少为郡吏。母好食铛底燋饭。遗在役，常带囊，每煮食，录其燋贻母。（唐道世撰《法苑珠林》卷四十九，T53/659/a）

上两例中"燋饭"与"釜燋"义同，即锅巴之类的食物。例（1）中"燋饭"与"好饭"相对，词义显豁，可知"燋饭"是指靠近锅底而烧焦的饭。唐黄滔《祭陈先辈鼎》："匪无随驾之恳，实切问安之计，肩负燋饭，志销丹桂。"例（2）中"燋"，《法苑珠林校注》中作"焦"②。《正字通·火部》："釜底饭之干者俗曰焦。"明李时珍《本草纲目·谷部》"锅焦"条："一名黄金粉，乃人家煮饭锅底焦也。"清吴庆坻《蕉廊脞录》："季弗欲，妇乃乞邻得米一碗，又铛底焦饭升许，以布缚之，使姑携归。"清代以来的方志中"燋饭"又称作"锅焦""饭焦"等，如清光绪《重修仪征县志》卷三十六："白水为羹，锅焦作菜，晏如也。"民国《甘泉县续志》卷五"盐法"："和碱为下，碱盐亦名碱片，系镦底融结之块盐，犹炊饭之锅焦。"民国《恩平县志》卷四："饭锅巴曰饭焦，亦曰烆粥。锅巴茶曰饭焦水。"《大词典》释"焦饭"为"锅巴"，但未收表示"锅巴"义的"釜燋（焦）""锅焦""饭焦"等词。

【捋糯】

一贾客见已，语其妇言："华色比丘尼于巷中倒地，汝扶令起将

---

① 张涌泉：《敦煌文书类化字研究》，《敦煌研究》1995年第4期。
② （唐）释道世著，周叔迦、苏晋仁校注《法苑珠林校注》，中华书局，2003，第1488页。

来。"妇即去扶起将来，入舍，疾作 <u>稃𥻽粥</u>，与已得醒。(《十诵律》卷十九，T23/131/a)

按：例中"稃𥻽粥"应当是一种比较稀的粥，这样才能喂给已经迷闷倒地的比丘尼。《玄应音义》卷十五《十诵律》第十九卷"稃𥻽"注："又作粰，音浮留。《广雅》：'稃粰，馓也。'今谓薄粥也。"(C056/1041/c) 以佛经音义为基础材料编纂而成的日本古字书《新撰字镜》卷四释"稃𥻽"曰："上浮音；下留音。糈馓也，今谓薄粥也。"《可洪音义》卷十五《十诵律》第十九卷："稃𥻽，上音浮，下音流。馓也，粥别名也。"(K35/105/c) 从以上材料可知"稃𥻽"为薄粥。"𥻽"乃"粰"字①，因此又写作"稃粰"。《大词典》释"稃粰"为："即寒具。一种油炸的面食。"此义与玄应所释不同，亦与上揭例文义不符。

"稃"与"稃粰"义同。《广韵·尤韵》："稃，稃粰。""稃𥻽粥"也即"稃粥"。明焦竑《国朝献征录》卷七十："属岁大侵，饿莩盈道。公乃倡诸大姓行稃粥，全活可万计，死者浮屠法济之。"清翟灏《无不宜斋未定稿》卷四："琉璃六幅纸窗明，云母一瓯稃粥饱。"《康熙字典》释"稃"引《篇海》云："一曰䉪也。"《淮南子·天文训》："行稃鬻，施恩泽。"《中文大辞典》收"稃鬻"一词，释为"薄粥也"。《中国古代名物大典》释"稃鬻"为"稀粥"。《大字典》"稃"条的第二个义项为"粥"，例引《广雅·释器》："稃，馆也。"王念孙疏证曰："《说文》：'馆，糜也。'……稃，亦糜也。"以上均可佐证"稃𥻽"有"稀粥、薄粥"义。

【覆苫】

(1) 非妨处者，四边各容十二桄梯，桄间各一卷②肘，令作事者，周匝来往，涂治<u>覆苫</u>。(《僧祇律》卷六，T22/278/b)

(2) 若比丘尼作大房，户扉窗牖及余庄饰具，指授<u>覆苫</u>，齐二三节。若过者，波逸提。(《四分律》卷二十四，T22/735/a)

---

① 郑贤章：《汉文佛典疑难俗字汇释与研究》，巴蜀书社，2016，第357页。
② 卷，《大正藏》校勘记曰：宋本、元本、明本、宫本作"拳"。

按：辛嶋静志《妙法莲华经词典》释"覆苫"为名词"a thatch"①，可以理解为"（稻草、芦苇等盖的）茅草屋顶"。就《妙法莲华经》中用例而言，此处的解释无疑是正确的。然上揭二例中的"覆苫"并非名词，当以动词"覆盖"义释之。例（1）中"覆苫"与"涂治"连言，为动词"覆盖"义。例（2）中"指授覆苫"，明弘赞《四分戒本如释》卷七有详细解释："指授者，教示也。覆苫者，盖屋也。覆有二种，谓纵覆、横覆也。"由此可证，"覆苫"为动词"覆盖"义。唐义净译《根本说一切有部毗奈耶破僧事》卷十一："佛告王曰：'我于异时，住微频持聚落，安居三月，于其夏初时经苦雨，我所住处，屋宇霖漏，喜护陶师有造作处厂屋，皆用新草而为覆苫。'"（T24/158/a）此例中的"覆苫"表动词义甚明。

"苫"本义为编茅草覆盖屋顶。《说文·艹部》："苫，盖也。"《广韵·盐韵》："苫，草覆屋。"关于"覆苫"一词，佛典音义及注疏中都有明确的解释。《玄应音义》卷十四《四分律》第十二卷"覆苫"："舒盐反。《尔雅》：'白盖谓之苫。'李巡曰：'编菅以覆屋曰苫。'一音舒焰反，苫亦覆也。"（C056/1027/c）明弘赞《四分律名义标释》卷十二"覆苫"："苫，诗廉切，闪，平声，盖也。又编茅以覆屋曰苫。原天竺所造室宇台观，板屋平头，壁泥石灰，覆以甎墼，或苫茅苫草，及以板木。"（X44/494/a）清顾张思《土风录》卷十四"以草盖屋曰苫"条："稻草盖屋曰苫，音如扇。《广韵》'苫'有平、去二音，俱训'草覆屋'。《正字通》分'苫次'为平声，'苫覆'为去声，非是。"此义方言有之。冀鲁官话和胶辽官话现有"苫屋""苫房子"之说②。《大词典》未收"覆苫"③，当补。

【桁晒】

尔时世尊遍行诸房，至难陀房中，见其房内多畜衣物。有桁晒衣

---

① 〔日〕辛嶋静志：《妙法莲华经词典》，日本创价大学国际佛教学高等研究院，2001，第103页。
② 许宝华、〔日〕宫田一郎主编《汉语方言大词典》，中华书局，1999，第3150页。
③ 〔日〕辛嶋静志在《妙法莲华经词典》（日本创价大学国际佛教学高等研究院，2001，第103页）中罗列了相关辞书收录"覆苫"一词的情况，其中列《大词典》收录"覆苫"在第八册第767页，核检《大词典》无收录。

物者，有缝衣者、染衣者、打衣者、作净者。(《僧祇律》卷八，T22/291/c)

按："桁"，《大正藏》校勘记曰：宋、宫本作"抗"，元、明本作"筻"。从文义来看，当作"桁"或"筻"。"桁"可指衣架。庾信《对烛赋》："灯前桁衣疑不亮。"倪璠注："桁，衣架，又晒衣竿也。"杜甫《重游何氏五首》："翡翠鸣衣桁。"杨伦《杜诗镜铨》引《韵会》曰："桁，竹竿也，所以晒衣。"又写作"筻"，《说文·竹部》："筻，竹列也。"清段玉裁注曰："取竹为衣架亦作筻……其字亦作桁。古乐府云'还视桁下无悬衣'是也。"

《可洪音义》卷十五《僧祇律》第八卷"桁晒"："上宜作芫，胡浪反，架也。"（K35/92/a）可洪释为"架也"，即指衣架。然上揭例中的"桁"并非表示名词"衣架"义。从后文的"缝衣""染衣""打衣"等可以看出，"桁晒衣物"当指晾晒衣物。许宝华、宫田一郎主编《汉语方言大辞典》"杭"义项❷为："用火焙炙或借风吹日晒使水分尽去而干燥。"①由此可知方言中尚有类似用法，然"杭"非本字。清胡文英《吴下方言考》："桁，疏列而阴挂也。吴中谓阴处挂物曰'桁'。"②上揭例中发生的事情在难陀房中，所以"桁晒衣物"是指把衣物挂在屋内阴干，其中"桁"与吴方言中"桁"义一致。"桁"字此义未见辞书收录。

【横羅】【横羆】

世尊告曰："此外道异学长夜习颠倒，此等若被打中毒<u>横羅</u>官事，谓呼沙门瞿昙为？"（《鼻奈耶》卷八，T24/887/a13-15）

按：《慧琳音义》卷二十七《鼻奈耶》第八卷"横羅"注："上获孟反，非理来也。"（T54/488/a）从慧琳所释可知"横"为"非理来"之义，即"不合常理常规地"之义③。然"羅"为何义慧琳未释。佛经中有

---

① 许宝华、〔日〕宫田一郎主编《汉语方言大词典》，中华书局，1999，第3150页。
② （清）胡文英著，徐复校议《吴下方言考校议》，凤凰出版社，2012，第139页。
③ 俞理明、顾满林：《东汉佛道文献词汇新质研究》，商务印书馆，2013，第250页。

不少用例，如：

（1）若有鸟鸣，野兽变怪，灾祸起时，种种不吉，恶梦众衰，横罗县官，枷锁着身，危厄之人，众所憎贼。（东晋帛尸梨蜜多罗译《佛说灌顶经》卷五，T21/510/a）

（2）其日生者，奸伪作贼，愚痴妄语，杀害众生，心常作恶，不畏父母。若斗诤盗贼，如是等处，横罗其殃，其人入胎，必在氐宿。（北凉昙无谶译《大方等大集经》卷四十二，T13/279/c）

从句义来看，"横罗"后面都跟"殃、罪"等与灾祸有关的词语，通过以上三例可知，"横罗"当为"意外遭受"义。《说文·网部》段玉裁注："羅，或作罹，俗异用。"《汉书·于定国传》："其父于公为县狱史，郡决曹，决狱平，罗文法者于公所决皆不恨。"颜师古注曰："罗，罹也，遭也。"《尔雅·释器》："鸟罟谓之罗。"郝懿行义疏曰："罹、离声同，罹、罗声转，故其字通。"

"横罗"与"横罹"义同，犹言意外遭受、招致。汉译佛经中二者常互为异文，其例如下。

（3）时四石女，见佛叩头啼哭，长跪合掌，白世尊曰："实不偷珠，有何因缘，横罗此罪，鞭打楚痛，身体破坏。"（萧齐昙景译《佛说未曾有因缘经》卷一，T17/581/b）

（4）复有众生，少小孤寒，无有父母兄弟；为他作使，辛苦活命；长大成人，横罗殃祸；县官所缚，系闭牢狱。（后汉安世高译《佛说罪业应报教化地狱经》卷一，T17/452/a）

由《大正藏》校勘记可知，例（3）中的"罗"，宫本作"罹"。例（4）中的"罗"，明本作"罹"。此例亦见于《法苑珠林》，《法苑珠林校注》作："若他作罪，横罹其殃。"[①] 明弘赞辑《归戒要集》卷三"横罹"：

---

① （唐）释道世著，周叔迦、苏晋仁校注《法苑珠林校注》，中华书局，2003，第2000页。

"音离,遭也。"姚秦鸠摩罗什译《妙法莲华经》卷二:"如是等罪,横罹其殃。"(T09/15/c)例中"罹",《大正藏》校勘记:明本作"罪"。宋守伦注《法华经科注》卷三:"横罪者,非理而遭痛毒也。""横罹""横罪"《大词典》均未收录,当补。

【撗(横)郭】【宏㮇】

诸比丘白佛,佛言:"不应用杂虫水,听作漉水囊。"不知云何作?佛言:"如勺形,若三角,若作撗郭,若作漉瓶,若患细虫出,听安沙囊中。"(《四分律》卷五十二,T22/954/b)

按:从句义可知,"勺形""三角""撗郭""漉瓶"指的是不同形状的滤水囊,其作用都是过滤细虫等。例中"撗郭",《大正藏》校勘记:宋、元、明、宫本作"宏㮇",圣乙本作"客㮇"。今按,当作"横郭"。俗写中"木""扌"两旁不别,如浙敦026《普贤菩萨说证明经》:"若有撗官,共相牵挽。"例中"撗"即"横"字①。因两旁形近混用,《大正藏》本将"横郭"写作"撗郭"。"横"《广韵》户盲切,匣母庚韵,"宏"《广韵》户萌切,匣母耕韵,二字读音相近。又俗书中"客"与"宏"形近易混,故圣乙本误作"客㮇"。

"横郭"一词,佛经音义有释。《慧琳音义》卷五十九《四分律》第五十二卷"横郭":"胡觥反。《说文》阑木也。律文作宏,胡萌反,大也,屋深向也。宏非此义。郭,恢廓也,在外廓落之称也。"《可洪音义》卷十六《四分律》第五十三卷"宏郭":"上苦萌反,正作横。"(K35/165/b)唐宋以来的《四分律》注疏对此解释较多,唐大觉《四分律行事钞批》卷十二:"若作宏㮇者,私云是漉水袋外方格子也。应师云当是横㮇。"(X42/981/b)五代景霄《四分律行事钞简正记》卷十五:"宏㮇者,外作井等字形木㮇也。"(X43/401/a)宋元照《四分律行事钞资持记》卷三:"宏㮇者,以木为筐,有同药罗之类。安沙囊中,谓以细沙置于囊底,然后漉之。"(T40/368/b)宋宗赜《禅苑清规》卷十:"罗样安棬或作瓶,

---

① 黄征:《敦煌俗字典》,上海教育出版社,2005,第153页。

任从三角杓头形,铜盆瓦缶并宏墎,得用随缘到处精。"(X63/554/b)明弘赞《四分律名义标释》卷三十五"宏墎":"梵云:'钵里萨啰伐拏',此云滤水罗。佛言:'听作漉水囊,如杓形,若三角,若作宏墎,若作漉瓶。'宏墎未详。依字释之。宏,大也。墎,同郭,内城外郭也。若作廓,张小使大谓之廓。今言宏墎,未识何状,疑是胡语。或以物作匡,取像城墎之形;或以竹木作匡,囊置其中;或似筒类,以方圆为义。"(X44/667/b)

从上揭例中"不应用杂虫水,听作漉水囊"可知,漉水囊主要是用来滤水去虫的器具,为比丘六物之一或十八物之一,又称漉水袋、漉水器、滤水囊、漉囊、滤袋、水滤、水罗等。滤水罗的种类很多,除了上揭《四分律》中所列三种,唐义净译《根本萨婆多部律摄》卷十一还列出了五种:"应知滤物有其五种:一、谓方罗;二、谓法瓶;三、君持迦;四、酌水罗;五、谓衣角。"(T24/589/a)辛嶋静志指出:"佛典中难解词义为物品时,我们可以参考考古出土的实物、雕塑或图像。"① 在北宋杭州著名僧人元照《佛制比丘六物图》及白化文《汉化佛教法器与服饰》中,我们找到以下几种不同形状的滤水罗(见图5-1至图5-4)。

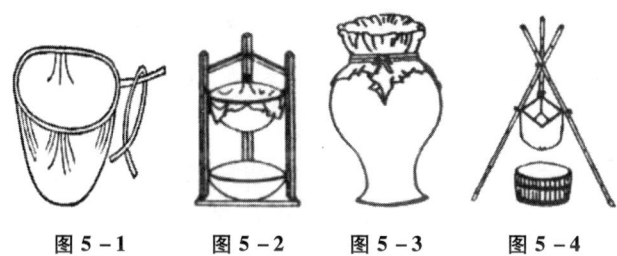

图 5-1　　图 5-2　　图 5-3　　图 5-4

资料来源:图5-1见宋元照《佛制比丘六物图》,图5-2、图5-3、图5-4来自白化文《汉化佛教法器与服饰》,中华书局,2015,第136、130页。

上面所列举的四张图片都是滤水罗,图5-1为勺形滤水罗,图5-2为三角形滤水罗,图5-3为瓶形滤水罗,图5-4为方形滤水罗,即"方罗"的一种。受资料和知识所限,目前还未见到直接描述为"横郭"的图形。唐义净《南海寄归内法传》卷一也有对滤水罗的描述:"凡滤水者,西方用上白氎,东夏宜将密绢,或以米柔,或可微煮。若是生绢,小虫直

---

① 〔日〕辛嶋静志:《佛典语言及传承》,裘云青、吴蔚琳译,中西书局,2016,第34页。

过。可取熟绢,笏尺四尺,捉边长挽,褶取两头,刺使相着,即是罗样。两角施带,两畔置䩌,中安横杖,张开尺六。两边系柱,下以盆承。"根据义净的描述,我们发现乡间做豆腐时所用的一种工具与此类似(见图5-5),这种工具主要用途是在磨豆腐时对豆渣进行过滤。豫南地区把这种工具称为"横单""晃单""吊单",而"横"在当地方言中读作"宏",去声。由此亦可证"宏塝"即"横郭",是一种滤水罗。

图 5-5

资料来源:图片来源于网络。

【金撄】

乳者,好乳、圆乳、石榴乳、金撄乳、两乳齐出;若言丑乳、垂乳、大乳、猪乳、狗乳、药囊乳,如是等誉毁者,僧伽婆尸沙。(《僧祇律》卷五,T22/268/c)

按:例中"金撄"之"撄",《大正藏》校勘记云:宋、元、明本作"樱",宫本作"甄",圣本作"婴"。《中华藏》本《僧祇律》底本为金藏广胜寺本,其对应文字作"婴"(C36/546/c)。今按,"金撄"一词文献中未见其他用例,辞书亦未见收录。而其异文"金樱",《大词典》释为"石榴的别名"。宋代以降文献多有记载,如宋王楙《野客丛书》卷九:"钱王讳镠,以石榴为金樱,改刘氏为金氏。"宋吴欑《种艺必用》:"石榴,浙人唤作金樱,盖避钱王镠之讳也。"乾隆《杭州府志》卷五十四引《天中记》曰:"杭州号石榴为金樱,避钱武肃讳而起也。"今吴方言即称"石榴"为"金樱"①,沈克成和沈迦《温州话词语考释》"金樱"条释为

---

① 许宝华、〔日〕宫田一郎主编《汉语方言大词典》,中华书局,1999,第3470页。

"石榴的别称"①。

然揆诸文义,表"石榴"义的"金樱"实与语境不符,"金樱"当别为一物。首先,若宋代笔记记录属实,则以"金樱"名石榴不会早于钱镠王所处的五代时期,而本例出自东晋译经,远早于五代,因此"金樱"当非石榴之别称。其次,若"金樱"为石榴之别称,则"金樱乳"与前文"石榴乳"语义重复,足见"金樱"并非表"石榴"义。

那么,"金樱"当为何义呢？由例中"金樱乳"与"石榴乳"并举可知,"金樱"亦当为一种植物果实。通过检索,在禅宗文献中发现几处"金樱"的用例,列举如下。

(1) 僧曰:"古人为什么道非耳目之所到？"师曰:"金樱树上不生梨子。"(《景德传灯录》卷二十一,T51/372/c)

(2) 颂云:"曲盡高登吼若雷,诸人耳目着飞埃,金樱树上梨儿熟,瞞汝当筵不摘来。"(《雪关禅师语录》卷六,J27/480/b)

(3) 倒骑狮子仰骑牛,撞着瞎驴唤不休,唤不休,难把金樱当石榴。(《海幢阿字无禅师语录》卷二,J38/271/b)

例(1)中"金樱树上不生梨子"说明"金樱"并非"梨子";例(2)中"金樱树上梨儿熟"则是禅师的一句戏语,以正话反说的方式表明金樱树上不会结梨子;例(3)中"难把金樱当石榴"则直接证明了"金樱"与"石榴"不同。但此三例中,"金樱"分别与"梨""石榴"对举相较,似亦揭露出它们之间的某些联系。

稽考文献,我们认为"金樱"即"刺梨子",是一种与梨、石榴等外形相似的果实,又称"金樱子",可以入药。医药文献中习见,宋朱佐《类编朱氏集验医方》卷八:"金樱子,一名山石榴。"明李时珍《本草纲目》卷三十六"金樱子"下"释名"曰:"刺梨子、山石榴、山鸡头子。时珍曰:'金樱当作金罂,谓其子形如黄罂也。石榴、鸡头皆象形。'"清厉荃《事物异名录》卷三十《药材部》下"刺梨子"条引《本草纲目》

---

① 沈克成、沈迦:《温州话词语考释》,宁波出版社,2009,第247页。

曰："金樱子，一名刺梨子，一名山石榴，一名山鸡头子。石榴、鸡头皆象形也。"宋代以来的方志中亦多有记录，宋宝祐《仙溪志》卷一："金罂子，单叶，形如小石榴。"清道光《新都县志》卷三："金罂，子如瓶罂，味甘涩霖，后取之以熬糖。"民国《长寿县志》卷十三："此金樱正是刺黎。金樱当作金罂，与石榴、鸡头皆以形状得名。"

综上可知，"金罂"因其子似瓶罂而得名。"金樱乳"即是一种形似鸡头、石榴的乳房，与前文"石榴乳"同类并举。《大正藏》本作"攖"，当为"樱"之形讹，俗写中"扌""木"不别。圣本及《中华藏》本作"婴"，当与"罂"音同形近而误。又因"瓦""缶"义同，作为汉字意符，常可通用，如"罂"之异体即作"甖"，《集韵·耕韵》："罂，《说文》：'缶也。'或从瓦。"故宫本作"甋"，当由"婴"加意符"瓦"俗写而成。

【举藏】【藏举】

（1）若比丘先与比丘衣，后瞋恚若自夺、若教人夺取<u>藏举</u>者，尼萨耆波逸提；若夺而不<u>藏举</u>者，突吉罗。（《四分律》卷九，T22/626/a～b）

（2）未藏宝者，未藏庄严具，未<u>举藏</u>故。（《十诵律》卷十八，T23/125/b）

按："举藏"与"藏举"为同素逆序词，即隐藏、收藏之义。例（2）中的"举藏"，《四分律》卷十八作"藏举"，原文如下："未藏宝者，金银、真珠、车璖、玛瑙、水精、琉璃、贝玉一切众宝璎珞，而未藏举。"（T22/691/a～b）方一新指出："如果一个双音词，既有 AB 式，又有 BA 式，则在排除了联绵词后，基本上可以判断为同义并列复合词。"[①]"举"与"藏"义同，"藏举"与"举藏"均为同义并列复合词。佛经中也有单用"举"的，《四分律》卷十四："其中有少欲知足、行头陀、乐学戒、知惭愧者，嫌责迦罗言：'云何藏举宿食而食？'尔时诸比丘往至世尊所，

---

① 方一新：《中古近代汉语词汇学》，商务印书馆，2010，第 823 页。

头面礼足在一面坐,以此因缘具白世尊。世尊以此因缘集比丘僧,知而故问迦罗:'汝实举宿食而食耶?'"(T22/663/a)例中先用"藏举宿食",后用"举宿食",可见"举"与"藏举"义同。

"举"本无"藏"义,乃"弆"字假借。朱惠仙指出"举"是"弆"的假借字,二字《广韵》反切同为"居许切",音同,故得通假①。《慧琳音义》卷十一《大宝积经》第二卷"藏举":"上昨郎反,下姜圄反。有经本或作弆,墟圄反,亦音举也。"《集韵·语韵》:"弆,藏也。"明弘赞《四分律名义标释》卷二十五:"藏弆":"弆,居许切,音举,藏也。"(X44/598/c)又弘赞《沙弥学戒仪轨颂注》卷一:"弆,音举,藏也。"(X60/729/a)因"弆"与"弃"字形相近,故也误作"藏弃",唐道世《法苑珠林》卷三十七:"若塔僧物贼来急时不得藏弃。"(T53/580/b)例中"弃"字,《大正藏》校勘记曰:宋、元、明、宫本作"举"。《四分律》卷三十七:"时六群比丘,用蜡蜜涂帐坐中安居,彼作如是心:'我等夜在中宿,朝则藏举,其有见者,当谓我等得神通人。'"(T22/832/c)例中"藏举"之"举",明本作"弃"。此两例中的"弃"均为"弆"字的形误。

"去"亦藏也。《左传·昭公十九年》"纺焉以度而去之"孔颖达疏:"去即藏也。《字书》去作弆,羌莒反,谓掌物也。今关西仍呼为弆,东人轻言为去。"《魏书·华陀传》云:"去药,以待不祥。"裴松之注云:"古语以藏为去。"《汉书·苏武传》:"掘野鼠去屮实而食之。"颜师古曰:"去谓藏之也。"东晋佛陀跋陀罗译《佛说观佛三昧海经》卷五:"自有众生,不顺师教,兴恶逆心,不知恩养,盗师害师,污师净食,坐师床座,捉师钵盂,藏弃不净,作五种恶。"(T15/670/b)此例中的"弃",宋、元、明本作"去"。"弃"即"弆"的形近讹误字,与"去"形成同义异文。《僧祇律》卷十八:"尔时有青衣白王言:'诸夫人昨夜还速多忘璎珞。'时有外道婆罗门,是王师,共王在坐,即语王言:'若忘在彼,诸沙门皆当藏去,假令往求会不可得。'"(T22/370/b)《可洪音义》卷五"藏去"条中已经明确指出:"丘与反,藏物也。正作弆。"(K34/789/c)"藏

---

① 朱惠仙:《〈汉语大词典〉商补例举——以汉译佛经语料为例》,《浙江工业大学学报》(社会科学版)2017年第1期。

去"亦为同义并列复合词,即隐藏、收藏之义。

【劳熟】

比丘捉杖便打彼船主,骂言:"弊恶人,敢毁辱沙门释子。"骂讫,复①打船主。手臂脚腨伤破,<u>劳熟</u>已,便排着水中,得偷兰罪。(《僧祇律》卷三,T22/246/c)

按:例中"劳熟"一词,亦见于其他律部佛典。《十诵律》卷四十一:"夫即骂妇:'汝共作不净事,云何不伏耶?'以手脚打是比丘。劳熟已,舍去。是比丘大受苦痛已,还去,以是事向诸比丘说。"(T23/298/b)此例中的"劳熟",戴军平释为"非常疲劳"②。戴文所释不确,且"非常疲劳"所指不清,不知是指打人者还是被打者。因此,有必要对"劳熟"做进一步解释。通过"以经证经"可证"熟"有"极"义。李维琦曾指出:"佛经有前人译了,后人又译的情形。类似的故事或说法,有在此经中说过,彼经中又再说的。这就为以此证彼或以彼证此提供了条件。"③《僧祇律》卷十九:"见其妇随比丘后去,即生瞋恚,作是骂言:'弊恶沙门诱我妇去。'便捉比丘熟打,将诣断事官所,作是言:'此比丘诱我妇去。'"(T22/381/b)此例中的"熟打",前文作"极打"。"时有一人,其妇不可意,瞋恚极打便出。妇作是念:'彼瞋不息,若更打者,定死无疑,今当走避。'"(T22/381/b)由此句中"若更打者,定死无疑"可知,"极打"指打的程度之重,与"熟打"义同。异文互参是考释词义的有效方法。《十诵律》卷四十一:"是人即以手脚极打是比丘,便放打比丘声故,女人即觉,语夫言:'作何物?'答言:'打比丘。'"(T23/298/b)此例中的"极",《大正藏》校勘记曰:宋、元、明、宫本作"熟"。此则异文材料亦可证"熟"与"极"义同。二者均为程度副词,"熟打"与"极打"即痛打、狠打之义。

"劳熟"之"劳"有"疲敝"义。《诗经·魏风·硕鼠》"莫我肯劳"

---

① "复",原作"伤"。《大正藏》校勘记:宋本、元本、明本、宫本作"复"。当作"复"是,"伤"的繁体"傷"与"复"的繁体"復"形近致误。
② 戴军平:《〈十诵律〉词汇研究》,暨南大学博士学位论文,2012,第112页。
③ 李维琦:《考释佛经中疑难词语例说》,《湖南师范大学社会科学学报》2003年第4期。

朱熹集传："劳，勤劳也。""劳"由勤劳引申指疲劳。《慧琳音义》卷二十《宝星经》第七卷"劬劳"条引贾逵注《国语》云："劳，疲也。"（T54/430/b）"劳"既可指劳累之后身体的疲惫虚弱，也可指被痛打之后的疲敝困乏。《淮南子·精神训》"好憎者使人之心劳"高诱注："劳，病也。"上揭例中"劳熟"指船主被比丘暴打之后出现极其疲敝的病态。"劳"假借作"牢"，《后汉书·应劭传》"多其牢赏"李贤注："牢，或作劳。"清朱骏声《说文通训定声·牛部》："牢，假借为劳。"故佛典中"劳熟"也作"牢熟"，姚秦竺佛念译《出曜经》卷十八："街巷人民，见指鬘来，其中或父母、兄弟、妻息为指鬘所杀者，皆前报怨。或以刀杖、瓦石打指鬘，极使牢熟，破头伤体，裂坏衣被，钵盂亦破，即走出城，竟不乞食。"（T04/704/a–b）

佛典中亦有"困熟"一词，元魏吉迦夜共昙曜译《杂宝藏经》卷六："时摩诃罗，被打困熟，语猎师言：'我从直道行，数被踬顿，精神失错，行步躁疾，触君罗网，愿见宽放，令我前进。'"（T04/480/a）对于此例中的"困熟"之"熟"，李维琦认为："'熟'用来说明'打'，意思是把人打得受重伤，到了快死的地步。"① 此释可信。"熟"用来说明"困"和"劳"的程度。"困"与"劳"均有"疲敝"义。《广韵·恩韵》："困，病之甚也，悴也，极也。"唐义净译《根本说一切有部毗奈耶》卷二十八："即便以杖熟打苾刍，几将至死。所持衣钵，悉皆破碎。余有残命，覆向寺中。苾刍见问：'具寿！何因作此困辱形容？'"（T23/780/c）句中"困辱形容"即是苾刍被"熟打"后"几将至死"的状态，亦可证"劳熟"和"困熟"之义为"疲敝之极"。

【脸】

　　自煮者，比丘不得自煮食。若病，应使净人煮。……着米已，比丘不得自燃，应使净人燃。沸已，净人欲去，得受取，自煮令熟，当慎莫令不受物落中。如是煮，肉令<u>脸</u>，菜令萎。受已，得自煮令熟。（《僧祇律》卷三十一，22/477/c）

---

① 李维琦：《佛经词语汇释》，湖南师范大学出版社，2004，第288页。

按：例中"脸"字，《大正藏》校勘记曰：宋、元、宫本作"敛"，明本作"歛"。《可洪音义》卷十五《僧祇律》卷三十一音义作"验"："验菜，上勒减反，正作脸也。脸臁，羹属也。今详律意谓焦脸也。又经音义作脸，力占反，悬熟也。臁，初减反。焦，音否。脸，牛焰反，非。"（K35/98/b）从文义来看，此处与加热蒸煮食物有关，可洪云"正作脸"可从。又同卷释"煮验"条曰："上之与反，下郎减反。正作脸。"（K35/98/b）此条《大正藏》本《僧祇律》卷三十一对应文字作"煮脸"，原文如下："若比丘病，得使净人知，煮脸已，受取，得自煮令熟。"（T22/478/a）唐法砺撰述《四分律疏》卷八对应文字亦作"脸"，原文如下："净人煮沸已，净人欲去。得受已，自煮熟。慎勿令不受物落中。如是肉令脸，菜令萎。若乞食冷，得自暖，无罪。"（X41/753/a）可资比勘。

可洪既分辨了文字正误，又对"脸"进行了解释，其所言"今详律意谓焦脸也"恰当。"焦"有"熟"义。《玉篇·火部》："焦，火熟也。"《集韵·有韵》："焦，火熟之也。""脸"与"焦"义同，亦有"熟"义。《广雅·释器》："胚、脸、悬、𩜀也。"王念孙疏证："𩜀，古熟字。夏竦《古文四声韵》引《古孝经》熟字如此。《北堂书钞》引《广雅》：'胚、脸、悬，熟也。'"《玉篇·肉部》："脸，七廉切，脸臁；又力减切，脸臁。"《篆隶万象名义》也记载"脸"有"熟"义："脸、臁、悬，熟。"《玄应音义》卷十五《僧祇律》第三十一卷"今[①]脸"条有释："力占反。《广雅》：'悬熟也。'脸，生血也。"（C056/1050/a）"焦脸"为同义并列复合词。窃疑佛经刊刻者因不明"脸"有"熟"义，又敛、歛与脸音同形近，且受后句"菜令萎"的影响，故误将"脸"字改为"敛"或"歛"。可洪所见底本作"验"字，当为"脸"字改换形符的讹误字。

"脸"虽有"熟"义，但从文义来看并没有到熟透可食的程度。玄应释"脸"为"生血"切合文义，即把肉类食物在沸水中略煮除去血水，此种做法或与现代烹饪中焯水除去血污及腥味等类似。佛教戒律规定僧尼不得受生食，如《僧祇律》卷三十一："佛告诸比丘：'从今日后，不听受生肉。'若比丘病，得使净人知。煮脸已，受取，得自煮令熟。"（T22/478/a）

[①] 今，原作"令"，据慧琳本、碛本改，参见（唐）释玄应撰，黄仁瑄校注《大唐众经音义校注》，中华书局，2018，第617页。

唐义净译《根本说一切有部毗奈耶药事》卷二："若菜花果鱼肉，先煮色令变。受已，听自煮而食。若乳等汁物应煮三沸，然可受取自煮而食，并皆无犯。若饭米生菜花果鱼肉等，色未变、乳等未经三沸，自煮而食者，得越法罪。"（T24/7/c）由此可见，僧尼乞得生食需由净人煮至"色令变"，方可再继续煮熟食用，这与上揭例中"肉令脍，菜令萎"做法一致。

典籍中亦有"脍"为"熟"义的用例。《齐民要术·羹臛法》："脍臘法，用猪肠经沸汤出，三寸断之，决破切细。熬与水沸，下豉清破米汁。"后代注释"脍"字均语焉不详。缪启愉、缪桂龙《齐民要术译注》引《玄应音义》对"脍"的解释曰："只有唐玄应《一切经音义》卷一五解释'脍'为'生血也'，与本条用血相合。'臘'指纤长的肠。二物并用，故名'脍臘'。贵阳等地有一种用肠和血作盖头的面条，肠者长也，血者红旺也，所以称为'长旺面'，和脍臘命意仿佛，不过文绉绉罢了。"① 石声汉《齐民要术今释》引《大广益会玉篇》《广韵》《广雅》等对"脍臘"进行了说明解释，他说："今本《广雅》卷八《释器》，有'胚脍，县熟也②'，意思是'胚和脍，都是县熟'。"他又进一步将"脍臘"这个羹解释为将生血加到有酸味的肉汤中煮成③。从以上注释来看，二者均未理解"脍"的确切含义。玄应释"脍"为"生血"是指肉类食物在沸水中煮出血水，故"生血"之"生"义为产生，而非"生熟"之"生"。"臘"即羹也。《集韵·琰韵》："臘，羹也。""脍臘法"实为一种煮羹的方法。从"用猪肠经沸汤出"可知，猪肠并未熟透，只是在沸水中略煮去除血水和腥臭味之后，再改刀加工熬制羹汤。故此，"脍臘法"与"肉令脍"中的"脍"义同。

【芒草】

（1）拂者，线拂、裂氎拂、<u>芒草</u>拂、树皮拂，是中除白牦牛尾、白马尾、金银柄，余一切听捉。（《僧祇律》卷三十二，T22/488/b）

（2）六群比丘，以<u>芒草</u>、婆娑草、舍罗草、汉陀罗草柠草屐，佛

---

① 缪启愉、缪桂龙：《齐民要术译注》，上海古籍出版社，2006，第517页。
② 从《广雅》释词的体例来看，断句有误，当为：胚、脍、县、熟也。
③ 石声汉校释《齐民要术今释》，中华书局，2009，第847页。

言:"不应畜。六群比丘痴人!是我所遮,便更作余事。自今已去,一切柠革屣不应畜。"(《四分律》卷三十九,T22/847/b)

按:《大词典》释"芒草"为:"又名菌草、莽草。形状像石楠而叶稀,有毒。产于我国中部、西部及西南等地。"《中文大辞典》释"芒草"为:"草名。莽草之别名。"两种辞书均引《山海经》和《本草纲目》中例。从引例来看,"莽草"的主要特性为有毒。《周礼·秋官·翦氏》:"掌除蠹物。以攻禜攻之,以莽草熏之。"郑玄注:"莽草,药物杀虫者,以熏之则死。"《玄应音义》卷七《大般泥洹经》第六卷"菌药"条:"无往反。正言莽草,有毒,出幽州。人或捣和食置水中,鱼皆死,浮出,取食之无妨。"(C056/927/c)清吴其濬《植物名实图考》卷二十四"毒草类"收"莽草"(见图5-6):"江西、湖南极多,俗呼为水莽子,根尤毒,长至尺余。……园圃中渍以杀虫,用之颇亟,其叶亦毒。"而上揭两例中"芒草"似与毒草无关,否则怎么能用来做草鞋呢?

根据上揭两例中"芒草"用途可知,"芒草"即"苫草"。《尔雅·释草》:"苫,杜荣。"郭璞注曰:"今芒草似茅,皮可为绳索履屣也。"《龙龛手鉴·心部》:"苫,音芒,草名,似芋①,皮可为索。"明弘赞《四分律名义标释》卷二十六"芒草":"芒,应作苫,武方切,音忘。杜荣也,一名苫忧。西域既有其草,江东亦多此类。形颇似荻,皮重若笋,体质柔弱,不堪劲用。"(X44/604/b)《植物名实图考》卷八"山草类"收录"芒"(见图5-7),并释为:"今人以为荐,多生池堰边,秋深开花,遥望如荻,有红、白二种,生山者瘦短,为石芒,湖南通呼为芭茅。"陈月婆首那译《胜天王般若波罗蜜经》卷四:"或见菩萨卧棘刺床,或卧牛粪,或坐方石,或复卧地,或见卧板,或卧杵上,或卧尘土;或着板衣,或着苫衣,或着草衣,或树皮衣。"(T08/708/b)"苫衣"就是用苫草做成的衣服,或即民间用茅草编织的蓑衣。清代以来的方志中多有记载,清道光《新修罗源县志》卷二十八:"芒,苫也。皮可为绳,心可为帚。"清同治

---

① "芋"与所释不符,乃"茅"之形误。

《会理州志》卷十："芭茅，别名曰菅，曰杜荣，曰折草，曰芭芒，有二种，皆丛生，叶长四五尺，甚利如锋。"故《大词典》"芒草"条可增补该义项。

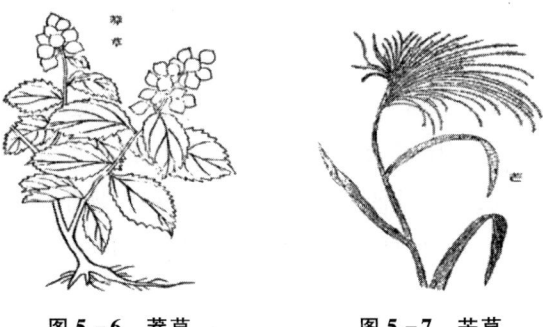

图5-6　莽草　　　　图5-7　芒草

资料来源：图5-6引自（清）吴其濬《植物名实图考》，中华书局，1963，第613页。图5-7见此书第189页。

【木灌】

僧有衣床、绷衣绳、针、刀、木灌、指搭，有比丘先取张衣、缀衣、缝衣。六群比丘次第夺取，破裂坏衣，他不与斗诤。(《十诵律》卷四十八，T23/350/a)

按：例中"木灌"之"灌"，《大正藏》校勘记曰：宋、元、明、宫本作"锥"。《中华藏》本《十诵律》对应文字作"木灌"（C37/895/b），校勘记曰：资、碛、普、南、径、清作"木锥"。"木灌""木锥"二者孰是孰非？抑或二者皆误？通过考察，我们认为二者均误，"灌"当为"準"字之误，论述如下。

从句义来看，该词当为一种缝制衣服的工具，"木灌"显然不辞，而"木锥"恐亦非是。汉译佛经中确有"木锥"一词，三国吴支谦①译《菩

---

① 颜洽茂、熊娟认为《菩萨本缘经》的译者不可能是支谦，其翻译年代应晚于三国时期，可能在西晋之后。参见颜洽茂、熊娟《〈菩萨本缘经〉撰集者和译者之考辨》，《浙江大学学报》（人文社会科学版）2010年第5期。陈祥明也持相同观点，指出该经非支谦所译，翻译年代不早于西晋，很可能是东晋或东晋以降的译作。参见陈祥明《从语言角度看〈菩萨本缘经〉的译者及翻译年代》，《长江学术》2010年第2期。

萨本缘经》卷二:"尔时,菩萨捉佉陀罗木而作誓言:'我今悉为一切众生,弃舍二目,无所贪惜……今施二目,悉令众生得清净法眼。'菩萨摩诃萨作是愿已,便以木锥向目欲挑。"(T03/61/b)"木锥"一词,汉译佛经中仅此一例,且此例与缝制衣服无涉。另外,佛经中的确允许僧众畜"锥"以补治衣物,但多为铜铁所制,未见木制,如《五分律》卷二十一:"有诸比丘革屣、富罗及履破坏,不知令谁补治。以是白佛,佛言:'应借人补治;若无人,比丘能自补,亦听畜大小锥、大小刀、缝皮线。'"(T22/147/a)《十诵律》卷四十八:"又问:'用何物作锥?'佛言:'用铜铁作。'"(T23/350/c)可见,"木锥"与缝制衣物无直接关联。然在佛经中,"木準"自有其例:

> 时或有不正,佛言:"听绳缀四边。"缀已或有不直,佛言:"处处拼拼。"时或有不均,佛言:"<u>刻木为準</u>。"缝时针难得前,指头伤破,佛言:"听着指揸。"尔时针、刀、指揸、<u>木準</u>,各着异处求觅难得,佛言:"听以物盛着一处。"(《十诵律》卷三十七,T23/270/a)

该例记载了僧众缝制衣物时出现的状况及解决措施。当衣服缝制遇有不均时,佛陀允许"刻木为準"。《玄应音义》卷四《贤劫经》第一卷"准[①]平":"《说文》作準,同。之丑反。准,平也,均也,度也。"(C056/871/b)《说文·水部》:"準,平也。"段注曰:"準,水平谓之準,因之制平物之器亦谓之準。"《四分律》卷五十二:"彼比丘患绳墨、拼线、尺度、缕线、针、刀子补衣物零落。佛言:'听作囊盛。'"(T22/954/a)例中"尺度"显与《十诵律》之"(木)準"相当。足见"準"当为度量均匀与否的工具,"木準"犹如今之"木尺"。前例中"木灌"与"针""刀""指揸"等共现,再参之该例中"尔时针、刀、指揸、木準,各着异处求觅难得",可证"木灌"当为"木準"之讹。

从字形上来看,"準"有讹作"灌"的可能。《后汉书·樊準传》"準

[①] "准",《大正藏》本《贤劫经》对应文字作"皇",校勘记曰:宋本、宫本作"垄",元本作"准",明本作"準",圣本作"望"。徐时仪校注作"准",参见徐时仪校注《一切经音义三种校本合刊》,上海古籍出版社,2012,第82页上。

字幼陵"李贤注："凖，或作准。"《玉篇·水部》："凖，俗作准。""氵""冫"两旁形近易混，故俗写中"准"与"淮"不别。"淮"又与"灌"形近易混，古籍中亦有用例，如《汉书·地理志上》："金兰西北有东陵乡，淮水出。"清王念孙《读书杂志·汉书》"淮水出"条："'灌'当为'淮'，即下文'灌水北至蓼入决'者也。"综上，"凖"与"灌"形近易混，"木灌"为"木凖"之讹当无异议。

【撽户】

初夜听法已，中夜到房<u>撽户</u>。问言："是谁？"答言："是舍利弗。""房已满。大智！"复有<u>撽户</u>，问言："是谁？"答言："我是大目连。"（《僧祇律》卷二十七，T22/445/c）

按：从文义来看，"撽户"当即敲门之义。除"撽户"外，律部佛经中还有"打户"的说法。《僧祇律》卷二："诸比丘便往彼房以指打户，唤言：'长老开户！'"（T22/242/a）《十诵律》卷三十四："诸比丘作本事竟，敷床榻卧具坐已，六群比丘打户，房内比丘应声。"（T23/245/b）"打户"与"撽户"都为敲门义。然而"撽"字并无敲打、敲击义，且例中两处"撽户"之"撽"均有异文，《大正藏》校勘记曰：宋、元、明、宫本均作"敲"，其中第二处圣本亦作"敲"。从上下文来看，此处作"敲"与文义契合。考《玄应音义》卷十五《僧祇律》第二十七卷"敲户"："又作毃，同，苦交反。谓下打者也。《说文》：'敲，横挝也。'"（C56/1049/c）根据音义材料可知玄应所见底本对应文字正作"敲户"。《可洪音义》卷十二（K34/1076/a）和卷十七（K35/194/c）中两释"撽户"曰："上苦交反，正作敲。"通过版本异文及佛经音义所释可证，"撽户"之"撽"当作"敲"无疑。

汉译佛典中"敲"字异文作"撽"的用例常见。西晋竺法护译《德光太子经》："其浴池边，复有八百庄饰宝树。一切诸宝树间，各复有十二宝树，各以八十八宝缕转相连结。风起吹树，转相敲概[①]，出百千种音

[①] "敲概"即"毃鼓"之误。《玄应音义》卷五"毃鼓"条："又作敲，同，苦交反。下苦害、苦曷二反。《三苍》：'毃鼓，相击也。'经文作撽概，并非此用。"（C056/899/a）

声。"(T03/414/c)例中"敲",《大正藏》校勘记曰:宋、元、明、圣本作"撬"。然"撬"与"敲"形音均不相近,二者为何会形成异文呢?窃以为"撬"乃"㪣"之换旁讹误字,"㪣"同"敲"。后秦鸠摩罗什译《大智度论》卷二:"即夜到僧堂门,敲门而唤。大迦叶问言:'敲门者谁?'答言:'我是阿难。'"(T25/69/a)例中"敲",《大正藏》校勘记曰:宫、圣、石山寺本作"撬"。《玄应音义》卷九《大智度论》第二卷"敲门":"又作㪣。《苍颉篇》作'㪣',同,苦交反。击也,横挝也。"(C056/951/b)后汉康孟详译《佛说兴起行经》卷一:"佛尔时说宿缘偈曰:'先世吱越村,有一吱越子,捕鱼置岸上,以杖敲其头。'"(T04/167/a)例中"敲",《大正藏》校勘记曰:宋、元、明本作"撬"。《玄应音义》卷十二《兴起行经》上卷"杖敲"条:"《苍颉训诂》作'㪣',苦交反。下击也。经文作撬,非也。"(C56/1000/b)从玄应所释可知,"撬"字不合文义,当作"㪣"为宜。

"㪣"即"敲击""敲打"义。《玉篇·支部》:"㪣,击也。"《广韵·肴韵》引《苍颉篇》云:"㪣,击也。"《龙龛手鉴·文部》:"㪣,五交反,打也。又苦交反。"《说文·支部》:"㪣,鬻田也。"清段玉裁注曰:"㪣,其训盖本作擎也。擎者,旁击也。一讹为鬻,再讹又衍田,莫能通也。"朱骏声《说文通训定声·支部》:"㪣,字从攴,当训擎,与敲略同。""攴"旁与"手"旁义近相通。商承祚指出:"古文手、攴同用。《说文》扶之古文作枝,扬之古文作敡,播之古文作敯,皆从攴。又金文邾公钟钟,扬亦作敡,可证。"① 由此可知,"撬"即"㪣"形符换用而形成的讹误字。综上,上揭例中"撬"字致误过程大致可以梳理为:"敲"异体作"㪣","撬"乃"㪣"之换旁讹误字。故上揭例中的"撬户"当为"敲户"。

【批箭】

又问:"其事云何?"答言:"过去世时,有一射师名拘和离。有人从学射法,六年教之,语言:'应作如是捉弓,如是批箭。'"而未教放法。弟子后时念言:"我六年中学捉弓批箭,而未一放,今试放

---

① 参见商志䩾编《商承祚文集》,中山大学出版社,2004,第496页。

之。"(《五分律》卷二十五，22/165/b)

按：例中"批箭"一词费解，《玄应音义》卷十五《五分律》第二十五卷作"錍箭"，并释云："普啼反。《方言》：'箭广长而薄廉者谓之錍。'"（C056/1053/b）《慧琳音义》卷五十三《起世因本经》第八卷"錍箭"条："上匹迷反。《方言》云：'箭族①广长而薄者谓之錍。'《说文》从金卑声，亦釽，经本作铍，音坡，非字形也。"上揭例中"批箭"与"捉弓"相对成文，"批"与"捉"都应为动词，显然与玄应和慧琳所释的"錍箭"不符。《可洪音义》卷十六《五分律》第二十五卷"批箭"条中也提出了疑问："上普迷反，推也，转也。又宜作扺，将此、侧买二反，拉也，取也。《经音义》以錍字替之。錍，箭名也。今详律意，但令拈掇取与，不令放箭也，亦不是箭名也。请细意详之也。"（K35/150/b）

可洪认为"批"宜作"扺"，而非玄应所说的"錍"，结合律文内容我们认为此说可信。"扺"有"取"义。《说文·手部》："扺，捽也。"《汉书·贡禹传》："不避寒暑，捽中杷土，手足胼胝。"颜师古注："捽，拔取也。"《龙龛手鉴·手部》卷二："扺，侧买反，取着也。"《玄应音义》卷九《放光般若经》第四卷"不扺"注："侧卖、子尔二反，谓取着也。《通俗文》：'掣挽曰扺。'《说文》：'扺，捽也。'谓捽持也。《大品经》作不取是也。"（C056/855/b）《可洪音义》卷一《放光般若经》第十七卷"扺于"："上音紫，取也。"又同卷"不扺"："同上。《大品经》云：'不取色受想行识便得阿耨多罗三藐三菩提。'此经云：'不扺五阴，即色受想行识是也。'"（K34/654/c）玄应和可洪分别用两部佛经对照来解释"扺"与"取"同义。郑贤章认为"批箭"应为拉取、掇取箭的意思②。从射箭的整个过程来看，"一般的射箭必须有执弓、取箭、拉弦、瞄准、放箭一系列连续动作"③。上揭律文中弟子跟随射师拘和离学习射箭六年，但从未真正把箭射出去，所以弟子所学的应是放箭之前的一系列动作，即是"挽弓搭

---

① 徐时仪认为，"族"据文义当为"镞"。参见徐时仪校注《一切经音义三种校本合刊》，上海古籍出版社，2012，第1449页。
② 郑贤章：《〈新集藏经音义随函录〉研究》，湖南师范大学出版社，2007，第13页。
③ 周初明：《古代射箭手部动作考略》，《东方博物》2007年第1期。

箭"等的基本方法。

"佛经文本在传抄、刊刻过程中会发生文字讹误,有的讹字产生得很早,目前所见到的各种版本都有沿误而未改。这种状况导致佛经词汇发生'变形',出现一批'伪词',其含义自然很难理解。要弄清这些'词语'的含义,首先工作就是订讹。"① 究其致误之由,当与"此""比"俗书相似有关,敦煌写卷 S.214《燕子赋》:"〔些些〕小事,何得纷纭?"② 此例中"〔些〕"即"些"字,上半部分"此"的写法与"比"相似,故从"此"之字易讹变为从"比",如《字汇补·失部》:"妣,《字汇》作妣。案:字书多从此,姑存之。"

佛典中也有"批"与"批"互为异文的,西晋无罗叉译《放光般若经》卷十:"世尊!波罗蜜无所批。"(T8/68/c) 例中"批",《大正藏》校勘记曰:元本作"批"。唐义净译《龙树菩萨劝诫王颂》:"斯等恒缠苦,烧诸行恶者,或若麻床批,或粉如细末。"(T32/753/a) 例中"批",《大正藏》校勘记曰:明本作"批"。文献中亦有"批"讹变作"批"的用例,清段玉裁《说文解字注》卷十二:"㧙,各本作批。《小徐本》及《集韵》《类篇》《广韵》作批,今正'批'者'㧙'之讹。"以上均可佐证"批箭"为"批箭"之误。

【儜困】

尔时世尊,在山下石上经行,调达便使彼人推石害佛,其人发心推石,四支便不得举;心念佛功德大,手足还复。调达见此,益瞋恚言:"汝何儜困,速疾灭去!"(《五分律》卷三,T22/20/a)

按:儜,《大正藏》校勘记:宋、元、明、宫本作"㾕"。"㾕"即"儜"更换意符的俗字。"儜困"为同义连言。《玉篇·人部》:"儜,困也,弱也。"《广韵·耕韵》:"儜,困也,弱也。"《正字通·人部》:"儜,困弱也。"在汉译佛经中,"儜困"仅出现此例,不过还出现了与"儜困"相同

---

① 真大成:《〈正法华经〉疑难词语释义三题》,《历史语言学研究》第 10 辑,商务印书馆,2016。

② 黄征:《敦煌俗字典》,上海教育出版社,2005,第 454 页。

结构的"儜弱"一词，元魏慧觉等译《贤愚经》卷八："佛告阿难：'过去久远阿僧祇劫，此阎浮提有四河水、二大国王，一王名曰婆罗提婆，晋言梵天，独据三河，人民炽盛，然复儜弱；一王名曰罚阇达提，晋言金刚聚，唯得一河，人民亦少，然其国人悉皆勇健。'"（T04/402/c）此例中"儜弱"与"勇健"相对成文。《慧琳音义》卷七十九《经律异相》第二十四卷"儜弱"注："上搦耕反，吴音。《文字集略》云：'恶也，病也。'《考声》：'弱也。'从人寍声。"

隋阇那崛多译《佛本行集经》卷二十九："波旬！汝今无有威势，犹如儜人被健儿，伏妄言我胜。"（T03/789/b）后秦鸠摩罗什译《大智度论》卷十三："破戒之人，在精进众，譬如儜儿在健人中。"（T25/154/b）以上两例中的"儜人"与"健儿"、"儜儿"与"健人"两两相对，也可证明"儜"有弱、困义。明弘赞《四分律名义标释》卷三十"儜人"："奴登切，音能。弱也，又困也。"（X44/635/a）《可洪音义》卷十《大智度论》第十五卷"儜儿"："女耕反，困①也，弱也。"（K34/988/b）民国《安徽通志稿·方言考》卷一："谓人软弱曰儜生。"

【赏护】

（1）剃刀鞘法者，佛听诸比丘畜剃刀鞘，为<u>赏护</u>，莫令失，更求觅妨行道故。（《十诵律》卷五十六，T23/417/a）

（2）针筒法者，佛听畜针筒，为安针故。比丘当<u>赏护</u>，莫令失，更求觅妨行道故。（《十诵律》卷五十七，T23/419/b）

按：两例中的"赏护"之"赏"，《大正藏》校勘记云：宋、元、明、宫本作"掌"。例（1）中"赏护"，《中华藏》对应文字亦同，校勘记曰：资、碛、普、南、径、清作"掌护"。今按，均作"掌护"是。以上二例中佛陀允许比丘畜剃刀鞘，就是为了掌管守护剃刀，若作"赏护"则文义扞格难通。"赏"与"掌"字形相近而讹。"掌"有职掌、主管义。《孟子·滕文公上》："舜使益掌火，益烈山泽而焚之，禽兽逃匿。"赵岐注：

---

① 原作"因"，当为"困"之形误。

"掌，主也。"五代景霄在《四分律行事钞简正记》卷十中对"赏护"一词进行了辨误："'赏'字，大德云：翻译时错书为'赏'字。今作'掌'字，即掌录守护也。"戴军平认为"掌护"为"掌管爱护"①，其说不确，其实重点是对事物的守护而非爱护。

"赏""掌"形近互混，佛典中常有用例。《四分律》卷十二："若比丘出界外二宿，至第三宿明相未出，不自往至房中，不遣使语言：'汝掌护此物者，波逸提。'"（T22/644/c）又卷五十一："彼露捉刀难掌护，佛言：'听作刀鞘。'"（T22/945/b）此两例中的"掌"都有异文，圣乙本均作"赏"。又《四分律》卷四十一："彼比丘有畏慎，不知云何？诸比丘白佛，佛言：'听为施主，故赏录，若须时听受持。'"（T22/866/b）此例中的"赏"，《大正藏》校勘记：宋、元、明本作"掌"。今按，"赏"亦为"掌"之讹。唐道宣撰集、清读体续释《毗尼作持续释》卷十："佛言：'若有信乐优婆塞若守园人，应掌录之。'"文中小注对"掌录"一词的解释为："掌谓主掌，录谓收拾、检束也。"（X41/459/a）传世典籍也有因二字形近而讹的，《韩非子·制分》："民者好利禄而恶刑罚，上掌好恶以御民力。"王先慎曰："乾道本'掌'作'赏'。"顾广圻云："藏本、今本'赏'作'掌'，今据改。"②

【膄脚】

身分不端正者，眼瞎、偻脊、跛脚、膄脚、龋齿、瓠卢头。如是种种身分不端正，不应与出家。（《僧祇律》卷二十四，T22/421/c）

按：从例中"身分不端正"可知，"膄脚"应为一种身体上的缺陷或疾病。《说文·肉部》："膄，尻也。"《汉书·东方朔传》："结股脚，连膄尻。"颜师古注："膄，臀也。"《广雅·释亲》："臀谓之膄。"由此可知，"膄"与身体不端正没有关系。疑"膄"为"尪"之误。

在异文中也可找到线索。例中"膄脚"之"膄"，《大正藏》校勘记曰：宋、元、明、宫本作"尪"。《中华藏》对应文字作"尪"（C36/896/a），校

---

① 戴军平：《〈十诵律〉词汇研究》，暨南大学博士学位论文，2012，第 81 页。
② （清）王先慎：《韩非子集解》，钟哲点校，中华书局，2013，第 521~522 页。

勘记曰：《永乐南藏》作"㾂"，《高丽藏》作"脞"。郑贤章指出："'㾂''𤷃''脞'三字为佛经中的新造俗字。我们怀疑其正体为'匡肘'之'匡'。"① 郑文所疑甚是。"匡"即"尢"。《玉篇·尢部》："尢"同"尣"。《说文·尢部》："尣，𠂇，曲胫也。从大，象偏曲之形。"《荀子·正论》："譬之是犹伛巫跛匡，大自为有知也。"杨倞注："匡，读为尣，废疾之人。"《大字典》亦释"㾂"为"废疾之人"，曾良、赵铮艳指出此解释为"笼统释义"，确切的含义为"跛曲胫也"②。"脞""𤷃""㾂"均为"匡"的增旁俗字，又因"匡"与"隹"俗写相似，故《大正藏》本误作"脽"。"㾂"又俗作"㾂"。《龙龛手鉴·人部》："㾂、㾂，二俗，去王、去逛二反。"故"匡"亦俗作"㲃"，《中华藏》对应文字作"㲃"。

【贪馀】

尔时长老迦留陀夷以不喜见恶比丘故，亦不喜见乌。诸白衣捉弹来看，时有群乌集于屋上，语言："此乌成就弊恶比丘十法：一者悭惜；二者贪馀；三者强颜；四者耐辱；五者蛆弊；六者无慈悲；七者悕望；八者无厌；九者藏积；十者喜忘。此乌有是十法，汝等欲杀不？"（《五分律》卷八，T22/58/a）

按：例中"贪馀"，《中华藏》本《五分律》底本为金藏广胜寺本，对应文字作"𩜷"（C39/987/b），其校勘记曰：诸本作"贪馀"。大型语文辞书未见收录。除汉文佛经用例之外，笔者未检索到其他用例。从文中讲述的事情来看，"贪馀"词义显豁，当为"贪婪"之义。然"馀"字无法解释。周荐认为："汉语复合词在由语素和语素构成时，风格上的制约和影响也是一个重要因素。能搭配在一起的两个语素，风格上常是协调一致的。风格上不相协调的两个语素，很难搭配成词。"③ 从这个角度来看，"贪"和"馀"之间风格差异过大，疑"馀"为"餟"之形误。考《玄应音义》卷十五《五分律》第八卷"贪餟"条："又作餮，同。他结反。

---

① 郑贤章：《龙龛手镜研究》，湖南师范大学出版社，2004，第153页。
② 曾良、赵铮艳：《佛经疑难字词考》，《古汉语研究》2009年第1期。
③ 周荐：《复合词构成的语素选择》，《中国语言学报》第7期，语文出版社，1995。

《说文》:'贪也。'谓贪食曰飻。"(C056/1052/a)

佛典文献中"飻"与"餘"互为异文较为常见,如:

(1) 执意觉弘,不违如来至真之法,究畅威灵。其羸劣者,心不慕法;诸贪<u>飻</u>者,心不清净。"(西晋竺法护译《阿差末菩萨经》卷四,T13/599/c)

(2) 戒度无极者,厥则云何? 狂愚凶虐,好残生命,贪<u>餘</u>盗窃,淫妷秽浊,两舌恶骂,妄言绮语,嫉恚痴心。(吴康僧会译《六度集经》卷四,T3/16/c)

例(1)中"飻",《大正藏》校勘记:宋、宫本作"餘",元、明本作"饕"。"贪飻者"与"羸劣者"相对,指贪得无厌之人。例(2)中"餘",《大正藏》校勘记:元、明本作"饕"。按,此处"餘"应为"飻"之误。《说文·食部》:"飻,贪也。从食,殄省声。"《正字通·食部》:"飻,饕本字。《说文》作飻,隶作饕。"因"饕"与"饕"义近,故例(2)中元、明本作"饕"。《四分律》卷十四:"时舍卫国中有一比丘,贪饕不知足食、不足食,不知余食、不余食,得便食之。"(T22/660/c) 明弘赞《四分律名义标释》卷十三"贪饕":"他结切,音铁,贪也。贪财曰饕,贪食曰饕。"(X44/504/c) 近年来,也有学者在佛典注译过程中因不明"餘"为"飻"之讹而误录的,如吴海勇注译《六度集经》① 和蒲正信注《六度集经》② 均把例(2)中对应文字录作"贪餘"。

从表面上看,"飻""餘"二字相差较大,并不是十分相近,但俗书"参"与"余"相似。黄征认为:"由于隶书'参'写作'佘'、'尒'等形,故后世楷书遂乃沿用。"③ 张涌泉也指出:"'参'俗字作'佘'或'尒'。""参"又可以写作"余",如《汉韩敕碑阴》"珍"写作"琔"④。

---

① 吴海勇注译《六度集经》,花城出版社,1998,第141页。
② 蒲正信注《六度集经》,巴蜀书社,2011,第126页。
③ 黄征:《敦煌俗字典》,上海教育出版社,2005,第547页。
④ 秦公辑《碑别字新编》,文物出版社,1985,第97页。

在"余"的基础上增加一横即成为"余"字。另外,"餘"的俗写也与"飿"形近,如敦煌写卷 P.3873《韩朋赋》:"令乘素车,前后事从,三千餘人,往到墓所。"① 此例中"餘"即"餘"字,与"飿"形似,故易混同。由上述可知,"飿"字的致误过程可推测为:飿→餘→餘→餘。《大词典》释"贪饕"为"贪得无厌",首引例为唐道宣《叙列代王臣滞惑解》:"婆娑于色味,贪饕于名利。"例证偏晚。

【汪水】

(1) 若知水有虫,不得持汲水罐器绳借人。若池水、<u>汪水</u>,当看已用。若见有虫者,不得唱言:"长老!此水有虫,有虫。"(《僧祇律》卷十八,T22/373/b)

(2) 若有<u>汪水</u>,若有坑岸,若有粪聚者,不犯。(《四分律》卷二十五,T22/740/a)

按:曹小云、余志新认为:"'汪'为污浊的小水池,则'汪水'即污水。"② 此说可商。"汪"确有污水义,但从佛经用例中看不出"汪水"有"污水"之义。例(1)中比丘"道中行渴须水",若"汪水"为污水,比丘就无法饮用,更不需"当看已用"。佛经中池水、汪水经常共现,《僧祇律》卷三十五:"近聚落已,若有池水、汪水,洗手脚已,着衣安纽而入。若无水者,树叶、若草拭脚尘土,然后着入。"(T22/511/c)

"池水"和"汪水"并非以清浊来区分,从佛经用例可知"汪"一般比"池"小。失译《别译杂阿含经》卷三:"譬如卤地,有少汪水,以咸苦故,无能饮者,乃至竭尽。"(T02/393/c)姚秦竺佛念译《菩萨处胎经》卷七:"时女闻佛名,即以二花,持用寄我。我即出城,遥见佛来,诸天人民,填塞道路,无有空缺地可礼拜。佛前有一汪水,可受一人。吾即解发,布发水中。"(T12/1049/a)此二例中"汪水"均无明确"污水"义。

---

① 张涌泉:《敦煌俗字研究》(第二版),上海教育出版社,2015,第 276 页。
② 曹小云、余志新:《〈摩诃僧祇律〉的语料价值》,《安庆师范学院学报》(社会科学版)2008 年第 8 期。

"汪水"也写作"洸水",《僧祇律》卷十九:"若池水、洸①水新雨后,比丘不得自抒。若牛马先涉,得自抒。若泥被雨后,不得自取,使净人取。若池泥、洸泥新雨后,比丘不得自取,使净人取。"(T22/385/b) 此例中的"洸水",柴红梅在《汉语复音词研究新探——以〈摩诃僧祇律〉为例》一书中释为:"'洸'与'池'相对,转指较深的坑或河流,'洸水'则指深水。"② 杨琳在为此书所作的序中也指出了该词解释中存在的问题,他认为"洸水""洸泥"与"池水""池泥"并举,"洸"与"池"一样,应为名词,并得出结论——"洸"为死水池,"池"为活水池③。

其实,"汪水"就是水坑。《玄应音义》卷十四《四分律》第二十五卷"汪水"注:"乌黄反。汪,池也。《通俗文》:'亭水曰汪也。'"(C056/1030/c)"亭"同"停","亭水"即静止而不流动的水。《慧琳音义》卷五十九《四分律》第二十五卷"汪水"条注引《通俗文》:"停水曰汪。"宋元照《四分律行事钞资持记》卷二:"汪水谓雨暂停处。"(T40/309/c) 民国《安徽通志稿·方言考》卷三:"今俗谓地有水停蓄不流曰汪水。""汪水"即"水坑",豫南方言俗称为"水汪子"。

【宿对】

(1) 佛言:"止,止! 汝虽有是神力,宿对因缘,欲置何所? 又奈将来诸凡夫何?"目连受教,默然而止。(《五分律》卷一,T22/1/b)

(2) 我所知者,诸天亦知;我所见者,天亦见;是故我不疑有常无常,乃至等见无疑,宿对见逼,持刀自断命。(《鼻奈耶》卷二,T24/857/b-c)

按:戴军平把"对"理解为"共、同、合"之义,并认为"对至"即"(灾难)一起到来。就是祸不单行的意思"④。其说有误,实乃望文生

---

① "洸",宋、元、明、宫本均作"洗"。按,作"洗"是,"洗"与"洸"形近而误。
② 柴红梅:《汉语复音词研究新探——以〈摩诃僧祇律〉为例》,天津古籍出版社,2014,第122页。
③ 参见柴红梅《汉语复音词研究新探——以〈摩诃僧祇律〉为例》,天津古籍出版社,2014,序言第4页。
④ 戴军平:《〈十诵律〉词汇研究》,暨南大学博士学位论文,2012,第105页。

义。关于佛经中的"对",很多学者都进行过解释。江蓝生在《魏晋南北朝小说词语汇释》中早就指出"对"为佛家语,指前世之孽报、怨债[①]。其说近是,然并不全面。李维琦进一步指出"对"有善对和恶对之别[②],后汉康孟详译《佛说兴起行经》卷一:"世尊即说颂曰:'世人所为作,各自见其行,行善得善报,行恶得恶报。'"(T04/169/a)"善报""恶报"可以理解为"善对""恶对",由此可见"对"并非仅指前世之孽报、怨债。

"宿对"又称为"缘对"。《四分律》卷四:"世尊尔时在猪坎窟中坐,从此窟出于山岩下经行。佛自念言:'昔我所作缘对,期在今日。'"(T22/592/b-c)又作"宿命对",后汉安世高译《佛说大安般守意经》卷二:"设使宿命对来到,当何以却?"(T15/170/a)现代学者有因不明"宿对""宿命对"之义而在佛经译注中犯错的,吴康僧会译《旧杂譬喻经》卷一:"此女人宿命对也,逢对毕罪,乃得道矣。"(T04/513/a)孙昌武、李赓扬译为:"这个女人前世命定为沙门的配偶。遇到了配偶,了结罪孽,才悟得道法。"[③] 又同卷:"师曰:'人有宿命对,非力所能制也。逢对则相可,诸畜生亦如是也。'"(T04/514/a)其译文为:"法师说:'人有宿命的配偶,不是人力所能控制的。遇到前世命定的配偶就会以身相许,连各类畜生也是如此。'"[④] 将"对"理解为"配偶",实乃以今律古,不明"对"在佛经中特殊意义而误。道经文献亦有相关用例,如敦煌写本道经 P.4658《太上灵宝长夜九幽匮明真科》:"百恶所归,以报宿对,永去人间,无有归期。""宿对"即前世善恶因缘的报应之义。

【生年板】

(1)若有人来,欲受具足。月满者,应与受具足;不满者,应语令待满。若前人不知者,当问其父母亲里。若复不知,当看<u>生年板</u>。(《僧祇律》卷十九,T22/383/c)

[①] 江蓝生:《魏晋南北朝小说词语汇释》,语文出版社,1988,第51页。
[②] 参见李维琦《佛经词语汇释》,湖南师范大学出版社,2004,第92~93页。
[③] 孙昌武、李赓扬译注《杂譬喻经译注(四种)》,中华书局,2008,第28页。
[④] 孙昌武、李赓扬译注《杂譬喻经译注(四种)》,中华书局,2008,第35页。

（2）若童女欲于如来法中受具足者，应问："汝何时生？"若不知者，应看生年板；若无者，当问父母亲里。（《僧祇律》卷三十八，T22/534/c）

按："生年板"即记录出生日期的簿册。《四分律》卷五十有"生年"一词的用例："诸比丘作如是念：'沙弥当以生年为次第，为以出家年为次第？'佛言：'应以生年为次第。若生年等者，应以出家年为次第。'"（T22/940/b）"生年"即出生日期。宋元照撰《四分律行事钞资持记》卷三："生年，即俗年长幼。"（T40/397/b）《大词典》"生年"条义项❷释为"年岁"，首例为《太平广记》卷二百三十引唐陈翰《异闻集·王度》，例证晚。"板"即"版"，古时用于书写的木片。《管子·宙合》："退身不舍端，修业不熄版。"尹知章注："版，牍也。"也用来指户籍、名册等，《玉篇·片部》："版，户籍也。"董志翘指出古代"户籍"可称"户版"，并且认为《入唐求法巡礼行记》中的"板头"为村中管理户籍之人①。

上举两例都是问年龄或是出生日期，如果不知道可以查看"生年板"，由此可知"生年板"犹如今之户口簿。唐道宣撰、宋元照述《四分律含注戒本疏行宗记》卷四："西土王法：'凡生男女即记其生年于板薄。'此方古者亦尔。"（X40/132/c）《周礼·秋官·司民》："司民掌登万民之数，自生齿以上，皆书于版。"郑玄注曰："登，上也。男八月、女七月而生齿。版，今户籍也。"后世中土文献也有相关记载，清杞庐主人《时务通考》卷十七《商务》："溯念美国疆土，初止十二省，现已四十七省。民人初止三百万，现已四千万。且皆性生灵巧，能致富强。生齿版册每二十年即增一倍。"清乾隆《海阳县志》卷三："户口，生齿版于司民，献数登于天府，民为邦本，典至重也。"例中"生齿版册""生齿版"与"生年板"义同，都是用来记录出生日期的簿册。

【隐处】

（1）又以子妇事向姑说："汝子妇隐处有如是如是相。"姑作是念：

---

① 董志翘：《〈入唐求法巡礼行记〉词汇研究》，中国社会科学出版社，2000，第254~255页。

"如是比丘所说，必当与我子妇通。"(《十诵律》卷九，T23/70/b)

（2）尔时六群比丘，有大沙弥，隐处毛生。小违逆师意，师即剥衣。裸身可羞，人所不喜，是事白佛。(《十诵律》卷四十八，T23/350/c)

按：《大词典》"隐处"条有三个义项，其中义项❸为"阴部"，例引明冯梦龙《古今谭概·非族·鞑靼》："鞑妇至中国，人戏弄其乳则喜，以为是其子也，至隐处亦不为意。"从句义来看，以上两例中"隐处"均表示人之阴部，可提前《大词典》书证用例。《僧祇律》中也有用"爱处"一词来表示阴部的，如卷三十二："佛言：'比丘！汝云何用刀治爱处。从今已后不听用刀治爱处。'爱处者，离谷道边各四指。"(T22/488/b)"爱处"即指阴部，此义朱庆之早已指出①，陈文杰进一步探明了"爱处"的成词理据，他认为"爱"通"薆"，有隐蔽之义②。《诗经·大雅·烝民》："爱莫助之。"毛传："爱，隐也。"王念孙《广雅疏证》曰："爱、隐一声之转，爱与薆通。""爱处"即人体隐蔽之处，故又可称为"私处"。

"隐处"本义即为"隐蔽之处"，中古律部汉译佛经中用例很多，如：

（3）肩以上、膝以下，若有痈疮使女人捉、男子破，无罪。隐处不得。隐处者，肩以下、膝以上。若是处有病者，当使女人治。(《僧祇律》卷三十六，T22/515/c)

（4）佛住毗舍离，尔时跋陀罗比丘尼到亲里家，共兄弟姊妹儿于屏处坐，比丘尼嫌言："云何出家人与俗人隐处坐，犹如俗人？"(《僧祇律》卷三十九，T22/540/a)

（5）若二人共在暗地语，当弹指若謦欬惊之；若不尔者，突吉罗。若二人隐处语，亦当弹指謦欬；若不者，突吉罗。(《四分律》卷十八，T22/688/a-b)

---

① 参见朱庆之《佛典与中古汉语词汇研究》，文津出版社，1992，第21页。
② 陈文杰：《试论佛典俗语词的推源问题》，《武汉大学学报》（人文科学版）2013年第4期。

由于广律具有广说特点，例（3）对"隐处"进行了解释："隐处者，肩以下、膝以上。"由此可知"隐处"当指身体的隐蔽之处。例（4）中"隐处"当指上文的"屏处"，也就是隐蔽之处。例（5）中的"隐处语"，明弘赞《四分律名义标释》卷十六有释："隐者，蔽也，藏也，私也。《僧祇律》云：'若二比丘在堂里私语。若比丘欲入者，应弹指，动脚作声。若前人默然者，应还出。若前人故语不止者，入无罪。'"（X44/523/b）"隐处语"即"堂里私语"，也就是在隐蔽处偷偷说话。诸例中"隐处"即隐蔽之处，词义显豁。之所以不厌其烦详列其例，原因有二：一是该词本义《大词典》等辞书未见收录；二是进一步证明"阴部"义是由其本义"隐蔽之处"引申而来。《大词典》当增加一个义项，即"隐蔽之处"。

【泽枯】

（1）时跋陀迦毗罗比丘尼身体少润，枯燥擗裂，问医。医言："应用泽枯揩身！"答言："佛不听我泽枯揩身，愿更思余治！"（《五分律》卷十四，T22/95/c）

（2）佛呵言："汝今日不善食！云何比丘，上座酥食，中座油食，下座泽枯食？"舍利弗默然不答，便于屏处吐食使尽。（《五分律》卷二十七，T22/179/c）

按："泽枯"一词最早出现在《五分律》中，指油料作物榨油之后所剩的渣滓。《说文·木部》："枯，槀也。"《周礼·天官·司书》"以知山林川泽之数"郑玄注："童枯则不税。"贾公彦疏："川泽无水为枯。"芝麻、大豆等油料作物榨油之后变得枯干，故称为枯、油枯等。汉译佛经中多作"麻滓"，《十诵律》卷四十七："佛在王舍城，尔时助调达比丘尼，以好香揩身，复以涂香、胡麻屑、胡麻滓揩身。"（T23/342/c）唐输波迦罗译《苏婆呼童子请问经》卷一："若欲成就者，麻滓和酪浆食之，依法作必得证验。"（T18/723/a）《可洪音义》卷十六"麻泽"："音宅，膏也，或作滓，侧史反。《五分律》作'泽枯'，诸律作'麻滓'。"（K35/157/c）又卷十七"麻泽"："侧史反，前皆作滓，又音宅，膏也，非。"（K35/

173/a）由此可知，"泽枯"与"麻滓""麻泽"义同。

"汉译佛典的性质决定了《僧祇律》带有佛经语言的普遍特点：语多重复。为了保证惩戒的周遍性，每条戒律除列出一般情况和要求外，还列出很多特色的情况，很多情况都有相似的背景和因缘，不仅戒文要反复，制戒因缘相似的部分也要重复，重复次数不一，甚至有些语句的重复率达十次以上。"[①] 律部佛典之间有些故事具有相似性，且会不断重复，一方面可以将戒律解释得更加清楚，另一方面也可以为语言研究提供信息，如：

（3）罗睺罗即说偈言："食胡麻油大得力，有食酥者得净色，<u>胡麻滓</u>菜无色力，佛天中天自当知。"（《十诵律》卷六十一，T23/464/a）

（4）罗睺罗即说偈答："食油者有力，食酥者有色。若食<u>泽枯</u>羹，无力况有色！"（《五分律》卷二十七，T22/179/c）

以上两例句义相同，例（4）中的"泽枯羹"就是例（3）中的"胡麻滓"。唐定宾《四分律疏饰宗义记》卷六《涂身戒》："胡麻泽，泽者，油也。"（X42/204/c）唐大觉《四分律行事钞批》卷二："比丘尼以香油、胡麻泽涂身，总立七戒，一香油自涂，二胡麻泽自涂，三使大尼涂，四使式叉涂，五使沙弥尼涂，六使白衣女涂，七使外道女涂，皆波逸提。"（X42/638/b）清同治《安福县志》卷二十五："麻有红、黑、白三种，皆可食，亦可榨油，滓名麻枯。"《大词典》收"油枯""麻枯""菜枯""茶枯"等词，收"泽枯"并释为"泽及枯骨"之省，显然与上揭诸例义不相涉。

【转齿】

又问："有比丘非钱、非衣物不覆藏取，以盗心移置异处，得波罗夷不？"答："得。若樗蒲，以盗心<u>转齿</u>是。"（《十诵律》卷五十二，T23/379/b-c）

按："转齿"为博戏用语，"齿"即指骰子。在汉译佛经中还有用例，

[①] 柴红梅：《汉语复音词研究新探——以〈摩诃僧祇律〉为例》，天津古籍出版社，2014，第49页。

南朝宋求那跋摩译《佛说优婆塞五戒相经》卷一:"若居士蒱博,以盗心转齿,胜他得五钱者,犯不可悔。"(T24/942/a)唐道宣撰《四分律删繁补阙行事钞》卷二:"转齿者,如《十诵》樗蒲、移棋子等。"(T40/60/a14)唐怀素撰《四分律开宗记》卷二:"转齿谓赌物人转彩,或更异门,盗他田宅。"然"骰子"为何名"齿"呢?《晋书·葛洪传》:"(洪)性寡欲,无所爱玩,不知棋局几道,樗蒲齿名。"《列子·说符》:"设乐陈酒,击博楼上。"唐殷敬顺释文:"古《博经》曰:掷采以琼为之,琼畟方寸三分,长寸五分,锐其头,钻刻琼四面为眼,亦名为齿。"在佛教戒律中,博戏是不被允许的,在博戏中"转齿"则要犯重罪。明智旭集《在家律要广集》卷一:"赌(博)钱为戏,名摴蒲。双陆戏,名六博。赌赙(博)家所用马子及围棋子、象棋子、骰子之类,皆名为齿。转齿者,偷棋换着乃至用药骰子等也。准《优婆塞戒经》及《梵网经》,则蒲博等事亦犯轻垢。今但受五戒者,容可不犯;而转齿胜他,全是盗心,故犯重也。"

【转易】

(1)若比丘得新衣,二重作僧伽梨、二重尼师坛;若三重僧伽梨、三重尼师坛;若还摘却,作是念:"若浣,若染,若转易表里。"(《十诵律》卷五,T23/31/a)

(2)彼诸比丘转易卧具,佛言:"不应移易。"或有房多卧具,或有房少卧具,佛言:"自今已去,听旧住人,若摩摩帝,若经营人,若次得房者,应问然后移转。"(《四分律》卷四十一,T22/863/c)

按:《大词典》"转易"条释曰"蔓延、传播",例举《国语》及《东观汉记》等来说明"转易"为传播言论、疾病等。然上揭诸例显然与《大词典》所释不符。"转易"有转移、改变之义,例(1)中"转易表里"即把衣服的表里相互转换。例(2)中"转易卧具"即移动卧具、移转卧具之义。且此例中"然后移转"的"移转",宋、元、明、宫本均作"转易",由此可知"转易"与"移转"义同。《大词典》此条还引用了唐孟郊《答友人》诗句:"碧山无转易,青松难倾移。"此句诗意思较为明显,且"转易"与"倾移"对举,也应为"转易、改变、移动"之义,理解为蔓延或传播显然不妥。

"转"有"卖""转让"之义①。《史记·仲尼弟子列传》:"子贡好废举,与时转货赀。"司马贞索隐引王素云:"废举谓买贱卖贵也;转货,谓随时转货以殖其资也。"《唐律疏议》卷四:"转易得他物者,谓本赃是驴,回易得马之类。""转易"则有交换、买卖之义。如:

(3) 尔时优婆塞语比丘言:"可得方便,为我尽取是衣不?"答言:"汝可<u>转易</u>两张细氎者持来。"(《僧祇律》卷九,T22/304/b)

(4) 若园田地好,恶人欲侵者,得语檀越:"知是地。"若檀越言:"此是好园田,何故知?"应答言:"此园田虽好,恶人欲侵,任檀越<u>转易</u>。"(《僧祇律》卷二十七,T22/443/c)

例(3)是说优婆塞如果想把衣服全部取走的话,则需要拿两张细氎过来,这里的"转易"有交换之义。例(4)是说让檀越把园田转卖给别人,以免恶人侵夺,此例中"转易"即有售卖之义。宋元照《四分律行事钞资持记》卷二:"言转易者示戒名也,此下简贩卖。"(T40/302/a)由此可知,"转易"与"贩卖"义同。汉译佛经中"转易"用作"贩卖"义的例子很多,姚秦竺佛念译《出曜经》卷十九:"尔时世尊广说曩昔因缘:'过去久远无数世时,尔时耆域身躬为马将,贩卖转易。'"(T04/713/a)元魏慧觉等译《贤愚经》卷六:"今持尔所七宝之头,以用贸易。汝可取之,转易足得终身之富。"(T04/389/b)此两例中"转易"的贩卖、贸易之义甚明。

"转易"为何会有此义呢?王云路、王诚认为:"词义的产生不是随意的,而是以核心义为依据的。一个词的各个义位和用法一般都能从核心义中找到理据。"②"转"本义为转运,引申为转易、移动之义。《诗经·小雅·祈父》:"胡转予于恤?靡所止居。"郑玄笺:"转,移也。""易"亦有此义,《玉篇·日部》:"易,转也,变也。""转"与"易"的核心义为

---

① 柴红梅指出佛经中"转易"有"卖、转交、转手"之义,见《汉语复音词研究新探——以〈摩诃僧祇律〉为例》,天津古籍出版社,2014,第85页。

② 王云路、王诚:《汉语词汇核心义研究》,北京大学出版社,2014,第63页。

"变化""移动",故"转易"为同义并列复合词,有改变、变动、移动之义。一般多用于较为具体的事物,如上揭例中的衣之表里、卧具等。由转移、移动进一步引申为交换、买卖。其实,这也是在买卖双方之间的一种移动,即从一个地方转易到另一个地方,从一个人转易到另外一个人。"转易"的对象进一步抽象化,如言论、疾病等,因此又引申出传播、蔓延之义。

【捽搣】

时以两番饼与一人,一番饼与一人。得一番者问彼一人:"汝得几番?"答言:"得二番。"反问:"汝得几番?"答:"得一番。汝长得一番,当与我分。"答:"各自得分。不与汝分。"一人言:"阿难必是汝婿。"二人共相捽搣大唤。世尊知而问阿难:"此人何以共斗?"(《鼻奈耶》卷八,T24/887/a)

按:例中"捽搣"之"搣",《大正藏》校勘记曰:宋、元、宫本作"滅"。《中华藏》影印金藏广胜寺本对应文字作"捽搣"(C42/391/a),校勘记曰:资、碛、普、南作"捽滅",径、清作"捽搣"。今按,当作"捽搣"。"捽"即"捽"字,《龙龛手鉴·手部》:"捽,同捽。""捽"有抓住、揪住之义。《说文·手部》:"捽,持头发也。"《广韵·没韵》:"捽,手捽也。"姚秦竺佛念译《出曜经》卷十六:"我向安眠,梦见长寿王儿长生,右手执剑,左捽吾髻,以刀俟我项。"(T04/694/b) 例中"左捽吾髻"即左手揪住我的发髻。"搣"亦抓扯、击取义。《说文·手部》:"搣,批也。"《广韵·薛韵》:"搣,批也,捽也。"《广雅·释诂三》:"搣,捽也。"西晋竺法护译《普曜经》卷四:"俱夷从床宛转在地,自搣头发,断身宝璎。"(T03/508/a) 综上,"捽搣"为同义并列复合词,上揭例中"二人共相捽搣大唤"即为二人相互抓扯揪打,与下文世尊所问"此人何以共斗"语义相符。

佛典中"搣"异文常写作"滅"。《僧祇律》卷十九:"即捉弓并注五箭,挽弓放发射杀五鸽,即取搣毛以木贯之,持授世尊:'此是鸟肉。'"(T22/377/b) 例中"搣",宋、元、宫本作"滅"。西晋竺法护译《修行地道经》卷一："三种在齿根，名曰：喘息、休止、捽搣。"（T15/188/b）例中"搣"，圣本作"减"。《法苑珠林》卷六十九引《修行地道经》对应文字作"捽滅"。（T53/812/a）"减"即"搣"之音借字。《墨子·备梯》"昧莱坐之"孙诒让间诂："昧莱当读为减茅，减亦即搣之借字。"佛典中"搣"也写作"搣"，竺法护译《慧上菩萨问大善权经》卷一："父母在家皆号哭，见死于地自捽搣，心自念言是蛊道，冲口骂詈此沙门。"（T12/159/a）例中"捽搣"，《大正藏》校勘记曰：宋、宫本作"碎减"，元本作"捽灭"，明本作"瘁滅"。"碎"与"瘁"均为"捽"的换旁讹误字。"减"或受上字"捽"影响而增旁作"搣"。邓福禄、韩小荆指出："'搣'疑是在'搣'的假借字'减'上增'扌'旁而来，也可能是'搣'的换声旁字。"①

《玄应音义》卷十六《鼻奈耶》第八卷以"捽滅"为词目："存没反。《说文》：'手持头发也。'捽，亦击地也。"（C057/6/b）五代经师可洪明确指出"正作捽搣"，《可洪音义》卷十七《鼻奈耶》第八卷"悴滅"："上存没反。捉发也，正作捽搣也。"（K35/198/b）可资比勘。《大词典》收录"捽搣"，释为"扑灭"，引清钱谦益《鳖虱》诗句："不禁肤爬搔，猛欲手捽搣。"例中"捽搣"并非扑灭义，而是用手揪住。此词目之下又收录"捽滅"，释为"殴斗而死"，引汉焦赣《易林·解》："驾行出游，鸟斗车前，更相捽滅，兵寇旦来。"把"捽滅"之"滅"字释为"死"，有望文生义之嫌。芮执俭注译《焦氏易林》时直接把"更相捽滅"译为"双方揪打俱灭亡"②，此或是直接依据《大词典》释义而致误。从释义来看，《大词典》显然是把"捽搣"与"捽滅"处理成两个不同的词。其实"捽搣"与"捽滅"实为异形同义词，二者都为抓扯打斗之义。

---

① 邓福禄、韩小荆：《字典考正》，湖北人民出版社，2007，第 66 页。
② （汉）焦延寿撰，芮执俭注译《焦氏易林注译》，甘肃人民出版社，2015，第 602 页。

结　语

　　中古律部汉译佛经具有语料规模巨大、翻译时代明确、口语表达丰富等特点，是中古汉语词汇史研究中不可或缺的珍贵语料。本书以《四分律》《十诵律》《僧祇律》《五分律》《鼻奈耶》等五部中古律部汉译佛经为研究对象，从微观的角度展示中古律部汉译佛经的词汇特点，揭示中古律部汉译佛经在汉语史研究中的重要价值，描写和分析其中的词汇现象。语料的类别不同，词汇研究的选取角度亦有不同。根据中古律部汉译佛经语言的特点，我们在揭示词汇研究价值的基础上，重点对词形类聚、特色词语和疑难词语等进行了探讨。

　　词形方面主要考察了逆序词、异形词和缩略词。中古律部汉译佛经中产生了众多的逆序词，其中 AB—BA 共现的有 219 组。在此基础上探讨了逆序词判定、专书逆序词研究的局限及逆序词发展演变等问题。语言是不断变化发展的，共时平面的语言现象是历时演变的积淀。中古律部汉译佛经中因文字、语音和文献等方面原因形成了丰富的异形词。中古律部汉译佛经中的缩略词主要有数字缩略词和非数字缩略词两大类。译经中使用缩略词符合语言经济性原则，能够产生新词和缩略出构词语素，且受译经"四言格"语言风格的影响。

　　中古律部汉译佛经词汇特色之一是拥有系统的戒律词汇。戒律词汇是一个相对完整的系统，主要由专业术语和普通词语两部分构成。专业术语包括戒律核心术语和戒律衍生术语，普通词语主要为继承传统法律词语和转化全民共同语。从来源上看，戒律核心术语和戒律衍生术语以外来词和新造词为主，继承传统法律词语和转化全民共同语则以承古词为主，它们共同构成了中古律部汉译佛经中戒律词汇的体系。从语义的角度把戒律词语分为戒名罪名、受戒持戒、违犯行为、审问告发、惩治责罚以及其他等六大类。戒律词语具有活跃性与衍生性并存、精确性与模糊性统一、专业性与通俗性兼具等特点。

中古律部汉译佛经词汇另一特色是拥有丰富的方俗口语词。我们在前人研究的基础上，充分运用排比归纳、审音辨形、钩沉古注、比勘异文、印证方言、参证习俗等训释方法，对中古律部汉译佛经中较有代表性的方俗口语词和字书辞书未加关注或关注不够的方俗口语词，从名物、称谓、行为及其他等四个方面进行了分类整理和例释研究。

词语考释部分将传统文字学、训诂学、文献学等方面的知识与词汇学理论结合起来，通过辨形、审音、推例、探源等手段，力求客观准确地释读中古律部汉译佛经中的疑难词语。如由俗字、误字造成的疑难词"輙祠""批箭""贪餘""木灌"等；由版本异文造成的疑难词"金樱""脸""撓户"等；由文化、名物等造成的疑难词"宿对""转齿""横（宏）郭"等；前人或辞书误解误释的词语"波（钵）罗""诋谩""劳熟""捽撼"等。

在研究中，力求对中古律部汉译佛经词汇进行系统而全面的研究，但由于个人学识浅薄，书中还存在一些不足与缺憾：首先，由于语料规模较大，很多内容不能完全展示出来，如中古律部汉译佛经对辞书编纂的价值及异形词、缩略词等只能按类例举，若能穷尽则会更有价值。其次，由于佛经戒律体系博大精深，加之笔者戒律学知识储备不足，戒律语义分类研究还不够深入细致。最后，部分词语考释还需要深入。这些都有待今后进一步深入和完善。

中古律部汉译佛经是汉语史研究中的重要语料，词汇研究具有广阔的空间，可以从多角度、多层次开展研究。本书只是在以上几个方面进行了探讨，还有很多方面值得进一步深入研究，比如：

第一，中古律部汉译佛经中存在大量的同义和反义词群类聚、丰富的佛教医学词汇等，这些有价值的内容有待进一步挖掘。

第二，中古律部汉译佛经中的异文材料具有重要的研究价值，对中古律部汉译佛经中的异文材料进行比勘整理，从汉语史研究的角度对其中各种异文的成因及其语言学价值做进一步系统深入的研究是很有必要的。

辛嶋静志曾说:"今天我们首先应该老老实实承认自己不懂佛教汉文。认定自己读得懂,便会无意中不断犯错误;知道自己读不懂,便会开始考察为什么读不懂,这样就会打破自己的局限,重新认识汉译佛典。"[①] 尽管专门对中古律部汉译佛经进行词汇研究,但我们不敢说完全读懂律部佛典。浩瀚的律部文献,精深的戒律思想,丰富的方俗语词,纷杂的异文材料,加之翻译佛经特有的语言现象,等等,都吸引着我们今后继续进行深入研究。

---

① 〔日〕辛嶋静志:《佛典语言及传承》,裘云青、吴蔚琳译,中西书局,2016,第1页。

参考文献

一 工具书类

慈怡主编《佛光大辞典》，新北：佛光文化事业有限公司，1988。
丁福保编《佛学大辞典》，上海书店，1991。
汉语大词典编纂处编《汉语大词典订补》，上海辞书出版社，2010。
黄征：《敦煌俗字典》，上海教育出版社，2005。
江蓝生、曹广顺编著《唐五代语言词典》，上海教育出版社，1997。
蒋礼鸿：《敦煌文献语言词典》，杭州大学出版社，1994。
李荣主编《现代汉语方言大词典》，江苏教育出版社，2002。
罗竹风主编《汉语大词典》，上海辞书出版社，1986～1993。
毛远明：《汉魏六朝碑刻异体字典》，中华书局，2014。
钱曾怡编纂《济南方言词典》，江苏教育出版社，1997。
秦公辑《碑别字新编》，文物出版社，1985。
任继愈主编《佛教大辞典》，江苏古籍出版社，2002。
〔日〕荻原云来：《梵和大辞典》（汉译对照），台北：新文丰出版公司，1980。
〔日〕辛嶋静志：《妙法莲华经词典》，东京：日本创价大学国际佛教学高等研究院，2001。
徐时仪校注《一切经音义三种校本合刊》，上海古籍出版社，2012。
汉语大字典编辑委员会编《汉语大字典》，四川辞书出版社、湖北辞书出版社，1986～1990。
许宝华、〔日〕宫田一郎主编《汉语方言大词典》，中华书局，1999。

宗福邦、陈世铙、萧海波主编《故训汇纂》，商务印书馆，2003。

二　著作类

白化文：《汉化佛教法器与服饰》，中华书局，2015。

蔡镜浩：《魏晋南北朝词语例释》，江苏古籍出版社，1990。

蔡忠霖：《敦煌汉文写卷及其俗字现象》，台北：文津出版社，2002。

柴红梅：《汉语复音词研究新探——以〈摩诃僧祇律〉为例》，天津古籍出版社，2014。

陈炯：《法律语言学概论》，陕西人民出版社，1998。

陈明娥：《朱熹口语文献词汇研究》，厦门大学出版社，2011。

陈明：《梵汉本根本说一切有部律典词语研究》，北京大学出版社，2018。

陈士强：《大藏经总目提要·律藏》，上海古籍出版社，2015。

陈秀兰：《敦煌变文词汇研究》，四川民族出版社，2002。

陈原：《社会语言学》，商务印书馆，2000。

邓福禄、韩小荆：《字典考正》，湖北人民出版社，2007。

〔瑞典〕高本汉：《中国音韵学研究》，赵元任、李方桂、罗常培译，商务印书馆，1940。

董秀芳：《词汇化：汉语双音词的衍生和发展》（修订本），商务印书馆，2011。

董志翘：《〈入唐求法巡礼行记〉词汇研究》，中国社会科学出版社，2000。

董志翘：《中古近代汉语探微》，中华书局，2007。

（东汉）服虔撰，段书伟辑校《通俗文辑校》，中州古籍出版社，1993。

方一新：《东汉魏晋南北朝史书词语笺释》，黄山书社，1997。

方一新：《中古近代汉语词汇学》，商务印书馆，2010。

方一新、高列过：《东汉疑伪佛经的语言学考辨研究》，人民出版社，2012。

方一新、王云路：《中古汉语读本》（修订本），上海教育出版社，2006。

高名凯：《语言论》，商务印书馆，1995。

郭成伟：《中国法制史》，中国法制出版社，1999。

郭在贻：《郭在贻文集》，中华书局，2002。

郭在贻：《训诂学》（修订本），中华书局，2005。

郭作飞：《张协状元词汇研究》，巴蜀书社，2008。

韩小荆：《〈可洪音义〉研究——以引书考为中心》，中国社会科学出版社，2019。

黑维强：《敦煌、吐鲁番社会经济文献词汇研究》，民族出版社，2010。

胡敕瑞：《〈论衡〉与东汉佛典词语比较研究》，巴蜀书社，2002。

黄征：《敦煌语言文字学研究》，甘肃教育出版社，2002。

纪国泰：《〈蜀方言〉疏证补》，巴蜀书社，2007。

江蓝生：《魏晋南北朝小说词语汇释》，语文出版社，1988。

姜剑云：《法律语言与言语研究》，群众出版社，1995。

姜黎黎：《〈摩诃僧祇律〉单音动词词义演变研究及认知分析》，中国社会科学出版社，2014。

姜亮夫：《昭通方言疏证》，《姜亮夫全集》第十六册，云南人民出版社，2002。

蒋礼鸿：《敦煌变文字义通释》（第四次修订本），上海古籍出版社，1988。

蒋绍愚：《古汉语词汇纲要》，商务印书馆，2005。

蒋宗福：《四川方言词语考释》，巴蜀书社，2002。

蒋宗福：《四川方言词语续考》，巴蜀书社，2014。

蒋宗许：《汉语词缀研究》，巴蜀书社，2009。

景尔强：《关中方言词语汇释》，陕西人民出版社，2000。

劳政武：《佛教戒律学》，宗教文化出版社，1999。

雷汉卿：《近代方俗词丛考》，巴蜀书社，2006。

雷汉卿：《禅籍方俗词研究》，巴蜀书社，2010。

李富华、何梅：《汉文佛教大藏经研究》，宗教文化出版社，2003。

李维琦：《佛经释词》，岳麓书社，1993。

李维琦：《佛经续释词》，岳麓书社，1999。

李维琦：《佛经词语汇释》，湖南师范大学出版社，2004。

梁晓虹：《佛教词语的构造与汉语词汇的发展》，北京语言学院出版社，1994。

梁晓虹：《日本古写本单经音义与汉字研究》，中华书局，2015。

梁晓虹、徐时仪、陈五云：《佛经音义与汉语词汇研究》，商务印书馆，2005。

刘红婴等：《法律的关键词——法律与词语的关系研究》，知识产权出版社，2012。

刘叔新：《汉语描写词汇学》（重排本），商务印书馆，2005。

卢巧琴：《东汉魏晋南北朝译经语料的鉴别》，浙江大学出版社，2011。

陆宗达、王宁：《训诂方法论》，中国社会科学出版社，1983。

敏春芳：《敦煌愿文词汇研究》，民族出版社，2013。

潘庆云：《法律语言艺术》，学林出版社，1989。

（清）胡文英著，徐复校议《吴下方言考校议》，凤凰出版社，2012。

丘光明：《中国古代度量衡》，中国国际广播出版社，2011。

邱冰：《中古汉语词汇复音化的多视角研究》，南京大学出版社，2012。

任继愈：《中国佛教史》，中国社会科学出版社，1988。

〔日〕太田辰夫：《汉语史通考》，江蓝生、白维国译，重庆出版社，1991。

〔日〕太田辰夫：《中国语历史文法》（修订译本），蒋绍愚、徐昌华译，北京大学出版社，2003。

〔日〕辛嶋静志：《佛典语言及传承》，裘云青、吴蔚琳译，中西书局，2016。

〔日〕志村良治：《中国中世语法史研究》，江蓝生、白维国译，中华书局，1995。

沈克成、沈迦：《温州话词语考释》，宁波出版社，2009。

圣严法师：《戒律学纲要》，宗教文化出版社，2006。

史有为：《异文化的使者——外来词》，吉林教育出版社，1991。

苏宝荣：《词义研究与辞书释义》，商务印书馆，2000。

苏杰：《〈三国志〉异文研究》，齐鲁书社，2006。

孙昌武、李赓扬译注《杂譬喻经译注（四种）》，中华书局，2008。

孙常叙：《汉语词汇》（重排本），商务印书馆，2006。

孙立新：《西安方言研究》，西安出版社，2007。

孙玉文：《汉语变调构词考辨》，商务印书馆，2015。

谭翠：《〈思溪藏〉随函音义研究》，中国社会科学出版社，2021。

谭伟：《〈祖堂集〉文献语言研究》，巴蜀书社，2005。

汤用彤：《汉魏两晋南北朝佛教史》，北京大学出版社，1997。

（唐）释道世著，周叔迦、苏晋仁校注《法苑珠林校注》，中华书局，2003。

万久富：《〈宋书〉复音词研究》，凤凰出版社，2006。

汪维辉：《东汉—隋常用词演变研究》，南京大学出版社，2000。

汪维辉：《〈齐民要术〉词汇语法研究》，上海教育出版社，2007。

王东海：《古代法律词汇语义系统研究——以〈唐律疏议〉为例》，中国社会科学出版社，2007。

王吉辉：《现代汉语缩略词语研究》，天津人民出版社，2001。

王力：《汉语史稿》，中华书局，2006。

王启涛：《中古及近代法制文书语言研究——以敦煌文书为中心》，巴蜀书社，2003。

王绍峰：《初唐佛典词汇研究》，安徽教育出版社，2004。

王彤伟：《〈三国志〉同义词及其历时演变研究》，巴蜀书社，2010。

王锳：《唐宋笔记语辞汇释》，中华书局，2001。

王锳：《诗词曲语辞例释》，中华书局，2005。

王云路、方一新：《中古汉语语词例释》，吉林教育出版社，1992。

王云路：《六朝诗歌语词研究》，黑龙江教育出版社，1999。

王云路：《中古汉语词汇史》，商务印书馆，2010。

王云路、王诚：《汉语词汇核心义研究》，北京大学出版社，2014。

吴海勇：《中古汉译佛经叙事文学研究》，学苑出版社，2004。

伍铁平：《模糊语言学》，上海外语教育出版社，1999。

伍宗文：《先秦汉语复音词研究》，巴蜀书社，2001。

向熹：《简明汉语史》（修订本），商务印书馆，2010。

项楚：《敦煌变文选注》，巴蜀书社，1990。

项楚：《寒山诗注（附拾得诗注）》，中华书局，2002。

项楚校注《王梵志诗校注》（增订本），上海古籍出版社，2010。

徐时仪：《古白话词汇研究论稿》，上海教育出版社，2000。

徐时仪：《玄应和慧琳〈一切经音义〉研究》，上海人民出版社，2009。

徐时仪：《〈朱子语类〉词汇研究》，上海古籍出版社，2013。

许威汉：《二十世纪的汉语词汇学》，书海出版社，2000。

严耀中：《佛教戒律与中国社会》，上海古籍出版社，2007。

颜洽茂：《佛教语言阐释——中古佛经词汇研究》，杭州大学出版社，1997。

杨宝忠：《疑难字考释与研究》，中华书局，2005。
杨琳：《训诂方法新探》，商务印书馆，2011。
杨维中等：《中国佛教百科全书·仪轨卷》，上海古籍出版社，2001。
叶贵良：《敦煌道经写本与词汇研究》，巴蜀书社，2007。
于淑健：《敦煌佛典语词和俗字研究——以敦煌古佚和疑伪经为中心》，上海古籍出版社，2012。
俞理明编著《佛经文献语言》，巴蜀书社，1993。
俞理明：《〈太平经〉正读》，巴蜀书社，2001。
俞理明：《汉语缩略研究——缩略：语言符号的再符号化》，巴蜀书社，2005。
俞理明、顾满林：《东汉佛道文献词汇新质研究》，商务印书馆，2013。
曾良：《敦煌佛经字词与校勘研究》，厦门大学出版社，2010。
曾良：《敦煌文献字义通释》，厦门大学出版社，2001。
曾昭聪：《明清俗语辞书及其所录俗语词研究》，上海辞书出版社，2015。
湛如：《敦煌佛经律仪制度研究》，中华书局，2003。
张能甫：《〈旧唐书〉词汇研究》，巴蜀书社，2002。
张其昀：《〈广雅疏证〉导读》，社会科学文献出版社，2009。
张巍：《中古汉语同素逆序词演变研究》，上海古籍出版社，2010。
张显成：《先秦两汉医学用语研究》，巴蜀书社，2000。
张相：《诗词曲语词汇释》，中华书局，1953。
张小艳：《敦煌书仪语言研究》，商务印书馆，2007。
张永言：《词汇学简论》，华中工学院出版社，1982。
张涌泉：《敦煌俗字研究》（第二版），上海教育出版社，2015。
张幼军：《佛教汉语训释方法探索——以〈小品般若波罗蜜经〉为例》，湖南师范大学出版社，2008。
张志毅、张庆云：《词汇语义学》，商务印书馆，2005。
赵振铎：《中国语言学史》，河北教育出版社，2000。
赵振铎：《训诂学纲要》，巴蜀书社，2003。
真大成：《中古文献异文的语言学考察——以文字、词语为中心》，上海教育出版社，2020。

郑贤章：《龙龛手镜研究》，湖南师范大学出版社，2004。

郑贤章：《〈新集藏经音义随函录〉研究》，湖南师范大学出版社，2007。

郑贤章：《汉文佛典疑难俗字汇释与研究》，巴蜀书社，2016。

周荐：《汉语词汇史纲》，语文出版社，1995。

周俊勋：《魏晋南北朝志怪小说词汇研究》，巴蜀书社，2006。

周俊勋：《中古汉语词汇研究纲要》，巴蜀书社，2009。

周一良：《魏晋南北朝史札记》，中华书局，1985。

朱炳昌编著《异形词汇编》，语文出版社，1987。

朱冠明：《〈摩诃僧祇律〉情态动词研究》，中国戏剧出版社，2008。

朱庆之编《佛教汉语研究》，商务印书馆，2009。

朱庆之：《佛典与中古汉语词汇研究》，台北：文津出版社，1992。

三 期刊论文类

蔡镜浩：《论汉魏六朝词语的节略现象》，《语言研究》1988年第2期。

蔡镜浩：《魏晋南北朝佛经翻译中的几个俗语词》，《中国语文》1989年第1期。

曹小云、余志新：《〈摩诃僧祇律〉的语料价值》，《安庆师范学院学报》（社会科学版）2008年第8期。

曹小云：《早期汉译佛经与中古汉语词语溯源》，《合肥师范学院学报》2010年第4期。

陈开勇：《佛教广律套语研究》，《河池师专学报》2004年第1期。

陈立中：《异形词与方言词源研究》，《词汇学理论与应用》（五），商务印书馆，2010。

陈明：《敦煌文献与梵汉佛经词语互证三例》，见朱庆之、汪维辉、董志翘等编《汉语历史语言学的传承与发展——张永言先生从教六十五周年纪念文集》，复旦大学出版社，2016。

陈明娥：《敦煌变文同素异序词的特点及成因》，《中南大学学报》（社会科学版）2004年第5期。

陈明：《梵汉本〈破僧事〉词语札记》，余太山、李锦绣主编《欧亚学刊》第10辑，中华书局，2012。

陈明：《根本说一切有部律典梵汉词语例释》，《汉语史研究集刊》第 23 辑，四川大学出版社，2017。

陈文杰：《试论佛典俗语词的推源问题》，《武汉大学学报》（人文科学版）2013 年第 4 期。

陈文杰：《方言在佛经语言研究中的价值举隅》，《汉语史研究集刊》第 23 辑，四川大学出版社，2017。

陈秀兰：《从常用词看魏晋南北朝文与汉文佛典语言的差异》，《古汉语研究》2004 年第 1 期。

邓福禄：《〈龙龛手镜〉疑难字考释》，《语言研究》2004 年第 3 期。

董琨：《"同经异译"与佛经语言特点管窥》，《中国语文》2002 年第 6 期。

董志翘：《敦煌社会经济文献词语略考》，《语文研究》2002 年第 3 期。

董志翘：《汉译佛典的今注今译与中古汉语词语研究》，《古籍整理研究学刊》2002 年第 1 期。

董志翘：《汉文佛教文献语言研究与训诂学》，《汉语史研究集刊》第 8 辑，巴蜀书社，2005。

董志翘：《汉语史的分期与 20 世纪前的中古汉语词汇研究》，《合肥师范学院学报》2011 年第 1 期。

方一新：《东汉语料与词汇史研究刍议》，《中国语文》1996 年第 2 期。

方一新：《东汉六朝佛经词语札记》，《语言研究》2000 年第 12 期。

方一新：《中古汉语词义求证法论略》，《浙江大学学报》（人文社会科学版）2002 年第 5 期。

方一新：《玄应〈一切经音义〉卷一二〈生经〉音义札记》，《古汉语研究》2006 年第 3 期。

方一新：《训诂学与词汇史异同谈》，《历史语言学研究》第 6 辑，商务印书馆，2013。

方一新、郭晓妮：《近十年中古汉语词汇研究的回顾与展望》，《古汉语研究》2010 年第 3 期。

高更生：《谈异体词整理》，《中国语文》1966 年第 1 期。

顾满林：《东汉佛经音译词的同词异形现象》，《汉语史研究集刊》第 8 辑，巴蜀书社，2005。

何亚南：《汉译佛经与传统文献词语通释二则》，《古汉语研究》2000 年第 4 期。

胡敕瑞：《略论汉文佛典异译在汉语词汇研究上的价值——以"小品般若"汉文异译为例》，《古汉语研究》2004 年第 3 期。

胡静书：《中古佛典与中土文献词汇差异举隅》，《法音》2016 年第 8 期。

黄武松：《敦煌文献俗语词方言义证》，《贵州师范大学学报》（社会科学版）1991 年第 1 期。

黄先义：《中古佛经词语选释》，《台州师专学报》1997 年第 4 期。

黄元龙、刘宇红：《试论缩略语的理据：省力原则》，《河南理工大学学报》（社会科学版）2009 年第 3 期。

黄征：《汉语俗语词研究的几个理论问题》，《杭州大学学报》（哲学社会科学版）1992 年第 2 期。

季琴：《从词汇的角度看〈撰集百缘经〉的译者及成书年代》，《宗教学研究》2006 年第 4 期。

季琴：《佛经词语札记》，《湖南大学学报》2004 年第 1 期。

季羡林：《我和佛教研究》，《文史知识》1986 年第 10 期。

季羡林：《说"嚏喷"》，《文史知识》1990 年第 1 期。

江傲霜：《佛经词语研究现状综述》，《涪陵师范学院学报》（社科版）2006 年第 4 期。

江蓝生：《敦煌变文词语琐记》，《语言研究》1985 年第 1 期。

姜黎黎：《古代汉语同素异序词研究综述》，《江南大学学报》（人文社会科学版）2009 年第 3 期。

蒋冀骋：《新编佛经词典初论》，《语言研究》2003 年第 1 期。

蒋宗福：《释"隐"》，《中国语文》1998 年第 3 期。

蒋宗许：《〈中古汉语的"儿"后缀〉商榷》，《中国语文》2006 年第 6 期。

金双平：《敦煌写本〈四分律〉及其校勘价值》，《湖北民族学院学报》（哲学社会科学版）2012 年第 5 期。

雷冬平：《汉语大型辞书同义并列复合词的训诂失误及应遵循的原则》，《辞书研究》2014 年第 3 期。

雷汉卿：《佛经中 AABB 式叠音词语例释》，徐时仪、陈五云、梁晓虹编

《佛经音义研究——首届佛经音义研究国际学术研讨会论文集》，上海古籍出版社，2006。

李维琦：《考释佛经中疑难词语例说》，《湖南师范大学社会科学学报》2003年第4期。

梁晓虹：《口语词研究的宝贵材料》，《福建师范大学学报》（哲学社会科学版）1990年第3期。

梁晓虹：《〈六度集经〉语词札记》，《古汉语研究》1990年第3期。

梁晓虹：《汉魏六朝译经对汉语词汇双音化的影响》，《南京师大学报》（社会科学版）1991年第2期。

梁晓虹：《论佛教词语对汉语词汇宝库的扩充》，《杭州大学学报》1994年第4期。

刘素燕：《〈摩诃僧祇律〉中的训释性语句》，《井冈山师范学院学报》2003年第S1期。

刘玉梅：《缩略词语形成的动因及认知限制条件》，《解放军外国语学院学报》2012年第1期。

龙丹：《魏晋"羽毛"语义场探微》，《郧阳师范高等专科学校学报》2008年第1期。

龙国富：《从梵汉对勘看汉译佛经语言翻译的省略技巧》，《语言科学》2017年第2期。

龙延：《〈摩诃僧祇律〉与〈四分律〉记述故事之比较》，《烟台师范学院学报》（哲学社会科学版）2003年第3期。

卢烈红：《古今字与同源字、假借字、通假字、异体字的关系》，《语言学研究》2007年第1期。

卢秋帆：《法律语言的模糊性分析》，《法学评论》2010年第2期。

吕叔湘：《〈汉语大词典〉的性质和重要性》，《辞书研究》1982年第3期。

普超：《受畜金银戒之探讨——以汉译〈四分律〉与〈摩诃僧祇律〉为考察中心》，《普陀学刊》第1辑，上海古籍出版社，2014。

千里：《古代汉语同素逆序词历时演革浅探》，《杭州师范学院学报》（自然科学版）1992年第5期。

钱群英：《"雨衣""浴衣"及其他》，《中国典籍与文化》2005年第2期。

〔日〕辛嶋静志：《早期汉译佛教经典所依据的语言》，徐文堪译，《汉语史研究集刊》第10辑，巴蜀书社，2007。

施真珍：《〈后汉书〉"羽"语义场及"羽、毛"的历时演变》，《语言研究》2009年第2期。

史光辉：《谈早期汉译佛经在大型语文辞书编纂方面的价值——以东汉支娄迦谶译〈道行般若经〉为例》，《浙江学刊》2003年第5期。

史光辉：《东汉汉译佛经词语释例》，《贵州师范大学学报》（社会科学版）2006年第6期。

帅志嵩、谭代龙、龚波等编《佛教文献语言研究论著目录（1980—2006）》，《汉语史研究集刊》第4辑，巴蜀书社，2001。

宋亚云：《古汉语词义衍生途径新说综论》，《语言研究》2005年第1期。

苏新春：《当代汉语外来单音语素的形成与提取》，《中国语文》2003年第6期。

谭伟：《〈祖堂集〉语词考释》，《汉语史研究集刊》第7辑，巴蜀书社，2004。

谭伟：《从"嫁接"看风俗的消亡对词义的影响》，《汉语史研究集刊》第11辑，巴蜀书社，2008。

唐贤清：《佛教文献三音节副词特点及产生、衰落的原因》，《古汉语研究》2007年第4期。

滕先森：《驴与中国传统文化》，《文史杂志》2001年第5期。

万金川：《文本对勘与汉译佛典的语言研究——以〈维摩经〉为例》，见《汉译佛典语言研究》，语文出版社，2014。

汪维辉：《佛经词语考释四则》，《浙江大学学报》（人文社会科学版）2005年第5期。

汪维辉：《论词的时代性和地域性》，《语言研究》2006年第2期。

汪维辉：《六世纪汉语词汇的南北差异——以〈齐民要术〉与〈周氏冥通记〉为例》，《中国语文》2007年第2期。

王邦维：《也谈"嚼杨木"的由来》，《学术研究》1983年第2期。

王冰：《三十年来国内汉译佛经词汇研究述评》，《华夏文化论坛》第6辑，2011。

王贵秋、徐丽娜：《词语的"散发"》，《西南民族大学学报》（人文社科版）2007 年第 S1 期。

王继红：《语言接触与佛教汉语研究》，《安阳工学院学报》2006 年第 3 期。

王建：《法律语言的模糊性及准确运用》，《西南政法大学学报》2006 年第 2 期。

王希杰：《略论语言预测学》，《扬州师院学报》（社会科学版）1996 年第 1 期。

王启涛：《近五十年来的中古汉语词汇研究》，《四川师范大学学报》（社会科学版）2003 年第 1 期。

王庆：《嚼杨枝：历史上的洁齿习俗》，《民俗研究》2014 年第 1 期。

王云路：《百年中古汉语词汇研究述略》，《浙江大学学报》2001 年第 4 期。

王云路：《中古汉语词汇研究综述》，《古汉语研究》2003 年第 2 期。

王云路：《试说翻译佛经新词新义的产生理据》，《语言研究》2006 年第 3 期。

伍宗文：《先秦汉语中字序对换的双音词》，《汉语史研究集刊》第 3 辑，巴蜀书社，2000。

相宇剑：《淮北方言古语词考释》，《淮北师范大学学报》（哲学社会科学版）2012 年第 1 期。

向熹：《称谓词与〈称谓词典〉》，《四川大学学报》（哲学社会科学版）2006 年第 4 期。

徐梦醒：《法律语言的含混性》，《河南财经政法大学学报》2018 年第 1 期。

徐时仪：《白话俗语词研究的百年历程》，《文献》2000 年第 1 期。

徐时仪：《玄应〈众经音义〉方俗语词考》，《汉语学报》2005 年第 1 期。

徐文明：《〈四分律序〉辨伪》，《佛学研究》2010 年第 1 期。

颜洽茂：《〈大正新修大藏经〉平议二题》，《汉语史学报》第 2 辑，上海教育出版社，2002。

颜洽茂、荆亚玲：《试论汉译佛典四言格文体的形成及影响》，《浙江大学学报》（人文社会科学版）2008 年第 5 期。

颜洽茂：《利用六朝佛典编写汉语语文辞书》，《辞书研究》1988 年第 5 期。

颜洽茂：《试论佛经语词的"灌注得义"》，《汉语史研究集刊》第 1 辑，巴蜀书社，1998。

颜洽茂：《中古佛经借词略说》，《浙江大学学报》（人文社会科学版）2002 年第 3 期。

杨宝忠：《论"讹变异形词"》，《励耘学刊》（语言卷）2011 年第 2 期。

杨黛：《佛经词语随札》，《古汉语研究》1998 年第 2 期。

杨曾文：《佛教戒律和唐代的律宗》，《佛教文化》2005 年第 3 期。

殷焕先：《谈词语书面形式的规范》，《中国语文》1962 年第 6 期。

于淑健：《〈大正藏〉第八十五卷词语辑释》，《敦煌研究》2004 年第 6 期。

余文清：《法律与语言——阿图尔·考夫曼的法律语言观》，《法制博览》2015 年第 29 期。

俞理明：《汉魏六朝佛经在汉语研究中的价值》，《四川大学学报》（哲学社会科学版）1987 年第 4 期。

俞理明：《词汇历史研究中的宏观认识》，《江苏大学学报》（社会科学版）2008 年第 3 期。

俞理明：《从"佛陀"及其异译看佛教用语的社团差异》，《合肥师范学院学报》2011 年第 4 期。

俞理明、顾满林：《东汉佛教文献词汇新质中的外来成分》，《江苏大学学报》（社会科学版）2011 年第 3 期。

俞理明、谭代龙：《共时材料中的历时分析——从〈根本说一切有部毗奈耶破僧事〉看汉语词汇的发展》，《四川大学学报》（哲学社会科学版）2004 年第 4 期。

曾良、江可心：《佛经异文与词语考》，《古汉语研究》2013 年第 2 期。

曾良：《俗写与佛经语言考校举例》，《中国文字学报》第 5 辑，商务印书馆，2014。

曾良、赵铮艳：《佛经疑难字词考》，《古汉语研究》2009 年第 1 期。

曾昭聪：《中古译经中的字序对换双音词举例》，《古汉语研究》2005 年第 1 期。

曾昭聪：《古汉语异形词及词语释义》，《中国语文》2013 年第 3 期。

曾昭聪、刘玉红：《佛典文献词汇研究的现状与展望》，《暨南学报》（哲学社会科学版）2010 年第 2 期。

曾昭聪：《中古汉译佛经异形词的形成原因及其研究价值》，《汉语史研究集刊》第 17 辑，巴蜀书社，2014。

张建勇：《中古律部汉译佛经语词札记》，《中国海洋大学学报》（社会科学版）2005 年第 6 期。

张生汉：《敦煌变文词语杂释》，《语言研究》1996 年第 1 期。

张巍：《〈三国志〉同素逆序词研究》，《古籍研究》2005 年第 1 期。

张小艳：《论体裁语言研究对辞书编纂的意义》，《浙江大学学报》（人文社会科学版）2005 年第 5 期。

张烨：《从汉译佛经的造词模式看语言接触和文化交融》，《古籍整理研究学刊》2015 年第 4 期。

张涌泉：《敦煌文书类化字研究》，《敦煌研究》1995 年第 4 期。

张涌泉：《从语言文字的角度看敦煌文献的价值》，《中国社会科学》2001 年第 2 期。

张涌泉：《敦煌文献俗语词研究的材料和方法》，《中国典籍与文化》2012 年第 1 期。

张涌泉、胡方方：《敦煌写本〈四分律〉残卷缀合研究》，《浙江社会科学》2015 年第 6 期。

张幼军：《论佛经训诂方法》，《古汉语研究》2006 年第 2 期。

真大成：《〈正法华经〉疑难词语释义三题》，《历史语言学研究》第 10 辑，商务印书馆，2016。

真大成：《汉文佛经用字与疑难词语考释》，《汉语史学报》第 17 辑，上海教育出版社，2017。

真大成：《论汉文佛经通假字对佛经词汇研究的价值》，《浙江大学学报》（人文社会科学版）2018 年第 3 期。

真大成：《谈当前汉语常用词演变研究的四个问题》，《中国语文》2018 年第 5 期。

郑贤章：《汉文佛经词语例释》，《语言科学》2006 年第 3 期。

周初明：《古代射箭手部动作考略》，《东方博物》2007 年第 1 期。

周荐：《异形词的性质、特点和类别》，《南开学报》（哲学社会科学版）

1993 年第 5 期。

周荐：《复合词构成的语素选择》，《中国语言学报》第 7 期，语文出版社，1995。

朱惠仙：《汉语大词典商补例举——以汉译佛经语料为例》，《浙江工业大学学报》（社会科学版）2017 年第 1 期。

朱庆之：《试论佛典翻译对中古汉语词汇发展的若干影响》，《中国语文》1992 年第 4 期。

朱庆之：《汉译佛典语文中的原典影响初探》，《中国语文》1993 年第 5 期。

竺家宁：《中古汉语的"儿"后缀》，《中国语文》2005 年第 4 期。

竺家宁：《佛经语言研究综述——词汇篇》，《佛教图书馆馆讯》2006 年第 44 期。

竺家宁：《论佛经语言研究的"以经证经"》，《兴大中文学报》第 38 期，2015。

四　学位论文类

柴红梅：《〈摩诃僧祇律〉复音词研究》，浙江大学博士学位论文，2009。

戴军平：《〈十诵律〉词汇研究》，暨南大学博士学位论文，2012。

丁喜霞：《中古常用并列双音词的成词和演变研究》，浙江大学博士学位论文，2005。

杜晓莉：《〈摩诃僧祇律〉双音复合结构语义复合关系研究》，四川大学博士学位论文，2006。

顾满林：《汉文佛典用语专题研究》，四川大学博士学位论文，2006。

郭颖：《〈诸病源候论〉词汇研究》，浙江大学博士学位论文，2005。

胡方方：《敦煌本〈四分律〉及其戒本写本考》，浙江师范大学硕士学位论文，2016。

胡畔：《〈摩诃僧祇律〉词汇研究——以佛教语词、同素逆序双音词等为中心》，浙江大学硕士学位论文，2009。

胡伟：《〈鼻奈耶〉词汇研究》，湖南师范大学硕士学位论文，2012。

焦毓梅：《〈十诵律〉常用动作语义场词汇研究》，四川大学博士学位论文，2007。

金双平：《敦煌写本〈四分律〉俗字研究》，南京师范大学博士学位论文，2014。
钱群英：《佛教戒律词汇研究》，浙江大学博士学位论文，2003。
史光辉：《东汉佛经词汇研究》，浙江大学博士学位论文，2000。
王冰：《〈十诵律〉异文研究——以字词为中心》，武汉大学博士学位论文，2021。
王艳红：《〈弥沙塞部和醯五分律〉中双音节新词新义研究》，辽宁师范大学硕士学位论文，2015。
卫燕红：《敦煌写本〈四分律〉复音词研究——以北 6800、6802—6805 号卷为例》，南京师范大学硕士学位论文，2009。
熊果：《〈四分律〉异文研究》，湖南师范大学硕士学位论文，2011。
曾令香：《元代农书农业词汇研究》，山东师范大学博士学位论文，2012。

后 记

本书是在我的博士学位论文《中古律部汉译佛经词汇研究》的基础上修改而成的。在书稿即将付梓之际，我不禁回想起在四川大学求学的那些日子。求学期间经常辗转于学校、单位和家之间，在学生、老师、儿子、父亲、丈夫等多种角色之间转换，其间的忧患喜乐，虽冷暖自知，仍不免感慨良多。

感谢我的恩师谭伟先生。我从2007年开始跟着先生读研，是先生把我领进佛经文献语言研究的大门。蒙先生不弃，2015年我又继续跟着先生攻读博士学位。多年来，先生对我在学习上严格要求，在科研上悉心指导，在生活上热情关怀。先生以严谨的治学之道、宽厚仁慈的胸怀、积极乐观的生活态度，为我树立了学习的典范。师母吴开秀老师温厚慈爱，在学习和生活上都给了我很多帮助。从读研到读博，我跟随先生求学7年，恩师教诲指导，师母关怀帮助，这些我都永远铭记在心。

在四川大学求学期间，项楚教授、俞理明教授、雷汉卿教授、蒋宗福教授、顾满林教授、王彤伟教授等先后为我传道授业解惑。先生们对待学术兢兢业业，对待学生循循善诱，诸位先生的指导和教诲让我受益终生。博士学位论文选题和写作过程中，我还向南京师范大学董志翘教授、上海师范大学徐时仪教授、四川师范大学张能甫教授等先生请教，先生们都提出了许多宝贵的意见，特此向先生们表示衷心的感谢。

感谢同窗李家傲、曾广煜、周艳梅、郑岚心、胡朗、王春艳、李广寒，同门朱遂、肖丽蓉、王洋河、闫翠科、曾思等好友，感谢他们为我的论文写作提供宝贵的资料和意见，在学习和生活上给我关心与帮助。

感谢家人的全力支持和无私奉献。父母是普通的农民，但一直支持和鼓励我读书。岳父岳母多年来在物质上和精神上都给了我莫大的支持。我读书期间，妻子不仅有繁重的工作，还要照顾年幼的儿子，操持繁重的家务，但她没有怨言，一直默默鼓励和支持我。儿子活泼可爱，聪明懂事。正是有了家人的一路相伴，我才能顺利完成学业。对于家人的恩情，我无以为报，唯有加倍努力工作，才能不辜负他们的殷切期望。

感谢社会科学文献出版社责任编辑宋淑洁女士为本书的出版付出的辛苦劳动。由于我资质愚钝，学识疏浅，书中疏漏之处在所难免，敬请专家学者批评指正。

2023 年 7 月 16 日

图书在版编目(CIP)数据

中古律部汉译佛经词汇研究/丁庆刚著. -- 北京：社会科学文献出版社，2023.9
ISBN 978 - 7 - 5228 - 2253 - 2

Ⅰ.①中… Ⅱ.①丁… Ⅲ.①佛教 - 汉语 - 词汇 - 研究 Ⅳ.①B948 ②H13

中国国家版本馆 CIP 数据核字(2023)第 144689 号

中古律部汉译佛经词汇研究

著　　者 / 丁庆刚

出 版 人 / 冀祥德
责任编辑 / 宋淑洁
文稿编辑 / 许文文
责任印制 / 王京美

出　　版 / 社会科学文献出版社
　　　　　 地址：北京市北三环中路甲29号院华龙大厦　邮编：100029
　　　　　 网址：www.ssap.com.cn

发　　行 / 社会科学文献出版社（010）59367028
印　　装 / 三河市龙林印务有限公司

规　　格 / 开　本：787mm × 1092mm　1/16
　　　　　 印　张：19.5　字　数：310千字

版　　次 / 2023年9月第1版　2023年9月第1次印刷
书　　号 / ISBN 978 - 7 - 5228 - 2253 - 2
定　　价 / 99.00元

读者服务电话：4008918866

版权所有 翻印必究

教育部人义社科规划基金项目"弘赞《四分律名义标释》整理与研究"（23YJAZH025）
河南省哲学社会科学规划项目"中古律部汉译佛典异文研究"（2021BYY016）
黄淮学院重点学科建设资助成果